VDE-Schriftenreihe **172**

Zum Autor

Rechtsanwalt Prof. Dr. **Thomas Wilrich** berät rund um die Themen Baurecht, Produktsicherheit, Warenvertrieb, Produkthaftung, Arbeitsschutz und Umweltrecht einschließlich der Betriebsorganisation, Vertragsgestaltung, Führungskräftehaftung und Strafverteidigung. Er lehrt an der Fakultät Wirtschaftsingenieurwesen der Hochschule München Wirtschafts-, Arbeits-, Technik-, Unternehmensorganisationsrecht und „Recht für Ingenieure".

Website: www.rechtsanwalt-wilrich.de
E-Mail: info@rechtsanwalt-wilrich.de oder wilrich@hm.edu

VDE-Schriftenreihe Normen verständlich **172**

Bestandsschutz oder Nachrüstpflicht?

Betreiberverantwortung und Sicherheit bei Altanlagen mit 30 Gerichtsurteilen u. a. zu Baurecht, ArbStättV, BetrSichV, EG-Maschinenrichtlinie, DIN-Normen, Immissions- und Umweltschutz, Verkehrssicherungspflicht und Schadensersatzhaftung, Garantenpflichten und Fahrlässigkeitsstraftaten

Prof. Dr. Thomas Wilrich

2., überarbeitete und erweiterte Auflage

VDE VERLAG GMBH

ICS 03.160; 13.100; 13.110

Bibliografische Information der Deutschen Nationalbibliothek
Die Deutsche Nationalbibliothek verzeichnet diese Publikation in der Deutschen Nationalbibliografie; detaillierte bibliografische Daten sind im Internet über http://dnb.dnb.de abrufbar.

ISBN 978-3-8007-4920-1 (Buch)
ISBN 978-3-8007-4921-8 (E-Book)
ISSN 0506-6719

Satz: Text- und Software-Service Manuela Treindl, Fürth
Druck: H. Heenemann GmbH & Co. KG, Berlin
Printed in Germany 2019-04

Vorwort

In Sicherheitsfragen und zur Betreiberverantwortung sehnen wir uns nach klaren gesetzlichen Aussagen (**Rechtssicherheit**). Wenn ein Unfall geschehen ist, wünschen wir uns in den Verwaltungs- oder Gerichtsverfahren dann auch eine faire Begründung der Rechtspflichten und eine Beurteilung der Verantwortlichkeiten (**Gerechtigkeit**). Das sind die beiden Grundziele allen Rechts. Man erkennt leicht, dass sie im Widerstreit stehen:

Für das Eine (die Rechtsklarheit) setzt sich ein Bundespräsident a. D. (*Horst Köhler*) mit folgendem Spruch ein: *„Gesetze sind keine Bananen; sie dürfen nicht erst beim Abnehmer reifen."* Gesetze müssen einen solchen Reife- und Detailgrad haben, dass sie ihrer Ordnungs- und Steuerungsfunktion gerecht werden. Aber wenn die Regeln zu starr sind, kann das Recht später im Haftungsfall nur eingeschränkt feinsteuern und seine Ausgleichs- und Schlichtungsfunktion erfüllen. Außerdem geben detaillierte Gesetze immer nur vermeintlich mehr Orientierung, weil auch eine noch so fein ziselierte Rechtsregel immer vom Einzelfall abstrahiert und nie den konkret zu entscheidenden Fall kennt. Durch mehr Detailregelungen schafft man nicht immer mehr (Rechts-)Sicherheit.

Für das Andere (die Flexibilität) streitet ein anderer Bundespräsident a. D. (*Roman Herzog*) mit diesen Aussagen: *„Die Deutschen machen gerne Vorschriften. Dazu kommt noch der Fimmel, möglichst immer bis auf die siebente Stelle hinter dem Komma Einzelfallgerechtigkeit zu schaffen. Das ist der Fluch unserer Rechtsordnung: Man sollte bisweilen wirklich nur bis zu einem bestimmten Grad auf die sog. Fachleute hören, die alles bis ins Kleinste differenzieren wollen und dabei alles fürchterlich kompliziert machen."* Mehr Details und Differenzierungen, die doch Konsequenz des gewünschten höheren Reifegrads der Gesetze sind, führen dann gleichzeitig zu Flüchen auf den „Amtsschimmel". Lässt aber das Recht durch zu offene Regelungen zu viel Spielraum, gibt es zu wenig Orientierung und lässt die Verantwortlichen im Stich.

Wenn es um die Betreiberverantwortung bei Altbestand und damit die Frage des möglichen Bestandsschutzes geht, hat der Gesetzgeber sich eher für Flexibilität und Offenheit der Regelungen entschieden. Er hat sich in den meisten Bereichen dafür entschieden, diese Frage gar nicht zu beantworten, sodass in weitem Umfang allgemeine Prinzipien des Rechts zur Lösung herangezogen werden müssen. Wenn also ein Betreiber entscheiden muss, ob er eine seinerzeit zulässige, aber heute so nicht mehr zulassungsfähige Anlage weiternutzt (und weiternutzen darf), geht es letztlich „nur" um die allgemeine Frage, ob das ausreichend sicher ist und ob es noch sorgfältig genug ist – oder schon fahrlässig ist. Selbst technische Normen (z. B. DIN-Normen) lösen die Frage des Bestandsschutzes oder des Nachrüstungsumfangs nicht – außerdem sind solche Regelungen nicht (letzt-)verbindlich: siehe hierzu ausführlich mein Buch „*Die rechtliche Bedeutung technischer Normen als Sicherheitsmaßstab – mit 33 Gerichtsurteilen zu anerkannten Regeln und Stand der Technik, Produktsicherheitsrecht und Verkehrssicherungspflichten*" (2017). Denn immer gilt – auch (und gerade) für Altanlagen – das alles konkrete Recht überwölbende Grundprinzip, dass alles Mögliche und Zumutbare getan werden muss, um Schäden zu verhindern. Alles läuft auf eine verantwortungsvolle Wertungsfrage hinaus: (noch) sicher genug oder (schon) nicht mehr sicher genug?

Dieses Buch stellt Spezialvorschriften zum Bestandsschutz aus ausgewählten wichtigen Rechtsbereichen und die Aussagen – insbesondere der Rechtsprechung – zu Nachrüstungspflichten dar, also den rechtlichen Rahmen, innerhalb dessen die Verantwortlichen dann ihre eigene (und eigenverantwortliche) Entscheidung über den Weiterbetrieb alten Bestands und das Ausmaß der dabei erforderlichen Sicherheit treffen müssen.

Die verbleibenden Rechtsunsicherheiten kann das Recht kaum beseitigen. Das wird im Schlusswort des Buchs in Kapitel 7 noch einmal ausführlich erläutert. Bitte lassen Sie es bei der Lektüre nicht aus. Wenn Sie – manchmal nicht ohne Grund – über den Ausgang der in Teil 2 des Buchs geschilderten Gerichtsverfahren erstaunt sind, ziehen Sie bitte dieses Schlusswort noch einmal zu Rate.

München, 1. März 2019 *Thomas Wilrich*

Inhalt

Teil 1: Bestandsschutz oder Nachrüstungspflicht?

1 Grundkonstellation: Ursprünglich legaler, nicht wesentlich geänderter und heute illegaler Bestand

Wer „*Bestandsschutz!*“ ruft, will – so sagt es das Wort – seinen (Anlagen-, Bau- oder Maschinen-)Bestand schützen und meint: „*Was Recht war, muss Recht bleiben.*“ – und: „*Eine rechtmäßig errichtete bauliche Anlage bleibt rechtmäßig.*“[1] Aber warum und gegen wen und wie will man sich verteidigen?

Man beruft sich auf die frühere Rechtmäßigkeit des Anlagenbestands als Verteidigung gegen „Angriffe“ – nämlich Argumente des „Angreifers“ mit

- anderen bzw. neuen Anforderungen durch Verschärfung von Rechtsvorschriften oder
- anderen bzw. neuen Gefahren durch Veränderung von Umgebungsbedingungen.

Angriffssituationen sind

- Nachrüstforderungen oder gar Beseitigungsanordnungen von Behörden (*belastende Verwaltungsakte = Öffentliches Recht*),
- Schadensersatzforderungen von Geschädigten nach Unfällen an der Anlage (*Klagen = Zivilrecht*) oder
- strafrechtliche Ermittlungsverfahren von Staatsanwälten nach Verletzungen oder gar Todesfällen an der Anlage (*Anklagen = Strafrecht*).

Die Frage nach Bestandsschutz für eine Anlage – bzw. alles, was sonst betrieben und benutzt wird – kann sich nur stellen in folgender Konstellation:

- Die **Anlage war früher legal**, entsprach also den seinerzeit/ursprünglich geltenden Rechtsvorschriften: *Rechtswidrig errichteter und in Betrieb genommener Bestand war nie schützenswert* (dazu Kapitel 1.1).
- Die **Anlage ist noch dieselbe wie früher**, also nicht neu: *Der frühere Zustand ist bei wesentlicher Änderung nicht mehr schützenswert* (dazu Kapitel 1.2).

---

[1] So das BGH im Urteil v. 20.9.1984 (Az. III ZR 58/83) zur Verfassungsgarantie des Art. 14 GG – dem Eigentumsgrundrecht

- Die **Errichtung oder Inbetriebnahme der Anlage wäre heute illegal**, weil die gesetzlichen Anforderungen verschärft worden sind oder weil geänderte tatsächliche Umgebungsbedingungen ihrer Zulassung heute entgegenständen: *Sind Recht und Sachverhalt unverändert, braucht man keinen Bestandsschutz* (dazu Kapitel 1.3).

Das sind die Voraussetzungen, unter denen sich überhaupt die Frage nach Bestandsschutz stellen kann. Dann kommt das Entscheidende: Es muss entschieden werden, ob wegen der Änderungen des Rechts oder der Tatsachen nicht nur die heutige (Neu-) Errichtung bzw. Inbetriebnahme unzulässig wäre (Kapitel 1.3), sondern ob die Weiternutzung bzw. der Weiterbetrieb des in der Substanz unveränderten Bestands zulässig wäre (Kapitel 1.2) – *auch* mit dem Argument, dass dieser Bestand doch seinerzeit legal war (Kapitel 1.1). *Nur* das Argument der früheren Rechtmäßigkeit ist zu wenig. Erforderlich – und die Krux des Bestandsschutzes – ist eine **Interessenabwägung** (dazu Kapitel 1.4), ob

- das **vorhandene** – bei Neuanlagen nicht mehr heutigen Maßstäben entsprechende – Sicherheitsniveau (noch) **ausreicht** (dann **Bestandsschutz**) oder
- ein **erhöhtes** – wenn auch nicht zwingend das heute für Neuanlagen geltende – Sicherheitsniveau **zumutbar** ist (dann **Nachrüstungspflicht**).

Aber was ist ausreichend sicher und was ist dem Betreiber zumutbar? Das ist eine – sehr – schwierige und verantwortungsvolle Wertungsfrage, um deren Verdeutlichung und Rechtsrahmen es in diesem Buch geht. Das mag nach der typischen – häufig fast spöttisch kritisierten – Aussage eines Juristen klingen: *„Es kommt darauf an!“* Aber niemand wird das Prinzip bestreiten können:

Bietet eine Anlage nicht (mehr) ausreichenden Schutz (gegen Gefahren), muss sie nachgerüstet werden. Es ist doch unbestreitbar, dass sich jede Anlage *„in einem betriebssicheren Zustand befinden muss“*, also *„den Anforderungen an die allgemeine Verkehrssicherung entsprechen muss“*[2]. Wenn man dieses *allgemeine* Prinzip versteht und akzeptiert, ist klar, dass es keine klar aus dem Gesetz ableitbare Antwort auf die Frage gibt, ob eine *konkrete* Anlage Bestandsschutz genießt, sondern dass man sich mit dem jeweiligen *Einzelfall* beschäftigen muss und es somit auch genau auf die zu beurteilende und zu entscheidende Situation mit allen ihren Facetten ankommt. Es geht also um eine *„sachgerechte Risikoverteilung“*[3], ein abwägendes Herantasten an eine Lösung, die aber freilich – wie die Rechtsprechungspraxis in Teil 2 des Buchs zeigen wird – anders gesehen, angegriffen und anders entschieden werden kann, eben weil es keine klare Festlegung im Gesetz gibt: Nicht selten hat die zweite Instanz in den hier ausgewählten Gerichtsurteilen die erste Instanz korrigiert und das Urteil abgeändert.

2 So das LG Detmold in Fall 4 (Aufzug im Kurheim), siehe Kapitel 8.4
3 So das OLG Hamm in Fall 19 (Kopfsteinpflaster), siehe Kapitel 8.19

Es bedarf guter Argumente dafür, dass eine Anlage trotz der verschärften heutigen (Sicherheits-)Anforderungen im ursprünglichen – nach heutigem (Sicherheits-) Maßstab nicht mehr dem Gesetz entsprechenden – Zustand verbleiben und genutzt werden darf bzw. dass nicht gehaftet wird, obwohl der Bestand nicht den Vorschriften entspricht, die für Neuanlagen zum Unfallzeitpunkt gelten würden.

- Bei dieser Argumentation spielen natürlich – nicht zwingende – technische Normen eine wesentliche Rolle.[4]
- Zu den Schwierigkeiten bei der Entscheidung siehe abschließend noch das Schlusswort in Kapitel 7.
- Zu 30 Einzelfällen aus der Rechtsprechungspraxis mit den dortigen (Interessen-) Abwägungen siehe Teil 2 dieses Buchs.

1.1 Grundvoraussetzung 1: Legal errichteter/in Betrieb genommener Bestand

Bestandsschutz

- *„besteht darin, dass eine rechtmäßig errichtete Anlage rechtmäßig bleibt, auch wenn das maßgebliche Recht sich später ändert und die Anlage dem geänderten Recht nicht mehr entspricht“*[5],
- ist *„die Befugnis, ein im Einklang mit dem seinerzeit geltenden Recht ausgeführtes Vorhaben weiter so zu nutzen“*[6].

Was für die rechtmäßige Errichtung einer Anlage – also ihre Legalität – erforderlich ist, hängt davon ab, ob sie genehmigungsbedürftig oder genehmigungsfrei ist:

- Bei **genehmigungsbedürftigen Anlagen** *„liegt Bestandsschutz vor, wenn der Bestand zu irgendeinem Zeitpunkt genehmigt worden oder jedenfalls genehmigungsfähig gewesen ist“*[7] (z. B. im Baurecht), bei anderen Anlagen gibt es wegen dynamischer Betreiberpflichten nur eingeschränkten Bestandsschutz (z. B. im Immissionsschutzrecht).

---

4 Siehe hierzu ausführlich *Wilrich*, Die rechtliche Bedeutung technischer Normen als Sicherheitsmaßstab – mit 33 Gerichtsurteilen zu anerkannten Regeln und Stand der Technik, Produktsicherheitsrecht und Verkehrssicherungspflichten (2017)

5 BGH, Urteil v. 7.3.1985 (Az. III ZR 126/83)

6 *Hornmann*, HBO, 2. Aufl. 2011, § 72 Rn. 30 zur hessischen Bauordnung

7 BVerfG, Beschluss v. 24.7.2000 (Az. 1 BvR 151/99); OLG Düsseldorf, Urteil v. 23.7.2012 (Az. I-9 U 46/12)

- Bei **genehmigungsfreien Anlagen** ist Grundvoraussetzung für Bestandsschutz die Erfüllung der im Errichtungs- bzw. Inbetriebnahmezeitpunkt geltenden (Sicherheits-)Anforderungen.

Kein Bestandsschutz kann jedenfalls gewährt werden, wenn die Anlage schon im Errichtungs- bzw. Inbetriebnahmezeitraum nicht den gesetzlichen Anforderungen entsprach: So war es in den Fällen 11 (Drehmaschine, siehe Kapitel 8.11) und 25 (Spielplatzrutsche 1997 Aachen, siehe Kapitel 8.25); siehe aber auch Fall 19 (Kopfsteinpflaster, siehe Kapitel 8.19): Dort entsprach die Situation von Anfang an nicht den technischen Normen, das OLG Hamm ließ nach einem Unfall aber trotzdem nicht haften.

Im Fall 6 (Aufzug im Pflegeheim, siehe Kapitel 8.6) dagegen *„entsprach der Fahrstuhl zum Zeitpunkt seines Einbaus im Jahr 1986 den technischen Anforderungen"*.

1.2 Grundvoraussetzung 2: Ursprünglicher – nicht wesentlich geänderter – Bestand

Bestandsschutz beschränkt sich auf den Schutz des Vorhandenen. Er *„vermittelt das Recht, weiter zu nutzen, nicht aber auch das Recht, zu erweitern"*: Es geht daher um *„Bestandsnutzungsschutz"*[8]. Die Anlage muss noch als dieselbe vorhanden sein. Die *„Identität der Anlage muss erhalten bleiben"*[9]. Es darf kein „Aliud"[10] sein.[11]

- Bei **genehmigten Anlagen** *„deckt Bestandsschutz nicht qualitativ wesentliche Veränderungen und auch nicht quantitativ mehr als nur untergeordnete Erweiterungen des Bestands oder der Nutzung"*[12].
- Für **nicht genehmigungsbedürftige Anlagen** enthält z. B. die BetrSichV[13] in § 10 Abs. 4 für alle Arbeitsmittel den deklaratorischen Hinweis[14], der Arbeitgeber müsse *„beurteilen, ob er bei Änderungen von Arbeitsmitteln Herstellerpflichten zu beachten hat, die sich aus anderen Rechtsvorschriften ergeben"* – etwa das Produktsicherheitsrecht als Inverkehrbringensrecht für Neues oder wesentlich

---

8 BVerwG, Beschluss v. 22.7.1975 (Az. IV B 22.75)

9 BGH, Urteil v. 20.9.1984 (Az. III ZR 58/83)

10 Aliud ist der lateinische Ausdruck für etwas Anderes (lat.: *alius*; etwas Anderes)

11 So der VGH München, Beschluss v. 11.9.2017 (Az. 1 ZB 16.2186)

12 BGH, Urteil v. 20.9.1984 (Az. III ZR 58/83)

13 Siehe hierzu *Wilrich*, Praxisleitfaden Betriebssicherheitsverordnung – mit 20 erläuterten Gerichtsurteilen (2015)

14 So BR-Drs. 400/14 v. 28.8.2014, S. 88

> Geändertes[15]. § 8 Abs. 1 Satz 2 ArbStättV verpflichtet, soweit „wesentlich" erweitert oder umgebaut wird oder die Arbeitsverfahren oder Arbeitsabläufe „wesentlich" umgestaltet werden, den Arbeitgeber zu den *„erforderlichen Maßnahmen, damit diese Änderungen, Erweiterungen oder Umgestaltungen mit den Anforderungen dieser Verordnung übereinstimmen"*. Das ist ein allgemeines Prinzip und gilt auch ohne gesetzliche Regelung: Wer herstellt bzw. erstmalig in Betrieb nimmt, weil er Vorhandenes durch wesentliche Änderung in etwas Neues umwandelt, lässt das Alte verschwinden – und kann sich folglich für das Vergangene und Verschwundene nicht (mehr) auf Bestandsschutz berufen.

Ob eine Anlage wesentlich geändert worden ist, bedarf zuweilen einer schwierigen – auch technischen – Wertung: Im Urteil vom 13.10.2010 hielt das Verwaltungsgericht Stuttgart[16] zwar die Einführung der Neigetechnikzüge an den Bahnanlagen nicht für eine wesentliche Änderung, aber weil *„Folge dieser Technik die Erhöhung der Fahrbereichsbreite"* war, konnte sich der Eisenbahnbetreiber *„also diesbezüglich nicht auf Bestandsschutz berufen"*. Das Amtsgericht Kempten[17] verneinte bei einem Tiefgaragentor trotz neuen Torantriebs und mit neu ersetzten Torfedern zwar eine wesentliche Veränderung, verweigerte aber trotzdem Bestandsschutz, weil es eine Nachrüstpflicht annahm. Im Fall 6 (Aufzug im Pflegeheim, siehe Kapitel 8.6) wurde zwar im Jahr 2012 der ganze Aufzug ausgetauscht, das OLG Düsseldorf vergaß aber eine wesentliche Änderung zu prüfen und maß die Anlage am Stand der Technik bei Ersteinbau im Jahr 1986.

Vorsicht: Eine ganz andere Frage als die nach der Wesentlichkeit einer Änderung ist die Frage, ob und inwieweit nach (auch nicht wesentlichen) Änderungen am Bestand die Möglichkeit der sicheren (Weiter-)Nutzung überprüft werden muss. Im Fall 18 (Glyzerinwasser, siehe Kapitel 8.18) verurteilte das Landgericht Kleve einen Produktionsleiter und einen Produktionsmeister wegen fahrlässiger Gewässerverunreinigung, weil sie *„wussten, dass die Rohrleitungen nach ihrer Errichtung verändert worden waren"*, aber die *„unübersichtlichen"* Leitungen, zu denen es auch *„keine Pläne gab"*, nutzten, *„ohne Nachprüfung und im Vertrauen darauf, sie seien an den Schmutzwasserkanal angeschlossen, anordneten, das Glyzerinwasser solle durch diese Leitung abgelassen werden; durch ihre Anordnung kam es dann später zu der Rheinwasserverschmutzung"*.

---

[15] Siehe hierzu *Wilrich*, Das neue Produktsicherheitsgesetz (ProdSG) – Leitfaden für Hersteller, Importeure und Händler (2012)

[16] VG Stuttgart, Beschluss v. 13.10.2010 (Az. 7 K 2625/10)

[17] AG Kempten Fall 27 (Tiefgaragentor), siehe Kapitel 8.27

1.3 Grundvoraussetzung 3: Verschärfte Sicherheitsgesetze oder neue Gefahren

Bestandsschutz vermittelt „*Durchsetzungskraft gegenüber* ***neuen entgegenstehenden gesetzlichen Anforderungen***"[18]. Die Bestandsschutzfrage stellt sich nur, „*wenn sich die gesetzlichen Anforderungen seit Erlass der Genehmigung geändert haben*"[19].

Auch die „*allgemein anerkannten sicherheitstechnischen Regeln können dem Wandel unterworfen sein*"[20]. Auch bei **Änderung – nicht zwingender – technischer Normen** kann sich also die Frage des Bestandsschutzes stellen.[21] Um eine Lockerung der Anforderungen in technischen Normen ging es indes in Fall 3 Arbeitsgerüst, siehe Kapitel 8.3.

Die Bestandsschutzfrage kann sich schließlich auch stellen bei **(wesentlich) geänderten Umgebungsbedingungen oder Verhältnissen**. Genauso wie es eine schwierige Wertungsentscheidung ist, ob eine Anlage noch dieselbe oder durch Änderungen oder Umbauten inzwischen eine neue ist (dazu Kapitel 1.2), ist es eine komplizierte Beurteilung, ob die Gefahren durch Änderung der tatsächlichen Verhältnisse wirklich so neu oder anders sind, dass die Behörde Nachrüstungen durchsetzen muss bzw. ob der Anlagenbetreiber dies hätte tun müssen und deshalb nach einem Unfall haften muss, weil er das unterließ:

Das LG Traunstein verneinte im Fall 12 (Eishockey-Puck, siehe Kapitel 8.12) eine Nachrüstungspflicht der Seitenbande des Stadions „*allein daraus, dass das Eishockey-Spiel der Bundesliga-Vereine in Deutschland profihafter und möglicherweise auch schneller geworden ist*". Das OLG München sprach dagegen von einem „*entscheidenden Wandel, weil das nunmehr profihaft betriebene Eishockeyspiel – wie gerichtsbekannt ist – schneller und damit auch härter geworden ist*".

1.4 Das Entscheidende: Interessenabwägung

Bestandsschutz durch Abschirmung gegen „Angriffe" der Behörden oder Geschädigten wird aber nicht durch schlichtes Vorzeigen der Genehmigung oder durch schlichten Verweis auf die (seinerzeit) rechtskonforme Errichtung und Inbetriebnahme der Anlage gewährt. Das ist zu wenig.

[18] BVerwG, Urteil v. 25.3.1988 (Az. 4 C 21/85)

[19] VG Hamburg, Urteil v. 27.6.2014 (Az. 9 K 1686/13)

[20] So das LG Braunschweig in Fall 3 (Arbeitsgerüst), siehe Kapitel 8.3

[21] Siehe hierzu ausführlich *Wilrich*, Die rechtliche Bedeutung technischer Normen als Sicherheitsmaßstab – mit 33 Gerichtsurteilen zu anerkannten Regeln und Stand der Technik, Produktsicherheitsrecht und Verkehrssicherungspflichten (2017)

- Die Argumentation „*seinerzeit gesetzeskonform, also sicher*“ kann zutreffen, aber auch (sehr) schwach sein. Wer so argumentiert, ist rückwärts orientiert, „*leitet aus der Vergangenheit ein Recht ab*“[22].
- Die Argumentation „*heute (noch ausreichend) sicher, obwohl alt*“ ist aber das Entscheidende. Wer so argumentiert, ist zukunftsorientiert, leitet aus dem Recht aktuelle Schlussfolgerungen und eine – unbestreitbar erforderliche (siehe Anfang Kapitel 1) – Betriebs- bzw. Nutzungsvoraussetzung ab.

Begründet werden muss primär die (aktuelle) Sicherheit, nicht die (vergangene) Gesetzeskonformität – die frühere Legalität ist nur ein Zusatzargument. Denn Bestandsschutz gibt es nur „*innerhalb gewisser Grenzen*“[23].

Es geht bei der Frage nach dem Bestandsschutz um die

- „*Abwägung zwischen Gefahrenabwehr und Eigentumsschutz*“[24],
- „*Konfliktlösung zwischen der Maßgeblichkeit des früheren und des inzwischen anderslautenden Rechts*“[25]:

Bestandsschutz ist daher das Ergebnis einer – schwierigen – **Interessenabwägung**. Welche Interessen sprechen für was?

- **Eigentums- und Vertrauensschutz** (und Rechtssicherheit) sprechen für die frühere Rechtslage als Bewertungsmaßstab. „*Alle bestehenden Anlagen dem jeweils geltenden Recht anzupassen, ist rechtlich und tatsächlich unmöglich und auch nicht schlechthin notwendig.*“[26]
- **Sicherheits- und Gesundheitsschutzinteressen** (und Gerechtigkeit) sprechen für die Messung der Anlage an den heutigen – verschärften – gesetzlichen Anforderungen.

Wie so häufig im Recht geht es um den **Konflikt Rechtssicherheit und Gerechtigkeit** – den Konflikt zwischen

- **statischen und rechtssicheren** – klar ablesbaren – Ergebnissen (bei der Annahme von Bestandsschutz und der Orientierung an der – freilich früheren – Gesetzeskonformität) und
- **flexiblen und gerechten** – aber eben nicht eindeutigen – Ergebnissen (bei der Annahme einer Nachrüstungspflicht auf ein akzeptables/ausreichendes/zumutbares Niveau).

---

22 BVerwG, Urteil v. 23.2.1979 (Az. IV C 86.76)

23 BVerwG, Urteil v. 25.3.1988 (Az. 4 C 21/85)

24 *Van Rienen/Wasser*, in: *Danner/Theobald*, Energierecht, 180. Technische Sicherheit, 93. Lieferung Juni 2017, Rn. 95

25 *Brohm*, Öffentliches Baurecht, 3. Aufl. 2002, § 22 Rn. 1

26 *Dirnberger*, in: *Simon/Busse*, BayBO, 125. Lieferung Mai 2017, Art. 54 Rn. 189

Denn – so das BVerwG – *„Bestandsschutz, den eine Nutzung genießt, ist Bestandteil der Situation, in die das Grundstück und seine Umgebung hineingestellt sind. In Bezug auf etwaige mit der Nutzung verbundene Beeinträchtigungen wirkt er nach der einen Seite als* ***Situationsberechtigung****, nach der anderen als* ***Situationsbelastung****“*[27]. Man muss also entscheiden, ob die – früher vorhandene – Legalität als Berechtigung wegen der (neuen bzw. anderen) Belastung „vergangen“ ist.

Zwei Paradefälle verdeutlichen die (schwierigen) Abwägungen – in beiden Fällen hob das OVG Lüneburg als zweite Instanz ein erstinstanzliches Urteil des VG Braunschweig auf:

- In Fall 1 (Abwasseranlage, siehe Kapitel 8.2) hielt ein mildes VG Braunschweig eine alte DIN für noch „technisch vertretbar“ und gewährte – auch wegen der Vermutungswirkung technischer Normen – Bestandsschutz. Wegen *„strengerer Anforderungen des Rechts“* und weil die *„Investition nicht unverhältnismäßig hoch“* sei, forderte das strengere OVG Lüneburg dagegen die Nachrüstung.
- In Fall 3 (Arbeitsgerüst, siehe Kapitel 8.3) reichte dem strengen VG Braunschweig ein Normentwurf mit gelockerten Anforderungen nicht, weil es wegen *„besonderer Gefahren aus Gründen des Unfallschutzes bei den bestehenden Anforderungen verbleiben“* könnte. Ein milderes OVG Lüneburg sah dagegen den alten Stand *„erschüttert“* durch eine *„Mehrheitsauffassung der Experten“* im Normausschuss, dass von einem *„bisherigen strikten Gebot Ausnahmen zulässig sein sollten“*.

Bestandsschutz ist daher kein Rechtsinstitut, das in sich schon die Antwort bereithält. *„Der Begriff ist nicht die Lösung, sondern die Chiffre für die Diskussion, ob nachgerüstet werden muss“* und daher *„keine eigenständige Quelle rechtlicher Kriterien, sondern lediglich ein Etikett für das Ergebnis der Lösung eines Konflikts zwischen dem Eigentumsrecht und anderen Rechtsgütern“* – und dabei gilt: *„Die Abgrenzung des zu tolerierenden Maßes an technischem Risiko ist eine Entscheidung, die nicht bis in alle Einzelheiten mathematisch-naturwissenschaftlich quantifizierbar ist, sondern in entscheidendem Maße von rechtlichen und technischen Bewertungen abhängt.“*[28]

Diese Bewertungen sind – in hohem Maße – einzelfallabhängig (siehe dazu das Schlusswort in Kapitel 7). Es geht um Betreiberpflichten und Betreiberverantwortung. Hierfür gelten zahlreiche Besonderheiten, die sich einer Systematisierung weitgehend entziehen.[29] Dieses Buch soll helfen, zumindest einige wichtige der erforderlichen Abwägungen und Wertungen in ihrem jeweiligen rechtlichen Kontext zu verstehen.

[27] BVerwG, Urteil v. 18.5.1995 (Az. 4 C 20/94)

[28] *Van Rienen/Wasser*, in: *Danner/Theobald*, Energierecht, 180. Technische Sicherheit, 93. Lieferung Juni 2017, Rn. 85 und 98

[29] So *Van Rienen/Wasser*, in: *Danner/Theobald*, Energierecht, 180. Technische Sicherheit, 93. Lieferung Juni 2017, Rn. 127

Wichtig ist, dass abschließend – so unbestimmt es zuweilen ist – nur das Gesetz die Gewährung oder Nichtgewährung von Bestandsschutz steuert, nicht aber Aussagen in technischen Normen.[30] In Fall 7 (Bäckerei, siehe Kapitel 8.7) traf zwar eine VDI-Richtlinie eine betreiberfreundliche Regelung *„bei bestehenden Betriebsstätten und Anlagen"*, wenn *„bei Anwendung der für Anlagen dieser Art nach dem Stand der Erkenntnisse möglichen und wirtschaftlich vertretbaren Mittel die Richtwerte nicht eingehalten werden können"*. Aber – so das VG Berlin – es *„kann nicht eine Richtlinie eines privaten Vereins entgegen den Bestimmungen des BImSchG einen derartigen Bestandsschutz schaffen"*. Das OLG Düsseldorf versagte in Fall 14 (Flüssiggasanlage, siehe Kapitel 8.14) indes Bestandsschutz allein mit dem Argument, in einem Ministeriumsrunderlass sei *„eine Nachrüstung auch bestehender Anlagen vorgeschrieben"*. Das ist zu kurz argumentiert: Denn genauso wenig, wie eine nicht zwingende Normaussage *Bestandsschutz gewähren* kann, kann eine nicht zwingende Verwaltungsvorschrift *Bestandsschutz nehmen*. Das OLG hätte das Bestehen oder Nichtbestehen von Bestandsschutz aus dem Recht ableiten müssen, denn es geht um *„rechtlichen Bestandsschutz"*[31].

1.5 Rechtsfolge: Bestandsschutz oder Nachrüstungspflicht

Die Rechtsfolge der Interessenabwägung (Kapitel 1.4) ist eine der beiden folgenden Varianten:

- Wenn das Sicherheitsniveau (noch) ausreicht, **genießt die Anlage Bestandsschutz**. Dieser Bestandsschutz schirmt gegen Nachrüstforderungen der Behörden ab bzw. *schützt gegen Haftung nach einem Unfall.*
- Wenn das Sicherheitsniveau nicht (mehr) ausreicht, **muss alles Zumutbare zur Nachrüstung getan werden** bzw. man[32] kann – bei Fahrlässigkeit und weiteren Voraussetzungen – *nach einem Unfall dafür Verantwortung übernehmen und haften müssen.*

[30] Siehe hierzu *Wilrich*, Die rechtliche Bedeutung technischer Normen als Sicherheitsmaßstab – mit 33 Gerichtsurteilen zu anerkannten Regeln und Stand der Technik, Produktsicherheitsrecht und Verkehrssicherungspflichten (2017)

[31] So das LG Saarbrücken in Fall 20 (Parkhauseinfahrt), siehe Kapitel 8.20

[32] An dieser Stelle heißt es bewusst unspezifisch „man": Wer in welcher Konstellation wie weit gegenüber wem auf was haftet, ist nicht in ein paar Sätzen beantwortbar – ausführlich siehe *Wilrich*, Sicherheitsverantwortung – Arbeitsschutzpflichten, Betriebsorganisation und Führungskräftehaftung – mit 25 erläuterten Gerichtsurteilen (2016)

1.6 Die Konstellationen, in denen sich die Bestandsschutzfrage stellen kann

Ob das Eine (Bestandsschutz) oder das Andere (Nachrüstungspflicht) gilt, hängt auch von der Konstellation des Rechtskonflikts ab, den es zu entscheiden gilt. Wer „Bestandsschutz!" ruft, beruft sich auf die (frühere – Kapitel 1.1) Rechtmäßigkeit seines (unveränderten – Kapitel 1.2) Anlagenbestands zur

- Abschirmung gegen Nachrüstungsforderungen von Aufsichtsbehörden: Hier geht es um **öffentlich-rechtliche** Anforderungen an Anlagen bzw. Anlagenbetreiber, die der Staat durchsetzt;
- Abschirmung gegen Schadensersatzforderungen von Geschädigten, die sich an einer Anlage verletzt haben: Hier geht es um **zivilrechtliche Schadensersatzansprüche** und die Verletzten klagen;
- Abschirmung bei Ermittlungsverfahren der Staatsanwaltschaft, die nach einem Unfall Verantwortliche bestrafen will: Hier geht es um **strafrechtliche Sanktionen** und Staatsanwälte klagen an.

Öffentliches Recht heißt Anforderungen des Staats an Bürger und Unternehmen – selbstverständlich aber auch Rechte der Bürger und Unternehmen gegenüber dem Staat. Es geht unter anderem um Prävention – die Verhinderung von Rechtsgutsverletzungen. Insoweit ist der *Blick in die Zukunft*, sozusagen durch die *Windschutzscheibe*, entscheidend. Bei diesem Zukunftsblick ist wichtig, ob es in der Vergangenheit eine Genehmigung gegeben hat, sodass im Öffentlichen Recht zwei Situationen unterschieden werden müssen. Mit dem Zivil- und Straf-Haftungsrecht (dem *Blick in den Rückspiegel*, weil es dort um Verantwortungszuschreibungen für *vergangenes Unrecht* geht) gibt es also vier Fallgruppen:

- Bestandsschutz gegenüber Aufsichtsbehörden bei genehmigten Anlagen (siehe Kapitel 2),
- Bestandsschutz gegenüber Aufsichtsbehörden bei nicht genehmigungsbedürftigen Anlagen (siehe Kapitel 3),
- Bestandsschutz in zivilrechtlichen Schadensersatzprozessen nach (schuldhaft verursachten) Unfällen (siehe Kapitel 4),
- Bestandsschutz in Strafprozessen nach (strafwürdigen) Pflichtverletzungen (siehe Kapitel 5).

2 Bestandsschutz gegen öffentlich-rechtliche Nachrüstforderungen der Aufsichtsbehörden bei Genehmigung

Kapitel 2 klärt den Umfang des Bestandsschutzes als Argument gegen staatliche Anforderungen, wenn der Bestand aufgrund einer Genehmigung errichtet worden ist bzw. betrieben wird. Die Anforderungen setzt die Aufsichtsbehörde um in Verwaltungsakten = Anordnungen = Bescheiden = Verfügungen.

Im Öffentlichen Recht spricht man von passivem Bestandsschutz: Der Eigentümer oder sonstige Berechtigte ist – wenn er passiven Bestandsschutz genießt – nicht verpflichtet, die bauliche Anlage einer sich möglicherweise wandelnden Rechtslage anzupassen.[33] Es geht um

- Schutz gegenüber behördlichen Stilllegungsverfügungen,
- Schutz gegenüber behördlichen Nach- oder Umrüstforderungen oder
- *„Schutz gegenüber einem behördlichen Beseitigungsverlangen"*[34].

Es gibt unzählige Genehmigungspflichten. Für dieses Kapitel wurden folgende Bereiche ausgewählt, die für den Bestandsschutz besonders wichtig sind:

- Bauliche Anlagen mit dem Erfordernis einer Baugenehmigung gemäß (Landes-) Bauordnungen (dazu Kapitel 2.1),
- Immissionsschutzrechtliche Anlagen mit dem Erfordernis einer Genehmigung gemäß BImSchG (dazu Kapitel 2.2),
- Anlagen gemäß Wasserhaushaltsrecht (WHG), also Erlaubnisse oder Bewilligungen von Gewässernutzungen und Abwasseranlagen (dazu Kapitel 2.3),
- Anlagen gemäß Kreislaufwirtschaftsrecht (KrWG), also Abfallbeseitigungsanlagen und Deponien (dazu Kapitel 2.4),
- Eisenbahninfrastruktur und Eisenbahnfahrzeuge (AEG und EBO – dazu Kapitel 2.5).

---

33 Vgl. *Manssen*, in: *Spannowsky/Manssen*, Beck'scher Online-Kommentar Bauordnungsrecht Bayern, 5. Edition, Stand: 1.9.2017, Art. 54 BayBO Rn. 52

34 BGH, Urteil v. 20.9.1984 (Az. III ZR 58/83)

2.1 Beispiel Bau(ordnungs-)recht

Der Bestandsschutz hat im Bauordnungsrecht seine eigentliche Bedeutung und einen verfassungsrechtlichen Hintergrund bzw. eine grundrechtliche Grundlage (dazu Kapitel 2.1.1). Er hat aber Grenzen (dazu Kapitel 2.1.2).

2.1.1 Grundlage des Bestandsschutzes: Eigentumsgrundrecht und Genehmigung

Der baurechtliche Bestandsschutz beruht auf der Verfassungsgarantie des Art. 14 GG – dem Eigentumsgrundrecht und der hierauf basierenden Baufreiheit:

2.1.1.1 Eigentumsgrundrecht und Baufreiheit (Art. 14 GG)

„Artikel 14 GG schützt das Recht, ein Grundstück im Rahmen der Gesetze zu bebauen.“[35] Der *„Bestandsschutz findet seine Rechtfertigung“* – so der BGH[36] – *„in der verfassungsrechtlich gebotenen Sicherung des durch die Eigentumsausübung Geschaffenen, und besteht darin, dass eine rechtmäßig errichtete bauliche Anlage rechtmäßig bleibt, auch wenn das maßgebliche Recht sich später ändert und die Anlage dem geänderten Recht nicht mehr entspricht. Der materiell oder wenigstens formell rechtmäßig geschaffene Zustand und seine Nutzung können sich grundsätzlich in ihrer bisherigen Funktion auch gegenüber neuem Gesetzesrecht behaupten.“*

„Grundsätzlich“ heißt: im Ausgangspunkt, aber nicht ausnahmslos. Maßgeblich ist eine (Interessen-)Abwägung (siehe schon Kapitel 1.4).

- Für die Maßgeblichkeit der heutigen Sicherheitsanforderungen sprechen das Schutzbedürfnis und Art. 2 Abs. 2 GG, wonach jeder das Recht auf Leben und körperliche Unversehrtheit hat.
- Für die Maßgeblichkeit des früheren Rechts spricht die Eigentumsgarantie gemäß Art. 14 GG[37] bzw. der Grundsatz des Vertrauensschutzes und der Rechtssicherheit[38].

Diese Positionen sind aber eher die tiefere Rechtfertigung bestimmter (guter) Argumente sowie der verfassungsrechtliche Hintergrund und beinhalten und offenbaren nicht das konkrete Ergebnis zu einer konkreten Bauanlage. Die Rechtsprechung

[35] BVerfG, Beschluss v. 24.7.2000 (Az. 1 BvR 151/99)

[36] BGH, Urteil v. 20.9.1984 (Az. III ZR 58/83)

[37] BGH, Urteil v. 7.3.1985 (Az. III ZR 126/83); BVerwG, Urteil v. 23.2.1979 (Az. IV C 86.76); BVerwG, Urteil v. 25.3.1988 (Az. 4 C 21/85)

[38] So z. B. *Bahnsen*, Bestandsschutz im öffentlichen Baurecht, 2011, S. 188 und 189 m. w. N.

„hat mehrfach klargestellt, dass ein unmittelbar aus dem Eigentumsgrundrecht abgeleiteter, als Anspruchsgrundlage verstandener Bestandsschutz jedenfalls dann nicht besteht, wenn eine einfachgesetzliche Regelung vorhanden ist, die den Problembereich sachlich abdeckt"[39]. Man muss sich also mit den konkreten Gesetzen befassen – hier: den Landesbauordnungen. Bestandsschutz gewährt und begrenzt also das „einfache" Recht – nicht unmittelbar das Verfassungsrecht, das allerdings im Hintergrund ist und wirkt. *„Ohne Weiteres mit Durchsetzungskraft versehenen Bestandsschutz gegenüber nachträglichen Anforderungen verleiht das Verfassungsrecht demnach nicht."*[40]

Bei genehmigungsbedürftigen Bauanlagen *„liegt Bestandsschutz vor, wenn der Bestand zu irgendeinem Zeitpunkt genehmigt worden oder jedenfalls genehmigungsfähig gewesen ist"*[41].

- Ist die Anlage genehmigt worden, ist sie **formell rechtmäßig**. Genehmigt bedeutet formelle Baurechtmäßigkeit (dazu im Folgenden Kapitel 2.1.1.2).
- Ist die Anlage genehmigungsfähig, ist sie **materiell rechtmäßig**. Genehmigungsfähig bedeutet materielle Baurechtmäßigkeit (siehe hierzu Kapitel 3).

2.1.1.2 Legalisierungswirkung der Baugenehmigung = formeller Bestandsschutz

Eine Baugenehmigung hat

- **Gestattungswirkung** (*„gibt den Bau frei"*) und
- **Feststellungswirkung** (*„alles in Ordnung"*), ist also eine Unbedenklichkeitsbescheinigung und hat Legalisierungswirkung.

Die Feststellungswirkung der Baugenehmigung ist die Grundlage für Bestandsschutz: *„Die Baugenehmigung garantiert den öffentlich-rechtlichen Bestand der baulichen Anlage in dem genehmigten Umfang und in der genehmigten Funktion."*[42] Dieser *„Bestandsschutz, den eine bauliche Anlage genießt, kann nicht dadurch entschädigungslos beseitigt werden, dass ein Gesetz rückwirkend auf die ursprüngliche materielle Legalität der Anlage Einfluss nimmt"*[43]. Bei *„Vorhaben, die durch Bau-*

[39] BVerwG, Beschluss v. 3.12.1997 (Az. 4 B 190/97)

[40] OVG Münster, Beschluss v. 19.10.2017 (Az. 15 A 1666/17); Urteil v. 17.2.2017 (Az. 15 A 687/15); Beschluss v. 30.9.2016 (Az. 15 A 2112/15) – zum Anschluss- und Benutzungszwang bei öffentlicher Wasserversorgung

[41] BVerfG, Beschluss v. 24.7.2000 (Az. 1 BvR 151/99); OLG Düsseldorf, Urteil v. 23.7.2012 (Az. I-9 U 46/12)

[42] *Lechner*, in: *Simon/Busse*, BayBO, 125. Lieferung Mai 2017, Art. 68 Rn. 70

[43] BVerwG, Urteil v. 13.6.1980 (Az. 4 C 98/77)

genehmigung legalisiert sind und damit Bestandsschutz genießen"[44], kann man von **formellem passiven Bestandsschutz**[45] reden.

Mit Genehmigung ist eine bauliche Anlage rechtmäßig errichtet. Rechtmäßig errichtet ist damit nicht nur eine Anlage, die von der Baugenehmigungsbehörde rechtmäßig genehmigt wurde, sondern auch eine rechtswidrig genehmigte bauliche Anlage, die also materiell illegal ist.[46]

Der Bestandsschutz ist durch den Genehmigungsumfang begrenzt. Bestandsschutz kann nur so weit reichen, wie die Genehmigung inhaltliche Aussagen enthält:

- So kann eine Baugenehmigung keinen Bestandsschutz im Hinblick auf Anforderungen des Arbeitsstättenrechts vermitteln. Im Fall 14 (Fluchttür, siehe Kapitel 8.14) sagte das VG Münster – ohne weitere Erläuterung – schlicht: *„Auf baurechtlichen Bestandsschutz kann sich die Klägerin im Arbeitsschutzrecht von vornherein nicht berufen"*.
- So kann eine Baugenehmigung auch keinen Bestandsschutz für das Immissionsschutzrecht vermitteln, denn die immissionsschutzrechtlichen Betreiberpflichten sind dynamisch (dazu Kapitel 2.2).

Also: *„Der Bestandsschutz kann sich nur in den Grenzen entfalten, die ihm das Immissionsschutzrecht lässt. Die Grundpflichten des § 22 BImSchG sind nicht nur bei der Errichtung der Anlage, sondern für die gesamte Dauer des Betriebs zu erfüllen. Nicht einmal die durch eine bestandskräftige Baugenehmigung geschützte Position steht behördlichen Anordnungen entgegen, mit denen die Einhaltung der immissionsschutzrechtlichen Pflichten konkretisiert wird."*[47] Das Immissionsschutzrecht *„ist dynamisch angelegt. Die Grundpflichten sind nicht nur im Zeitpunkt der Errichtung der Anlage, sondern in der gesamten Betriebsphase zu erfüllen. Sie wirken unmittelbar."*[48] Daher: *„Der Betreiber kann sich nicht darauf berufen, dass ein Genehmigungsbescheid – eine bestandskräftige Baugenehmigung – keine konkreten Anforderungen an den Schutz der Nachbarschaft stellt."*[49]

Aber *„wenn in einem Baugenehmigungsverfahren gerade in Anwendung der §§ 22 ff. BImSchG zur Sicherstellung des Nachbarschutzes Nebenbestimmungen erlassen wurden, dann kann der Bauherr auf den Bestandsschutz einer Baugenehmigung vertrauen, die ja gerade unter Berücksichtigung nachbarlicher Interessen ergangen ist,*

44 VG Hamburg, Urteil v. 27.6.2014 (Az. 9 K 1686/13)

45 Vgl. *Manssen*, in: *Spannowsky/Manssen*, Beck'scher Online-Kommentar BayBO, 5. Edition, Stand: 1.9.2017, Art. 54 BayBO Rn. 52

46 Vgl. *Decker*, in: *Simon/Busse*, BayBO, 125. Lieferung Mai 2017, § 76 Rn. 119

47 VGH München, Urteil v. 15.3.1999 (Az. 14 B 93.1542) – „Wursthändler-Wagenunterstellungshalle"

48 BVerwG, Urteil v. 18.5.1995 (Az. 4 C 20/94)

49 BVerwG, Urteil v. 18.5.1995 (Az. 4 C 20/94); VG Ansbach, Urteil v. 20.9.2007 (Az. AN 18 K 04.00704)

jedenfalls dann, wenn dem Nachbar zumutbar war, seinen Rechtsschutz in jenem Verfahren zu suchen. Für das Verhältnis zum Baurecht gilt nämlich, dass weder die baurechtlichen Vorschriften die Anwendung der §§ 22 ff. BImSchG verdrängen noch das BImSchG seinerseits immissionsschutzbezogene Anforderungen der Landesbauordnung ausschließt. Nicht genehmigungsbedürftige Anlagen sind regelmäßig im baurechtlichen Verfahren zu behandeln. Die Anforderungen der §§ 22 ff. BImSchG sind dann im Zuge eines solchen Verfahrens als sonstige öffentlich-rechtliche Vorschriften zu berücksichtigen. Immissionsschutz- und Baurecht gehen dabei von einem einheitlichen Maßstab bei der Bewertung der Zumutbarkeit anhand der Schutzwürdigkeit und -bedürftigkeit der Umgebungsbebauung aus. Demnach erstreckt sich die Bestandskraft der Baugenehmigung auf diejenigen immissionsschutzrechtlichen Belange, die im Rahmen eines solchen Baugenehmigungsverfahrens geprüft und zum Gegenstandsinhalt gemacht worden sind.“[50]

2.1.2 Grenzen des Bestandsschutzes

Der baurechtliche Bestandsschutz hat drei Grenzen:

- **Instandhaltungspflicht**: Der Baubestand muss – insoweit enthält das Baurecht auch dynamische Betreiberpflichten – instand gehalten werden (dazu Kapitel 2.1.2.1).
- **Erhebliche Gefahren**: Der Baubestand muss auf Anordnung der Aufsichtsbehörde bei erheblichen Gefahren für Leben und Gesundheit angepasst werden (dazu Kapitel 2.1.2.2);
- **Abweichung von Baugenehmigung**: Der Baubestand entspricht nicht (mehr) der Baugenehmigung (dazu Kapitel 2.1.2.3).

2.1.2.1 Grenze 1: Instandhaltungspflicht

Alle Landesbauordnungen verpflichten zur laufenden Instandhaltung der baulichen Anlagen – meistens in der Vorschrift über die allgemeinen Anforderungen in § 3 bzw. Art. 3 der Landesbauordnungen. Diese Instandhaltungspflicht gilt auch bei Genehmigung und auch für **alte Bauanlagen**, die vor Inkrafttreten der Landesbauordnung oder sonst im Geltungsbereich früheren Rechts entstanden sind.[51]

Es besteht eine Pflicht zur Instandhaltung **unmittelbar kraft Gesetzes** und nicht erst bei einer Anordnung der Behörde.[52] Das ist anders bei erheblichen Gefahren für

[50] Vgl. VG Ansbach, Urteil v. 18.4.2012 (Az. AN 11 K 11.00346)

[51] Vgl. *Dirnberger*, in: *Simon/Busse*, BayBO, 125. Lieferung Mai 2017, Art. 54 Rn. 190

[52] *Große-Suchsdorf/Mann*, NBauO, 9. Aufl. 2013, § 3 Rn. 47 – zu Niedersachsen

Leben und Gesundheit – jedenfalls nach öffentlich-rechtlichem Bauordnungsrecht (siehe sogleich Kapitel 2.1.2.2). Die zivilrechtlichen Verkehrssicherungspflichten verlangen bei erheblichen Gefahren eine Gegenreaktion bzw. Sicherungsmaßnahmen auch ohne behördliche Anordnung (siehe Kapitel 4).

Instandhaltungsmaßnahmen sind in der Regel **genehmigungsfrei**. Diese *„Genehmigungsfreiheit von Instandhaltungsarbeiten ist ein Ausfluss des Bestandsschutzes“*[53].

Es besteht eine Pflicht zur Instandhaltung, aber nur soweit, wie diese **notwendig** ist, um das Bauwerk im gesetzmäßigen Zustand zu erhalten.[54] Das bringt § 81 Abs. 1 Satz 1 Landesbauordnung Berlin in einer Spezialvorschrift so zum Ausdruck: *„Rechtmäßig bestehende bauliche Anlagen sind, soweit sie nicht den Vorschriften dieses Gesetzes oder den aufgrund dieses Gesetzes erlassenen Vorschriften genügen, mindestens in dem Zustand zu erhalten, der den bei ihrer Errichtung geltenden Vorschriften entspricht“*. So ist z. B. der durch Untätigkeit fortschreitende Verfall eines Gebäudes (Durchfeuchtung, Einsturzgefährdung) ein Verstoß gegen die Instandhaltungspflicht.[55]

Instandhaltung

- sind alle infolge von Abnutzung, Alterung, Witterung und Einwirkungen Dritter erforderlichen Arbeiten[56];
- sind alle Maßnahmen, die dazu dienen, Gebrauchsfähigkeit und Wert von Anlagen unter Belassung von Konstruktion und äußerer Gestalt zu erhalten[57];
- ist die laufende ordnungsgemäße Unterhaltung der Anlage und Einrichtung, z.B. durch regelmäßiges Reinigen der Feuerungsanlagen, der Dachrinnen und Fallrohre[58];
- ist die *„Beseitigung von Mängeln ohne wesentliche Änderung des bisherigen Zustands“*[59], der lediglich *„wieder hergestellt werden soll“*.[60]

Das VG Cottbus fasst zusammen: *„Mit einer Instandhaltung sind Maßnahmen zum Schutz der baulichen Anlage vor Verfall gemeint. Sie bewegen sich innerhalb des*

[53] VGH München, Beschluss v. 13.1.1997 (Az. 1 CS 96.3580)
[54] Vgl. *Große-Suchsdorf/Mann*, NBauO, 9. Aufl. 2013, § 3 Rn. 47 – zu Niedersachsen
[55] Vgl. *Hornmann*, HBO, 2. Aufl. 2011, § 72 Rn. 30; VGH Kassel, Beschluss v. 22.3.2000 (Az. 4 TG 4287/99)
[56] Vgl. *Wilke/Dageförde/Knuth/Meyer*, BauO Berlin, 5. Aufl. 1999, § 3 Rn. 6, S. 36
[57] Vgl. *Dirnberger*, in: *Simon/Busse*, BayBO, 125. Lieferung Mai 2017, Art. 3 Rn. 78
[58] Vgl. *Dirnberger*, in: *Simon/Busse*, BayBO, 125. Lieferung Mai 2017, Art. 3 Rn. 79
[59] Siehe hierzu Kapitel 1.2
[60] Vgl. *Dirnberger*, in: *Simon/Busse*, BayBO, 125. Lieferung Mai 2017, Art. 3 Rn. 81; *Wilke/Dageförde/Knuth/Meyer*, Bau Berlin, 5. Aufl. 1999, § 3 Rn. 6, S. 36

Rahmens der durch den Bestandsschutz umfassten Substanz und ändern diese nicht, sondern sind (nur) auf das Wiedererrichten zerstörter oder schadhafter Bauteile und das Beseitigen von Mängeln oder Schäden durch Maßnahmen, die den bisherigen Zustand im Wesentlichen unverändert lassen oder ihn wiederherstellen und erhalten, ausgerichtet. Bestandsschutz setzt die Beibehaltung der Identität des instandgesetzten mit dem ursprünglichen (in seinem Bestand geschützten) Bauwerk voraus. Hieran fehlt es, wenn der mit der Instandsetzung verbundene Eingriff in den vorhandenen Bestand so intensiv ist, dass er die Standfestigkeit des gesamten Bauwerks berührt und eine statische Nachberechnung des gesamten Gebäudes erforderlich macht, oder wenn die für die Instandsetzung notwendigen Arbeiten den Aufwand für einen Neubau erreichen oder gar übersteigen oder wenn die Bausubstanz ausgetauscht oder das Bauvolumen wesentlich erweitert wird."[61]

Es ist eine sehr **schwierige Abgrenzung** zwischen

- einerseits genehmigungsfreien und verpflichtenden Instandhaltungsmaßnahmen, die zum Erhalt des Bestandsschutzes nötig sind, und
- andererseits genehmigungspflichtigen Änderungen, die sogar den Bestandsschutz entfallen lassen können (dazu Kapitel 1.2).

So heißt es in ein und demselben Kommentar: Instandhaltung sei „*fachgerechte Erneuerung zerstörter oder schadhafter Bauteile, die Ausbesserung von Schadstellen und das Beseitigen von Mängeln*"[62], dann aber auch: „*Zu den Änderungen, die baurechtlich nicht mehr als Instandhaltung anzusehen sind, gehören vor allem Reparaturen, insbesondere durch Erneuern oder Auswechseln einzelner schadhaft gewordener Bauteile, von Mauern, Einfriedungen, Fenstern und Türen, des Außenputzes oder -anstrichs, der Fassadenbekleidung oder das Beseitigen von Brandschäden, wenn dadurch die äußere Gestalt oder Erscheinungsform mehr als nur geringfügig geändert wird.*"[63]

Das OVG Berlin sagte sogar einmal – eher beiläufig – dass „*aufgrund der Verpflichtung zur Unterhaltung baulicher Anlagen dem ‚Stand der Technik' entsprechend erneuert wird.*"[64]

[61] VG Cottbus, Urteil v. 19.9.2017 (Az. 3 K 280/15); VG Cottbus, Urteil v. 11.5.2017 (Az. 3 K 523/15)

[62] *Dirnberger*, in: *Simon/Busse*, BayBO, 125. Lieferung Mai 2017, Art. 3 Rn. 78 und 79

[63] *Dirnberger*, in: *Simon/Busse*, BayBO, 125. Lieferung Mai 2017, Art. 3 Rn. 87

[64] OVG Berlin, Urteil v. 22.4.1993 (Az. 2 B 6.91) – Ballfangzaun Bolzplatz

2.1.2.2 Grenze 2: Anordnung zur Abwehr erheblicher Gefahren für Leben und Gesundheit

Das Recht muss den *„raschen Änderungen des tatsächlichen Baugeschehens und der entsprechenden stetigen Anpassung des Rechts Rechnung tragen“*[65]. Der Bestandsschutz steht daher unter dem *„Vorbehalt“*[66], dass die bauliche Anlage keine erheblichen Gefahren für Leben und Gesundheit hervorruft. In diesem Fall ermöglichen die Bauordnungen der Länder Anordnungen der Baubehörde. Aber es ist ein *„allgemeiner Rechtsgedanke, konkrete Vorschrift braucht man nicht“*[67], denn *„seit jeher ist anerkannt, dass die Baupolizei auch nachträgliche Auflagen anordnen kann“*[68].

Das ist eine echte *„Durchbrechung des baurechtlichen Bestandsschutzes“*[69]. Das Anpassungsverlangen nach den Vorschriften gilt indes nicht, wenn Maßnahmen wegen fehlender Instandhaltung (dazu Kapitel 2.1.2.1) ergriffen werden können.[70]

Es muss eine **konkrete Gefahr** vorliegen[71], eine abstrakte Gefahr und die reine Optimierung zur Gefahrenvorsorge reichen nicht. Eine konkrete Gefahr ist – so wird seit Jahrzehnten geurteilt – eine Sachlage, bei der im einzelnen Falle die hinreichende Wahrscheinlichkeit besteht, dass in absehbarer Zeit ein Schaden für die öffentliche Sicherheit eintreten wird.

Es kommt nicht darauf an[72],

- ob die bauliche Anlage, bei der nachträglich Anforderungen gestellt werden sollen, vor Inkrafttreten der jeweiligen Bauordnung errichtet wurde oder während ihres Geltungsbereichs;
- ob ein technischer Mangel, auf den die Gefährdung zurückzuführen ist, schon bei der Planung oder Genehmigung vorlag oder erst später aufgetreten ist: Nachträgliche Anforderungen können auch darin begründet sein, dass eine Gefahr erst nachträglich erkannt wird oder ihre Schwere nachträglich anders beurteilt werden muss als zum Zeitpunkt der Genehmigung eines Gebäudes;
- wer den sicherheitsgefährdenden Zustand verursacht hat und wen „Schuld“ trifft.

---

65 *Hornmann*, HBO, 2. Aufl. 2011, § 53 Rn. 105 – zur hessischen Landesbauordnung
66 *Lechner*, in: *Simon/Busse*, BayBO, 125. Lieferung Mai 2017, Art. 68 Rn. 71
67 *Battis*, Öffentliches Baurecht und Raumordnungsrecht, 5. Aufl. 2006
68 *Drews/Wache/Vogel/Martens*, Gefahrenabwehr, 9. Aufl. 1986
69 *Hornmann*, HBO, 2. Aufl. 2011, § 53 Rn. 108
70 *Hornmann*, HBO, 2. Aufl. 2011, § 53 Rn. 114
71 Vgl. *Hornmann*, HBO, 2. Aufl. 2011, § 53 Rn. 111
72 Vgl. *Dirnberger*, in: *Simon/Busse/Dirnberger*, BayBO, 125. Lieferung Mai 2017, Art. 54 Rn. 163

Es wird häufig gesagt, *„der Eigentümer ist ohne Rücksicht auf seine finanzielle Leistungsfähigkeit für den ordnungsgemäßen Zustand seines Gebäudes verantwortlich"*[73]. Das dabei zitierte Urteil des Bundesverwaltungsgerichts[74] sagt aber, *„für den ordnungsgemäßen Zustand eines Gebäudes ist der Eigentümer grundsätzlich ohne Rücksicht auf seine wirtschaftliche Leistungsfähigkeit verantwortlich"*. Grundsätzlich heißt nicht ausnahmslos. Das BVerwG-Urteil betont weiter, es ist *„der Grundsatz der Verhältnismäßigkeit zu beachten. Er kann im Einzelfall dazu führen, dass dem Betroffenen die volle Last einer an sich erforderlichen Maßnahme nicht ohne Weiteres aufgebürdet werden darf und insbesondere in zeitlicher Hinsicht Nachsicht zu gewähren ist."* Stellvertretend für diesen Grundsatz steht etwa § 17 Abs. 2 BImSchG: *„Die zuständige Behörde darf eine nachträgliche Anordnung nicht treffen, wenn sie unverhältnismäßig ist, vor allem, wenn der mit der Erfüllung der Anordnung verbundene Aufwand außer Verhältnis zu dem mit der Anordnung angestrebten Erfolg steht"* (siehe auch Kapitel 3.3).

Es wird die „strenge"[75] bzw. „strikte"[76] Beachtung des Verhältnismäßigkeitsgrundsatzes betont. Wann eine erhebliche Gefahr vorliegt und wann Anpassungs- oder Nachrüstforderungen gerechtfertigt sind, ist – wie schon in 1.4 ausgeführt – eine schwierige Abwägungsfrage und Einzelfallentscheidung.

2.1.2.3 Grenze 3: Baubestand entspricht wegen geänderter Verhältnisse nicht mehr der Genehmigung

Wenn der Baubestand nicht mehr der Genehmigung entspricht, ermöglichen die Landesbauordnungen behördliche Anordnungen, damit die öffentlich-rechtlichen Vorschriften (wieder) eingehalten werden. So sind auch Anordnungen gegenüber bestandsgeschützten Vorhaben zulässig, *„wenn sich seit Erlass der Genehmigung die tatsächlichen Verhältnisse geändert haben, z. B. ein Gebäude baufällig geworden ist, weil dann die tatsächliche Lage nicht mehr der genehmigten Situation entspricht"*[77]. Dann geht es aber schon letztlich deshalb nicht (mehr) um Bestandsschutz,

- weil die Genehmigung als Grundlage des Bestandsschutzes (dazu Kapitel 2.1.1.2) ja gar nicht (mehr) umgesetzt ist und gelebt wird bzw.
- weil schon gar kein Bestand mehr vorhanden ist.

---

[73] So *Dirnberger*, in: *Simon/Busse/Dirnberger*, BayBO, 125. Lieferung Mai 2017, Art. 54 Rn. 164
[74] BVerwG, Urteil v. 11.4.1989 (Az. 4 B 65/89)
[75] VG Hamburg, Urteil v. 27.6.2014 (Az. 9 K 1686/13) – im Rahmen des § 76 Abs. 3 HBauO
[76] *Hornmann*, HBO, 2. Aufl. 2011, § 53 Rn. 108 – zur hessischen Bauordnung
[77] VG Hamburg, Urteil v. 27.6.2014 (Az. 9 K 1686/13)

Soweit der baurechtliche Bestandsschutz reicht, sind die bei „Rechtswiderspruch" gegebenen Anordnungsmöglichkeiten gesperrt – und es kann dann nur bei erheblichen Gefahren eingeschritten werden[78] (dazu Kapitel 2.1.2.2).

2.2 Beispiel Immissionsschutzrecht

Im Immissionsschutzrecht geht es nicht – wie im Baurecht (dazu Kapitel 2.1) – um eine einmalige (statische) Genehmigung mit der begrenzten Möglichkeit, auf geänderte Situationen oder Gefahren zu reagieren.

- Eine immissionsschutzrechtliche Genehmigung hat zwar auch Feststellungswirkung (dazu Kapitel 2.2.1).
- Aber das Immissionsschutzrecht ist dynamisch geprägt und enthält auch Anforderungen an den laufenden Betrieb (dazu Kapitel 2.2.2).
- Es gibt verschiedene Rechtsgrundlagen für nachträgliche Anordnungen (dazu Kapitel 2.2.3).
- Bestandsschutz gibt es (nur), wenn er ausdrücklich geregelt ist (dazu Kapitel 2.2.4).

2.2.1 Zwar: Genehmigung mit Feststellungswirkung

Die immissionsschutzrechtliche Genehmigung gilt grundsätzlich unbefristet[79] und ist – wie im Baurecht – eine „Unbedenklichkeitsbescheinigung"[80] mit rechtsgestaltendem bzw. rechtsgewährendem Charakter[81]. Es heißt daher: *„Die Genehmigung vermittelt dem Adressaten einen weitreichenden Bestandsschutz."*[82]

Aber *„aufgrund der Anknüpfung der Feststellungswirkung an den Zeitpunkt der Genehmigungserteilung kann die Genehmigung sich jedenfalls nicht auf nachträgliche Rechtsänderungen erstrecken. Nachträglichen Rechtsänderungen kann daher nicht mit dem Einwand begegnet werden, in einen als rechtmäßig festgestellten Bestand dürfe nicht eingegriffen werden."*[83]

---

[78] Vgl. *Dirnberger*, in: *Simon/Busse/Dirnberger*, BayBO, 125. Lieferung Mai 2017, Art. 54 Rn. 39

[79] Vgl. *Dietlein*, in: *Landmann/Rohmer*, Umweltrecht, BImSchG, 83. Lieferung Mai 2017, § 4 Rn. 65

[80] *Dietlein*, in: *Landmann/Rohmer*, Umweltrecht, BImSchG, 83. Lieferung Mai 2017, § 4 Rn. 53

[81] Vgl. *Dietlein*, in: *Landmann/Rohmer*, Umweltrecht, BImSchG, 83. Lieferung Mai 2017, § 4 Rn. 54

[82] *Dietlein*, in: *Landmann/Rohmer*, Umweltrecht, BImSchG, 83. Lieferung Mai 2017, § 4 Rn. 55

[83] BVerwG, Urteil v. 30.4.2009 (Az. 7 C 14/08) – Geltung der Tierschutz-Nutztierhaltungsverordnung für Legehennenanlage

2.2.2 Aber: kein Bestandsschutz wegen Dynamik durch Betreiberanforderungen

§ 5 BImSchG enthält „*Pflichten der Betreiber genehmigungsbedürftiger Anlagen*" und regelt u. a.: „*Genehmigungsbedürftige Anlagen sind so zu errichten und zu betreiben, dass Vorsorge gegen schädliche Umwelteinwirkungen und sonstige Gefahren, erhebliche Nachteile und erhebliche Belästigungen getroffen wird, insbesondere durch die dem Stand der Technik entsprechenden Maßnahmen.*"

Die Grundpflichten des § 5 BImSchG sind „*fortlaufend aktualisierte, dynamische Dauerpflichten des Betreibers*"[84]. Das Immissionsschutzrecht „*ist dynamisch angelegt*"[85].

Das VG Augsburg[86] betont, „*dass die Betreiberpflichten nach dem BImSchG dynamisch ausgestaltet sind. Anders als im Baurecht ist der Inhaber einer immissionsschutzrechtlichen Genehmigung nicht vor nachträglichen Änderungen der behördlichen Anforderungen geschützt. Eine immissionsschutzrechtliche Genehmigung ist hinsichtlich ihres Inhalts durch die dynamischen Betreiberpflichten sowie durch die Möglichkeiten der Stilllegung, Untersagung und Beseitigung (vgl. § 20 BImSchG) und der nachträglichen Anordnung (vgl. § 17 BImSchG) von vorne herein beschränkt. Soweit eine erteilte Baugenehmigung auch die Vereinbarkeit einer Anlage mit den Anforderungen des Immissionsschutzrechts attestiert, ist dies ebenfalls mit der Einschränkung verbunden, dass sich die Betreiberpflichten dynamisch weiterentwickeln. Der jeweilige Anlagenbetreiber kann nicht in schutzwürdiger Weise darauf vertrauen, die Genehmigung unverändert und ohne Rücksicht auf den technischen Fortschritt unbegrenzt ausnutzen zu können. Dies ist Folge dessen, dass es anders als im Baurecht, einen Bestandsschutz für vermeidbare schädliche Umwelteinwirkungen nicht gibt.*"

Zur Durchsetzung der dynamischen Betreiberpflichten gibt es verschiedene Rechtsgrundlagen:

2.2.3 Die (nachträglichen) Anordnungsmöglichkeiten

Das BImSchG enthält zahlreiche Rechtsgrundlagen für behördliche Verwaltungsakte:

- § 17 Nachträgliche Anordnung,
- § 20 Untersagung, Stilllegung und Beseitigung,

[84] *Karen Engler*, Der öffentlich-rechtliche Immissionsschutzabwehranspruch, 1995, S. 65

[85] BVerwG, Urteil v. 18.5.1995 (Az. 4 C 20/94); VG Ansbach, Urteil v. 20.9.2007 (Az. AN 18 K 04.00704)

[86] VG Augsburg, Urteil v. 26.2.2015 (Az. Au 5 K 14.988); sehr ähnlich VG Bremen, Urteil v. 2.3.2012 (Az. 5 K 1961/07)

- § 24 Anordnungen im Einzelfall,
- § 25 Untersagung,
- § 29 Kontinuierliche Messungen.[87]

2.2.4 Ausnahme: Zeitlicher Bestandsschutz nur bei ausdrücklichen Übergangsregelungen

Bestandsschutz gibt es im Immissionsschutzrecht (nur) im Einzelfall, wenn bei neuen Anlagen-Anforderungen Übergangsfristen geregelt werden – § 17 Abs. 2 BImSchG lautet: *„In der Rechtsverordnung kann bestimmt werden, inwieweit die zur Vorsorge gegen schädliche Umwelteinwirkungen festgelegten Anforderungen nach Ablauf bestimmter Übergangsfristen erfüllt werden müssen, soweit zum Zeitpunkt des Inkrafttretens der Rechtsverordnung in einer Genehmigung geringere Anforderungen gestellt worden sind."*

2.2.5 Fazit

Fazit:

- *„Es gibt im Immissionsschutzrecht keinen Grundsatz, dass dem Betreiber eingeräumte Rechtspositionen trotz Rechtsänderung zu belassen sind oder nur gegen Entschädigung entzogen werden dürfen."*[88]
- Die *„Grundpflicht ist auch ohne ausdrückliche Anordnung der Behörde während der gesamten Dauer des Betriebs verbindlich. Sie ist dynamischer Natur."*[89]
- *„Nachträglichen Rechtsänderungen kann daher nicht mit dem Einwand begegnet werden, in einen als rechtmäßig festgestellten Bestand dürfe nicht eingegriffen werden."*[90]
- Zeitlich begrenzter Bestandsschutz kann – auf der Grundlage des § 17 Abs. 2 BImSchG bei neuen Anforderungen in den Rechtsverordnungen zum BImSchG in Form einer Übergangsfrist eingeräumt werden.

---

[87] Siehe hierzu z. B. VG München, Urteil v. 14.1.2014 (Az. M 1 K 13.3005), besprochen in: *Wilrich*, Die rechtliche Bedeutung technischer Normen als Sicherheitsmaßstab – mit 33 Gerichtsurteilen zu anerkannten Regeln und Stand der Technik, Produktsicherheitsrecht und Verkehrssicherungspflichten (2017) Fall 4: Asphaltmischanlage

[88] BVerwG, Beschluss v. 3. 6. 2004 (Az. 7 B 14/04)

[89] BVerwG, Urteil v. 30.6.2005 (Az. 7 C 26/04) – Emissionshandelssystem für Treibhausgase

[90] BVerwG, Urteil v. 30.4.2009 (Az. 7 C 14/08) – Geltung der Tierschutz-Nutztierhaltungsverordnung für Legehennenanlage

2.3 Wasserhaushaltsrecht (WHG)/Abwasseranlagen

Auch für Abwasseranlagen regelt § 60 Abs. 1 WHG (ähnlich wie im Immissionsschutz), dass sie *„so zu errichten, zu betreiben und zu unterhalten sind, dass die Anforderungen an die Abwasserbeseitigung eingehalten werden"*. Bestimmte Abwasseranlagen müssen *„nach dem Stand der Technik"*, andere zumindest *„nach den allgemein anerkannten Regeln der Technik"* errichtet, betrieben und unterhalten werden.[91] Und § 60 Abs. 2 WHG ergänzt: Entsprechen vorhandene Abwasseranlagen nicht diesen Anforderungen, *„so sind die erforderlichen Maßnahmen innerhalb angemessener Fristen durchzuführen"*.

Das OVG Lüneburg verweist auf die *„Worte ‚sind zu errichten und zu betreiben'"* und kommt zum Schluss, dass *„vorhandene Anlagen keinen Bestandsschutz genießen"*[92].

Die Situation im Wasserrecht gleicht im Ergebnis der im Immissionsschutzrecht (siehe zu diesem Kapitel 2.2).

2.4 Kreislaufwirtschaftsrecht (KrWG)/Abfallanlagen und Deponien

§ 7 des Kreislaufwirtschaftsgesetzes (KrWG) regelt die *„Grundpflichten der Kreislaufwirtschaft"* und verweist hierzu auf § 13 KrWG und die Rechtsverordnungen. § 13 KrWG mit den *„Pflichten der Anlagenbetreiber"* verweist Betreiber von genehmigungsbedürftigen und nicht genehmigungsbedürftigen Anlagen nach BImSchG in Sachen Errichtung und Betrieb auf die Vorschriften des BImSchG. Damit gelten im Kreislaufwirtschafts- bzw. Abfallrecht – wie im Immissionsschutzrecht – *„dynamische Grundpflichten"*[93].

§ 36 Abs. 4 Satz 3 KrWG ergänzt: *„Die Aufnahme, Änderung oder Ergänzung von Auflagen über Anforderungen an die Deponie oder ihren Betrieb ist auch nach dem Ergehen des Planfeststellungsbeschlusses oder nach der Erteilung der Plangenehmigung zulässig."* Auch diese *„Möglichkeit nachträglicher Auflagen führt zu einer Einschränkung des Bestandsschutzes"*[94].

---

91 Zu diesen Technikgeneralklauseln siehe ausführlich *Wilrich*, Die rechtliche Bedeutung technischer Normen als Sicherheitsmaßstab – mit 33 Gerichtsurteilen zu anerkannten Regeln und Stand der Technik, Produktsicherheitsrecht und Verkehrssicherungspflichten (2017)

92 Siehe Fall 1 (Abwasseranlage, Kapitel 8.1) – dort zu § 153 Abs. 1 NWG

93 *Petersen/Doumet/Stöhr*, Das neue Kreislaufwirtschaftsgesetz, in: NVwZ 2012, 521, 524

94 *Beckmann*, in: *Landmann/Rohmer*, Umweltrecht, 83. Lieferung Mai 2017, § 36 KrWG Rn. 97

Und § 39 KrWG lässt für den Betrieb bestehender Abfallbeseitigungsanlagen die Anordnung von Befristungen, Bedingungen und Auflagen zu – oder gar die Untersagung, wenn eine erhebliche Beeinträchtigung des Wohls der Allgemeinheit durch Auflagen, Bedingungen oder Befristungen nicht verhindert werden kann. Aber „Bestandsschutz" durch Befreiung von der Zulassungspflicht gibt es nur, wenn die Anlage seinerzeit rechtmäßig war: *„Diese Deponien gelten, sofern sie rechtmäßig errichtet oder betrieben worden sind, als abfallrechtlich zugelassen."*[95]

Dann folgt[96] *„im Wege eines Umkehrschlusses"* einerseits, dass *„die betreffenden Altdeponien von der abfallrechtlichen Zulassungspflicht befreit"* sind, aber andererseits *„stellen die verschiedenen Anordnungsmöglichkeiten sicher, dass Altdeponien im Interesse der Allgemeinheit schrittweise an die für Neuanlagen geltenden Standards des KrWG und seiner untergesetzlichen Regelwerke angepasst werden können. Der damit gewährte eingeschränkte Bestandsschutz findet mit der Untersagungsmöglichkeit (erst) dort seine Grenze, wo das Wohl der Allgemeinheit erheblich beeinträchtigt werden würde."* Es *„geht der Sache nach um einen angemessenen Ausgleich zwischen berechtigten Vertrauensinteressen der Inhaber von Altanlagen und dem öffentlichen Interesse daran, dass auch diese Anlagen den (neuen) rechtlichen Anforderungen an eine gemeinwohlverträgliche Abfallbeseitigung unterstellt werden, lässt sich die doppelte Privilegierung durch Befreiung vom abfallrechtlichen Zulassungserfordernis und die Einräumung von (eingeschränktem) Bestandsschutz nur bei Deponien rechtfertigen, die nach früherem Recht legal waren und erst aufgrund der geänderten Rechtslage nicht mehr dem Gesetz entsprachen bzw. entsprechen"*.

Die Situation im Kreislaufwirtschafts- bzw. Abfallrecht gleicht im Ergebnis der im Immissionsschutzrecht (siehe zu diesem Kapitel 2.2).

---

95 OVG Münster, Urteil v. 13.9.2017 (Az. 20 A 601/14)

96 Siehe zum Ganzen *Klages*, in: *Giesberts/Reinhardt*, Beck'scher Online-Kommentar UmweltR, 44. Edition, Stand: 1.8.2017, § 39 Rn. 5

2.5 Eisenbahninfrastruktur/Eisenbahnfahrzeuge (AEG/EBO)

Nach den „Sicherheitspflichten" gemäß § 4 Abs. 1 AEG *„müssen Eisenbahninfrastrukturen und Fahrzeuge den Anforderungen der öffentlichen Sicherheit*

1. *an den Bau zum Zeitpunkt der Inbetriebnahme und*
2. *an den Betrieb*

genügen".

§ 4 Abs. 3 AEG ergänzt: *„Die Eisenbahnen und Halter von Eisenbahnfahrzeugen sind verpflichtet, ihren Betrieb sicher zu führen"* und *„Eisenbahnen sind zudem verpflichtet, die Eisenbahninfrastruktur sicher zu bauen und in betriebssicherem Zustand zu halten".*

In Bezug auf den Bau – so das VG Würzburg – *„genießen Altanlagen, soweit sie zum Zeitpunkt ihrer Errichtung den damaligen Vorschriften entsprechend vollständig erbaut und tatsächlich in Betrieb genommen worden sind, Bestandsschutz"*[97].

Die Betriebssicherheitsverpflichtung gemäß § 4 Abs. 1 Nr. 2 AEG ist dagegen dynamisch. Konkretisiert wird sie durch die Eisenbahn-Bau- und Betriebsordnung (EBO). § 2 enthält „allgemeine Anforderungen" – und zwar:

- *„Bahnanlagen und Fahrzeuge müssen so beschaffen sein, dass sie den Anforderungen der Sicherheit und Ordnung genügen. Diese Anforderungen gelten als erfüllt, wenn die Bahnanlagen und Fahrzeuge den Vorschriften dieser Verordnung und, soweit diese keine ausdrücklichen Vorschriften enthält, anerkannten Regeln der Technik entsprechen."*
- *„Von den anerkannten Regeln der Technik*[98] *darf abgewichen werden, wenn mindestens die gleiche Sicherheit wie bei Beachtung dieser Regeln nachgewiesen ist."*

Im Urteil vom 13.10.2010 hielt das VG Stuttgart[99] zwar die Einführung der Neigetechnikzüge an den Bahnanlagen nicht für eine wesentliche Änderung, aber weil *„Folge dieser Technik die Erhöhung der Fahrbereichsbreite"* war, konnte sich der Eisenbahnbetreiber *„also diesbezüglich nicht auf Bestandsschutz berufen".*

---

97 VG Würzburg, Urteil v. 9.6.2010 (Az. 6 K 09.341) – Hafenbahn Aschaffenburg

98 Zu den Technikgeneralklauseln siehe ausführlich *Wilrich*, Die rechtliche Bedeutung technischer Normen als Sicherheitsmaßstab – mit 33 Gerichtsurteilen zu anerkannten Regeln und Stand der Technik, Produktsicherheitsrecht und Verkehrssicherungspflichten (2017)

99 VG Stuttgart, Beschluss v. 13.10.2010 (Az. 7 K 2625/10)

2.6 Beweislast des Anlageninhabers bzw. Betreibers

Die Beweislast für Bestandsschutz hat der, der sich auf ihn beruft – also der Anlageninhaber bzw. Betreiber. Das BVerwG[100] fasst zusammen:

„Die fehlende Nachweisbarkeit – materielle Beweislast – eines etwaigen Bestandsschutzes geht zu Lasten des von der Beseitigungsanordnung Betroffenen. Im Verhältnis zwischen einer Beseitigungsverfügung und einem ihr entgegenstehenden Bestandsschutz hat, was die Beweislast anbetrifft, der Bestandsschutz rechtlich die Stellung eines ‚Gegenrechts' (d.h. einer ‚Einwendung'). Mit dem Gesichtspunkt des Bestandsschutzes verteidigt der Betroffene eine (mittlerweile) materiell rechtswidrige Anlage oder Nutzung. Er leitet aus der Vergangenheit ein Recht ab, das es ihm ermöglicht, sich gegen ein Beseitigungsverlangen durchzusetzen, obgleich die beanstandete Anlage oder Nutzung (derzeit) materiell rechtswidrig ist. Erweist sich im Einzelfall als unaufklärbar, ob ein solches ‚Gegenrecht' besteht, so geht das zu Lasten dessen, der dieses Recht für sich in Anspruch nimmt." Das VG Stuttgart[101] zitiert das exakt so und verweist zusätzlich noch auf das „sog. Günstigkeitsprinzip"[102].

2.7 Rechtsfolge bei Bestandsschutz

Bestandsschutz ist ein *„Gegenrecht"*[103], das die rechtmäßige Nutzung einer baulichen Anlage auch gegen neues Recht durchsetzt[104]. Es geht um das *„Recht auf Fortführung der Nutzung auch in Widerspruch zu neuen oder geänderten Anforderungen"*[105]. Bei genehmigten Anlagen *„schließt Bestandsschutz ein ordnungsrechtliches Einschreiten aus"*[106].

[100] BVerwG, Urteil v. 23.2.1979 (Az. IV C 86.76)

[101] VG Stuttgart, Beschluss v. 13.10.2010 (Az. 7 K 2625/10)

[102] Zum Günstigkeitsprinzip bzw. Normbegünstigungsprinzip in Verwaltungsverfahren und Verwaltungsgerichtsverfahren siehe ausführlich *Wilrich*, Die rechtliche Bedeutung technischer Normen als Sicherheitsmaßstab – mit 33 Gerichtsurteilen zu anerkannten Regeln und Stand der Technik, Produktsicherheitsrecht und Verkehrssicherungspflichten (2017), 3.8.6.3.5, S. 122 ff.

[103] BVerwG, Urteil v. 23.2.1979 (Az. IV C 86.76); VG Stuttgart, Beschluss v. 13.10.2010 (Az. 7 K 2625/10)

[104] VGH München, Urteile v. 25.11.1999 (Az. 2 B 94.3475) und v. 21.12.1999 (Az. 2 B 94.1741)

[105] *Brohm*, Öffentliches Baurecht, 3. Aufl. 2002, § 22 Rn. 13

[106] BVerwG, Urteil v. 23.2.1979 (Az. IV C 86.76)

3 Bestandsschutz gegen öffentlich-rechtliche Nachrüstforderungen der Aufsichtsbehörden bei Genehmigungsfreiheit

Staatliche Aufgaben sind vor allen Dingen:

- Überwachung der Einhaltung des Rechts (z. B. § 21 ArbSchG) und
- Durchsetzung des Rechts im Einzelfall durch Anordnungen (z. B. § 22 ArbSchG).

Auch nicht genehmigungsbedürftige – und folglich auch nicht genehmigte – Anlagen unterliegen öffentlich-rechtlichen Anforderungen: Man nennt diese Anforderungen häufig Betreiberpflichten. Jeder, der etwas betreibt oder benutzt, hat eine entsprechende **Betreiberverantwortung** bzw. Benutzungsverantwortung.

Nur im Baurecht gibt es – mit Ausnahme der Instandhaltungspflicht (dazu Kapitel 3.1.2) – letztlich keine Betreiberpflichten. Daher ist dort der Bestandsschutz am weitesten. Ansonsten sind

- zunächst die für das Betreiben oder Tun geltenden öffentlich-rechtlichen **speziellen Rechtsvorschriften** einzuhalten (Beispiele in Kapitel 3.2 bis 3.5) und
- außerdem und darüber hinaus die **allgemeinen (Verkehrs-)Sicherheitspflichten** zu berücksichtigen, alles Mögliche und Zumutbare zu tun, um andere nicht zu schädigen (siehe Kapitel 4).

Aber zunächst zu den speziellen Betreibervorschriften. Folgende wurden für dieses Kapitel ausgewählt:

- Landesbauordnungen zu baulichen Anlagen (dazu Kapitel 3.1),
- Arbeitsstättenverordnung zu Arbeitsstätten (dazu Kapitel 3.2),
- Immissionsschutzrecht zu nicht genehmigungsbedürftigen Anlagen (dazu Kapitel 3.3),
- Energierecht zu Energieanlagen (dazu Kapitel 3.4),
- Betriebssicherheitsverordnung zu Arbeitsmitteln (dazu Kapitel 3.5 und 3.6).

3.1 Bauliche Anlagen – Landesbauordnungen

Bei genehmigungsfreien baulichen Anlagen „*entfällt die präventive Kontrolle durch die Bauaufsichtsbehörde*“[107] – und damit „*entfällt auch der mit der formellen Legalität verbundene Bestandsschutz*“[108]. Nur eine Baugenehmigung verleiht formelle Rechtmäßigkeit (siehe oben Kapitel 2.1). Ohne Baugenehmigung kann es nur auf die materielle Rechtmäßigkeit eines Bauvorhabens ankommen.

3.1.1 Ausgangspunkt: Bestandsschutz bei Rechtmäßigkeit im Errichtungszeitpunkt

Auch bei nicht genehmigungsbedürftigen Bauanlagen gilt die Aussage des BGH[109], dass „*Bestandsschutz seine Rechtfertigung in der verfassungsrechtlich gebotenen Sicherung des durch die Eigentumsausübung Geschaffenen findet*“ und „*eine rechtmäßig errichtete bauliche Anlage rechtmäßig bleibt, auch wenn das maßgebliche Recht sich später ändert und die Anlage dem geänderten Recht nicht mehr entspricht*“. Auch der ohne Genehmigung nur „*materiell rechtmäßig geschaffene Zustand und seine Nutzung können sich grundsätzlich in ihrer bisherigen Funktion auch gegenüber neuem Gesetzesrecht behaupten*“.

Bestandsschutz kann es also geben, wenn die genehmigungsfreie bauliche Anlage materiell rechtmäßig errichtet wurde. Nun ermöglichen zwar alle Landesbauordnungen ein Einschreiten der Baubehörden, wenn bauliche Anlagen im Widerspruch zu öffentlich-rechtlichen Vorschriften errichtet, geändert oder genutzt werden. Aber „*Beurteilungszeitpunkt*“ hierfür ist die „*materielle Rechtslage im Zeitpunkt der Errichtung*“[110]. Also fehlt es am Tatbestandsmerkmal des Widerspruchs zu Rechtsvorschriften, wenn „*das Vorhaben zur Zeit seiner Verwirklichung dem geltenden materiellen Recht entsprach*“, „*sodass der Anlage Bestandsschutz zukommt, auch wenn die gleiche Anlage nach heutigem Recht unzulässig wäre*“[111]. Denn „*der Widerspruch zu öffentlich-rechtlichen Vorschriften muss nach dem eindeutigen Wortlaut (‚werden Anlagen ... im Widerspruch zu öffentlich-rechtlichen Vorschriften errichtet oder geändert‘) im Zeitpunkt der Errichtung oder Änderung der Anlage vorgelegen haben*“[112]. Daher „*bleiben vorhandene bauliche Anlagen grundsätzlich den zum Zeitpunkt ihrer Errichtung, Änderung oder ihres Nutzungsbeginns geltenden Vorschriften unterworfen.*“[113]

---

[107] *Decker*, in: *Simon/Busse*, BayBO, 125. Lieferung Mai 2017, § 76 Rn. 76
[108] *Wilke/Dageförde/Knuth/Meyer*, Bau Berlin, 5. Aufl. 1999, § 70 Rn. 12, S. 489
[109] BGH, Urteil v. 20.9.1984 (Az. III ZR 58/83), siehe Fußnote 36
[110] *Bahnsen*, Bestandsschutz im öffentlichen Baurecht, 2011, S. 204
[111] *Wilke/Dageförde/Knuth/Meyer*, Bauordnung Berlin, 5. Aufl. 1999, § 70 Rn. 12, S. 489
[112] *Hornmann*, HBO, 2. Aufl. 2011, § 72 Rn. 30 – zur hessischen Bauordnung
[113] *Dirnberger*, in: *Simon/Busse*, BayBO, 125. Lieferung Mai 2017, Art. 54 Rn. 189

3.1.2 Grenze 1 des Bestandsschutzes: Instandhaltungspflicht

Eine Instandhaltungspflicht sehen die Landesbauordnungen auch für nicht genehmigungspflichtige bauliche Anlagen vor – siehe dazu die Erläuterungen oben in Kapitel 2.1.2.1.

3.1.3 Grenze 2 des Bestandsschutzes: erhebliche Gefahren

Der Bestandsschutz endet bei erheblichen Gefahren für Leben und Gesundheit, sodass der Bestand angepasst werden muss. Das gilt auch für nicht genehmigungsbedürftige und folglich nicht genehmigte bauliche Anlagen – siehe zum Anwendungsbereich und zu den Voraussetzungen dieser Anordnungsmöglichkeiten in den Landesbauordnungen Kapitel 2.1.2.2.

3.2 Arbeitsstätten – Arbeitsstättenverordnung (ArbStättV)

Die Arbeitsstättenverordnung (ArbStättV) enthält in § 8 eine ausdrückliche „Übergangsvorschrift“. Diese Regelung *„trägt dem schutzwürdigen Interesse an Bestandsschutz einmal getroffener Verwaltungsentscheidungen Rechnung“*[114]. Falls die ArbStättV Anforderungen stellt, *„die umfangreiche Änderungen der Arbeitsstätte, der Betriebseinrichtungen, Arbeitsverfahren oder Arbeitsabläufe notwendig machen, gelten hierfür bis zum 31. Dezember 2020 mindestens die entsprechenden Anforderungen des Anhangs II der Richtlinie 89/654/EWG des Rats vom 30. November 1989 über Mindestvorschriften für Sicherheit und Gesundheitsschutz in Arbeitsstätten (ABl. EG Nr. L 393 S. 1)“*, wenn

- die Arbeitsstätte am 1. Mai 1976 bereits eingerichtet war oder
- die Arbeitsstätte am 20. Dezember 1996 schon eingerichtet war und die Gewerbeordnung (GewO) keine Anwendung fand.

Vorsicht Nr. 1: Dabei handelt es sich um inhaltlich beschränkten Bestandsschutz. Immer – auch für alle alten Arbeitsstätten – gilt Anhang II der europäischen Arbeitsmittelbenutzungsrichtlinie.

Vorsicht Nr. 2: Es ist ein zeitlich beschränkter Bestandsschutz. Er endet am 31. Dezember 2020.

[114] BR-Drs. 450/04 v. 26.5.2004 zu § 8, S. 30

Vorsicht Nr. 3: § 8 Abs. 1 Satz 2 ArbStättV *„stellt klar, dass auch bei Arbeitsstätten mit Bestandsschutz ggf. durchgeführte wesentliche Änderungen, Erweiterungen oder Umgestaltungen der Arbeitsstätte oder der Arbeitsverfahren oder der Arbeitsabläufe mit den Anforderungen der Verordnung im Einklang stehen müssen"*[115].

Im Verordnungsentwurf wird darauf hingewiesen, dass die Aufsichtsbehörden in Härtefällen Ausnahmegenehmigungen erteilen können.[116]

Und noch einmal Vorsicht – Nr. 4: Die Bestandsschutzvorschriften in der ArbStättV sind nur relevant für die Entscheidung, *„ob der Betreiber die bestehenden Bürobauten den Anforderungen der Arbeitsstättenverordnung anzupassen hat"*, nicht aber, *„ob die eingereichten Baupläne genehmigt werden müssen. Für die Begründetheit dieses Anspruchs kann es nicht darauf ankommen, ob das Vorhaben bereits ausgeführt worden ist"*[117]. Das BVerwG bestätigt: *„Diese Tatsache ist – sofern die einschlägigen Voraussetzungen erfüllt sind – geeignet, der vorhandenen Anlage einen Bestandsschutz zu verschaffen. Ein Anspruch auf bauaufsichtliche Genehmigung lässt sich daraus nicht herleiten."*[118]

Und schließlich – noch weitergehend – Vorsicht Nr. 5: Selbst eine konkrete Baugenehmigung und damit baurechtliche Legalisierung eines arbeitsstättenwidrigen Zustands kann sich nicht gegen Anforderungen der ArbStättV durchsetzen. So hatte im Fall 6 (Fluchttür, siehe Kapitel 8.6) ein Bürobetreiber im Jahr 2000 eine Nachtragsgenehmigung für eine nach innen öffnende Fluchttür im vierten Obergeschoss erhalten, aber das VG Münster hielt die Umrüstungsverfügung für rechtmäßig.

3.3 Immissionsschutzrechtliche Anlagen (§ 22 BImSchG)

Die *„Pflichten der Betreiber nicht genehmigungsbedürftiger Anlagen"* regelt § 22 BImSchG – sie sind so zu errichten und zu betreiben, dass u. a. *„schädliche Umwelteinwirkungen verhindert werden, die nach dem Stand der Technik*[119] *vermeidbar sind"* und *„nach dem Stand der Technik unvermeidbare schädliche Umwelteinwirkungen auf ein Mindestmaß beschränkt werden"*.

Das Immissionsschutzrecht ist damit *„dynamisch angelegt. Die Grundpflichten gemäß § 22 BImSchG sind nicht nur im Zeitpunkt der Errichtung der Anlage, son-*

[115] Vgl. BR-Drs. 450/04 v. 26.5.2004 zu § 8, S. 30
[116] Vgl. BR-Drs. 450/04 v. 26.5.2004 zu § 8, S. 30
[117] VGH München, Urteil v. 29.6.1977 (Az. 385 II 74)
[118] BVerwG, Urteil v. 16.4.1980 – (Az. IV C 90.77)
[119] Zum Stand der Technik siehe *Wilrich*, Die rechtliche Bedeutung technischer Normen als Sicherheitsmaßstab – mit 33 Gerichtsurteilen zu anerkannten Regeln und Stand der Technik, Produktsicherheitsrecht und Verkehrssicherungspflichten, 2017

dern in der gesamten Betriebsphase zu erfüllen. Sie wirken unmittelbar.“[120] Die Betreiberpflichten sind „*dynamische Dauerpflichten, die sich über den gesamten Betriebszeitraum ständig aktualisieren*“[121].

„*§ 22 BImSchG gilt in gleicher Weise für neue Anlagen wie für bereits betriebene Anlagen. Die Vorschrift gewährt keinen Bestandsschutz für bestehende Anlagen*“[122], sodass „*beim Betrieb einer Anlage stets die aktuell geltenden technischen Immissionsanforderungen eingehalten werden müssen*“[123]. Denn „*wegen des Fehlens einer vorherigen immissionsschutzrechtlichen Genehmigung besteht kein Bestandsschutz*“[124]. Im Fall 7 (Bäckerei, siehe Kapitel 8.7) sagt das VG Berlin, „*ein immissionsschutzrechtlicher Bestandsschutz ist schon wegen des Rechtsinstituts der nachträglichen Anordnung nach § 17 BImSchG nicht anzuerkennen*“.

3.4 Energieanlagen – Energiewirtschaftsgesetz (EnWG)

Das Energiewirtschaftsgesetz (EnWG) enthält in § 49 „*Anforderungen an Energieanlagen*“:

- Energieanlagen „*sind so zu errichten und zu betreiben, dass die technische Sicherheit gewährleistet ist*“ (Abs. 1).
- Die „*zuständige Behörde kann im Einzelfall die zur Sicherstellung der Anforderungen an die technische Sicherheit von Energieanlagen erforderlichen Maßnahmen treffen*“ (Abs. 5).

Im Rahmen des **Betriebs** gibt es wegen der Dynamik der Betreiberpflichten keinen Raum für Bestandsschutz. Das gleicht der Rechtslage im Immissionsschutzrecht (dazu Kapitel 3.3).

Im Rahmen der **Errichtung** gibt es nur in § 20 Gashochdruckleitungsverordnung (GasHDrLtgV) eine Regelung für bestehende Gashochdruckleitungen. Danach „*kann die zuständige Behörde verlangen, dass Gashochdruckleitungen, die bei Inkrafttreten dieser Verordnung bereits errichtet sind, den Vorschriften dieser Verordnung entsprechend angepasst werden, wenn 1. sie erweitert, umgebaut oder geändert werden oder 2. Gefahren zu befürchten sind*“.

120 BVerwG, Urteil v. 18.5.1995 (Az. 4 C 20/94); VG Ansbach, Urteil v. 20.9.2007 (Az. AN 18 K 04.00704)

121 *Engler*, Der öffentlich-rechtliche Immissionsschutzabwehranspruch, 1995, S. 73

122 VG Berlin, Urteil v. 20.8.2015 (Az. 10 K 208/13)

123 LG Berlin, Urteil v. 16.12.2011 (Az. 63 S 111/11)

124 VG München, Urteil v. 21.6.2016 (Az. M 1 K 15.2731) – Nagelstudio

Dieses Prinzip für Gashochdruckleitungen wird für den gesamten Bereich der Energieanlagen verallgemeinert: „*Die Anforderungen an die Errichtung der Energieanlagen beziehen sich zunächst nur auf die Errichtung neuer Anlagen. Angesichts der Struktur der Anlagen der Energieversorgung, die zum großen Teil erdverlegt sind, wäre es nur mit unverhältnismäßigem Aufwand möglich, bestehende Anlagen nachzurüsten. Solche Eingriffe in bestehende Anlagen sind entsprechend den verfassungsrechtlich entwickelten Grundsätzen des Bestandsschutzes auch im Geltungsbereich der energierechtlichen Regelungen auf Fälle beschränkt, in denen eine bestehende Anlage oder ein abgrenzbarer Teil der Anlage ohnehin erweitert, umgebaut oder geändert wird, also wenn der Eingriff mit wesentlich geringeren Kosten verbunden ist oder wenn von der Anlage Gefahren zu befürchten sind.*“[125]

3.5 Arbeitsmittel – Betriebssicherheitsverordnung (BetrSichV)

Die Betriebssicherheitsverordnung (BetrSichV) gilt im Grundsatz für die Verwendung jedes Arbeitsmittels durch jeden Beschäftigten.[126]

In der BetrSichV 2015 gibt es nur eine einzige Bestandsschutzvorschrift für Aufzüge: In Anhang I Nr. 4.1 „*Besondere Vorschriften für Aufzugsanlagen*“ ist vorgeschrieben, dass „*im Fahrkorb der Aufzugsanlage ein wirksames Zweiwege-Kommunikationssystem installiert ist, über das ein Notdienst ständig erreicht werden kann*“, und es ist ein Notfallplan anzufertigen. § 24 Abs. 2 BetrSichV enthält hierzu eine Übergangsvorschrift für Altanlagen – das ist letztlich ein zeitlich befristeter Bestandsschutz bis Ende 2020.

Die BetrSichV 2002 enthielt im Hinblick auf die *Beschaffenheitsanforderungen* für alle Arbeitsmittel in § 7 Abs. 2 eine Bestandsschutzregelung, die in ihrer Bedeutung allerdings überschätzt wurde – und eher Pseudo(bestands-)sicherheit suggerierte: Denn es kam letztlich immer auch auf die *Verwendungssicherheit* an. Das war damals in dem – nicht richtig zur Kenntnis genommenen – § 4 BetrSichV geregelt.

Zu § 7 Abs. 2 BetrSichV a. F. sind in Teil 2 folgende Fälle enthalten, die nach der heutigen BetrSichV nicht anders entschieden würden:

- Verwaltungsgericht Regensburg: Abzieh-Teilmaschine (Fall 2 in Kapitel 8.2),
- Landgericht Rottweil: Drehmaschine (Fall 11 in Kapitel 8.11).

[125] *Van Rienen/Wasser*, in: *Danner/Theobald*, Energierecht, 93. Lieferung Juni 2017, § 49 EnWG Rn. 15

[126] Ausführlich *Wilrich*, Praxisleitfaden Betriebssicherheitsverordnung – mit 20 Gerichtsurteilen (2015)

Heute strotzt die BetrSichV an allen Ecken und Enden von Aussagen, dass es auf die aktuelle Betriebssicherheit ankomme. Heute müssen Arbeitsmittel

- erstens *„den für sie geltenden Rechtsvorschriften über Sicherheit und Gesundheitsschutz entsprechen“* (§ 5 Abs. 3 BetrSichV) und
- zweitens unter *„den vorgesehenen Einsatzbedingungen bei der Verwendung sicher“* sein (§ 5 Abs. 1 Satz 1 BetrSichV) – die Verwendung der Arbeitsmittel muss *„nach dem Stand der Technik*[127] *sicher“* sein (§ 4 Abs. 1 Satz 3 BetrSichV).

Diese beiden Anforderungen gelten kumulativ, also zusammen. Immer geht es um Sicherheit

- sowohl des Arbeitsmittels an sich (die *Produkt*sicherheit bzw. den *Zustand*)
- als auch der konkreten Verwendung des Arbeitsmittels (die *Betrieb*ssicherheit bzw. die *Handhabung*).

Also: *„Die sichere Verwendung des Arbeitsmittels ergibt sich aus der mitgelieferten Sicherheit des Arbeitsmittels, ergänzt um die Maßnahmen, die sich aus der Gefährdungsbeurteilung für die Verwendung ergeben.“*[128]

Die BetrSichV hat folgende Kurzformel: **(Betriebs-)Sicherheit = Produktsicherheit + Gefährdungsbeurteilung + betriebliche Schutzmaßnahmen**.

3.5.1 Anforderung 1: *Produkt*sicherheit = vorgelagerter Arbeitsschutz

Arbeitsmittel müssen gemäß § 5 Abs. 3 BetrSichV *„den für sie geltenden Rechtsvorschriften über Sicherheit und Gesundheitsschutz entsprechen“*. § 5 Abs. 3 BetrSichV nimmt „eins-zu-eins“[129] Bezug insbesondere auf

- das Produktsicherheitsgesetz (ProdSG)[130] und
- die einschlägigen europäischen Harmonisierungsrichtlinien, z. B. die EG-Maschinenrichtlinie.

---

[127] Zum Stand der Technik siehe *Wilrich*, Die rechtliche Bedeutung technischer Normen als Sicherheitsmaßstab – mit 33 Gerichtsurteilen zu anerkannten Regeln und Stand der Technik, Produktsicherheitsrecht und Verkehrssicherungspflichten (2017)

[128] BR-Drs. 400/14 v. 28.8.2014, S. 83

[129] So *Schucht*, BPUVZ 2014, S. 551, 552 und CCZ 2015, S. 411, 415

[130] Vgl. *Wilrich*, Das neue Produktsicherheitsgesetz (ProdSG) – Leitfaden für Hersteller, Importeure und Händler (2012)

Die Rechtskonformität durch Produktsicherheit ist die Grundanforderung an jedes Arbeitsmittel. Es ist

- „vorgelagerter Arbeitsschutz“[131],
- „vorgreifender produktbezogener Schutz“[132], der
- „ein Mindestmaß an sicherheitstechnischen Merkmalen“[133] festgelegt,

gefordert.

So sagt das OLG Celle[134]: *„Der Betreiber eines Freizeitparks, der Spiel- und Unterhaltungsgeräte an Parkbesucher gewerblich zur Nutzung überlässt, hat darauf zu achten, dass nur konstruktiv sichere Geräte eingesetzt und, dass sie nur für den vom Hersteller vorgesehenen Verwendungszweck genutzt werden. In Bezug auf die Konstruktion der Produkte treffen ihn grundsätzlich keine höheren Verkehrspflichten als den Hersteller, der das entsprechende Produkt in Verkehr gebracht hat.“*

3.5.1.1 Ausgangspunkt: ProdSG gilt auch für gebrauchte Produkte

Das ProdSG gilt für neue und gebrauchte Produkte. Damit ist § 5 Abs. 3 BetrSichV auch anwendbar, wenn sich der Arbeitgeber ein gebrauchtes Arbeitsmittel kauft. Dann stellt sich die Frage nach dem maßgeblichen Zeitpunkt für die *„Entsprechung“* des Arbeitsmittels mit dem Produktsicherheitsrecht:

- Gilt die Rechtslage bei erstmaligem Bereitstellen = Inverkehrbringen? – oder:
- Ist der aktuelle Zeitpunkt relevant – ist also vielleicht nachzurüsten?

3.5.1.2 Zwar: Bestandsschutz und keine Nachrüstungspflicht gemäß § 5 Abs. 3 BetrSichV

Im Ergebnis fordert das Produktsicherheitsrecht nicht ausdrücklich, dass alte Arbeitsmittel, die innerhalb des EWR weitergegeben werden, nachgerüstet werden müssen[135],

[131] BR-Drs. 400/14 v. 28.8.2014, S. 79 f. und 83

[132] *Kothe*, Geräte- und Anlagensicherheit, in: *Richardi/Wißmann/Wlotzke/Oetker*, Münchener Handbuch zum Arbeitsrecht, Band 2, 3. Aufl. 2009, § 294 Rn. 33

[133] BekBS 1113 „Beschaffung von Arbeitsmitteln“ Nr. 3 Abs. 1

[134] OLG Celle, Urteil v. 28.5.2003 (Az. 9 U 7/03) = Fall 16, in: *Wilrich*, Die rechtliche Bedeutung technischer Normen als Sicherheitsmaßstab – mit 33 Gerichtsurteilen zu anerkannten Regeln und Stand der Technik, Produktsicherheitsrecht und Verkehrssicherungspflichten (2017)

[135] Vgl. *LASI* (Länderausschuss für Sicherheitstechnik), Leitlinien zur BetrSichV (LV 35), 3. Aufl. 2008, A 7.2; *Schucht*, Betriebssicherheitsverordnung, NZA 2015, 333, 337; *Scheuermann/Schucht*, Betriebssicherheitsverordnung, 4.2.3.1.2, S. 103; *Kittner/Pieper*, Arbeitsschutzrecht, BetrSichV, § 7 Rn. 1 und 12, ausführlich auch *Wilrich*, Das neue Produktsicherheitsgesetz (ProdSG) – Leitfaden für Hersteller, Importeure und Händler (2012)

sodass gebrauchte Arbeitsmittel nach Verkauf und erneutem Einsatz beim Käufer nicht die dann aktuellen produktsicherheitsrechtlichen Anforderungen erfüllen müssen. Schon 1992 zum alten Gerätesicherheitsgesetz (GSG) hieß es: Wenn sich die Rechtslage nach dem Inverkehrbringen ändert, *„wird niemand"*, der ein Produkt *„auf einer weiteren Stufe des Inverkehrbringens einem anderen überlässt, verpflichtet, es umzurüsten, wenn sich die Voraussetzungen des Inverkehrbringens inzwischen geändert haben"*[136]. Das bedeutet, es kommt bei der Inbezugnahme des Produktsicherheitsrechts im Rahmen des § 5 Abs. 3 BetrSichV auf die frühere Rechtslage an.

3.5.1.3 Aber: Das bedeutet nicht Bestandsschutz auch für die *Verwendungssicherheit*

Aber dieser *gegenstandsbezogene* Bestandsschutz gemäß § 5 Abs. 3 BetrSichV bedeutet nicht automatisch auch *tätigkeitsbezogenen* Bestandsschutz für die *Verwendung* eines Arbeitsmittels. Denn in § 5 Abs. 3 BetrSichV geht es nur um die Produktbeschaffenheit (Zustand) und nicht um die sichere Verwendung (Handhabung). Die BetrSichV besteht eben nicht nur aus § 5 Abs. 3 BetrSichV.[137]

Es gelten immer

- die weiteren öffentlichen-rechtlichen Pflichten gemäß BetrSichV (dazu Kapitel 3.5.2) und
- ggf. spezielle öffentlich-rechtliche Pflichten, im Fall 6 (Aufzug im Pflegeheim, siehe Kapitel 8.6) etwa die Heimmindestbauverordnung und
- die zivilrechtlichen Verkehrssicherungspflichten bzw. Schadensersatzvorschriften (siehe Kapitel 4).

Fazit: Beim Einkauf gebrauchter Produkte aus dem Europäischen Wirtschaftsraum (EWR) besteht

- zwar Bestandsschutz hinsichtlich der Beschaffenheit – aber nur soweit es um den § 5 Abs. 3 BetrSichV und damit die produktsicherheitsrechtlichen Anforderungen geht,
- aber kein Bestandsschutz hinsichtlich der sicheren Verwendungsmöglichkeit – sodass der Rest der BetrSichV (noch) angewendet werden muss (dazu Kapitel 3.5.2).

---

[136] BT-Drs. 12/2693 v. 27.5.1992 zu technischen Arbeitsmitteln im 2. Gesetz zur Änderung des GSG, S. 22

[137] Wenn es nur den § 5 Abs. 3 BetrSichV gäbe, könnte man öffentlich-rechtlich tatsächlich von vollständigem Bestandsschutz ausgehen. Aber es gibt ja auch noch das Zivilrecht (Kapitel 4) und das Strafrecht (Kapitel 5)

Der maßgebliche Zeitpunkt für die Entsprechung des Arbeitsmittels mit dem *Produktsicherheits*recht (also des sicheren *Zustands*) ist also zu trennen von der Frage der *Betriebssicherheit*, ob das Arbeitsmittel sicher verwendbar ist (also der sicheren *Handhabung*). Ob bei alten Arbeitsmitteln Bestandsschutz besteht, hängt nicht allein von der *zustands*bezogenen produktsicherheitsrechtlichen Einschätzung ab, sondern auch von der *verwendungs*bezogenen Gefährdungsbeurteilung – das galt auch schon für die alte BetrSichV[138]. Man kann sagen, der über § 5 Abs. 3 BetrSichV durch die Anknüpfung an das Produktsicherheitsrecht zum Zeitpunkt des erstmaligen Bereitstellens im EWR gewährte „Bestandsschutz" wird durch die verwendungsbezogenen Vorschriften des Betriebssicherheitsrechts wieder „aufgehoben"[139] – bzw.: Was mit dem kleinen Finger gegeben wird, wird mit mehreren Klauen genommen. Es *„besteht kein Nachrüstungsbedarf bei ordnungsgemäß in Verkehr gebrachten Arbeitsmitteln hinsichtlich der Beschaffenheit. Die Anpassung an den Stand der Technik hinsichtlich der sicheren Verwendung ist damit jedoch nicht aufgehoben"*[140].

3.5.1.4 Und: kein Bestandsschutz – für die Beschaffenheit – bei wesentlicher Änderung

§ 10 Abs. 4 BetrSichV enthält den „deklaratorischen Hinweis"[141], der Arbeitgeber müsse *„beurteilen, ob er bei den Änderungen von Arbeitsmitteln Herstellerpflichten zu beachten hat, die sich aus anderen Rechtsvorschriften ergeben"*. Hier geht es um das Produktsicherheitsrecht.

- Ist die **Änderung „nicht wesentlich"**[142], dann gilt allein die BetrSichV und ihr „Programm" ist zu durchlaufen[143]. Die Frage des Bestandsschutzes richtet sich nach den sogleich in Kapitel 3.5.2 beschriebenen Kriterien.
- Ist die **Änderung wesentlich**, sodass das Arbeitsmittel neu ist, gilt (auch und zunächst) das ProdSG in Verbindung mit der einschlägigen europäischen Harmonisierungsrichtlinie (siehe am Anfang von Kapitel 3.5.1). Es kann dann schon deshalb keinen Bestandsschutz (mehr) geben, weil es keinen alten Bestand mehr gibt, weil ja das Arbeitsmittel neu (erschaffen) ist.

[138] Vgl. *LASI* (Länderausschuss für Sicherheitstechnik), Leitlinien zur BetrSichV (LV 35), 3. Aufl. 2008, A 7.2 Nr. 2 – dort ist noch der alte § 4 BetrSichV erwähnt

[139] So *Kittner/Pieper*, Arbeitsschutzrecht, BetrSichV, § 7 Rn. 1

[140] So *VCI*, Leitfaden BetrSichV, 2015, S. 9

[141] BR-Drs. 400/14 v. 28.8.2014, S. 88

[142] BR-Drs. 400/14 v. 28.8.2014, S. 88

[143] Ausführlich *Wilrich*, Praxisleitfaden Betriebssicherheitsverordnung – mit 20 Gerichtsurteilen (2015)

Das Urteil über die (Un-)Wesentlichkeit einer Änderung ist eine schwierige Wertungsfrage, die *„nicht pauschal entschieden werden kann“*[144], sondern nur für den konkreten Einzelfall[145].

3.5.2 Anforderung 2: *Betriebs*sicherheit = Verwendungssicherheit

Das VG Regensburg sagt in Fall 2 (Abzieh-Teilmaschine, siehe Kapitel 8.2): *„Nach § 3 Abs. 1 Satz 1 ArbSchG ist der Arbeitgeber verpflichtet, die erforderlichen Maßnahmen des Arbeitsschutzes unter Berücksichtigung der Umstände zu treffen, die Sicherheit und Gesundheit der Beschäftigten bei der Arbeit beeinflussen. Dies setzt voraus, dass der Arbeitgeber gemäß § 5 Abs. 1 ArbSchG die einzelnen Arbeiten bewertet und dabei die drohenden Gefahren ermittelt, um anschließend prüfen zu können, welche Arbeitsschutzmaßnahmen erforderlich sind. Unter mehreren möglichen Alternativen kann der Arbeitgeber grundsätzlich frei wählen.“* Die BetrSichV konkretisiert:

3.5.2.1 Ausgangspunkt: Anwendung der BetrSichV auf alle – auch alte – Arbeitsmittel

Die Sicherheitsanforderungen der neuen BetrSichV[146] *„gelten für alte und neue Arbeitsmittel gleichermaßen“*[147] und es gibt keine „Festfrierung“ auf einen bestimmten Stand der Technik. In der Verordnungsbegründung wird behauptet, durch die Vorgabe von Schutzzielen sei *„das Bestandsschutzproblem bei älteren Arbeitsmitteln gelöst“*[148] und es *„entsteht für den Arbeitgeber Rechtssicherheit hinsichtlich des Bestandsschutzes“*[149]. Das ist etwas zu euphorisch:

Rechtssicher ist nur das im Folgenden beschriebene Grundprinzip. Rechtssicherheit im Hinblick auf die einzelne Anlage bzw. das konkrete Arbeitsmittel kann die Verordnung dagegen nicht gewähren, denn – ausreichende – Rechtssicherheit muss man sich durch die Gefährdungsbeurteilung und die Umsetzung erforderlicher Schutzmaßnahmen erarbeiten.

---

144 *Mattes/Aich/Fähnrich*, Neu gestaltetes Vorschriften- und Regelwerk zur Anlagen- und Betriebssicherheit, in: *Aich* u. a., Die Betriebssicherheitsverordnung (2003), S. 1, 11

145 Produktsicherheitsrechtlich wird sogar jeder zum Hersteller, der ein Produkt wiederaufarbeitet (§ 2 Nr. 14 b) ProdSG), vgl. hierzu *Wilrich*, Das neue Produktsicherheitsgesetz (ProdSG) – Leitfaden für Hersteller, Importeure und Händler (2012), Rn. 194, S. 75

146 Ausführlich *Wilrich*, Praxisleitfaden Betriebssicherheitsverordnung – mit 20 Gerichtsurteilen (2015)

147 BR-Drs. 400/14 v. 28.8.2014, S. 69

148 BR-Drs. 400/14 v. 28.8.2014, S. 1

149 BR-Drs. 400/14 v. 28.8.2014, S. 73

3.5.2.2 Bestandsschutz (nur) im Rahmen einer Gefährdungsbeurteilung

Heute ist klarer als je zuvor, dass es Bestandsschutz nur nach verantwortungsvoller Entscheidung des Betreibers geben kann, also nur soweit ein Weiterbetrieb des

- rechtskonformen = produktsicheren Arbeitsmittels
- nach der Gefährdungsbeurteilung,
- nach den auf deren Grundlage notwendigen Schutzmaßnahmen und
- nach dem Stand der Technik

ausreichend (betriebs-)sicher ist[150]: Es *„muss der Arbeitgeber im Rahmen einer Gefährdungsbeurteilung eigenverantwortlich selbst entscheiden, ob ggf. Nachrüstmaßnahmen erforderlich sind“*[151]. Schon zur alten BetrSichV war die Aussage, sie erhebe *„grundsätzlich keine Nachrüstforderungen“*, zutreffend mit dem Zusatz eingeschränkt, *„sofern die Gefährdungsbeurteilung nichts anderes ergibt“*[152]. Das VG Regenburg betont in Fall 2 (Abzieh-Teilmaschine, siehe Kapitel 8.2) eine *„im Kern bestehende Pflicht zur Nachrüstung“*.

3.5.2.3 Bestandsschutz nur mit (erforderlichen) Schutzmaßnahmen

„Die Schutzziele der Verordnung sind zwar in jedem Fall einzuhalten und die Verwendung der Arbeitsmittel muss sicher sein. Dies kann jedoch z. B. bei älteren Arbeitsmitteln auch durch ergänzende Maßnahmen sichergestellt werden, sodass ältere Arbeitsmittel nicht ausgesondert werden müssen.“[153] So kann *„auch durch ergänzende Schutzmaßnahmen“* letztlich *„Bestandsschutz gewährleistet werden“*[154].

Jede Anlage muss sich – so das LG Detmold in Fall 4 (Aufzug im Kurheim, siehe Kapitel 8.4) – *„in einem betriebssicheren Zustand befinden“*, also *„den Anforderungen an die allgemeine Verkehrssicherung entsprechen“*, und deshalb hat – so das LG Frankfurt in Fall 5 (Aufzug im Parkhaus, siehe Kapitel 8.5) – *„nach BetrSichV derjenige, der eine Anlage betreibt, diese in ordnungsgemäßem Zustand zu erhalten, zu überwachen, notwendige Instandsetzungs- oder Wartungsarbeiten unverzüglich vorzunehmen und die den Umständen nach erforderlichen Sicherheitsmaßnahmen zu treffen.“*

[150] Siehe im Einzelnen *Wilrich*, Praxisleitfaden Betriebssicherheitsverordnung – mit 20 Gerichtsurteilen (2015)
[151] BR-Drs. 400/14 v. 28.8.2014, S. 69
[152] *LASI* (Länderausschuss für Sicherheitstechnik), Leitlinien zur BetrSichV (LV 35), 3. Aufl. 2008, A 7.6
[153] BR-Drs. 400/14 v. 28.8.2014, S. 73
[154] BR-Drs. 400/14 v. 28.8.2014, S. 81

Dieses Prinzip bestätigt auch der Fall zur Tatra-Bahn in Dresden. Das Landgericht lässt die Nachrüstung mit *„einer sog. Thyristor-Steuerung"* ausreichen, fordert aber nicht den Austausch der ganzen Bahn: *„Der vollständige Austausch der Straßenbahnen durch sog. Stadtbahnen kann von dem Haftpflichtigen billigerweise nicht verlangt werden"*, denn *„die Tatrabahn war technisch auf dem neuesten Stand, weil sie technisch nachgerüstet worden war"*.[155]

3.5.2.4 Arbeitgeberseitige Abwägung, behördliches Ermessen und Verhältnismäßigkeit

Ob gewählte und umgesetzte Schutzmaßnahmen ausreichen, damit ein nicht dem Stand der Technik entsprechendes Arbeitsmittel weiterbetrieben werden darf, ist eine sehr schwierige und verantwortungsvolle (Wertungs-)Frage. Wenn *„nicht nur eine einzige Nachrüstung möglich ist, verbleibt ein gewisser Umsetzungsspielraum"*[156].

- So geht das LG Detmold z. B. von einem *„erhöhten"* Schutzniveau aus, weil es *„um ältere und ggf. auch gebrechliche Personen geht, also eine Personengruppe, die eines besonderen Schutzes bedarf"*, aber selbst *„unter Anlegung dieses (erhöhten) Maßstabs"* kommt das Gericht trotzdem nicht auf eine (Verkehrs-) Pflichtverletzung[157].
- So nahm das LG Wuppertal zunächst an, eine Heimträgerin sei den speziellen Pflichten gemäß Heimmindestbauverordnung nicht nachgekommen, *„da die Beschaffenheit des Aufzugs nicht den Bedürfnissen der Bewohner einer Pflegeeinrichtung entsprach"*, aber das OLG Düsseldorf konnte in der zweiten Instanz *„nicht feststellen, dass der zum Unfallzeitpunkt im Pflegeheim befindliche Aufzug § 4 HeimMindBauV nicht genügt hat"*.

Auch die Wirtschaftlichkeit spielt eine Rolle: Das ist *„Ausfluss des Verhältnismäßigkeitsgrundsatzes"*[158]. Stellvertretend für dieses Prinzip steht etwa § 17 Abs. 2 BImSchG: *„Die zuständige Behörde darf eine nachträgliche Anordnung nicht treffen, wenn sie unverhältnismäßig ist, vor allem, wenn der mit der Erfüllung der Anordnung verbundene Aufwand außer Verhältnis zu dem mit der Anordnung angestrebten Erfolg steht"* (siehe auch Kapitel 3.3).

Nicht erfolgreich war das Bestandsschutzargument in den Urteilen:

- Drehmaschine (Fall 11, siehe Kapitel 8.11): Schon deshalb nicht, weil die Maschine im Zeitpunkt ihrer Inbetriebnahme 1987 nicht den damals einschlägigen Vorschriften entsprach.

[155] LG Dresden, Urteil v. 12.10.2010 (Az. 4 O 3263/09)
[156] VG Regensburg in Fall 2 (Abzieh-Teilmaschine), siehe Kapitel 8.2
[157] LG Detmold in Fall 4 (Aufzug im Kurheim), siehe Kapitel 8.4
[158] VG Regensburg in Fall 2 (Abzieh-Teilmaschine), siehe Kapitel 8.2

- Abzieh-Teilmaschine (Fall 2, siehe Kapitel 8.2): Dort hatte der Betreiber gegen eine Nachrüstanordnung indes keinen Widerspruch eingelegt, sodass es im nachfolgenden Zwangsvollstreckungsverfahren nur noch um schwere Fehler ging (= Nichtigkeit) und nicht um die vollständige Überprüfung der Anordnung (= Rechtswidrigkeit).

Erfolgreich war das Bestandsschutzargument in folgenden Fällen:

- Aufzug im Kurheim (Fall 4), siehe Kapitel 8.4,
- Aufzug im Parkhaus (Fall 5), siehe Kapitel 8.5,
- Aufzug im Pflegeheim (Fall 6), siehe Kapitel 8.6, dort allerdings erst im Urteil der zweiten Instanz,
- Baggerunfall am Bahnhof Kochel (Fall 8, Kapitel 8.8: als Beispiel aus dem Strafrecht mit Arbeitsmittelbezug – siehe unten in Kapitel 5.3.2): Die DGUV-Information 201-021 (vormals BGI 781) bzw. das Eisenbahn-Bundesamt sieht für Zweiwegebagger die Aus- und ggf. Nachrüstung mit Kamera-Monitor-Systemen verbindlich vor, das AG Wolfratshausen ließ es aber genügen, dass dem Fahrer *„vonseiten des Arbeitgebers eine Rückfahrkamera zur Verfügung gestellt worden“* war. Der Fahrer wurde allerdings trotzdem wegen fahrlässiger Tötung verurteilt, weil er die Kamera am Unfalltag nicht montiert hatte.

Da die Frage der Nachrüstungspflicht nicht mit allgemeinen Grundsätzen beantwortet werden kann, sondern nur für den jeweiligen konkreten Einzelfall, genügt etwa auch folgende behördliche Anordnung den Anforderungen an die Bestimmtheit von Verwaltungsakten: Die Maschine *„ist unverzüglich so nachzurüsten, dass sie mit den Anforderungen der Betriebssicherheitsverordnung in Einklang steht“.*[159]

3.6 Altmaschinen und nachträgliche CE-Kennzeichnung: Muss der Betreiber nachholen, was der Hersteller versäumt hat?

Wenn Maschinen nicht CE-gekennzeichnet – und zuvor nicht die Konformitätsbewertungs- und Sicherheitspflichten erledigt worden – sind, stellt sich die Frage, ob nicht nur der Hersteller, sondern auch der Betreiber zur Korrektur dieses Fehlers gemäß Inverkehrbringensrecht verpflichtet ist – also Umsetzung der EG-Maschinenrichtlinie, Erstellung der EG-Konformitätserklärung und CE-Kennzeichnung nachholen muss.

[159] VG Regensburg in Fall 2 (Abzieh-Teilmaschine), siehe Kapitel 8.2

3.6.1 Überblick zur Rechtslage bei Altmaschinen

- Eine vor dem 31. Dezember 1994 erstmalig in Verkehr gebrachte Maschine musste nicht CE-gekennzeichnet werden[160]. *„Vollständig angewandt werden muss die Maschinenrichtlinie erst ab dem 1. Januar 1995“*[161]. Eine fehlende CE-Kennzeichnung für diese „Alt-Maschinen“ muss nicht nachgeholt werden.
- Wenn ab dem 1. Januar 1995 eine Maschine ohne CE-Kennzeichnung (und ohne Durchführung des erforderlichen Konformitätsbewertungsverfahrens und ohne Umsetzung der erforderlichen Sicherheit) in Verkehr gebracht wurde, hat der Hersteller einen Fehler gemacht. Das Inverkehrbringen war gesetzeswidrig.
- Wenn eine Maschine gesetzeswidrig nicht CE-gekennzeichnet ist, *kann* der Betreiber die Herstellerverantwortung übernehmen. Wenn er dabei tatsächlich umbaut, wird er – bei wesentlicher Veränderung – zum Hersteller. Wenn er nur seinen Namen oder Kennzeichen anbringt, wird er Quasi-Hersteller (siehe Kapitel 3.6.5.3 und Kapitel 3.6.7.1).

Streitig ist, ob ein Betreiber einer Maschine, der nicht Hersteller ist, die fehlende Konformitätsbewertung, EG-Konformitätserklärung und CE-Kennzeichnung gemäß EG-Maschinenrichtlinie von Rechts wegen nachholen *muss* bzw. *kann*. Diese Frage beantworte ich mit „Nein“ aus folgenden Gründen:

3.6.2 Strikte Trennung von Herstellerpflichten und Betreiberpflichten

Es sind sich alle einig, dass das europäische Recht – und damit natürlich auch die nationalen Umsetzungen – strikt zwischen Inverkehrbringenspflichten des Herstellers und Arbeitsschutzpflichten des Betreibers trennen.

- Für den Hersteller gelten das Produktsicherheitsgesetz[162] und die EG-Maschinenrichtlinie 2006/42 (dazu Kapitel 3.6.3).
- Für den Betreiber gelten das Arbeitsschutzrecht[163] und in Deutschland die BetrSichV bzw. in Österreich die AM-VO (siehe oben Kapitel 3.5 und dazu noch Kapitel 3.6.6 und 3.6.7).

---

160 Siehe Art. 13 Nr. 2 der Richtlinie 89/392/EWG des Rates vom 14. Juni 1989 zur Angleichung der Rechtsvorschriften der Mitgliedstaaten für Maschinen

161 EG-Kommission, Erläuterungen zur Maschinenrichtlinie 1989, Ausgabe 1993, S. 33

162 Abgekürzt in Deutschland ProdSG, in Österreich PSG 2004

163 Abgekürzt in Deutschland ArbSchG, in Österreich ASchG

Der Betreiber hat nur in drei Ausnahmesituationen Herstellerpflichten – beim Import einer Maschine aus einem Drittland, bei wesentlicher Veränderung einer Maschine und bei Herstellung für den Eigengebrauch (dazu Kapitel 3.6.5). Zentraler Ausgangspunkt ist, dass Pflichten gemäß EG-Maschinenrichtlinie nur Hersteller haben – bzw. sog. Wirtschaftsakteure, zu denen aber nicht Betreiber bzw. Arbeitgeber oder Verbraucher/ Konsumenten gehören.

3.6.3 Nur der Hersteller ist CE-kennzeichnungspflichtig

Die Grundvorschrift Art. 5 EG-Maschinenrichtlinie 2006/42 wendet sich nur an **Hersteller und ihre Bevollmächtigten**. Sie müssen *„vor dem Inverkehrbringen und/ oder der Inbetriebnahme"* einer Maschine die CE-Kennzeichnung anbringen[164] – und natürlich zuvor die anderen Konformitätsbewertungs- und Sicherheitspflichten erfüllen. Verantwortlich ist also nur der **Hersteller vor Inverkehrbringen**, nicht aber der Betreiber, nachdem in Verkehr gebracht worden ist. Die Verantwortung *„liegt eindeutig beim Hersteller"*[165]. Ob und wann Betreiber zum Hersteller werden (können oder müssen), ist eine andere Frage (siehe Kapitel 3.6.5 und Kapitel 3.6.7).

Artikel 2 Nr. 20 der EG-Verordnung 765/2008 über Akkreditierung und Marktüberwachung[166] definiert die CE-Kennzeichnung als *„Kennzeichnung, durch die der **Hersteller** erklärt, dass das Produkt den geltenden Anforderungen genügt, die in den Harmonisierungsrechtsvorschriften der Europäischen Union, die ihre Anbringung vorschreiben, festgelegt sind"*. Daher *„ergibt sich aus dieser Definition, dass ausschließlich der Hersteller für die CE-Kennzeichnung zuständig ist"*[167].

Andere grundlegende europäische Produktsicherheitsvorschriften nehmen zwar etwas weiter *„Wirtschaftsakteure"* in den Blick – das sind Hersteller, Bevollmächtigte, Einführer und Händler (vgl. Art. 2 Nr. 7 der EG-Verordnung 765/2008[168]). Aber die *„Allgemeinen Grundsätze der CE-Kennzeichnung"* in der genannten EG-Verordnung fassen in Art. 30 Abs. 1 und 3 zusammen: *„Die CE-Kennzeichnung darf **nur durch den Hersteller** oder seinen Bevollmächtigen angebracht werden. Indem er die CE-Kennzeichnung anbringt oder anbringen lässt, gibt der **Hersteller** an, dass er die Verantwortung für die Konformität des Produkts mit allen in den einschlägigen Harmonisierungsrechtsvorschriften der Gemeinschaft enthaltenen für deren Anbringung geltenden Anforderungen übernimmt"*.

[164] In Deutschland und Österreich ist das fast eins-zu-eins so in § 3 Abs. 2 Maschinenverordnung (9. ProdSV) und § 5 Abs. 1 Maschinen-Sicherheitsverordnung 2010 (MSV 2010) umgesetzt

[165] *Alois Hüning/Siegfried Kirchberg/Marc Schulze*, Die neue EG-Maschinenrichtlinie, 3. Aufl. 2011, S. 42

[166] In Deutschland auch § 2 Nr. 7 ProdSG

[167] *Dirk Moritz/Joachim Geiß*, Produktsicherheitsgesetz, 2. Aufl. 2012, 2.4.9, S. 71

[168] In Deutschland auch § 2 Nr. 29 ProdSG

Der Betreiber dagegen hat nach Produktsicherheitsrecht/Maschinenrichtlinie keine Pflichten in Bezug auf Konformitätsbewertung, EG-Konformitätserklärung und CE-Kennzeichnung. *„Im Gegensatz zu Wirtschaftsbeteiligten unterliegen Endbenutzer in den Harmonisierungsrechtsvorschriften der Union keinen Verpflichtungen“*[169]. Endnutzer in diesem Sinne sind nicht nur Private, sondern auch Unternehmen, also Arbeitgeber.

3.6.4 EG-Maschinenrichtlinie gilt nur für neue Produkte

Die europäischen Harmonisierungsrichtlinien erfassen nur das Inverkehrbringen neuer Produkte[170]. *„Wird eine Maschine nach dem ersten Inverkehrbringen erneut in Verkehr gebracht, gilt die Maschinenrichtlinie nicht mehr“*[171]. Ebenso ist es, wenn eine gebrauchte Maschine nicht verkauft, sondern schlicht weiterbetrieben wird: Die CE-Kennzeichnung „gilt“ dann nicht mehr, sie hat nach dem erstmaligen Inverkehrbringen keine Bedeutung (mehr). Der *„Sinn“* der CE-Kennzeichnung *„erschöpft sich im Zusammenhang mit dem Vorgang des Inverkehrbringens, sodass sie danach eigentlich von Rechts wegen überflüssig ist“*[172]. Sie muss nur *„**vor**“* dem Inverkehrbringen einer Maschine angebracht werden (Art. 5 EG-Maschinenrichtlinie) – und nicht auch irgendwann später.

Nun muss man klarstellen, dass die CE-Kennzeichnung aus **Betreibersicht** durchaus eine Bedeutung haben kann – sie schafft einen gewissen (allerdings nicht zu überschätzenden) *„Vertrauensschutz“*: Der Betreiber kann grundsätzlich (also im Ausgangspunkt, nicht aber „blind“) auf die Produktsicherheit einer CE-gekennzeichneten Maschine vertrauen[173]. Österreich stellt dies ausdrücklich klar in § 33 Abs. 4 ASchG: *„Werden von Arbeitgebern Arbeitsmittel erworben, die nach den für sie geltenden Rechtsvorschriften gekennzeichnet sind, können Arbeitgeber, die über keine anderen Erkenntnisse verfügen, davon ausgehen, dass diese Arbeitsmittel hinsichtlich Konstruktion, Bau und weiterer Schutzmaßnahmen den für sie im Zeitpunkt des Inverkehrbringens geltenden Rechtsvorschriften über Sicherheits- und Gesundheitsanforderungen entsprechen“*.

---

169 *EU-Kommission*, Leitfaden für die Umsetzung der Produktvorschriften der EU („Blue Guide“), 2016, 3.6.

170 *EU-Kommission*, Anwenderleitfaden Maschinenrichtlinie, 2. Aufl. 2010, § 39 und § 72; *EU-Kommission*, Leitfaden für die Umsetzung der Produktvorschriften der EU („Blue Guide“), 2016, 2.1

171 *EG-Kommission*, Erläuterungen zur Maschinenrichtlinie 1998, Anhang „Der Rechtsstatus gebrauchter und wiederaufgearbeiteter Maschinen“, Nr. 3.2, S. 248

172 *Klindt*, GPSG (2006), § 6 Rn. 26 – zum bis 2011 geltenden Gesetz

173 Siehe hierzu – und zu den Grenzen – ausführlich *Wilrich*, Praxisleitfaden Betriebssicherheitsverordnung (2015), 4.2.2 und 4.2.3, S. 102 ff.

Eine solche „Vermutungswirkung" regelt aus **Behördensicht** ähnlich Art. 7 Abs. 1 Maschinenrichtlinie[174]: *„Die Mitgliedstaaten betrachten eine Maschine, die mit der CE-Kennzeichnung versehen ist und der die EG-Konformitätserklärung beigefügt ist, als den Bestimmungen dieser Richtlinie entsprechend"*.

Aber das ist die Behörden- und Betreibersicht. Und wenn die CE-Kennzeichnung aus dieser jeweiligen Blickrichtung fehlt, dann kann der Betreiber eben nicht vertrauen, und der Hersteller profitiert nicht von der Vermutungswirkung gegenüber Behörden.

Aus **Herstellersicht** hat die CE-Kennzeichnung ihren Zweck indes nach dem Inverkehrbringen erfüllt. Der Hersteller hat in diesem Augenblick entweder rechtskonform verkauft – oder eben rechtswidrig die Maschine auf dem Gemeinschaftsmarkt bereitgestellt.

Die Maschinenrichtlinie erfasst zwar auch die *Inbetriebnahme* – und insoweit *„gelten die Harmonisierungsrechtsvorschriften der Union über den Zeitpunkt der Bereitstellung eines Produkts hinaus"*[175]. Aber die europäischen Harmonisierungsrichtlinien gelten jedenfalls nicht mehr für den Maschinen*betrieb*. Die Inbetriebnahme ist nur eine „logische Sekunde": Sie ist die *„erstmalige bestimmungsgemäße Verwendung"* (Art. 2 k Maschinenrichtlinie), also die *„erstmalige Benutzung eines Produkts für den beabsichtigten Zweck durch den Endbenutzer"*[176].

Dem Länderausschuss für Arbeitsschutz und Sicherheitstechnik (LASI) war es wegen der Bedeutungslosigkeit der CE-Kennzeichnung nach Inverkehrbringen bzw. Inbetriebnahme sogar ein Anliegen klarzustellen, dass es *„kein Entfernungsgebot für eine vorhandene CE-Kennzeichnung"* gibt[177] – und ergänzte folgenden *„Hinweis: Eine Erneuerung der CE-Kennzeichnung ist unzulässig"*.

3.6.5 Ausnahmesituationen, in denen der Betreiber Herstellerpflichten hat

Es gibt drei Ausnahmesituationen, in denen der Betreiber zum Hersteller wird und damit die Herstellerpflichten bekommt – beim Import aus Drittländern (dazu Kapitel 3.6.5.1), bei Herstellung für den Eigengebrauch (dazu Kapitel 3.6.5.2) und bei wesentlicher Veränderung (dazu Kapitel 3.6.5.3).

---

[174] In Österreich auch § 7 Abs. 1 Maschinen-Sicherheitsverordnung (MSV 2010)

[175] *EU-Kommission*, Leitfaden für die Umsetzung der Produktvorschriften der EU 2016 („Blue Guide"), 2.5

[176] *EU-Kommission*, Leitfaden für die Umsetzung der Produktvorschriften der EU 2016 („Blue Guide"), 2.5

[177] *LASI*, Leitlinien zum Produktsicherheitsgesetz, 3. Aufl. 2013, Anm. 7/1, S. 27; so auch *Geiß/Doll*, GPSG (2004), § 6 Rn. 26

3.6.5.1 Import aus einem Drittland

Eine *„Ausnahme von der Grundregel“*, dass die EG-Maschinenrichtlinie nur für neue Produkte gilt (siehe Kapitel 3.6.4), schildert die EG-Kommission so: *„Die Maschinenrichtlinie findet Anwendung auf gebrauchte Maschinen, die erstmals für den Vertrieb oder die Nutzung außerhalb der EU in Verkehr gebracht wurden, wenn diese Maschinen in der Folge erstmals in der EU in Verkehr gebracht oder in Betrieb genommen werden“*[178].

Letztlich ist das aber keine Ausnahme von der Grundregel. Denn der Grundsatz ist, dass das europäische Maschinensicherheitsrecht gelten soll, wenn die Maschine *neu in den Gemeinschaftsmarkt kommt*, was auch der Fall ist, wenn sie schon in einem Drittland gebraucht wurde und dann in die Gemeinschaft importiert wird. Das Europarecht will alle Maschinen erfassen – eben in dem Zeitpunkt, in den sie auf den Gemeinschaftsmarkt gelangen. § 2 Nr. 15 des deutschen ProdSG sagt das so: *„Die Einfuhr in den Europäischen Wirtschaftsraum steht dem Inverkehrbringen eines neuen Produkts gleich“*. Wenn der Gesetzgeber sagt, dass etwas „gleichsteht“, obwohl es nicht gleich ist, ist das eine gesetzliche Fiktion.

In Österreich wird dasselbe Ergebnis erreicht über eine Herstellerfiktion in § 2 i Maschinen-Sicherheitsverordnung (MSV), der eins-zu-eins den entsprechenden Art. 2 i Maschinenrichtlinie umsetzt: *„Wenn kein Hersteller im Sinne der vorstehenden Begriffsbestimmung existiert, wird jede natürliche oder juristische Person, die eine von dieser Richtlinie erfasste Maschine in Verkehr bringt oder in Betrieb nimmt, als Hersteller betrachtet“*.

Diese Fiktion gemäß Art. 2 i Maschinenrichtlinie macht aber einen Betreiber im hier zu besprechenden Fall nicht zum Hersteller:

- Erstens gibt es doch einen Hersteller, der aber nur nicht CE-gekennzeichnet hat: und dann müsste dieser – und es könnte auch nur dieser – wegen einer fehlenden CE-Kennzeichnung in Anspruch genommen werden (siehe Kapitel 3.6.9).
- Zweitens beschränkt die EU-Kommission, für was die Vorschrift gilt[179]: Sie *„soll den Sachverhalt abdecken, der sich bei der Einfuhr bestimmter Maschinen in die EU ergibt. Wer derartige Maschinen in der EU in Verkehr bringt, kann möglicherweise sicherstellen, dass der Hersteller seine Pflichten entsprechend der Richtlinie erfüllt. Ist dies jedoch nicht gewährleistet, muss derjenige, der die Maschine in der EU in Verkehr bringt, diese Pflichten selbst erfüllen“*.

[178] *EU-Kommission*, Anwenderleitfaden Maschinenrichtlinie, 2. Aufl. 2010, § 72; siehe schon *EG-Kommission*, Erläuterungen zur Maschinenrichtlinie 1998, Anhang „Der Rechtsstatus gebrauchter und wiederaufgearbeiteter Maschinen“, Nr. 3.1.1, S. 247; vgl. auch *EU-Kommission*, Leitfaden für die Umsetzung der Produktvorschriften der EU 2016 („Blue Guide“), 2.1 und 2.4

[179] *EU-Kommission*, Anwenderleitfaden Maschinenrichtlinie, 2. Aufl. 2010, § 81

Art. 2 i Maschinenrichtlinie (und entsprechend § 2 i MSV) meint also nichts weiter als die Verantwortung des Importeurs. Deutschland erreicht das gleiche Ziel eben nicht wie in Österreich durch wörtliche Umsetzung der Maschinenrichtlinie, sondern durch die Benennung des Einführers im ProdSG.

- Außerdem: es geht nur um den Akt des Inverkehrbringens bzw. hier der Einfuhr. Dauerhafte Pflichten (des Betreibers) regelt die Maschinenrichtlinie nicht (siehe Kapitel 3.6.4), die ergeben sich nur aus Arbeitsschutzrecht. Und die EU-Kommission stellt noch klar, die Betrachtung des Importeurs als Hersteller *„kann von einem Hersteller in der EU oder einem Hersteller außerhalb der EU, der das Inverkehrbringen einer Maschine in der EU veranlasst, nicht geltend gemacht werden, um die Pflichten gemäß der Maschinenrichtlinie zu umgehen“*[180].

3.6.5.2 Herstellung für den Eigengebrauch

Auch wenn es für die konkrete Maschine zuvor noch keinen Betreiber gab, der zum Hersteller wird, kann man hier auch die Herstellung für den Eigengebrauch nennen. Ein Betreiber wird auch Hersteller, wenn er eine Maschine konstruiert und dann nicht verkauft, sondern bei sich selbst nutzt. Denn die Maschinenrichtlinie erfasst auch die Inbetriebnahme, ohne dass es ein Inverkehrbringen gab (siehe Kapitel 3.6.4).

3.6.5.3 Wesentliche Veränderung

Einen weiteren Fall der Geltung des Inverkehrbringensrechts für den Betreiber schildert die EU-Kommission so: *„Die Maschinenrichtlinie gilt für Maschinen, die auf gebrauchten Maschinen basieren, welche derart tief greifend umgebaut oder überholt worden sind, dass sie als neue Maschinen gelten können“* – und die EU-Kommission gesteht ein: *„Es ist nicht möglich, präzise Kriterien zu formulieren, mit denen diese Frage in jedem Einzelfall beantwortet werden kann“*[181], und es *„ist von Fall zu Fall zu entscheiden“*[182]. § 10 Abs. 4 BetrSichV stellt klar: Der Arbeitgeber muss *„beurteilen, ob er bei den Änderungen von Arbeitsmitteln Herstellerpflichten zu beachten hat, die sich aus anderen Rechtsvorschriften ergeben“*. Das ist aber nur ein *„deklaratorischer Hinweis“*[183]: Es wird nur „deklariert“, was ohnehin gilt, weil es eben aus dem Produktsicherheitsrecht folgt, also ebenso in Österreich gilt.

[180] *EU-Kommission*, Anwenderleitfaden Maschinenrichtlinie, 2. Aufl. 2010, § 81

[181] *EU-Kommission*, Anwenderleitfaden Maschinenrichtlinie, 2. Aufl. 2010, § 72; siehe schon *EG-Kommission*, Erläuterungen zur Maschinenrichtlinie 1998, Anhang „Der Rechtsstatus gebrauchter und wiederaufgearbeiteter Maschinen“, Nr. 3.1.2, S. 247 f.

[182] *EU-Kommission*, Leitfaden für die Umsetzung der Produktvorschriften der EU 2016 („Blue Guide“), 2.1

[183] BR-Drs. 400/14 v. 28.8.2014, S. 88

Zu betonen ist, dass im Sinne des Inverkehrbringensrechts nach dem (wesentlichen) Umbau eine „neue Maschine“ entsteht. Und für Neues muss es einen neuen Hersteller geben, der selbstverständlich das komplette Konformitätsbewertungsverfahren mit der Risikobeurteilung durchführen muss. Im Zuge dieser Arbeiten hat der Hersteller zu entscheiden, ob es möglich ist, mit mehr oder weniger vielen alten Teilen eine „neue Maschine“ zu bauen, die (danach) allen Anforderungen des Inverkehrbringensrechts zum Zeitpunkt des neuerlichen Inverkehrbringens entspricht. Nach der BetrSichV hat derjenige der umbaut dann eben „Herstellerpflichten“ zu erfüllen – und die sind im Inverkehrbringensrecht geregelt. Die Maschinenrichtlinie macht an keiner Stelle Abstriche bei den sicherheitstechnischen Anforderungen, nur weil die neue Maschine ein Ergebnis einer wesentlichen Veränderung ist.

3.6.6 Betreiberpflichten beziehen sich nicht auf formelle Hersteller- und Kennzeichnungspflichten

Abgesehen von den Fällen des Imports aus einem Drittland, der Herstellung für den Eigengebrauch und der wesentlichen Veränderung einer Maschine hat der Betreiber keine Pflichten gemäß Produktsicherheitsrecht und Maschinenrichtlinie. Der Blue Guide fasst zusammen[184]: *„Sobald Produkte an den Endbenutzer übergehen, gelten sie nicht mehr als neue Produkte, und die Harmonisierungsrechtsvorschriften der Union finden keine Anwendung mehr. Der Endbenutzer gehört nicht zu den Wirtschaftsakteuren, denen in den Harmonisierungsrechtsvorschriften der Union Verantwortlichkeiten übertragen werden, d. h., der Betrieb oder die Verwendung des Produkts durch den Endbenutzer unterliegen nicht den Harmonisierungsrechtsvorschriften der Union“*. Endnutzer in diesem Sinne sind nicht nur Private, sondern auch Unternehmen, also Arbeitgeber.

Es wird zwar behauptet[185]: *„Wenn eine Maschine zum Zeitpunkt des Bereitstellens bereits mit der CE-Kennzeichnung versehen worden sein müsste, darf sie nicht als Arbeitsmittel eingesetzt werden. Dann müsste entweder der Betrieb/Arbeitgeber oder ein anderer Dritter sich zum Hersteller dieser Maschine machen und das bereits genannte Konformitätsbewertungsverfahren nach der 9. ProdSV[186] durchführen“*.

[184] *EU-Kommission*, Leitfaden für die Umsetzung der Produktvorschriften der EU 2016 („Blue Guide“), 2.1

[185] *KomNet-Wissensdatenbank*, Beantwortung der Frage: „Wie ist mit elektrisch und hydraulisch betriebenen Manipulatoren für Schweißvorrichtungen umzugehen, die in der Vergangenheit ohne CE-Erklärung geliefert wurden?“, in: KomNet Dialog 30855, Stand: 10.12.2017: www.komnet.nrw.de/_sitetools/dialog/30855 (abgerufen am 14.2.2019)

[186] Gemeint ist die Maschinenverordnung als Neunte Verordnung zum Produktsicherheitsgesetz

Das halte ich für unzutreffend: Da Betreiber nicht Wirtschaftsakteure im Sinne des Produktsicherheitsrechts sind (siehe Kapitel 3.6.3), könnte eine CE-Kennzeichnungspflicht nur aus den für Betreiber geltenden Arbeitsschutzrecht- und Betriebsvorschriften folgen. Das kann in Deutschland nur § 5 BetrSichV sein (dazu Kapitel 3.6.6.1) und in Österreich nur § 33 Abs. 3 Nr. 2 ASchG und § 3 MSV 2010 (dazu Kapitel 3.6.6.2).

3.6.6.1 § 5 Abs. 3 Betriebssicherheitsverordnung (BetrSichV) in Deutschland

§ 5 Abs. 3 BetrSichV mit der Überschrift *„Anforderungen an die zur Verfügung gestellten Arbeitsmittel"* regelt in den Sätzen 1 und 2: *„Der Arbeitgeber darf nur solche Arbeitsmittel zur Verfügung stellen und verwenden lassen, die den für sie geltenden Rechtsvorschriften über Sicherheit und Gesundheitsschutz entsprechen. Zu diesen Rechtsvorschriften gehören neben den Vorschriften dieser Verordnung insbesondere Rechtsvorschriften, mit denen Gemeinschaftsrichtlinien in deutsches Recht umgesetzt wurden und die für die Arbeitsmittel zum Zeitpunkt des Bereitstellens auf dem Markt gelten"*.

3.6.6.1.1 Auslegung nach dem Gesetzestext (Wortlaut)

Mit den in Bezug genommenen Rechtsvorschriften sind insbesondere auch das ProdSG und die EG-Maschinenrichtlinie als einer der „Gemeinschaftsrichtlinien" gemeint. Und in Bezug genommen werden könnten durch den Wortlaut (**grammatikalische Auslegung**) auch formelle Pflichten – also die Pflichten zur Erstellung einer EG-Konformitätserklärung und zur Anbringung einer CE-Kennzeichnung.

Aber es gibt noch den Satz 4 des § 5 Abs. 3 BetrSichV: „Den formalen Anforderungen dieser Richtlinien brauchen sie nicht zu entsprechen, es sei denn, es ist in der jeweiligen Richtlinie ausdrücklich anders bestimmt". Mit „sie" könnten zwar nur die für den Eigengebrauch hergestellten Maschinen gemäß Satz 3 des § 5 Abs. 3 BetrSichV gemeint sein (siehe Kapitel 3.6.5.2). Aber das ist nach grammatikalischer Auslegung – einerseits – nicht zwingend: Es könnten auch alle Maschinen des § 5 Abs. 3 BetrSichV (also auch solche des Satzes 1) gemeint sein. Anders ausgedrückt: CE-Kennzeichnung und EG-Konformitätserklärung sind keine „Rechtsvorschriften über Sicherheit und Gesundheitsschutz" gemäß § 5 Abs. 3 Satz 1 BetrSichV, denn sie tragen als formelle Anforderungen nichts hierzu bei – in Österreich ist das schon nach dem Wortlaut so (siehe Kapitel 3.6.6.2).

Für dieses Verständnis sprechen in Deutschland jedenfalls die Systematik und der Sinn und Zweck des Arbeitsschutzrechts.

3.6.6.1.2 Auslegung nach Gesetzeszusammenhang und Gesetzeszweck

Der gesetzliche Zusammenhang der Rechtsvorschriften (**systematische Auslegung**) und der Sinn und Zweck des § 5 Abs. 3 BetrSichV (**teleologische Auslegung**[187]) sprechen dagegen, vom Betreiber zu fordern, die versäumten Herstellerpflichten im Sinne der Maschinenrichtlinie nachzuholen – und die BetrSichV reicht aus, um das Ziel einer sicher verwendbaren Maschine zu erreichen.

§ 5 steht im Abschnitt 2 der BetrSichV mit der Überschrift „Gefährdungsbeurteilung und Schutzmaßnahmen". Es geht der BetrSichV um die materielle Sicherheit der Arbeitsmittel – zu erreichen durch Abwägung und Bewertung und sodann Umsetzung von Sicherheit. Denn geregelt wird die Situation, dass der Arbeitgeber *„verwenden lässt"* (§ 5 Abs. 3 Satz 1 und § 1 Abs. 1 Satz 1 BetrSichV). *„Ziel"* der BetrSichV *„ist es, die Sicherheit und den Schutz der Gesundheit von Beschäftigten bei der Verwendung von Arbeitsmitteln zu gewährleisten. Dies soll insbesondere erreicht werden durch die Auswahl geeigneter Arbeitsmittel und deren sichere Verwendung"* (§ 1 Abs. 1 Satz 2 und Satz 3 Nr. 1 BetrSichV). Dieses Ziel kann nur erreicht werden durch die Schaffung materieller Sicherheit; ob EG-Konformitätserklärung und CE-Kennzeichnung vorliegen, ist dagegen für die Erreichung des Arbeitsschutzziels nicht das Entscheidende. So gesehen formuliert § 5 Abs. 3 Satz 4 BetrSichV mit der Aussage, dass „sie" den „formalen Anforderungen der Richtlinien nicht zu entsprechen braucht", letztlich einen allgemeinen Gedanken: nämlich, dass es bei der Verwendung der Arbeitsmittel auf die materielle Sicherheit ankommt und nicht auf Erklärungen oder Kennzeichnungen.

Denn im technischen Sicherheitsrecht hat die strikte Trennung von Inverkehrbringens- und Arbeitsschutzvorschriften zentrale Bedeutung (Kapitel 3.6.2). Der Hersteller hat bestimmte (auch formelle) Pflichten beim Verkauf neuer Maschinen (Kapitel 3.6.3 und Kapitel 3.6.4). Der Betreiber dagegen hat – abgesehen von den Fällen, in denen er zum Hersteller wird (Kapitel 3.6.5) – „nur" Arbeitsschutzpflichten, die sich auf die materielle Sicherheit beziehen, aber keine formellen Produktsicherheits- und Kennzeichnungspflichten (Kapitel 3.5).

3.6.6.1.3 Bestätigungen, dass es der BetrSichV um materielle Sicherheit geht

Zahlreiche amtliche Äußerungen bestätigen diese Sichtweise:

- Die Verordnungsbegründung der BetrSichV[188] fasst zusammen: Mit § 5 Abs. 3 BetrSichV *„ist sichergestellt, dass die zum Einsatz kommenden Arbeitsmittel, welche die in den Binnenmarktvorschriften und den nationalen Umsetzungen*

[187] Telos (lat.): das Ziel, der Zweck

[188] BR-Drs. 400/14 v. 28.8.14, S. 83

(insbesondere ProdSG) vorgeschriebene Produktsicherheit mitbringen, einen grundlegenden Beitrag für deren sichere Verwendung bieten" und die Bundesratsdrucksache ergänzt: *„Die sichere Verwendung des Arbeitsmittels ergibt sich aus der mitgelieferten Sicherheit des Arbeitsmittels, ergänzt um die Maßnahmen, die sich aus der Gefährdungsbeurteilung für die Verwendung ergeben"*. Nicht erwähnt beim Ziel der sicheren Verwendbarkeit gemäß BetrSichV sind dagegen formelle Herstellerpflichten. Die „mitgelieferte Sicherheit" – in der Terminologie der Bundesratsdrucksache – bezieht sich nicht auf die EG-Konformitätserklärung und CE-Kennzeichnung, denn sie leisten keinen „grundlegenden Beitrag zur sicheren Verwendung". CE und Konformitätserklärungen sind vielmehr die Bestätigungen des Herstellers, dass ausreichende Sicherheit geliefert worden ist.

- Der Ausschuss für Betriebssicherheit bestätigt[189]: *„Durch Verweis (§ 5 Abs. 3) auf die geltenden Rechtsvorschriften über Sicherheit und Gesundheitsschutz wird ein Mindestmaß an sicherheitstechnischen Merkmalen festgelegt"* – eben weil es um *materielle* Sicherheits*technik* geht, nicht *formelle* Inverkehrbringens*zusätze*.
- Die EU-Kommission bestätigt[190]: *„Bei bereits in Betrieb genommenen (am Arbeitsplatz eingesetzten) Maschinen muss der Arbeitgeber dafür sorgen, dass Konformität und Sicherheit der Maschinen während der gesamten Lebensdauer der Maschine entsprechend den einzelstaatlichen Bestimmungen für die Umsetzung von Richtlinie 2009/104/EG erhalten bleiben"* – das ist die Arbeitsschutz-Rahmenrichtlinie. (Dauerhafte) Konformität mit der Richtlinie 2006/42/EG bei „bereits in Betrieb genommenen Maschinen" wird dagegen nicht angesprochen.
- Und der Länderausschuss für Arbeitsschutz und Sicherheitstechnik (LASI) stellt in seinem neuen Leitfaden zur BetrSichV[191] zunächst klar, dass *„bei der Einfuhr gebrauchter Maschinen aus Drittstaaten in den Europäischen Wirtschaftsraum (EWR) der Einführer (dieser kann auch der Arbeitgeber sein) die Anforderungen der Richtlinie 2006/42/EG, d. h. alle materiellen und formalen Anforderungen, einzuhalten"* hat (siehe zu diesem Fall Kapitel 3.6.5.1) – und ergänzt dann: *„Beim Kauf innerhalb des EWR hat der Arbeitgeber hinsichtlich der Verwendung des Arbeitsmittels entsprechend § 5 Abs. 1 bis 3 BetrSichV dafür zu sorgen, dass bei vorgesehener Verwendung die Sicherheit gewährleistet ist. Dies hat er durch entsprechende Maßnahmen aufgrund der von ihm durchgeführten Gefährdungsbeurteilung sicherzustellen"*. Das Maschinen- und Produktsicherheitsrecht hat dagegen für den Betreiber keine unmittelbare Bedeutung mehr.

---

[189] *ABS*, Bekanntmachung zur Betriebssicherheit (BekBS) 1113 „Beschaffung von Arbeitsmitteln" Nr. 3 Abs. 2

[190] *EU-Kommission*, Anwenderleitfaden Maschinenrichtlinie, 2. Aufl. 2010, § 39

[191] *LASI*, Leitlinien zur Betriebssicherheitsverordnung – Häufig gestellte Fragen und Antworten (LV 35), Neuauflage 2018, A 5.1

3.6.6.2 § 3 Abs. 1 Arbeitsmittelverordnung (AM-VO) in Österreich

In Österreich ist das Ergebnis dasselbe – und noch klarer: Die dem § 5 Abs. 3 BetrSichV entsprechende Vorschrift sind § 33 Abs. 3 Nr. 2 ArbeitnehmerInnenschutzgesetz (ASchG) und § 3 Abs. 1 Arbeitsmittelverordnung (AM-VO): *„ArbeitgeberInnen dürfen nur solche Arbeitsmittel zur Verfügung stellen, die hinsichtlich Konstruktion, Bau und weiterer Schutzmaßnahmen den für sie geltenden Rechtsvorschriften über Sicherheits- und Gesundheitsanforderungen entsprechen"*. Die AM-VO ergänzt: *„Zu diesen Rechtsvorschriften gehören die in den Anhängen A und B angeführten Vorschriften ..."*.

Im Anhang A der AM-VO ist zwar auf die Maschinen-Sicherheitsverordnung (MSV) und damit auf die EG-Maschinenrichtlinie verwiesen. Der österreichische Verordnungsgeber begrenzt die Inbezugnahme des Maschinenrechts aber schon im Wortlaut klar auf die materiellen Sicherheitsanforderungen „Konstruktion, Bau und weitere Schutzmaßnahmen" – nimmt also gar nicht erst formelle Inverkehrbringensvoraussetzungen wie CE-Kennzeichnung und EG-Konformitätserklärung in Bezug, denn das sind keine „weiteren Schutzmaßnahmen", sondern herstellerseitige Bestätigungen des ausreichenden Schutzes.

3.6.7 Der Betreiber ist nicht gezwungen, sich zum Hersteller zu machen

Nun könnte argumentiert werden, dass bei nicht CE-gekennzeichneten Maschinen der Betreiber gezwungen ist, sich zum Hersteller zu machen – sozusagen „aufzurüsten".

3.6.7.1 *Möglichkeit* der Arbeit mit der EG-Maschinenrichtlinie

Zunächst einmal: Die EG-Maschinenrichtlinie berücksichtigen und nach ihr die Konformität bewerten *darf* der Betreiber. Jeder kann sich eigentlich nicht geltende Gesetze heranziehen und sie in seine Überlegungen einbeziehen. Es gibt *kein Verbot* des „Denkens mit der Maschinenrichtlinie".

Und es wird letztlich auch nicht strikt verboten, als Nicht-Hersteller eine CE-Kennzeichnung auf Produkten anzubringen. Im Blue Guide[192] stellt die EG-Kommission zunächst klar, dass nur Hersteller und Bevollmächtigte hierzu verpflichtet sind (siehe Kapitel 3.6.3) – und ergänzt: *„Bringt ein Einführer, Händler oder sonstiger Akteur Produkte unter seinem eigenen Namen oder seiner Handelsmarke in Verkehr oder verändert sie, übernimmt er die Pflichten des Herstellers. In diesem Fall muss er ausreichende Informationen über Entwurf und Herstellung des Produkts besitzen, da er mit der Anbringung der CE-Kennzeichnung die rechtliche Verantwortung übernimmt"*;

[192] *EU-Kommission*, Leitfaden für die Umsetzung der Produktvorschriften der EU 2016 („Blue Guide"), 3.1 und 4.5.1.3

„er trägt somit die gesamte Verantwortung für die Konformitätsbewertung (Entwurf und Herstellung) des Produkts, selbst wenn diese tatsächlich von anderer Seite durchgeführt wurden“. So wird man mindestens zum Quasi-Hersteller, den § 2 Nr. 14a ProdSG (Deutschland) und § 4 Nr. 4 a (Österreich) so definieren: Hersteller ist jeder, der geschäftsmäßig seinen Namen, seine Marke oder anderes Unterscheidungszeichen anbringt (Deutschland ergänzt: *„und sich dadurch als Hersteller ausgibt“*). Wenn der Betreiber wirklich *wesentlich* umbaut/verändert, wird er dagegen zum tatsächlichen Hersteller (siehe Kapitel 3.6.5.3).

3.6.7.2 Aber keine *Pflicht* zur – nachträglichen – Umsetzung der Maschinenrichtlinie

Es gibt zwar kein Verbot des Denkens mit der Maschinenrichtlinie, aber es gibt eben auch *kein Gebot* zur nachträglichen Umsetzung des nur für Wirtschaftsakteure geltenden Produktsicherheitsrechts durch den Betreiber. Der Betreiber *muss* die EG-Maschinenrichtlinie nicht berücksichtigen.

- § 5 Abs. 3 BetrSichV (Deutschland) und § 33 ASchG (Österreich) bzw. § 3 Abs. 1 AM-VO (Österreich) verpflichten den Betreiber nicht, sich zum Hersteller „aufzuschwingen“ – unstreitig nicht ausdrücklich gemäß Wortlaut, aber auch nicht nach Systematik und Sinn und Zweck (siehe Kapitel 3.6.6).
- § 3 Abs. 7 BetrSichV (Deutschland) und § 4 Abs. 4 ASchG (Österreich) sagen zwar, die Gefährdungsbeurteilung bzw. Arbeitsplatzevaluierung ist *„regelmäßig“* bzw. *„erforderlichenfalls“* zu überprüfen. Die deutsche BetrSichV ergänzt: *„Dabei ist der Stand der Technik zu berücksichtigen. Soweit erforderlich, sind die Schutzmaßnahmen bei der Verwendung von Arbeitsmitteln entsprechend anzupassen“.* Das ist aber keine Risikobeurteilung nach Produktsicherheitsrecht, sondern diese Beurteilung bzw. Evaluierung ist Teil des Arbeitsschutzrechts.
- Außerdem: *„Die Anwendung der Richtlinien auf gebrauchte Produkte ist in technischer Hinsicht im Allgemeinen unrealistisch. Die Maschinenrichtlinie ist bei alten gebrauchten Maschinen sehr schwer einzuhalten, da die Sicherheit integriert sein muss und nicht erst später hinzugefügt werden darf“*[193]. Denn *„das Risikobeurteilungsverfahren muss parallel zur Entwicklung der Maschine durchlaufen werden“*[194]. Anhang I Nr. 1 der EG-Maschinenrichtlinie mit *„Allgemeinen Grundsätzen“* legt einen zeitlichen Verlauf bzw. Prozess fest: Es muss (zuerst) eine Risikobeurteilung vorgenommen werden; erst „**dann**“ – also nach der Risikobeurteilung – darf die Maschine entsprechend dieser Risikobeurteilung

[193] *EG-Kommission*, Erläuterungen zur Maschinenrichtlinie 1998, Anhang „Der Rechtsstatus gebrauchter und wiederaufgearbeiteter Maschinen“, Nr. 2, S. 247

[194] *EU-Kommission*, Anwenderleitfaden Maschinenrichtlinie, 2. Aufl. Juni 2010, § 158

konstruiert und gebaut werden: Die Richtlinie spricht ausdrücklich von einem *„iterativen Verfahren der Risikobeurteilung und Risikominderung"* durch *„Hersteller oder seinen Bevollmächtigten"*. Und „iterativ" heißt nicht „nachholend", sondern *„wiederholend"* im Sinne von: *„sich schrittweise in wiederholten Gängen der exakten Lösung annähernd"*[195]. Daher muss die CE-Kennzeichnung *„**vor** dem Inverkehrbringen und/oder der Inbetriebnahme"* einer Maschine angebracht werden (Art. 5 EG-Maschinenrichtlinie).

3.6.8 Gesamtfazit zur nachträglichen CE-Kennzeichnung durch Betreiber

Es kann im Einzelfall (sehr) schwierig sein, ist aber von größter Bedeutung, zu entscheiden, ob eine alte Maschine (noch) ausreichend sicher ist, oder ob zusätzliche, und wenn ja, welche Sicherheitsmaßnahmen nötig sind, oder ob die Maschine sogar stillgelegt werden muss. Aber diese Entscheidungen basieren – nach den rechtlichen Herleitungen – auf folgenden Ausgangspunkten und Grundlagen:

1. Bis zum 31.12.1994 in Verkehr gebrachte oder in Betrieb genommene Alt-Maschinen müssen keine CE-Kennzeichnung haben – aber selbstverständlich müssen sie nach seinerzeitigem Rechtsstand ausreichend sicher sein. Der Betreiber muss die Betriebssicherheitsverordnung (BetrSichV – in Deutschland) bzw. die Arbeitsmittelverordnung (AM-VO – in Österreich) anwenden: und das kann auch die Pflicht zu technischen Nachrüstungen bedeuten.
2. Bei Maschinen mit CE-Kennzeichnung und EG-Konformitätserklärung kann der Betreiber zwar – im Ausgangspunkt – auf die CE-Kennzeichnung vertrauen[196]; aber die BetrSichV (Deutschland) bzw. die AM-VO (Österreich) muss – ohne Abstriche – angewendet werden.
3. Der Betreiber muss bei nicht CE-gekennzeichneten Maschinen nichts gemäß Produktsicherheitsrecht nachholen – dieser Rechtsbereich gilt ihm gegenüber nicht. Aber der Betreiber muss – ohne Abstriche, und hier sogar besonders sorgfältig – die BetrSichV/AM-VO anwenden. Auf der Grundlage einer Gefährdungsbeurteilung/Arbeitsplatzevaluierung muss er auch erforderliche (technische) Schutzmaßnahmen ergreifen und vor der Zurverfügungstellung an Beschäftigte *„feststellen, dass die Verwendung der Arbeitsmittel nach dem Stand der Technik sicher ist"* (§ 4 Abs. 1 BetrSichV) bzw. in der Arbeitsplatzevaluierung *„die festgestellten Gefahren und die dagegen ergriffenen Schutzmaßnahmen darstellen"* (§ 3 Abs. 5 Satz 2 AM-VO).

[195] *Duden*, Das Fremdwörterbuch, 7. Aufl. 2001, Stichwort „iterativ", S. 467 linke Spalte

[196] Siehe ausführlich *Wilrich*, Praxisleitfaden BetrSichV – mit 20 Gerichtsurteilen (2015) 4.2.2 und 4.2.3, S. 102 ff.

Diese „**Feststellung**" **der Sicherheit** bzw. **der Schutzmaßnahmen** gemäß Arbeitsschutzrecht ist Pflicht des Betreibers, nicht aber eine „nachträgliche EG-Konformitätserklärung" auf der Grundlage des Produktsicherheitsrechts.

3.6.9 Bei fehlender CE-Kennzeichnung Marktüberwachungsmaßnahmen nur gegenüber dem Hersteller

Marktüberwachungsmaßnahmen nach fehlerhafter Konformitätsbewertung oder bei fehlender CE-Kennzeichnung sind nur gegenüber Herstellern – oder anderen Wirtschaftsakteuren gemäß Inverkehrbringensrecht – möglich.

3.6.9.1 Arbeitsschutzüberwachung der Arbeitgeber

Die Befugnisse der Arbeitsschutzbehörden zur Durchsetzung des für Maschinenbetreiber geltenden Arbeitsschutzrechts regelt § 22 ArbSchG. Danach sind behördliche Anordnungen nur *„zur Erfüllung der Pflichten aus dem ArbSchG und den Rechtsverordnungen"* zum ArbSchG – inkl. etwa der Betriebssicherheitsverordnung[197] – möglich. Das steht zwar ausdrücklich so nur in Abs. 3 Nr. 1, gilt aber auch für Abs. 3 Nr. 2, denn schon die Überwachungsaufgabe ist in § 21 Abs. 1 ArbSchG so begrenzt – und § 1 Abs. 1 sagt, dass es dem ArbSchG nur um Maßnahmen des Arbeitsschutzes geht, nicht die Durchsetzung des die CE-Kennzeichnung regelnden Produktsicherheit.

Arbeitsschutzüberwachung mag zwar durch eine fehlende CE-Kennzeichnung veranlasst sein, sie ist aber kein Instrument, um die CE-Kennzeichnung – bzw. die *Produkt*sicherheit als Voraussetzung hierfür – zu erzwingen. Auch aus § 5 Abs. 3 BetrSichV kann man eine Pflicht des Arbeitgebers zur EG-Konformitätserklärung und CE-Kennzeichnung nicht herleiten, weil es insoweit um *Betrieb*ssicherheit geht, die auch unabhängig von CE bestehen kann und muss.

3.6.9.2 Marktüberwachung der Produkthersteller

Was bei fehlender CE-Kennzeichnung möglich ist, regeln *und beschränken*:

- Produktsicherheitsgesetz (ProdSG),
- EG-Akkreditierungs- und Marktüberwachungsverordnung 765/2008,
- EG-Maschinenrichtlinie 2006/42.

[197] Siehe *Wilrich*, Praxisleitfaden BetrSichV – mit 20 erläuterten Gerichtsurteilen (2015)

3.6.9.2.1 § 27 Produktsicherheitsgesetz (ProdSG)

§ 27 Abs. 1 ProdSG nennt als *„Adressaten der Marktüberwachungsmaßnahmen"* in Satz 1 zunächst nur Wirtschaftsakteure. Das sind Hersteller, Bevollmächtigte, Einführer und Händler (§ 2 Nr. 19 ProdSG), nicht aber Betreiber. Der Betreiber ist zwar eine *„andere Person"* im Sinne des § 27 Abs. 1 Satz 2 ProdSG, aber Marktüberwachungsmaßnahmen gegen solche sog. „Nicht-Störer" setzen ein *„gegenwärtiges ernstes Risiko"* voraus: Eine fehlende CE-Kennzeichnung ist hierfür *„keinesfalls ausreichend"*[198].

Wenn ein gegenwärtiges und ernstes Risiko besteht, dann werden die Behörden nach Arbeitsschutzrecht vorgehen (siehe Kapitel 3.6.9.1). Das liegt auch daran, dass sog. „Nichtstörer" (also z. B. Betreiber, wenn sie nicht Hersteller sind) gemäß § 27 Abs. 1 Satz 3 ProdSG bei ihrer Inanspruchnahme einen Entschädigungsanspruch haben.

3.6.9.2.2 EG-Akkreditierungs- und Marktüberwachungsverordnung

Die EG-Akkreditierungs- und Marktüberwachungsverordnung 765/2008 „bildet einen Rahmen für die Marktüberwachung von Produkten" (Art. 1 Abs. 2).

- Ähnlich dem § 27 ProdSG ist nur bei *„Produkten, die eine ernste Gefahr darstellen, die ein rasches Eingreifen erforderlich machen"*, die Anordnung zulässig, die Produkte vom Markt zu nehmen (Art. 20 Abs. 1).
- Außerdem ist eine Stilllegung etwas ganz anderes als eine Bereitstellung auf dem Markt bzw. die Herausnahme aus dem Markt als Gegenmaßnahme: Bereitstellung ist die *„Abgabe eines Produkts zum Vertrieb, Verbrauch oder zur Verwendung"* (Art. 2 Nr. 1). Abgeben – und das Gegenstück dazu – tut der Betreiber indes nicht, er betreibt nur.
- Schließlich gilt immer, obwohl es nur in Art. 21 Abs. 2 und Art. 19 Abs. 4 gesagt ist: Maßnahmen sind nur gegen Wirtschaftsakteure zulässig, nicht gegen Betreiber (Art. 2 Nr. 7).

3.6.9.2.3 Artikel 17 EG-Maschinenrichtlinie

Artikel 17 Maschinenrichtlinie[199] mit der Überschrift *„Nicht vorschriftsmäßige Kennzeichnung"*, also z. B. bei *„Fehlen der CE-Kennzeichnung und/oder der EG-Konformitätserklärung zu einer Maschine"* (Abs. 1 b), regelt in Abs. 2: *„Stellt ein Mitgliedstaat eine Kennzeichnung fest, die nicht in Übereinstimmung mit den*

[198] So *Schucht*, in: *Klindt*, ProdSG, 2. Aufl., 2015, § 27 Rn. 24

[199] Eins-zu-eins so § 17 Maschinensicherheitsverordnung (MSV) im österreichischen Umsetzungsakt

relevanten Bestimmungen dieser Richtlinie ist, so ist der Hersteller oder sein Bevollmächtigter verpflichtet, das Erzeugnis mit diesen Vorschriften in Einklang zu bringen und den rechtswidrigen Zustand nach den Vorgaben des betreffenden Mitgliedstaats zu beenden". Adressat einer solchen Maßnahme (z. B. Nachholen der CE-Kennzeichnung) kann nicht der Betreiber sein. *„Absatz 2 besagt, dass die Mitgliedstaaten die Wirtschaftsbeteiligten durch geeignete Maßnahmen dazu verpflichten müssen, diesen rechtswidrigen Zustand zu beenden"*[200] – und enthält damit allein eine *„Handlungsverpflichtung des Herstellers"*[201]. Im Blue Guide sagt die EU-Kommission: *„Im Falle rein formaler Nichtkonformität (d. h. ohne Risiko) verpflichtet die Marktüberwachungsbehörde zunächst den Hersteller oder seinen Bevollmächtigten, die Übereinstimmung des zum Inverkehrbringen vorgesehenen Produkts und gegebenenfalls des bereits auf dem Markt befindlichen Produkts mit den Bestimmungen herzustellen und die Verletzung der Bestimmungen innerhalb einer vernünftigen Frist abzustellen"*[202].

Selbst *„wenn eine Marktaufsichtsbehörde feststellt, dass in Verkehr gebrachte Maschinen die einschlägigen grundlegenden Sicherheits- und Gesundheitsschutzanforderungen nicht erfüllen, sollte"* – so die EU-Kommission im Anwenderleitfaden Maschinenrichtlinie[203] – *„die Behörde zuerst den Hersteller oder seinen Bevollmächtigten auffordern, die erforderlichen Abhilfemaßnahmen einzuleiten, um die Konformität der Maschine herzustellen, oder sie innerhalb einer von der Marktaufsichtsbehörde festgesetzten Frist vom Markt zu nehmen"*. Maßnahmen der Arbeitsschutzbehörden sind dann aber wegen der dann gleichzeitig bestehenden Arbeitsschutzrechtswidrigkeit ebenfalls möglich und nötig – aber eben nur auf der Grundlage des Arbeitsschutzrechts (siehe Kapitel 3.6.9.1).

Falls die Maßnahmen gegenüber dem Hersteller nicht erfolgreich sind und *„die Nichtübereinstimmung weiter besteht, trifft der Mitgliedstaat nach dem Verfahren des Art. 11 alle geeigneten Maßnahmen, um das Inverkehrbringen des betreffenden Erzeugnisses einzuschränken oder zu untersagen oder um zu gewährleisten, dass es aus dem Verkehr gezogen wird"*. Zunächst ist eine Stilllegung als Akt des Betreiberrechts etwas ganz anderes als die Untersagung des Inverkehrbringens bzw. das Ausdem-Verkehr-ziehen als Maßnahmen des Inverkehrbringensrechts. Außerdem wird in Art. 11 Abs. 1 Maschinenrichtlinie[204] die Befugnis zu „zweckdienlichen" Maßnahmen beschränkt auf den Fall, dass die Maschine *„bei bestimmungsgemäßer oder vernünf-*

[200] *EU-Kommission*, Anwenderleitfaden Maschinenrichtlinie, 2. Aufl. Juni 2010, § 158

[201] *Marcel Schator*, Europäisches Maschinenrecht (2015), Rn. 1381, S. 835

[202] *EU-Kommission*, Leitfaden für die Umsetzung der Produktvorschriften der EU 2016 („Blue Guide"), 7.4.5

[203] *EU-Kommission*, Anwenderleitfaden Maschinenrichtlinie, 2. Aufl. Juni 2010, § 100

[204] Eins-zu-eins so § 11 Maschinensicherheitsverordnung (MSV) im österreichischen Umsetzungsakt

tigerweise vorhersehbarer Verwendung die Sicherheit oder Gesundheit von Personen oder ggf. von Haustieren oder Sachen zu gefährden droht". Zweckdienlich ist eine Stilllegung jedenfalls nicht immer – vor allen Dingen nicht, wenn eine Gefährdungsbeurteilung ergeben hat, dass sie sicher verwendbar ist. Soweit ohne weitere Prüfung der „Gefährdung der Sicherheit" die Stilllegung allein wegen eines Formalverstoßes angeordnet wird, ist das ein Verstoß gegen die EG-Maschinenrichtlinie.

Die EU-Kommission bestätigt: *„Wird kein Ergebnis erzielt, so wird die Überwachungsbehörde das Inverkehrbringen des Produkts letztendlich einschränken oder untersagen und* ***erforderlichenfalls*** *auch sicherstellen, dass es vom Markt genommen oder zurückgerufen wird"*[205]. Wird dagegen durch Gefährdungsbeurteilung ein ausreichend sicheres Ergebnis erzielt, ist eine Stilllegung unzulässig, weil nicht „erforderlich" (siehe Kapitel 3.6.10.3 zum Verhältnismäßigkeitsprinzip).

3.6.10 Keine Stilllegung einer Maschine durch Aufsichtsbehörden allein wegen fehlender CE-Kennzeichnung

Die Stilllegung einer Maschine durch Aufsichtsbehörden *allein* wegen fehlender CE-Kennzeichnung als rein formellem Rechtsverstoß

- lassen die gesetzlichen Eingriffsgrundlagen nicht zu (aus Herstellersicht siehe schon Kapitel 3.6.9 und sogleich Kapitel 3.6.10.1) und
- das würde dem verfassungsrechtlich geltenden Verhältnismäßigkeitsgrundsatz widersprechen, an dem sich alle staatlichen/behördlichen Maßnahmen messen lassen müssen.

Eine solche Stilllegung *allein* wegen des Fehlens einer Kennzeichnung wäre damit gesetzeswidrig (dazu Kapitel 3.6.10.1) – und zwar trotz der fehlenden Vermutungswirkung durch die CE-Kennzeichnung (dazu Kapitel 3.6.10.2); es wäre auch ein Verstoß gegen den Verhältnismäßigkeitsgrundsatz (dazu Kapitel 3.6.10.3), ein Verstoß gegen die Pflicht zur Sachverhaltsaufklärung bzw. ein rechtswidriger Ermessenausfall (dazu Kapitel 3.6.10.4) und würde die Behörde zum Schadensersatz verpflichten (dazu Kapitel 3.6.10.5).

[205] *EU-Kommission*, Leitfaden für die Umsetzung der Produktvorschriften der EU 2016 („Blue Guide"), 7.4.5

3.6.10.1 Anordnungen nach Arbeitsschutzrecht

Nach § 22 Abs. 3 Satz 1 und Satz 3 ArbSchG kann die Arbeitsschutzbehörde unter zwei – kumulativen – Voraussetzungen in einer Anordnung *„die Verwendung oder den Betrieb von Arbeitsmitteln untersagen"* (Stilllegungsanordnung):

- Erstens erfüllt der Arbeitgeber Pflichten gemäß ArbSchG oder einer Rechtsverordnung (etwa der BetrSichV) nicht: Die CE-Kennzeichnung ist indes keine Pflicht des Betreibers (siehe Kapitel 3.6.3); und:
- Zweitens müssen besondere Gefahren für Leben und Gesundheit der Beschäftigten abgewendet werden: Eine fehlende CE-Kennzeichnung ist als formeller Pflichtverstoß indes keine solche besondere Gefahr (siehe Kapitel 3.6.9.2).

3.6.10.2 Vermutungswirkung bei CE-Kennzeichnung

Artikel 7 der Maschinenrichtlinie spricht zwar der CE-Kennzeichnung *„Konformitätsvermutung"* zu: Die Mitgliedstaaten *„betrachten eine Maschine, die mit der CE-Kennzeichnung versehen ist und der die EG-Konformitätserklärung beigefügt ist, als den Bestimmungen dieser Richtlinie entsprechend"*. Diese Vermutungswirkung hat der Betreiber nun nicht, wenn die CE-Kennzeichnung fehlt.

Aber es gibt keine umgekehrte Vermutungswirkung: Es wird ohne CE-Kennzeichnung also nicht die Maschinenunsicherheit vermutet. Denn – so heißt es in Gerichtsurteilen – die CE-Kennzeichnung ist nur ein *„Verwaltungszeichen"* und *„zeigt allein deklaratorisch – und nicht rechtsverbindlich – die EG-Konformität und Verkehrsfähigkeit an"*[206]. Die CE-Kennzeichnung hat nur eine *„Signalfunktion"* für Marktüberwachungsbehörden[207].

3.6.10.3 Verhältnismäßigkeitsprinzip/Übermaßverbot

Außerdem ist einer der wichtigsten *„Rechtsgrundsätze, der das Verwaltungshandeln inhaltlich bestimmt"*[208] der **Verhältnismäßigkeitsgrundsatz**[209], auch genannt **Übermaßverbot** bzw. Gebot des geringstmöglichen Eingriffs bzw. des mildesten Mittels. *„Der Grundsatz der Verhältnismäßigkeit ist* ***stets*** *zu beachten"*[210]. Das steht ausdrücklich auch z. B. in Art. 18 Abs. 4 und 21 Abs. 1 der EG-Akkreditierungs- und Marktüberwachungsverordnung 765/2008.

---

206 OLG Frankfurt, Urteil v. 21.1.1999 (Az. 6 U 71/98); OVG Münster, Urteil v. 18.6.2007 (Az. 13 A 3903/06)

207 *Holger Tobias Weiß*, Die rechtliche Gewährleistung der Produktsicherheit (2007), S. 349–350

208 *Jörn Ipsen*, Allgemeines Verwaltungsrecht, 10. Aufl. 2017, Rn. 1183

209 Ausführlich gewürdigt z. B. im Urteil des Bayerischer Verwaltungsgerichtshof (BGH) v. 29.1.2018 (Az. 22 BV 16.2046) – Rasenmäher

210 *Hartmut Maurer*, Allgemeines Verwaltungsrecht, 15. Aufl. 2004, § 10 Rn. 17

3.6.10.3.1 Verfassungsrang des Rechtsgrundsatzes

In Art. 5 Abs. 1 Satz 2 des EU-Vertrags ist der Verhältnismäßigkeitsgrundsatz europarechtlich verankert. Auch die Schweizer Bundesverfassung erwähnt das Prinzip in Art. 5 mit der Überschrift *„Grundsätze rechtsstaatlichen Handelns"* ausdrücklich: *„Staatliches Handeln muss im öffentlichen Interesse liegen und verhältnismässig sein"*. Auch in Deutschland hat das Verhältnismäßigkeitsprinzip Verfassungsrang:

Schon vor mehr als einem halben Jahrhundert begründete das Bundesverfassungsgericht den *„verfassungsrechtlichen Rang"* des Verhältnismäßigkeitsgrundsatzes[211]: *„Er ergibt sich aus dem Rechtsstaatsprinzip, im Grunde bereits aus dem Wesen der Grundrechte selbst, die als Ausdruck des allgemeinen Freiheitsanspruchs des Bürgers gegenüber dem Staat von der öffentlichen Gewalt jeweils nur so weit beschränkt werden dürfen, als es zum Schutz öffentlicher Interessen unerlässlich ist"*. Der *„Grundsatz des Übermaßverbots ergibt sich als übergreifende Leitregel allen staatlichen Handelns zwingend aus dem Rechtsstaatsprinzip und hat deshalb Verfassungsrang: Eine Prüfung am Maßstab dieser Grundsätze verlangt eine Abwägung"*[212]. Das *„Übermaßverbot bzw. der Grundsatz der Verhältnismäßigkeit ist unter der Rechtsprechung des BVerfG zu der entscheidenden materiellen Vorgabe im Bereich des verfassungsrechtlichen Rechtsstaatsprinzips geworden"*[213].

3.6.10.3.2 Inhalt des Rechtsgrundsatzes

Der Ausschuss für Betriebssicherheit (ABS) fasst zusammen[214]: In *„Ausnahmefällen kann ein Missverhältnis zwischen dem präventiven Nutzen der Maßnahme einerseits und dem mit den Maßnahmen verbundenen Aufwand entstehen. Eine zum Verwaltungsverfahrensrecht analoge Betrachtung der Frage der Verhältnismäßigkeit ist jedoch zulässig, wenn ein Arbeitgeber im Rahmen der Gefährdungsbeurteilung zu ermitteln und festzulegen hat, ob vorhandene Maßnahmen ausreichend sind oder angepasst werden müssen. Die Maßnahme darf nicht zu einem Nachteil führen, der erkennbar zu dem angestrebten Erfolg außer Verhältnis steht"*.

In Österreich regelt das § 3 Arbeitsmittelverordnung (AM-VO) in den Abs. 2 bis 4 so: Arbeitgeber können von der Sicherheit einer Maschine *„ausgehen"*, wenn sie vorschriftsgemäß *„gekennzeichnet ist"*. Aber – etwa bei fehlender CE-Kennzeichnung – diese Konformitätsvermutung *„gilt nicht"* mehr, wenn Arbeitgeber *„über andere Erkenntnisse verfügen"*. Dann *„ist unverzüglich die Ermittlung und Beurteilung der*

---

[211] BVerfG, Beschluss v. 15.12.1965 (Az. 1 BvR 513/65)

[212] BVerfG, Beschluss v. 5.3.1968 (Az. 1 BvR 579/67)

[213] *Grzeszick*, in: *Maunz/Dürig*, 84. Lieferung August 2018, GG, Art. 20 Rn. 107

[214] BekBS 1114 über die „Anpassung an den Stand der Technik bei der Verwendung von Arbeitsmitteln" in Nr. 3.5

vom Arbeitsmittel ausgehenden Gefahren zu überprüfen. Ergibt diese Überprüfung eine Gefahr", sind *„geeignete Maßnahmen zum Schutz des Lebens und der Gesundheit zu ergreifen. Erforderlichenfalls ist das Arbeitsmittel stillzulegen und von der weiteren Benutzung auszuschließen"*. Selbst wenn es Erkenntnisse über (mögliche) Unsicherheiten gibt, muss also nicht ohne Weiteres stillgelegt, sondern eben überprüft werden: Das ist eine vorzügliche Konkretisierung des Verhältnismäßigkeitsprinzips.

In diesem Sinne stellte das OLG Frankfurt zu einem Kinderschreibtisch klar[215]: *„Eine von dem Tisch ausgehende Gefährdung lässt sich zunächst nicht damit begründen, dass der Tisch Normen oder anderen Spezifikationen nicht entspricht"*[216]. Dieses Ergebnisses gilt erst recht, wenn es nicht um mögliche Unsicherheiten geht, sondern nur formelle Dinge – wie eine (fehlende) CE-Kennzeichnung.

3.6.10.3.3 Aussagen der EG-Maschinenrichtlinie

Auch die EG-Maschinenrichtlinie bestätigt den Verhältnismäßigkeitsgrundsatz – aus Sicht des Herstellers – in Anhang VII A Nr. 3: *„Werden die technischen Unterlagen den zuständigen Behörden nicht vorgelegt, kann dies ein hinreichender Grund sein, dass die Behörde die Übereinstimmung der Maschine mit den grundlegenden Sicherheits- und Gesundheitsschutzanforderungen nach Anhang I anzweifelt"*. Zwingend ist der Schluss von fehlenden Unterlagen – und entsprechend auch von einer fehlenden CE-Kennzeichnung – auf Zweifel an der Erfüllung von Sicherheits- und Gesundheitsschutzanforderungen damit nicht: Es *„kann"* nur so sein, das muss aber geprüft werden – und dann müssen die mildesten Maßnahmen ergriffen werden, die das Ziel ausreichender Sicherheit erreichen.

Die EU-Kommission fasst zusammen: *„Werden die technischen Unterlagen nicht vorgelegt, so stellt dies keinen Beweis für die Nichtübereinstimmung der Maschine dar, aber wenn der Hersteller die maßgeblichen Bestandteile der technischen Unterlagen nicht übermittelt, sind die Marktaufsichtsbehörden berechtigt, über die weiteren Maßnahmen auf der Grundlage etwaiger sonstiger ihnen vorliegender Nachweise zu entscheiden"*[217] – aber selbstverständlich unter Beachtung des verfassungsrechtlichen Verhältnismäßigkeitsprinzips.

---

[215] OLG Frankfurt, Urteil v. 5.7.2018 (Az. 6 U 28/18) – Kinderschreibtisch

[216] Siehe ausführlich *Wilrich*, Die rechtliche Bedeutung technischer Normen als Sicherheitsmaßstab – mit 33 Gerichtsurteilen zu anerkannten Regeln und Stand der Technik, Produktsicherheitsrecht und Verkehrssicherungspflichten (2017)

[217] *EU-Kommission*, Anwenderleitfaden Maschinenrichtlinie, 2. Aufl. 2010, § 393

3.6.10.3.4 Wirtschaftlichkeit

Selbst die **Wirtschaftlichkeit** ist zu berücksichtigen:

- *„Maßgeblich für die **Zumutbarkeit** sind darüber hinaus die wirtschaftlichen Auswirkungen der Sicherungsmaßnahme, im Rahmen derer auch die **Kosten-Nutzen-Relation**" eine Rolle spielt*[218].
- *„Übergroße finanzielle Belastungen können Sicherungsmaßnahmen unzumutbar machen."*[219]

Dabei heißt es

- einerseits, die *„finanziellen Belastbarkeit"* habe eine *„gewisse, wenn auch untergeordnete Bedeutung"*[220], aber
- anderseits, Sicherheitspflichten sind *„eingebettet in das Korrektiv der tatsächlichen und wirtschaftlichen Zumutbarkeit für den Pflichtigen"* und *„gerade der Frage der wirtschaftlichen Zumutbarkeit kommt erhebliche Bedeutung zu"*[221].

Jedenfalls *„verlangt die Prüfung der Verhältnismäßigkeit immer eine Abwägung mit den Interessen des Arbeitgebers, weil Arbeitsschutzmaßnahmen in seine wirtschaftliche Betätigungsfreiheit eingreifen"*[222].

3.6.10.4 Ermessen, Sachverhaltserforschung und – verantwortungsvolle – Wertung

In Umsetzung des Verhältnismäßigkeitsgrundsatzes beschränkt das deutsche ArbSchG in § 22 Abs. 3 Satz 3 ArbSchG die Anordnung der Untersagung des Betriebs von Arbeitsmitteln (Maschinen) Arbeitsmitteln in zweierlei Hinsicht:

- Erstens ist die Betriebs- bzw. Nutzungsuntersagung nur möglich, wenn eine Anordnung nach § 22 Abs. 3 Satz 1 ArbSchG in Bezug auf das Arbeitsmittel *„nicht sofort ausgeführt"* wird. Die Anordnung konkrete Maßnahmen, wie der Arbeitgeber die Pflichten gemäß BetrSichV zu erfüllen hat, gehen also vor. *„Das ArbSchG deckt keine isolierte Untersagungsverfügung"*[223].

[218] BGH, Urteil v. 16.6.2009 (Az. VI ZR 107/08) – Airbag
[219] BGB-Reichsgerichtsrätekommentar (RGRK)/*Steffen*, Bd. II, 5. Teil §§ 812–831, 12. Aufl. 1989, § 823 Rn. 149
[220] BGH, Fall 12 (Eishockey-Puck), siehe Kapitel 8.12
[221] OLG Koblenz, Urteil v. 12.3.1997 (Az. 1 U 207/96) – Kopfsteinpflaster
[222] *Wiebauer*, in: *Landmann/Rohmer*, GewO, ArbSchG, 79. Lieferung Juni 2018, § 22 Rn. 141
[223] So *Wiebauer*, in: *Landmann/Rohmer*, GewO, ArbSchG, 79. Lieferung Juni 2018, § 22 Rn. 191

- Zweitens steht auch die Stilllegungsverfügung gemäß § 22 Abs. 3 Satz 3 ArbSchG im Ermessen: sie muss nicht zwingend erfolgen, sie „kann" es nur. Dann muss der Verhältnismäßigkeitsgrundsatz beachtet werden – und wegen der „*weitreichenden Konsequenzen sind an das Verbot des Übermaßes besonders hohe Anforderungen zu stellen*"[224] und „*die Unverhältnismäßigkeit einer Anordnung kann sich auch daraus ergeben, dass sie den gesetzlich vorgesehenen Entscheidungsspielraum des Arbeitgebers mehr als erforderlich beschränkt. Das ArbSchG überlässt ihm nicht nur die Feststellung der Gefährdungslage, sondern auch die Wahl der Mittel, mit denen er die vorgegebenen Schutzziele zu erreichen gedenkt*"[225].

Es heißt zuweilen, dass bei fehlender CE-Kennzeichnung sofort und ohne weitere Prüfung stillgelegt werden könne – ja: müsse. Dann ist das nicht nur ein Verstoß gegen den Verhältnismäßigkeitsgrundsatz, sondern ein kompletter Ermessensausfall. Eine im Ermessen stehende staatliche Maßnahme ist ohne „Ermessensbewusstsein" und Ermessensausübung rechtswidrig und wird bei Widerspruch bzw. Klage des Betroffenen aufgehoben.

Die Behörde muss vielmehr den Sachverhalt erforschen. § 24 Verwaltungsverfahrensgesetz regelt den Untersuchungsgrundsatz bzw. Amtsermittlungsgrundsatz: „*Die Behörde ermittelt den Sachverhalt von Amts wegen*" – und sie „*hat alle für den Einzelfall bedeutsamen, auch die für die Beteiligten günstigen Umstände zu berücksichtigen*".

Eine Stilllegungsanordnung kann die Behörde – zusammenfassend – also erst aussprechen,

- wenn sie sorgfältig den Sachverhalt erforscht hat, wozu es nicht genügt, allein das Fehlen der CE-Kennzeichnung festzustellen (**Untersuchungsgrundsatz bzw. Amtsermittlungsgrundsatz**),
- wenn sie zuvor konkret angeordnet hat, was der Arbeitgeber zur Erfüllung seiner Arbeitsschutzpflichten – und insbesondere der Pflichten gemäß BetrSichV – tun muss (**Grundsatz des Vorrangs der Anordnung konkreter Erfüllungsanordnungen**), und
- wenn die Stilllegung das mildeste Mittel ist, um ausreichende Sicherheit zu gewährleisten, und auch sonst nicht über das Ziel hinausschießt, also angemessen ist (**Verhältnismäßigkeitsgrundsatz** bzw. **Übermaßverbot**).

Juristen wird immer vorgeworfen, sie würden auf konkrete Fragen unkonkret antworten: „**Es kommt darauf an**". Aber genau das ist die einzig richtige Antwort, wenn es um einen konkreten Fall – und nicht die Darlegung der rechtlichen Grundsätze – geht.

---

[224] So *Kunz*, in: *Kollmer/Klindt*, ArbSchG, 3. Aufl. 2016, § 22 Rn. 104

[225] *Wiebauer*, in: *Landmann/Rohmer* GewO, ArbSchG, 79. Lieferung Juni 2018, § 22 Rn. 135

Es muss ja ein Einzelfall gelöst und kein abstraktes Prinzip entgegengeschleudert werden. Das macht eine Entscheidung zwar schwierig. Aber es ist doch klar: Es sind – so steht es in hunderten Gerichtsurteilen – **„alle Umstände des Einzelfalls zu berücksichtigen“**. So sagt das Bundesverfassungsgericht: *„Das Maß der anzuwendenden Sorgfalt bestimmt sich nach den konkreten Umständen des Einzelfalls“*[226]. In den Worten des ABS[227]: *„Dies setzt stets eine genaue Betrachtung des Einzelfalls sowie eine Abwägung der Vor- und Nachteile der Maßnahme voraus“*. Denn „Wahrheit und Eindeutigkeit ist etwas für schlichte Gemüter“[228].

3.6.10.5 Schadensersatz

Ein Verstoß gegen den Grundsatz der Verhältnismäßigkeit ist auch eine Amtspflichtverletzung und kann die Behörde zum Schadensersatz verpflichten[229]. Jeder staatlichen Behörde *„obliegt die Pflicht zu rechtmäßigem Verhalten“* – und *„die Amtspflicht zu rechtmäßigem Verhalten beinhaltet die Pflicht zur Wahrung des Grundsatzes der Verhältnismäßigkeit“*[230].

---

226 BVerfG, Fall 10 (Brunnen Kump in Steinheim), siehe Kapitel 8.10

227 BekBS 1114 über die „Anpassung an den Stand der Technik bei der Verwendung von Arbeitsmitteln“ in Nr. 3.5

228 *Richard David Precht*, Erkenne die Welt – Eine Geschichte der Philosophie, Bd. 1, 2015, S. 162

229 BGH, Urteil v. 26.3.1973 (Az. III ZR 43/71)

230 LG Kaiserslautern, Urteil v. 27.2.2015 (Az. 3 O 27/13)

4 Bestandsschutz im zivilrechtlichen Haftungsrecht gegen Schadensersatzforderungen

Nach einem Unfall greift insbesondere die grundlegende Schadensersatzvorschrift § 823 Abs. 1 BGB: „*Wer vorsätzlich oder fahrlässig das Leben, den Körper, die Gesundheit, die Freiheit, das Eigentum oder ein sonstiges Recht eines anderen widerrechtlich verletzt, ist dem anderen zum Ersatz des daraus entstehenden Schadens verpflichtet.*" Die Frage des Bestandsschutzes kann sich aber auch in Vertragsbeziehungen stellen:

- Fall 6 (Aufzug im Pflegeheim, siehe Kapitel 8.6): Heimvertrag,
- Fall 21 (Parkhaustor, siehe Kapitel 8.21): Mietvertrag,
- Fall 27 (Tiefgaragentor, siehe Kapitel 8.27): Mietvertrag,
- Fall 29 (Treppensturz 1996 Hagen, siehe Kapitel 8.29): Gastaufnahmevertrag,
- Fall 30 (Treppensturz 2001 Dessau, siehe Kapitel 8.30): Mietvertrag.

Das Wort Bestandsschutz fällt im BGB nicht – und auch nicht im sonstigen zivilrechtlichen Haftungsrecht. Entscheidend ist,

- ob eine alte – und dadurch nicht mehr „so" sichere – Anlage „widerrechtlich" ist und deshalb nachgerüstet werden muss bzw.
- ob es „fahrlässig" ist, die Anlage nicht nachzurüsten und so weiter zu betreiben, wie sie ist.

Das Öffentliche Recht ist dabei – und bei der Frage, ob Bestandsschutz oder eine Nachrüstungspflicht besteht – nur einer der Ausgangspunkte. Das Amtsgericht Gießen[231] sagte, „*Bestandsschutz*" und „*Vertrauen in die Unveränderbarkeit des bisherigen Zustands*" bestehe „*im Grundsatz nur auf öffentlich-rechtlicher Ebene*". Die TRBS 1001 über die „*Struktur und Anwendung der Technischen Regeln für Betriebssicherheit*" stellt in Nr. 1.2 klar: „*Die Erfüllung der Anforderungen der* [öffentlich-rechtlichen] *BetrSichV ist eine Grundvoraussetzung, um im Haftungsfall ein regelkonformes Handeln nachweisen zu können. Im* [zivilrechtlichen] *Haftungsfall ist dies aber ggf. nicht ausreichend. Wenn trotz Einhaltung der sicherheitstechnischen Regeln Gefahren erkennbar sind, haben Arbeitgeber oder Betreiber hierauf zu reagieren und erforderlichenfalls weitere Maßnahmen zu ergreifen.*" Das OLG Hamm[232]

---

[231] AG Gießen, Urteil v. 16.6.2017 (Az. 41 C 49/14)
[232] OLG Hamm, Urteil v. 15.12.2016 (Az. I-5 U 158/15)

verurteilte einen Eigentümer, ein seit einem halben Jahrhundert vorhandenes Tor zu beseitigen – und sagte: *„Die Argumentation hinsichtlich eines Bestandsschutzes des Torflügels, weil dieser dort bereits seit 50 Jahren vorhanden sei, ist nicht zielführend. Das BGB kennt das Rechtsinstitut eines Bestandsschutzes in dieser Form nicht."*

„Erforderlich" im Sinne der TRBS 1001 kann auch eine Nachrüstung sein. Das Landgericht Saarbrücken spricht in Fall 20 (Parkhauseinfahrt, siehe Kapitel 8.20) von einer *„aus der allgemeinen Verkehrssicherungspflicht folgenden Handlungspflicht (Umbau- oder Nachrüstpflicht, Hinweispflicht)"*. In diesem Kapitel werden die bei der Entscheidung über Bestandsschutz oder Nachrüstungspflicht im zivilrechtlichen Schadensersatzrecht einschlägigen Grundstrukturen und erforderlichen Wertungen nachgezeichnet.

Obwohl Bestandsschutz nicht ausdrücklich geregelt ist, kann es bei ursprünglich legal errichteten Anlagen (dazu Kapitel 4.1) im Rahmen der Überprüfung einer Verkehrssicherungspflichtverletzung (dazu Kapitel 4.2) wegen der Flexibilität des Sicherheitsmaßstabs (dazu Kapitel 4.3) für alte Anlagen Bestandsschutz geben (dazu Kapitel 4.4).

4.1 Grundvoraussetzung: legale Inbetriebnahme

Grundvoraussetzung für Bestandsschutz im zivilrechtlichen Schadensersatzrecht ist die Erfüllung der im Errichtungszeitraum geltenden (Sicherheits-)Anforderungen – also die frühere materielle Rechtmäßigkeit.

- So betont das OLG Frankfurt in Fall 5 zum Aufzug im Parkhaus (siehe Kapitel 8.5), es bestehe eine Ausrüstungspflicht, wenn für den Aufzug *„Warnvorrichtungen bei Errichtung der Aufzugsanlage 1989 vorgeschrieben waren oder dem damaligen Stand der Technik entsprachen"*.
- So betont das LG Wuppertal in Fall 6 zum Aufzug im Pflegeheim (siehe Kapitel 8.6), *„dass ein Bestandsschutz nur dann gegen eine Pflichtverletzung streiten würde, wenn nach dem Stand der Technik zum Zeitpunkt der Errichtung die Fahrstuhlanlage den damaligen Sicherheitsanforderungen entsprochen hätte"*. Das konnte das Gericht dann nicht feststellen, während das OLG Düsseldorf dann in der zweiten Instanz von der seinerzeitigen Rechtskonformität des Aufzugs ausging.

Kein Bestandsschutz kann somit gewährt werden, wenn die Anlage schon im Errichtungszeitraum nicht den gesetzlichen Anforderungen entsprach. So war es

- im Fall 11 (Drehmaschine, siehe Kapitel 8.11) und
- im Fall 25 (Spielplatzrutsche 1997 Aachen, siehe Kapitel 8.25).

Im Fall 14 (Flüssiggasanlage, siehe Kapitel 8.14) entsprach der Bestand im Errichtungszeitraum wohl eher nicht den gesetzlichen Anforderungen, aber das OLG Düsseldorf löste den Fall anders: Es verurteilte einen technischen Leiter, weil dieser – als Experte – den Betreiber nicht auf einen Ministeriumserlass mit verschärften Sicherheitsanforderungen hingewiesen hatte. Das Gericht hätte den technischen Leiter auch mit dem Argument verurteilen können, dass das, was das Ministerium 1990 in den Erlass geschrieben hat, schon 1989 im Errichtungszeitraum galt – es hätte sich dann freilich mit dem erforderlichen Sicherheitsniveau im Jahre 1989 beschäftigen müssen. Dass es das nicht getan hat, zeigt: Es ist zuweilen einfacher, rechtlich zu argumentieren (mit heute bestehenden Warnpflichten) als mit Tatsachen (mit dem seinerzeit bestehenden Stand der Technik).

Dass es um Einzelfallentscheidungen geht, zeigt Fall 19 (Kopfsteinpflaster, siehe Kapitel 8.19): Trotz Nichterfüllung technischer Normen im Errichtungszeitraum verurteilte das OLG Hamm die verkehrssicherungspflichtige Stadt nicht: Erstens sei der Normverstoß gering und zweitens – das deutete das Gericht indes nur zart an – ging es um eine DIN-Norm, die gar keine Betreiberpflichten regelt, sondern – als Teil der VOB/B – für das Vertragsrecht gilt.

4.2 Grundregel für die Prüfung: Verkehrssicherungspflichten

§ 823 BGB ist die Grundlage für Verkehrssicherungspflichten. Entstanden ist die Verkehrssicherungspflicht im Bereich des öffentlichen Verkehrs auf Straßen. Zu diesem Bereich sagte etwa das OLG Celle in Fall 19 (Kopfsteinpflaster, siehe Kapitel 8.19): *„Die für öffentliche Straßen und Wege Versicherungspflichtigen haben die Verkehrsflächen so herzustellen und zu unterhalten, dass sie möglichst gefahrlos benutzt werden können. Dabei dürfen die Verkehrsteilnehmer aber nicht erwarten, dass die Sicherungspflichtigen die Verkehrsflächen völlig gefahrlos und frei von allen Mängeln zur Verfügung stellen. Eine Verkehrssicherung, die jeden Unfall ausschließt, ist nämlich praktisch nicht erreichbar."*

Heute wird auch von Verkehrssicherungspflichten in Bereichen gesprochen, die mit Verkehr nichts zu tun haben. *„Je größer – u. a. infolge des raschen technischen Fortschritts – die Gefahren werden, desto umfangreicher wird die Zahl der Verkehrspflichten. Die Rechtsprechung ist kaum überschaubar."*[233]

Das LG Detmold fasst in Fall 4 (Aufzug im Kurheim, siehe Kapitel 8.4) zu Grundstücken und Bauwerken zusammen: *„Derjenige, auf dessen Grundstück oder in dessen Haus eine Gefahrenquelle besteht, und der zugleich Haus und Grundstück einem – wenn auch nur beschränkten – Besucherkreis zugänglich macht, ist dafür*

[233] *Brox/Walker*, Schuldrecht. Besonderer Teil, 30. Aufl. 2005, § 41 Rn. 34

verantwortlich, dass diese Gefahrenquelle beseitigt wird oder aber zumindest so abgesichert wird, dass niemand zu Schaden kommt. Die Anforderungen, die dabei an den Verkehrssicherungspflichtigen zu stellen sind, sind jedoch vom Umfang her nicht unbegrenzt. So muss er keine Absicherung gegen jegliche auch nur entfernt denkbaren Risiken treffen. Der Maßstab richtet sich vielmehr danach, welche Sicherheit das infrage kommende Publikum unter Berücksichtigung der technischen Gegebenheiten erwarten kann und darf."

Sehr ausführlich ist der BGH[234] in einem Fall zu einer Glastür in einer Mietwohnung in Siegen: Verkehrssicherungspflicht heißt, dass *„derjenige, der eine Gefahrenlage – gleich welcher Art – schafft, grundsätzlich verpflichtet ist, die notwendigen und zumutbaren Vorkehrungen zu treffen, um eine Schädigung anderer möglichst zu verhindern. Die rechtlich gebotene Verkehrssicherung umfasst diejenigen Maßnahmen, die ein umsichtiger und verständiger, in vernünftigen Grenzen vorsichtiger Mensch für notwendig und ausreichend hält, um andere vor Schäden zu bewahren.*

Dabei ist jedoch zu berücksichtigen, dass nicht jeder abstrakten Gefahr vorbeugend begegnet werden kann. Ein allgemeines Verbot, andere nicht zu gefährden, wäre utopisch. Eine Verkehrssicherung, die jede Schädigung ausschließt, ist im praktischen Leben nicht erreichbar. Haftungsbegründend wird eine Gefahr erst dann, wenn sich für ein sachkundiges Urteil die nahe liegende Möglichkeit ergibt, dass Rechtsgüter anderer verletzt werden. Deshalb muss nicht für alle denkbaren Möglichkeiten eines Schadenseintritts Vorsorge getroffen werden. Es sind vielmehr nur die Vorkehrungen zu treffen, die geeignet sind, die Schädigung anderer tunlichst abzuwenden. Der im Verkehr erforderlichen Sorgfalt (§ 276 Abs. 2 BGB) ist genügt, wenn im Ergebnis derjenige Sicherheitsgrad erreicht ist, den die in dem entsprechenden Bereich herrschende Verkehrsauffassung für erforderlich hält. Daher reicht es anerkanntermaßen aus, diejenigen Sicherheitsvorkehrungen zu treffen, die ein verständiger, umsichtiger, vorsichtiger und gewissenhafter Angehöriger der betroffenen Verkehrskreise – hier der Wohnungsvermieter – für ausreichend halten darf, um andere Personen – hier: Mieter und deren Kinder – vor Schäden zu bewahren, und die ihm den Umständen nach zuzumuten sind; Voraussetzung für eine Verkehrssicherungspflicht ist, dass sich vorausschauend für ein sachkundiges Urteil die nahe liegende Gefahr ergibt, dass Rechtsgüter anderer verletzt werden können.

Kommt es in Fällen, in denen hiernach keine Schutzmaßnahmen getroffen werden mussten, weil eine Gefährdung anderer zwar nicht völlig ausgeschlossen, aber nur unter besonders eigenartigen und entfernter liegenden Umständen zu befürchten war, ausnahmsweise doch einmal zu einem Schaden, so muss der Geschädigte – so hart dies im Einzelfall sein mag – den Schaden selbst tragen. Er hat ein ‚Unglück' erlitten und kann dem Schädiger kein ‚Unrecht' vorhalten."

[234] BGH, Urteil v. 16.5.2006 (Az. VI ZR 189/05)

Außerdem gibt es Grundaussagen zur Verkehrssicherungspflicht z. B. in

- Fall 20 (Parkhauseinfahrt), siehe Kapitel 8.20,
- Fall 28 (Treppenhaus 1995 Bielefeld), siehe Kapitel 8.28.

4.3 Der Sicherheitsmaßstab bei den Verkehrssicherungspflichten

Das BGB enthält keine Aussage zum Ausmaß der erforderlichen Sicherheit. Klar ist nur, dass *„die Anforderungen, die an den Verkehrssicherungspflichtigen zu stellen sind, vom Umfang her nicht unbegrenzt sind"*[235], denn *„vollständige Sicherheit ist nicht erreichbar"*[236]. Es geht um *„möglichst gefahrlos"*, aber nicht *„völlig gefahrlos"*[237].

Nicht selten gibt es – ohne dass von Verkehrssicherungspflicht die Rede ist – konkrete gesetzliche Regelungen (dazu Kapitel 4.3.1). Neben diesen Spezialgesetzen (Beispiele in Kapitel 4.3.1.1 bis 4.3.1.3) und ohne Spezialgesetz (dazu Kapitel 4.3.2) gilt: Es geht um ein Einzelfallurteil nach vernünftigen Sicherheitserwartungen und Interessenabwägung. Und das bedeutet: Eigenverantwortung und Rechtsunsicherheit – siehe dazu auch das Schlusswort dieses Buchs (Kapitel 7).

4.3.1 Konkretisierung durch Gesetze

Letztlich sind alle konkreten Gesetze mit Sicherheitsanforderungen **konkrete (Verkehrs-)Sicherungspflichten**. Diese gesetzlichen Vorschriften sind *„Mindeststandard"*[238]. Dann gilt aber zusätzlich das allgemeine Gebot ausreichender Sicherheit (dazu Kapitel 4.3.2).

- Die Heimmindestbauverordnung enthält z. B. eine **Verschärfung** der Verkehrssicherungspflicht[239].
- § 60 Bundesnaturschutzgesetz (BNatSchG) mit der Überschrift „Haftung" enthält – etwas systemwidrig im Öffentlichen Recht – eine ausdrückliche **Begrenzung** der Verkehrssicherungspflicht: *„Das Betreten der freien Landschaft erfolgt auf eigene Gefahr. Durch die Betretungsbefugnis werden keine zusätzlichen Sorgfalts- oder*

[235] LG Detmold in Fall 4 (Aufzug im Kurheim), siehe Kapitel 8.4
[236] OLG Hamm in Fall 9 (Bodenfliesen im Hallenbad), siehe Kapitel 8.9
[237] OLG Celle in Fall 19 (Kopfsteinpflaster), siehe Kapitel 8.19
[238] *Hager*, in: *Staudinger*, BGB, Unerlaubte Handlungen 1 – Teilband 2, Neubearbeitung 2009, § 823, Rn. E 34
[239] Siehe Fall 6 (Aufzug in einem Pflegeheim), siehe Kapitel 8.6

Verkehrssicherungspflichten begründet. Es besteht insbesondere keine Haftung für typische, sich aus der Natur ergebende Gefahren.“[240] Der Bundesrat wollte *„für die betroffenen Grundstückseigentümer die Konkretisierung, dass durch die Erholungsnutzung ihrer Grundstücke vorbehaltlich anderer Rechtsvorschriften keine neuen Verkehrssicherungspflichten begründet werden und damit keine zusätzlichen Lasten auf sie zukommen“*[241]. Die Bundesregierung war der Ansicht, dass *„es einer entsprechenden Klarstellung nicht bedarf“*[242], aber sie wurde letztlich doch ins Gesetz aufgenommen.

4.3.1.1 Beispiel StVO

Die „Grundregeln“ in § 1 der Straßenverkehrsordnung (StVO) für die Teilnahme am Straßenverkehr ähneln den allgemeinen Aussagen in den Gerichtsurteilen zur Verkehrssicherungspflicht (dazu Kapitel 4.2) stark:

- *„Die Teilnahme am Straßenverkehr erfordert ständige Vorsicht und gegenseitige Rücksicht.“*
- *„Wer am Verkehr teilnimmt, hat sich so zu verhalten, dass kein anderer geschädigt, gefährdet oder mehr als nach den Umständen unvermeidbar behindert oder belästigt wird.“*

4.3.1.2 Beispiel Baurecht

Auch das Baurecht ist letztlich in Landesrecht gegossenes konkretes Verkehrs- bzw. Bauanlagensicherungsrecht. Art. 3 Abs. 1 BayBO besagt: *„Anlagen sind unter Berücksichtigung der Belange der Baukultur, insbesondere der anerkannten Regeln der Baukunst, so anzuordnen, zu errichten, zu ändern und instand zu halten, dass die öffentliche Sicherheit und Ordnung, insbesondere Leben und Gesundheit, und die natürlichen Lebensgrundlagen nicht gefährdet werden. Sie müssen bei ordnungsgemäßer Instandhaltung die allgemeinen Anforderungen des Satzes 1 ihrem Zweck entsprechend angemessen dauerhaft erfüllen und ohne Missstände benutzbar sein.“*

Siehe dazu in diesem Buch folgende Fälle mit Baurechtsbezug:

- Fall 9: Bodenfliesen im Hallenbad, siehe Kapitel 8.9,
- Fall 10: Brunnen Kump, siehe Kapitel 8.10,
- Fall 15: Geländer in der Schule, siehe Kapitel 8.15,

[240] Zur Erholung in Natur und Landschaft siehe *Wilrich*, in: *Ulf Marzik/Thomas Wilrich*, Bundesnaturschutzgesetz – Kommentar (2004), S. 572 ff.

[241] BT-Drs. 16/13298 v. 4.6.2009, S. 13

[242] BT-Drs. 16/13298 v. 4.6.2009, S. 19

- Fall 14: Fluchttür, siehe Kapitel 8.14,
- Fall 28: Treppensturz 1995 Bielefeld, siehe Kapitel 8.28,
- Fall 30: Treppensturz 2001 Dessau, siehe Kapitel 8.30.

4.3.1.3 Beispiel BetrSichV

Ziel der BetrSichV ist es, *„die Sicherheit und den Schutz der Gesundheit von Beschäftigten bei der Verwendung von Arbeitsmitteln zu gewährleisten"* (§ 1 Abs. 1 Satz 2 BetrSichV). Das LG Frankfurt sagte in Fall 5 (Aufzug im Parkhaus, siehe Kapitel 8.5), *„der Umfang der Verkehrssicherungspflichten eines Aufzugbetreibers wird durch die AufzVO bzw. BetrSichV konkretisiert"*.

Zur BetrSichV siehe oben in Kapitel 3.5 und *Thomas Wilrich*, Praxisleitaden Betriebssicherheitsverordnung, VDE-Schriftenreihe Band 166, erschienen 2015[243].

Siehe in diesem Buch folgende Fälle mit Bezug zur BetrSichV:

- Fall 2: Abzieh-Teilmaschine, siehe Kapitel 8.2,
- Fall 4: Aufzug im Kurheim, siehe Kapitel 8.4,
- Fall 5: Aufzug im Parkhaus, siehe Kapitel 8.5,
- Fall 6: Aufzug im Pflegeheim, siehe Kapitel 8.6,
- Fall 11: Drehmaschine, siehe Kapitel 8.11,
- Fall 22: Rollenschneidemaschine[244], siehe Kapitel 8.22.

4.3.1.4 Spezialgesetze sind nicht abschließend: Geboten ist nicht nur das Vorschriftsmäßige, sondern das Zumutbare

Jede Spezialregelung wird ergänzt bzw. überlagert von der **allgemeinen (Verkehrs-) Sicherungspflicht** – und die verlangt, **alles Mögliche und Zumutbare** zu tun, um Schäden zu vermeiden[245]. Dieser Grundsatz gilt selbst dann (noch zusätzlich), wenn Spezialgesetze oder technische Normen[246] erfüllt und umgesetzt sind. Das BVerfG mahnt, *„allein die Einhaltung der Unfallverhütungsvorschriften lässt eine Sorg-*

[243] Zur nachträglichen CE-Kennzeichnung siehe Kapitel 3.6

[244] Wobei in diesem Fall im Zeitpunkt des Unfalls noch nicht einmal die Arbeitsmittelbenutzungsverordnung galt, sondern auf Unfallverhütungsvorschriften abgestellt wurde

[245] Siehe *Wilrich*, Sicherheitsverantwortung – Arbeitsschutzpflichten, Betriebsorganisation und Führungskräftehaftung – mit 25 erläuterten Gerichtsurteilen (2016)

[246] Siehe hierzu ausführlich *Wilrich*, Die rechtliche Bedeutung technischer Normen als Sicherheitsmaßstab – mit 33 Gerichtsurteilen zu anerkannten Regeln und Stand der Technik, Produktsicherheitsrecht und Verkehrssicherungspflichten (2017)

faltspflichtverletzung nicht entfallen"[247]. Es *„ist niemals nur das Vorschriftsmäßige geboten, sondern vielmehr immer das Richtige"*[248].

So sagte das OLG München in Fall 12 (Eishockey-Puck, siehe Kapitel 8.12): *„Gesetzliche Vorschriften, die Längsseiten eines Eishockeyfelds mit Schutzvorrichtungen (etwa durch eine Plexiglasscheibe) zu versehen, bestehen nicht"*. Aber trotzdem *„war eine Schutzvorrichtung gegen aus dem Spielfeld fliegende Pucks auch an den Längsseiten erforderlich"*. Der BGH bestätigte im Eishockey-Puck-Fall: Die in Normen niedergelegten Regeln der Technik *„können zwar zur Konkretisierung der Verkehrssicherungspflichten herangezogen werden und stellen oft, zumal sie von Experten-Kommissionen erarbeitet sind, einen brauchbaren Maßstab für die zu fordernde Sorgfalt dar. Jedoch bestimmen sie nicht stets das Äußerste, was im Einzelfall verlangt werden kann, sondern sind ergänzungsbedürftig und entlassen den Richter nicht aus der Pflicht, das Integritätsinteresse des potenziellen Geschädigten selbst zu bewerten."*

Im Fall 22 (Rollenschneidemaschine, siehe Kapitel 8.22) stellte das LG Düsseldorf klar, es *„wird der Umfang der Verkehrssicherungspflicht nicht nur durch die gesetzlichen Unfallverhütungsvorschriften bestimmt. Der Unternehmer hat vielmehr die Pflicht, die Betriebssicherheit weitestmöglich sicherzustellen. Dabei muss er u. a. auch die Erfahrungstatsache berücksichtigen, dass der Arbeitnehmer sich an die gefährlichen Maschinen gewöhnt, gegen die Gefahr abstumpft und dadurch leichtsinnig wird."*

4.3.2 Ansonsten: Einzelfallurteil nach vernünftigen Sicherheitserwartungen und Abwägung

Es geht bei den Verkehrssicherungspflichten – letztlich noch viel mehr als im Öffentlichen Recht – um Einzelfallbetrachtungen und Einzelfallentscheidungen. Man spricht hier auch weniger von Sicherheitsmaßstab, sondern eher vom **„Umfang" der Verkehrssicherungspflicht**. Aber – selbstverständlich – sind die Verkehrssicherungspflichten *„vom Umfang her nicht unbegrenzt"*[249].

Zunächst gibt es sehr allgemeine Aussagen wie: *„Der Umfang einer solchen Verkehrssicherungspflicht richtet sich nach der Verkehrssitte."*[250] In tausenden Urteilen wird – immer erst allgemein, dann aber natürlich einzelfallbezogen – konkretisiert:

---

[247] Siehe Fall 10 (Brunnen Kump), siehe Kapitel 8.10

[248] So *Duttge*, in: *Dölling/Duttge/Rössner*, Gesamtes Strafrecht, 2008, StGB, § 15 Rn. 38; ähnlich *Sternberg-Lieben/Schuster*, in: *Schönke/Schröder*, Strafgesetzbuch, 29. Aufl. 2014, § 15 Rn. 135

[249] LG Detmold, Fall 4 (Aufzug im Kurheim), siehe Kapitel 8.4

[250] LG Düsseldorf, Urteil v. 8.4.2011 (Az. 6 O 187/09) – Fußballplatz: besprochen in: *Wilrich*, Die rechtliche Bedeutung technischer Normen als Sicherheitsmaßstab, 2017 (Fall 13)

4.3.3 Entscheidend: Sicherheitserwartungen

Nach ständiger Formulierung in der Rechtsprechung *„umfasst die rechtlich gebotene Verkehrssicherung diejenigen Maßnahmen, die ein umsichtiger und verständiger, in vernünftigen Grenzen vorsichtiger Mensch für notwendig und ausreichend hält, um andere vor Schäden zu bewahren"*[251]. Es geht um

- *„Sicherheitserwartungen des jeweiligen Verkehrs"*[252],
- *„vernünftige Sicherheitserwartungen"*[253],
- was *„berechtigterweise erwartet"*[254] werden kann.
- Die *„Verkehrspflicht wird von den legitimen Erwartungen des Verkehrsteilnehmers geprägt"*[255].
- Man muss *„die Sicherungsmaßnahmen ergreifen, die der Verkehr für diesen Gefahrenkreis für erforderlich hält."*[256]
- *„Der Maßstab richtet sich danach, welche Sicherheit das infrage kommende Publikum unter Berücksichtigung der technischen Gegebenheiten erwarten kann und darf."*[257]

Es ist ersichtlich, dass „Erwartungen" des „Publikums" und Ansichten über „Berechtigungen", „Legitimität", „Erforderlichkeit" und „Vernünftigkeit" sehr unterschiedlich sein können und es häufig um ein sehr schwieriges Urteil geht. Auch welche Erwartungen „infrage" kommen und was die „technischen Gegebenheiten" sind, kann unterschiedlich beurteilt werden. Daher bleibt es dann häufig bei solchen – letztlich banalen – Aussagen wie: Man *„kann erwarten, dass Bodenbelag so sorgfältig ausgewählt ist, dass das Risiko eines Ausrutschens möglichst begrenzt bleibt"*[258].

- Das OLG Celle deutet die Schwierigkeiten im Fall „Kopfsteinpflaster"[259] mit der Formulierung an: Ziel ist *„möglichst gefahrlos"*, aber nicht *„völlig gefahrlos"*, denn man muss die Pflicht *„im Rahmen des Vernünftigen halten"*.

---

[251] So z. B. BGH, Urteil v. 3.2.2004 (Az. VI ZR 95/03) und OLG Dresden, Urteil v. 25.2.2003 (Az. 9 U 2245/02) – Wasserrutsche; LG Bonn, Urteil v. 23.3.2015 (Az. 1 O 370/14) – Wasserrutsche; alle diese Fälle sind besprochen in: *Wilrich*, Die rechtliche Bedeutung technischer Normen als Sicherheitsmaßstab, 2017 (Fälle 31 und 33)

[252] OLG Hamm, Fall 19 (Kopfsteinpflaster), siehe Kapitel 8.19

[253] OLG Hamm, Fall 28 (Treppenhaus 1995 Bielefeld), siehe Kapitel 8.28

[254] OLG Hamm, Fall 9 (Bodenfliesen im Hallenbad), siehe Kapitel 8.9

[255] *Hager*, in: Staudinger, BGB, Unerlaubte Handlungen 1 – Teilband 2, Neubearbeitung 2009, § 823, Rn. E 27

[256] BGH, Fall 24 (Spielplatzrutsche 1985 Mönchengladbach), siehe Kapitel 8.24

[257] LG Detmold, Fall 4 (Aufzug im Kurheim), siehe Kapitel 8.4

[258] OLG Hamm, Fall 9 (Bodenfliesen im Hallenbad), siehe Kapitel 8.9

[259] OLG Hamm, Fall 19 (Kopfsteinpflaster), siehe Kapitel 8.19

- Der BGH fordert, dass die *„Benutzer vor vermeidbaren Gefahren bewahrt bleiben“*[260]. Die Verkehrssicherungspflicht *„erfasst nicht alle erdenklichen Risiken“*, es geht um *„vernünftige Sicherheitserwartungen“*[261].
- Auch mit der Aussage des LG Traunstein im Urteil Eishockey-Puck, Gefahren seien *„tunlichst“* abzuwenden, ist der konkrete Fall nicht gelöst.[262]

Man kann über Risiken und Vernunft und Sicherheitserwartungen und darüber trefflich und unendlich streiten, was „möglichst gefahrlos“ bedeuten soll und was „vermeidbar“ und was daher „tunlich“ ist. Daher müssen diese allgemeinen „Einstiegsformeln“ in die eigentliche Begründung, die letztlich in dieser Allgemeinheit jeder gutheißen muss, immer mit Bezug auf den jeweils zu entscheidenden Fall konkretisiert werden.

Jedenfalls geht es *„nicht um alle erdenklichen Risiken“* und nicht um Risiken, auf die der Verkehr sich *„ohne Weiteres selbst einstellen kann“*[263].

4.4 Sicherheit bei altem Bestand

Wenn es um alte Anlagen oder alten Baubestand geht, betonen die Gerichte in den Urteilen unterschiedliche Aspekte:

Einerseits kommt es – so die Rechtsprechung – auf die *„heutigen Sicherheitserwartungen“*[264] an, sodass *„eine aus der allgemeinen Verkehrssicherungspflicht folgende Handlungspflicht (Umbau- oder Nachrüstpflicht, Hinweispflicht) bestehen“*[265] kann – oder es wird schlicht auf die *„zum Unfallzeitpunkt geltende technische Normen“*[266] abgestellt[267] und gesagt: *„Die DIN-Norm gilt seit 1.12.2005, sodass sie am Unfalltag* [10.8.2006] *von der Beklagten bereits hätte umgesetzt worden sein müssen.“*[268]

Andererseits – so lauten Gerichtsurteile – *„richtet sich das Ausmaß der Sicherheit und des Gefahrenschutzes nicht ausschließlich nach den modernsten Erkenntnissen*

260 BGH, Urteil v. 3.2.2004 (Az. VI ZR 95/03) – Wasserrutsche: besprochen in: *Wilrich*, Die rechtliche Bedeutung technischer Normen als Sicherheitsmaßstab, 2017 (Fall 31)

261 OLG Hamm, Fall 29 (Treppensturz 1996 Hagen), siehe Kapitel 8.29

262 LG Traunstein, Fall 12 (Eishockey-Puck), siehe Kapitel 8.12

263 OLG Hamm in Fall 28 (Treppenhaus 1995 Bielefeld), siehe Kapitel 8.28

264 OLG Hamm in Fall 29 (Treppensturz 1996 Hagen), siehe Kapitel 8.29

265 LG Saarbrücken in Fall 20 (Parkhauseinfahrt), siehe Kapitel 8.20

266 Siehe hierzu ausführlich *Wilrich*, Die rechtliche Bedeutung technischer Normen als Sicherheitsmaßstab – mit 33 Gerichtsurteilen zu anerkannten Regeln und Stand der Technik, Produktsicherheitsrecht und Verkehrssicherungspflichten (2017)

267 OLG Köln in Fall 25 (Spielplatzrutsche 1997 Aachen), siehe Kapitel 8.25

268 AG Bad Kissingen in Fall 16 (Glastür im Supermarkt), siehe Kapitel 8.16

und nach dem neuesten Stand der Technik"[269], es ist daher *„auf den Zeitpunkt des Einbaus der Anlage abzustellen"*[270] und *„der Benutzer muss höhere Risiken in Kauf nehmen"*[271], sodass die *„Sicherheitserwartungen bei erkennbar alten Gebäuden im Allgemeinen geringer sind als bei neueren Anlagen"*, wobei aber *„auch bei älteren Gebäuden jedenfalls die dringenden Sicherheitsbedürfnisse ohne Einschränkung zu erfüllen"*[272] sind.

Auf welchen Aspekt die Gerichte in den Urteilen abstellen (Betonung der heutigen Perspektive bei den Sicherheitserwartungen oder Betonung des langjährigen Vorhandenseins des Bestands), hängt – natürlich – davon ab, zu welchem Ergebnis sie tendieren.

Ausführlich sind folgende Urteile:

- Das LG Frankfurt sagt in Fall 5 (Kapitel 8.5) zum Aufzug im Parkhaus: *„Der Verkehrssicherungspflichtige muss lediglich diejenigen Vorkehrungen treffen, die erforderlich und für ihn wirtschaftlich zumutbar sind. Der Betreiber einer Aufzugsanlage ist nicht von vornherein gehalten, die Fahrstuhltechnik auszutauschen und dem neuesten technischen Stand anzupassen, solange der Fahrstuhl noch den technischen Anforderungen der Aufzugsverordnung (mittlerweile BetrSichV) entspricht. Dabei ist insbesondere auf den Zeitpunkt des Einbaus der Anlage abzustellen. Wollte man verlangen, dass stets der neuste Sicherheitsstandard geboten werden muss, müsste der Betreiber seine Anlagen ständig erneuern, ohne seine kostspieligen Investitionen amortisieren zu können. Bei einer älteren Fahrstuhlanlage muss deshalb auch nur diejenige Verkehrssicherheit geboten werden, die bei Ausnutzung der vorhandenen technischen Einrichtungen in einwandfrei funktionierendem Zustand geboten werden kann. Vorliegend handelt es sich um eine relativ alte Anlage, Baujahr 1989. Zu diesem Zeitpunkt gab es etwaige weitergehende Sicherheits- und Warnsysteme noch nicht."*
- Das OLG Frankfurt bestätigte in Fall 5 (Kapitel 8.5) zum Aufzug im Parkhaus: *„Die Verkehrssicherheit fordert nur, dass die nach den technischen Möglichkeiten erreichbare Sicherheit geboten wird, wobei auf den Zeitpunkt des Einbaus der Anlage abzustellen ist. Dies gilt selbst dann, wenn sich die Sicherheitsbestimmungen für neu zu errichtende ähnliche Anlagen verschärft haben."*
- OLG Düsseldorf im Fall 6 (Kapitel 8.6) zum Aufzug im Pflegeheim: *„Die Verkehrssicherheit erfordert nur, dass die nach den technischen Möglichkeiten erreichbare Sicherheit geboten wird, wobei auf den Zeitpunkt des Einbaus der*

[269] OLG Hamm in Fall 9 (Bodenfliesen im Hallenbad), siehe Kapitel 8.9

[270] LG Frankfurt und OLG Frankfurt in Fall 5 (Aufzug im Parkhaus), siehe Kapitel 8.5

[271] OLG Dresden in Fall 26 (Sprungturm im Freibad Chemnitz), siehe Kapitel 8.26

[272] OLG Hamm in Fall 28 (Treppensturz 1995 Bielefeld), siehe Kapitel 8.28

Anlage abzustellen ist. Dies gilt selbst dann, wenn sich die Sicherheitsbestimmungen für neu zu errichtende ähnliche Anlagen verschärft haben. Wollte man aus der Verkehrssicherungspflicht ableiten, dass stets der neueste Sicherheitsstandard geboten werden muss, müsste der Betreiber einer technischen Einrichtung über die Verkehrssicherungspflicht seine Anlagen ständig erneuern, ohne seine kostspieligen Investitionen amortisieren zu können. Bei einer älteren Fahrstuhlanlage muss deshalb auch nur diejenige Verkehrssicherheit geboten werden, die bei Ausnutzung der vorhandenen technischen Einrichtungen in einwandfrei funktionierendem Zustand geboten werden kann."

- OLG Hamm im Fall 28 (Kapitel 8.28) zum Treppensturz 1995 in Bielefeld: Die Sicherungspflicht „*erfasst nicht alle erdenklichen von der Treppe ausgehenden Risiken. Sie ist vielmehr auf solche Gefahrenquellen beschränkt, mit denen der Verkehr nach seinen vernünftigen Sicherheitserwartungen nicht zu rechnen braucht und auf die er sich nicht ohne Weiteres selbst einstellen kann.*

  Da diese Erwartungen bei erkennbar alten Gebäuden und Gebäudeteilen – auch einer Treppe – im Allgemeinen geringer sind als bei neueren Anlagen, muss sich dies auch bei der Bestimmung der Höhe der von den Verkehrssicherungspflichtigen jeweils zu gewährleistenden Sicherheitsstandards auswirken. Jedoch sind auch bei älteren Gebäuden jedenfalls die dringenden Sicherheitsbedürfnisse – etwa hinsichtlich der Standfestigkeit einer Treppe oder des Vorhandenseins eines Treppengeländers – ohne Einschränkung zu erfüllen. Ferner sind Maßnahmen der Verkehrssicherung auch bei Treppen in der Regel dann geboten, wenn diese baupolizeilichen Vorschriften widersprechen, die gerade zum Zweck der Sicherheit der Benutzer erlassen worden sind. Auch hierbei ist jedoch dem Alter des zu beurteilenden Gebäudeteils Rechnung zu tragen: Ein Abweichen von baupolizeilichen Regelungen indiziert grundsätzlich nur dann eine besondere Sicherungsbedürftigkeit, wenn die einschlägige Vorschrift zum Zeitpunkt der Errichtung oder Veränderung des Bauwerks oder Bauteils bereits gegolten hat. Andernfalls würde eine lückenlose Anpassung sämtlicher alten Gebäudeteile an verschärfte bauordnungsrechtliche Vorschriften in vielen Fällen zu unzumutbaren Belastungen der Hauseigentümer führen."

- OLG Hamm im Fall 9 (Kapitel 8.9) zu Bodenfliesen im Hallenbad: Dass „*die Treppe zur Zeit des Unfalls mit einem Belag versehen war, der wohl den Anforderungen im Jahr der Errichtung des Hallenbads entsprach, nicht aber mehr den im Jahr 1985 an einen neu aufzubringenden Fliesenbelag zu stellenden Anforderungen, bedeutet jedoch nicht, dass die Treppe jetzt nicht mehr hinreichend verkehrssicher war und dass deshalb auf ihr eine außergewöhnliche Rutschgefahr bestand, die bei Beachtung der ihr zumutbaren Vorsicht und Sorgfalt nicht erkennbar gewesen wäre und auf welche sie sich nicht hätte einstellen können.*

Denn welche Sicherheit und welcher Gefahrenschutz zu gewährleisten sind, richtet sich nicht ausschließlich nach den modernsten Erkenntnissen und nach dem neuesten Stand der Technik. Die Sicherheit des Besuchers ist nicht nach den hierauf gerichteten Vorstellungen des Besuchers zu gewährleisten. Vielmehr braucht der Gefahrenschutz nur die Sicherheit zu geben, die der Besucher eines Hallenbads den Umständen nach berechtigterweise erwarten kann. Daher kann der Besucher eines Hallenbads auch hinsichtlich der Rutschfestigkeit des Bodenbelags nicht von einer baulichen Ausführung nach neuesten wissenschaftlichen und technischen Erkenntnissen ausgehen, wenn schon aus den äußeren Umständen für ihn sichtbar oder erkennbar ist, dass die bauliche Ausführung in früheren Jahren erfolgt ist und deshalb dem neusten Stand der Technik nicht entsprechen kann. Er kann keine weitergehende Sicherheit erwarten und muss daher auch eine höhere Rutschgefahr in Rechnung stellen, als sie auf dem Fußboden eines neueren Hallenbads zu erwarten wäre. Andernfalls wäre der Betrieb eines Hallenbads mit unzumutbaren Belastungen für den Betreiber verbunden."

So oder ähnlich – mit dem Ergebnis Bestandsschutz – heißt es etwa in

- Fall 4: Aufzug im Kurheim, siehe Kapitel 8.4,
- Fall 5: Aufzug im Parkhaus, siehe Kapitel 8.5,
- Fall 6: Aufzug im Pflegeheim, siehe Kapitel 8.6,
- Fall 9: Bodenfliesen im Hallenbad, siehe Kapitel 8.9,
- Fall 15: Geländer in der Schule, siehe Kapitel 8.15,
- Fall 17: Glastür Bank Traunstein, siehe Kapitel 8.17,
- Fall 20: Parkhauseinfahrt, siehe Kapitel 8.20,
- Fall 28: Treppensturz 1995 Bielefeld, siehe Kapitel 8.28,
- Fall 30: Treppensturz 2011 Dessau, siehe Kapitel 8.30.

Zuweilen lösen die Gerichte die Fälle ohne Entscheidung über Bestandsschutz oder Nachrüstungspflicht bzw. entscheiden zwar gegen Bestandsschutz und für Nachrüstungspflicht, lassen dann aber aus anderen Gründen den Betreiber doch nicht haften:

- Im Fall 15 (Geländer in der Schule, siehe Kapitel 8.15) ließ das OLG Saarbrücken offen, ob eine Nachrüstpflicht bestand – und zwar wegen fehlender Kausalität der nicht ausreichenden Dimensionierung eines Geländers bzw. des fehlenden Korrosionsschutzes für den Unfall. Es verurteilte den Eigentümer trotzdem – wegen fehlender Kontrolle. Letztlich liegt hier in dieser Argumentation aber eine Umrüstungspflicht, denn Folge der Kontrolle hätte – so das Gericht – eine von drei möglichen Ergänzungsmaßnahmen sein müssen, die auch genau aufgelistet werden.

- Im Fall 22 (Rollenschneidemaschine, siehe Kapitel 8.22) ging das OLG Düsseldorf zwar von einer Nachrüstungspflicht aus, gewährte also – anlagenbezogen – keinen Bestandsschutz, ließ den Betreiber aber nicht haften, weil der Rückgriff der Berufsgenossenschaft nach einem Arbeitsunfall eine grob fahrlässige Pflichtverletzung voraussetzt, das Unternehmen aber nur einfach fahrlässig gehandelt habe: Das ist letztlich – trotz objektiv bestehender Nachrüstungspflicht – eine Art personenbezogener Bestandsschutz.
- Im Fall 29 (Treppensturz 1995 Hagen, siehe Kapitel 8.29) urteilte das OLG Hamm zwar, die Treppe *„genügte teilweise nicht mehr den heutigen Sicherheitserwartungen"*, ließ aber den Gaststättenbetreiber wegen fehlender Kausalität nicht haften: Die Sicherheitsdefizite waren keine *„unfallursächliche Verkehrssicherungspflichtverletzung"*, denn der *„Sturz hat sich nicht im Einwirkungsbereich der Gefahrenstelle ereignet"*.

Kein Bestandsschutz wurde gewährt in

- Fall 16: Glastür Supermarkt Bad Kissingen, siehe Kapitel 8.16,
- Fall 21: Parkhaustor, siehe Kapitel 8.21,
- Fall 22: Rollenschneidemaschine (wobei hier der Betreiber dann doch nicht haftete, weil die Pflichtverletzung nicht grob fahrlässig war), siehe Kapitel 8.22,
- Fall 29: Treppensturz 1995 Hagen (wobei hier der Betreiber dann doch nicht haftete, weil die Pflichtverletzung nicht kausal war), siehe Kapitel 8.29.

Besonders bemerkenswert sind die beiden Glastür-Fälle: Nach einem Unfall an der Glastür einer Bank in Traunstein forderten alle drei Instanzen keine Nachrüstung von der Bank – sie gewährten dem Betreiber (temporären) Bestandsschutz und verwehrten der Geschädigten Schadensersatzansprüche (Fall 17, siehe Kapitel 8.17). Anders im Sinne einer Nachrüstungspflicht entschied das AG Bad Kissingen nach einem Unfall an einer Glastür im Supermarkt mit einem nahezu identischen Zeitablauf – es verwehrte dem Betreiber Bestandsschutz und gewährte der Geschädigten Schadensersatz (Fall 16, siehe Kapitel 8.16).

4.5 Sicherheit (Leben und Gesundheit) vs. Wirtschaftlichkeit (Geld)

Man hört immer wieder die Aussage, Geld dürfe bei der Sicherheit keine Rolle spielen. Das ist unzutreffend. Wenn es nicht auf Kosten ankäme, müssten wir so ziemlich alle Anlagen und Bauwerke sofort stilllegen bzw. schließen. Denn es gibt immer noch mehr und bessere als die ergriffenen technischen Sicherheitsmaßnahmen – nur kosteten sie Millionen oder Milliarden Euro. Nur der Nutzen nimmt immer mehr ab, denn die mit einer solchen Schutzmaßnahme erreichte zusätzliche Sicherheit ist dann nur noch minimal (Prinzip des abnehmenden Grenznutzens).

Selbstverständlich sind auch bei der Frage „Bestandsschutz oder Nachrüstungspflicht?“ Wirtschaftlichkeitsabwägungen und -entscheidungen zu treffen. Es darf nur nicht plump eine Sicherheitsmaßnahme am Geld scheitern, es ist vielmehr eine seriöse und verantwortungsvolle Entscheidung zu fällen. Zu alten Anlagen und Baubestand sagen die Gerichte etwa:

- *„Der Verkehrssicherungspflichtige muss lediglich diejenigen Vorkehrungen treffen, die erforderlich und für ihn wirtschaftlich zumutbar sind.“*[273]
- *„Andernfalls würde eine lückenlose Anpassung sämtlicher alten Gebäudeteile an verschärfte bauordnungsrechtliche Vorschriften in vielen Fällen zu unzumutbaren Belastungen der Hauseigentümer führen.“*[274]
- *„Wollte man aus der Verkehrssicherungspflicht ableiten, dass stets der neueste Sicherheitsstandard geboten werden muss, müsste der Betreiber einer technischen Einrichtung über die Verkehrssicherungspflicht seine Anlagen ständig erneuern, ohne seine kostspieligen Investitionen amortisieren zu können.“*[275]
- *„Eine Nachrüstpflicht des Betreibers besteht nur nach Ablauf eines angemessenen Zeitraums und unter Berücksichtigung wirtschaftlicher Gesichtspunkte.“*[276]

So kann es heißen: *„Es wäre ein ganz ungewöhnlicher Aufwand erforderlich gewesen, der in keinem Verhältnis stünde zu dem Erfolg, nämlich einer verhältnismäßig geringen Erhöhung der Rutschfestigkeit“* – und es wird Bestandsschutz[277] gewährt.

Es gibt allerdings drei Gesichtspunkte, die das Argument mit der Wirtschaftlichkeit schwermachen können:

---

[273] So das LG Frankfurt in Fall 5 (Aufzug im Parkhaus), siehe Kapitel 8.5

[274] So das OLG Hamm in Fall 28 (Treppenhaus 1995 Bielefeld), siehe Kapitel 8.28

[275] So das LG Frankfurt in Fall 5 (Aufzug im Parkhaus, siehe Kapitel 8.5) und das OLG Düsseldorf in Fall 6 (Aufzug im Pflegeheim, siehe Kapitel 8.6)

[276] So das OLG Dresden in Fall 26 (Sprungturm im Freibad Chemnitz), siehe Kapitel 8.26

[277] So das OLG Hamm in Fall 9 (Bodenfliesen), siehe Kapitel 8.9

- Erstens ist die einschlägige Schutzmaßnahme meistens **nicht teuer** – es heißt dann: Der Sicherungspflichtige *„hätte nur das Geländer zusätzlich an den Seiten verankern müssen oder die Geländerpfosten und die Bodeneinspannung verzinken und vor Korrosion sichern oder auf das Kiesbett verzichten, um so eine geeignete regelmäßige Kontrolle und ein sofortiges Entdecken jeder Korrosion zu ermöglichen"*[278].
- Zweitens sind die Kosten für die einschlägige Schutzmaßnahme **nicht unzumutbar** – es heißt dann,
  - *„dass sich der Aufwand in Anbetracht der erheblichen Gefahren in durchaus verhältnismäßigem Umfang hielt, zeigt nicht zuletzt der Umstand, dass der Schutzmechanismus der Drehmaschine nicht einmal zwei Monate nach dem Unfall instand gesetzt war"*[279];
  - *„dass eine rückwirkende Anwendbarkeit der strengen Kriterien für ihr Unternehmen wirtschaftlich nicht zu verkraften sei, hat die Betreiberin nicht ansatzweise dargetan, vielmehr hat sie nach dem Unfall auf jeder Seite der Maschine bewegliche Schutzgitter angebracht"*[280];
  - *„dem Schutz von Leben und Gesundheit kommt höchste Priorität zu und der Beklagte muss die ihm zur Verfügung stehenden Mittel deshalb zunächst hierfür verwenden, bevor er anderweitige Ausgaben tätigt"*[281];
  - es *„kommt auch der finanziellen Belastbarkeit bei Abwägung der Zumutbarkeit eine gewisse, wenn auch untergeordnete Bedeutung zu"*[282].
- Drittens ist immer auch eine **Schließung bzw. Stilllegung zu bedenken**: Dieses hatte im Fall 26 (Sprungturm im Freibad, siehe Kapitel 8.26) erstinstanzlich das Landgericht Chemnitz gefordert[283]; das Amtsgericht Leipzig verurteilte 2012 eine Schulleiterin nach einem Unfall durch einen Holzsplitter des Parkettbodens, weil sie es *„unterließ, die Turnhalle für den Sportunterricht zu sperren"*[284]; im Fall 11 (Drehmaschine, siehe Kapitel 8.11) sagte das Landgericht Rottweil: *„Der Beklagte hätte entweder die Maschine stilllegen oder den Aufwand – ggf. durch eine Fachfirma – in Kauf nehmen müssen."*

---

278 So das OLG Saarbrücken in Fall 15 (Geländer in der Schule), siehe Kapitel 8.15

279 So das LG Rottweil in Fall 11 (Drehmaschine), siehe Kapitel 8.11

280 So das OLG Düsseldorf in Fall 22 (Rollenschneidemaschine), siehe Kapitel 8.22

281 So das OLG Saarbrücken in Fall 15 (Geländer in der Schule), siehe Kapitel 8.15

282 So der BGH in Fall 12 (Eishockey-Puck), siehe Kapitel 8.12

283 Das OLG Dresden sah das im Berufungsurteil anders – und nahm zu diesem Punkt nicht einmal Stellung

284 Siehe zum Verfahren *Wilrich* in: sicher ist sicher (sis) Heft 12/2015: „Der Holzsplitter im Parkettboden und die Schulleiterin, die es ‚unterließ, die Turnhalle für den Sportunterricht zu sperren' – Zur strafrechtlichen Verantwortung für den Zustand von Räumlichkeiten"

5 Bestandsschutz bei strafrechtlichen Sanktionen

Im Strafrecht gibt es gesetzlich ausdrücklich geregelten Bestandsschutz nur für einen Spezialbereich: Im Umweltstrafrecht haben Genehmigungen Legalisierungswirkung (dazu Kapitel 5.1). Im allgemeinen Strafrecht sind dieselben schwierigen Wertungsfragen zu lösen und Abwägungen vorzunehmen wie beim in Kapitel 4 behandelten Zivilrecht (dazu Kapitel 5.2). Es gibt allerdings keinen – dem Autor bekannten – Gerichtsfall, in dem die Bestandsschutzfrage ausdrücklich erörtert wird: Das Problem spielt nur mittelbar eine Rolle (dazu Kapitel 5.3).

5.1 Umweltstrafrecht: Legalisierungswirkung von Genehmigungen

Behördliche Genehmigungen haben zwar eine sog. „Legalisierungswirkung". Nur *„wer ohne die erforderliche Genehmigung oder entgegen einer vollziehbaren Untersagung"* – z. B. – eine Anlage betreibt (vgl. § 327 StGB), macht sich strafbar. Diese Abschirmwirkung gegen Strafen vermittelt eine Genehmigung aber nur im Umweltstrafrecht – also bei Umweltstraftaten gegen die öffentliche Ordnung.

Leitfall ist hier das sog. **Alkem-Urteil**. Angeklagt waren u. a. zwei Geschäftsführer der Alkem GmbH, die in Hanau seit 1964 eine Fabrik zur Fertigung von Kernbrennelementen betrieb. Die zuständige Behörde hatte der GmbH sog. „Vorabgenehmigungen" erteilt, die das Recht nicht vorsieht. Es lag also keine gültige Genehmigung i. S. d. § 327 Abs. 1 StGB vor. Trotzdem sprach das Landgericht Hanau[285] die Geschäftsführer frei. Letztlich gewährten die Vorabgenehmigungen eine Art Bestandsschutz – einen Vertrauensschutz – eine Abschirmwirkung gegen die Strafe.

„Das Handeln der Geschäftsführer der Alkem GmbH war durch die Vorabzustimmung des Hessischen Ministers für Wirtschaft und Technik (HMWT) gerechtfertigt. Auch rechtswidrige Verwaltungsakte stellen Rechtfertigungsgründe dar, wenn sie nicht nichtig sind[286], es sei denn, dass sie aufgrund der Kenntnis der Adressaten von der Rechtswidrigkeit keinen Vertrauenstatbestand schaffen."

Das Gericht betonte zwar noch, dass *„das Strafrecht geradezu – neben anderen Strafzwecken – dem Vertrauensschutz dient, auf dem auch der Rechtsmissbrauchsgedanke entscheidend aufbaut. Ist aber der Vertrauensgedanke dem Strafrecht nicht fremd, sondern fundamental, so kann der Gedanke des Rechtsmissbrauchs auch bei*

285 LG Hanau, Urteil v. 12.11.1987 (Az. 6 Js 13470/84 KLs), abgedruckt in: NJW 1988, S. 571 ff.

286 Dazu auch Fall 2 (Abzieh-Teilmaschine), siehe Kapitel 8.2

der Findung der Grenzen eines gesetzlich nicht bestimmten Rechtfertigungsgrundes, nämlich der behördlichen Gestattung, nicht außer Betracht bleiben.“ Und daher *„ist eine Zurückdrängung oder Unbeachtlichkeit eines Verwaltungsakts bei Rechtsmissbrauch möglich“*. Das Gericht schloss sich den Überlegungen in der Literatur[287] an, die *„den rechtfertigenden Verwaltungsakt als behördliche Unbedenklichkeitsbescheinigung, durch die dem Bürger eine eigene Gewissensanspannung zur Beurteilung der Rechtswidrigkeit seines Handelns abgenommen werde. Der Bürger kann auf die Einheitlichkeit der staatlichen Beurteilung seines Verhaltens vertrauen. Die ‚Unbedenklichkeitsbescheinigung‘ hat aber ihre vertrauensbildende Funktion verloren, wenn und soweit der Bürger über anderweitige, bessere Kenntnisse verfügt.“* Aber – so abschließend das Urteil – *„die Beweisaufnahme hat nicht ergeben, dass den Angeklagten eine Rechtswidrigkeit der Verwaltungsakte bewusst gewesen wäre“*. Die nachfolgende gerichtliche Begründung ist dann in der Zeitschrift nicht mehr abgedruckt.

5.2 Allgemeines Strafrecht: Interessenabwägungen

Sind dagegen Personen geschädigt und geht es um Leben und Gesundheit, kann eine Genehmigung keine Schutzwirkung haben: *„Die Erlaubnis zur Gefährdung bzw. Verletzung von Individualrechtsgütern kann die Umweltverwaltung grundsätzlich nicht vermitteln.“*[288] *„Bestandsschutz für vermeidbare schädliche Umwelteinwirkungen gibt es nicht.“*[289]

Bei fahrlässiger Körperverletzung und Tötung (§ 222 und § 229 StGB) gibt es Bestandsschutz also wieder nur im Rahmen komplizierter Abwägungen der beteiligten Interessen:

- Auf der einen Seite steht die Gewährleistung des Eigentums und damit die Nutzungsmöglichkeit.
- Auf der anderen Seite stehen Leben und Gesundheit und damit der Schutzaspekt.

Es wird zumeist um das Unterlassen von Sicherungsmaßnahmen gehen. Die Strafbarkeit bei Untätigkeit ist in **§ 13 StGB** geregelt. Ob Unternehmensmitarbeiter nach dieser Vorschrift eine **Garantenstellung** haben, hängt *„letztlich von den Umständen des konkreten Einzelfalls ab; dabei bedarf es einer* ***Abwägung der Interessenlage und des Verantwortungsbereichs****“*[290].

[287] *Winkelbauer*, Zur Verwaltungsakzessorietät des Umweltstrafrechts, 1985, S. 70 ff.

[288] *Saliger*, Umweltstrafrecht, 2012, Rn. 122, S. 51

[289] So zum BImSchG das VG Augsburg, Urteil v. 26.2.2015 (Az. Au 5 K 14.988)

[290] So der BGH im Fall des Einsturzes der Eissporthalle in Bad Reichenhall, vgl. *Wilrich*, Ein (tragisches) Lehrstück über 33 alte Planungs-, Konstruktions-, Koordinations-, Überwachungs-, Überprüfungs- und Anweisungsfehler eines Ingenieurs und Bauleiters, in: Bauportal Heft 5/2014

Letztlich geht es um Gerechtigkeit. Wenn wir strafrechtlich denken (müssen), ist ein (schwerer) Unfall geschehen. Man kann sich vorstellen, dass dann die Argumentation mit der früheren Rechtmäßigkeit des Anlagenbestands sehr schwer werden kann.

5.3 Gerichtsentscheidungen

Alle hier im Folgenden kurz zusammengefassten Fälle sind ausführlich in Teil 2 des Buchs besprochen.

5.3.1 Brunnen Kump in Steinheim

Die Schwierigkeiten bei der Argumentation mit legal errichtetem oder seit *„Urzeiten"* vorhandenem Bestand illustriert folgender Fall des Landgerichts Paderborn: Der Brunnen *„Kump"* in Steinheim wurde Mitte des 19. Jahrhunderts gebaut. Am 31.8.1984 fiel ein Kind hinein, wurde aber gerettet. Die Gremien der Stadt beschlossen, Sicherungsmaßnahmen würden das Erscheinungsbild des Brunnens verschlechtern, und unternahm nichts. Alle bauordnungsrechtlichen Vorschriften zu Umwehrungen waren eingehalten – der Brunnen also nicht baurechtswidrig. Am 6.6.1989 stürzte ein siebenjähriger Junge in den Brunnen und ertrank. Der Stadtdirektor der Stadt Steinheim wurde wegen fahrlässiger Tötung (durch Unterlassen) zu 70 Tagessätzen zu je 80 DM verurteilt.

Das Gericht argumentierte, die Stadt habe ihre Verkehrssicherungspflicht verletzt: *„Allein die Einhaltung der baurechtlich vorgeschriebenen Mindesthöhe für Umwehrungen genügte zur Sicherung der von dem Brunnen ausgehenden Gefahren nicht."* Entscheidend ist wieder die erforderliche Sorgfalt. Hier war der Unfall für die Stadt im Vorfeld erkennbar und vermeidbar:

- Erkennbarkeit: *„Dem Angeklagten war die Gefahr des Ertrinkens von Personen im Brunnen am Marktplatz sowie die Notwendigkeit von Sicherungsmaßnahmen bekannt."*
- Vermeidbarkeit: *„Dem Angeklagten war es auch möglich, geeignete Maßnahmen zur Sicherung zu veranlassen. Da er dies nicht getan hat, hat er den Tod mitverursacht"*: *„Selbst, wenn ihm eine argumentative Überzeugung des Bauausschusses nicht gelungen wäre, so hätte der Angeklagte den Beschluss beanstanden müssen."*

5.3.2 Baggerunfall am Bahnhof Kochel

Das Amtsgericht Wolfratshausen urteilte am 11. August 2014 über die strafrechtliche Verantwortung eines Baggerfahrers für einen Unfall beim Rückwärtsfahren. Der Arbeitgeber hatte nur eine selbst montierbare Rückwärtsfahrkamera zur Verfügung gestellt, die der Baggerfahrer aber leider im Unfallzeitpunkt nicht montiert hatte. In der DGUV-Information 201-021 (vormals BGI 781) heißt es: *„Für Neugeräte schreibt das Eisenbahn-Bundesamt seit 1.11.2007 die Ausrüstung mit Kamera-Monitor-Systemen verbindlich vor.“*[291] Das thematisierte das Gericht indes nicht: Zugrunde lag – unausgesprochen – Bestandsschutz für den Bagger ohne das neue System. Die Verurteilung erfolgte nicht wegen eines *Zustandsfehlers* (am Bagger), sondern wegen eines *Verhaltensfehlers* (des Baggerführers).

5.3.3 Der Unfall an der Drehmaschine

Nach einem Arbeitsunfall an einer über 20 Jahre alten – unsicheren – Maschine ging es um die Strafbarkeit des Betriebsinhabers wegen fahrlässiger Körperverletzung und die Frage, wann Berufsgenossenschaften wegen grober Fahrlässigkeit Rückgriff auf den Betreiber nehmen können. Die Gerichte sagten nichts zum Bestandsschutz, weil die Maschine schon bei Inbetriebnahme nicht den damals anzuwendenden Sicherheitsvorschriften entsprach. Im Gegenteil: Dass über einen so langen Zeitraum unsicher und damit gesetzeswidrig betrieben wurde, sei schulderhöhend.

5.3.4 Glyzerinwasser im Rhein

Das Landgericht Kleve verurteilte einen Produktionsleiter und einen Produktionsmeister wegen fahrlässiger Gewässerverunreinigung, weil Glyzerinwasser durch ein unübersichtliches, umgebautes und lange unbenutztes Rohrleitungssystem in den Rhein gelangte. Es gab *„keine Pläne“* mehr. *„Vor Benutzung hätten sie sich deshalb zunächst in geeigneter Weise überzeugen müssen.“* Man kann sagen: Schon wegen der fehlenden Vergewisserung konnten sich die beiden Unternehmensmitarbeiter nicht auf Bestandsschutz berufen. Wenn eine Anlage so alt ist, dass es keine Pläne mehr gibt, kann man nicht auf den gefahrlosen Bestand vertrauen. *„Sie handelten fahrlässig, als sie ohne Nachprüfung im Vertrauen“* auf bestimmte Tatsachen handelten.

[291] DGUV-Information 201-021 (vormals BGI 781) „Sicherheitshinweise für Arbeiten im Gleisbereich von Eisenbahnen“, Mai 2013, Punkt 7.1, S. 80

6 Zusammenfassung

Bestandsschutz

- hat seine stärkste Grundlage und Rechtfertigung in einer Genehmigung und seine größte Bedeutung daher im öffentlichen Baurecht – als Verteidigung gegen Nachrüstforderungen der Behörden im Rahmen einer gültigen Baugenehmigung;
- ist aber selbst bei genehmigtem Baubestand schon im Öffentlichen Baurecht eingeschränkt – insbesondere durch die Instandhaltungspflicht und bei erheblichen Sicherheitsgefahren;
- ist noch mehr eingeschränkt im restlichen – dynamischen geprägten – Anlagen(zulassungs-)recht (z. B. Immissionsschutzrecht);
- gibt es bei genehmigungsfreien und damit nicht genehmigten Anlagen (z. B. gemäß BetrSichV) nur, wenn eine seriöse Gefährdungsbeurteilung den Weiterbetrieb bzw. die Weiternutzung des Altbestands stützt und die erforderlichen Schutzmaßnahmen umgesetzt sind und eine Nachrüstung nicht zumutbar ist;
- hat eine geringere Bedeutung im Zivil- und Strafrecht – denn es kommt immer auf die Abwägung der entgegenstehenden Interessen und die (nicht allgemein definierbare) Zumutbarkeit an: Ist der Bestand trotz des Alters und der Unzulässigkeit nach heutigem Recht (noch) ausreichend sicher und gibt man der verfassungsrechtlich gewährleisteten Eigentumsnutzung[292] Vorrang, oder ist der Altbestand (schon) so unsicher, dass nachgerüstet werden muss und sich die Verfassungsgarantie des Lebens- und Gesundheitsschutzes[293] durchsetzt?
- Bei der Abwägung und der Bestimmung der Zumutbarkeitsgrenze *„kommt auch der finanziellen Belastbarkeit bei Abwägung der Zumutbarkeit eine gewisse, wenn auch untergeordnete Bedeutung zu“*[294].

Wenn der Verschuldensvorwurf trotz Einhaltung der Gesetze bzw. Normen im Errichtungszeitpunkt gemacht wird, sollte man sich nicht (nur) mit dem – formalen/rechtlichen – Argument des Bestandsschutzes verteidigen, sondern mit dem – tatsächlichen/technischen – Argument der (weiteren) Angemessenheit der Sicherheitslage.

Das Argument „heute (noch ausreichend) sicher, obwohl alt“ ist besser als das Argument *„seinerzeit gesetzeskonform, also sicher“*. **Begründet werden muss primär die (aktuelle) Sicherheit, nicht die (vergangene) Gesetzeskonformität** – die Erfüllung des Rechts im Errichtungszeitpunkt ist nur ein Zusatzargument.

[292] Siehe Art. 14 GG im Anhang Rechtsvorschriften
[293] Siehe Art. 2 GG im Anhang Rechtsvorschriften
[294] So der BGH in Fall 12 (Eishockey-Puck), siehe Kapitel 8.12

7 Schlusswort: Warum es worauf bei juristischen Entscheidungen ankommt

Wir wünschen uns Rechtssicherheit, und dass das Recht uns eine klare Antwort auf die Frage gibt, was „zur Sicherheit" in einer bestimmten Situation getan werden muss. *Reinhard Sprenger* hat von der *„Sehnsucht vieler Manager nach Berechenbarkeit"*[295] gesprochen.

Die Berechen- und Vorhersehbarkeit der Gesetze soll der Bestimmtheitsgrundsatz sichern: *„Gesetzliche Regelungen müssen so gefasst sein, dass der Betroffene seine Normunterworfenheit*[296] *und die Rechtslage so konkret erkennen kann, dass er sein Verhalten danach auszurichten vermag. Die gesetzlichen Regelungen sollen die Verwaltung binden und ihr Verhalten nach Inhalt, Zweck und Ausmaß begrenzen, sowie die Gerichte in die Lage versetzen, die Verwaltung anhand rechtlicher Maßstäbe zu kontrollieren."*[297] Die *„Anforderungen an die Bestimmtheit und Klarheit der Norm erhöhen sich, wenn die Unsicherheit bei der Beurteilung der Gesetzeslage die Betätigung von Grundrechten erschwert"*[298].

Techniker und Ingenieure erwarten von technischen Normen einen ausreichenden Reifegrad und stellen recht häufig die Frage, ob sie mit der Normumsetzung *„auf der sicheren Seite"* sind. Aber es hat *„sich als Illusion erwiesen, dass der Gesetzgeber durch seine Normen im Voraus vollständig und endgültig die Entscheidung jedes Einzelfalls festlegen kann"*[299]. Diese Aussage für Gesetze gilt auch für technische Normen: Auch deren vollständige Erfüllung gibt keine absolute Sicherheit. Reinhard Sprenger fordert, *„wir müssen Abschied nehmen von der Schein-Sicherheit. Führung ist immer Arbeit durch den Zweifel."*[300] Auch durch – noch – mehr Detailregelungen schaffen und erhalten wir nicht mehr Sicherheit. Man muss selbst den Mut zur Entscheidung haben. *„Jede Management-Entscheidung ist wertgetränkt."*[301] Auch jede sicherheitsbezogene Entscheidung ist eine Abwägung zwischen den Polen Eigentumsnutzung und Handlungsfreiheit einerseits sowie Sicherheitsbedürfnis und Gesundheitsschutz andererseits. Das gilt auch und gerade bei der Beurteilung, ob alter (Anlagen-)Bestand *noch* ausreichend sicher ist und weiterbetrieben werden darf oder *schon* so unsicher ist, dass nachgerüstet oder sogar stillgelegt werden muss.

---

[295] *Reinhard K. Sprenger*, Aufstand des Individuums – Warum wir Führung komplett neu denken müssen, 2005, S. 29

[296] Normen bezeichnen hier Rechtsvorschriften und nicht technische Normen

[297] BVerfG, Beschluss v. 2.6.2008 (Az. 1 BvR 349/04)

[298] BVerfG, Beschluss v. 3.3.2004 (Az. 1 BvF 3/92)

[299] *Ingeborg Puppe*, Kleine Schule des juristischen Denkens, 2008, S. 76

[300] *Reinhard K. Sprenger*, Gut aufgestellt – Fußballstrategien für Manager, 2008, S. 34 f.

[301] *Reinhard K. Sprenger*, ebd., S. 211

„Menschliche Handlungsbedingungen sind durch Widersprüchlichkeiten, Ungereimtheiten und Unsicherheit gekennzeichnet“[302] – und daraus folgt zweierlei:

- Erstens *„steigert der Verlust von Gewissheit die Bedeutung der Person“*[303] – gemeint ist der Entscheider – jeder, der eine Frage mit Sicherheitsbezug entscheidet.
- Zweitens benötigen die entscheidenden („bedeutenden“) Personen eine gewisse *„Unsicherheitstoleranz“*[304] – nicht in dem Sinne, dass sie Unsicherheit an Maschinen oder (Bau-)Anlagen bei den zu treffenden Entscheidungen tolerieren müssen, sondern dass sie (Rechts-)Unsicherheit nach den getroffenen Entscheidungen akzeptieren müssen.

Alle **Spezialvorschriften** mit Aussagen zu Altanlagen oder Bestandsschutz sind trotz ihrer – mehr oder weniger großen – Detailliertheit grobe Werkzeuge, die den Feinheiten einer konkreten Lebenswirklichkeit nicht immer gerecht werden. Wenn es spezielle Rechtsvorschriften für einen bestimmten Lebenssachverhalt gibt, heißt das nicht, dass *nur* diese gelten. Das VG Braunschweig spricht im Fall 1 (Abwasseranlage, siehe Kapitel 8.1) treffend von einem **Gesamtnormgefüge**. In einem Strafurteil des LG Paderborn[305] nach Sturz eines siebenjährigen Jungen in den seit weit über 100 Jahren bestehenden und baurechtskonformen Brunnen Kump in Steinheim heißt es zu dem immer und zusätzlich und neben Spezialvorschriften geltenden **allgemeinen Grundsatz der (Verkehrs-)Sicherungspflicht**: *„Grundsätzlich ist derjenige, der eine Gefahrenlage schafft, jedem Dritten gegenüber verpflichtet, die zur Abwendung eines Schadens von Personen und Sachen erforderlichen Sicherheitsvorkehrungen zu treffen. Dabei richtet sich der Grad der anzuwendenden Sorgfalt nach der Stärke der Gefahrenquelle. Es ist diejenige Sicherheit zu verlangen, die nach Treu und Glauben mit Rücksicht auf die Verkehrssitte erwartet werden darf.“* Jeder, der über den Weiterbetrieb alten Bestands entscheidet, ist auch „derjenige“, der „diejenige“ Sicherheit gewährleisten muss, die „Dritte“ erwarten dürfen. Doch was ist sicher genug? Das beantwortet das Recht mit seinen zahlreichen Spezialvorschriften nicht abschließend und endgültig.

Die Worte des LG Paderborn im Urteil „Brunnen Kump“ sind angelehnt an § 241 Abs. 2 BGB, der allerdings zunächst nur für Vertragsverhältnisse gilt: *„Das Schuldverhältnis kann nach seinem Inhalt jeden Teil zur Rücksicht auf die Rechte, Rechtsgüter und Interessen des anderen Teils verpflichten.“* Die allgemeine Verkehrssicherungspflicht hat ihre Grundlage insbesondere in § 823 BGB – die allgemeine Schadensersatzvorschrift, deren Vorläufer im römischen Recht schon vor mehreren

[302] *Reinhard K. Sprenger*, Aufstand des Individuums – Warum wir Führung komplett neu denken müssen, 2005, S. 266

[303] *Reinhard K. Sprenger*, ebd., S. 37

[304] *Reinhard K. Sprenger*, ebd., S. 214

[305] Siehe Fall 10 (Brunnen Kump), siehe Kapitel 8.10

1 000 Jahren lautete: „Neminem laedere“ = *„(Bitte)* ***schädige niemanden****“*. Auch der BGH spricht gelegentlich vom *„Verstoß gegen das Gebot des Neminem laedere“*[306].

Die Aussagen in den Gerichtsurteilen zu Inhalt und Umfang der Verkehrssicherungspflicht sind nur der „Ausgangspunkt“, um das wahre Problem zu lösen: Problematisch ist nicht die *abstrakte Definition* des Umfangs der Verkehrssicherungspflicht, sondern die Prüfung und Entscheidung, wie weit der *konkrete Umfang* der Sicherheitspflicht reicht (ob also im konkreten Fall alles Mögliche und Zumutbare auch getan worden ist). Es *„ist niemals nur das Vorschriftsmäßige geboten, sondern vielmehr immer das Richtige“*[307]. **Richtig ist nicht immer „nur“ das – nicht unbedingt an den konkreten Fall angepasste – „Normgemäße“, sondern das – nicht unbedingt normierte – „Fallangepasste“.**

Zur Betriebssicherheitsverordnung[308] bringt die TRBS 1001 die Grenzen jeder Spezialvorschrift in Nr. 1.2 so zum Ausdruck: *„Die Erfüllung der Anforderungen der BetrSichV ist eine Grundvoraussetzung, um im Haftungsfall ein regelkonformes Handeln nachweisen zu können. Im Haftungsfall ist dies aber ggf. nicht ausreichend. Wenn trotz Einhaltung der sicherheitstechnischen Regeln Gefahren erkennbar sind, haben Arbeitgeber oder Betreiber hierauf zu reagieren und erforderlichenfalls weitere Maßnahmen zu ergreifen.“* Aber auch die BetrSichV als ausführliche bereichsspezifische Sicherheitsvorschrift legt sich nicht auf eine Antwort auf die entscheidende Frage nach dem „Erforderlichenfalls“ und dem Ausmaß der Sicherheit fest – sondern verweist auf die **Gefährdungsbeurteilung**[309]. *„Vollständige Sicherheit ist nicht erreichbar.“*[310] Der „elementare Grundsatz“[311] und die Grundpflicht der BetrSichV ist § 5 Abs. 1 Satz 1: *„Der Arbeitgeber darf nur solche Arbeitsmittel zur Verfügung stellen und verwenden lassen, die unter Berücksichtigung der vorgesehenen Einsatzbedingungen bei der Verwendung* ***sicher*** *sind.“* Aber die BetrSichV fordert **nicht Nullrisiko**[312]. Es gibt immer ein **Restrisiko** und es *„kann nicht darum gehen, eine absolute Sicherheit vor technischen Risiken herzustellen. Völlige Risikofreiheit ist nicht machbar, wenn man die Nutzung der Technik nicht generell verbieten will.“*[313]

306 BGH, Urteil v. 22.10.2004 (Az. V ZR 310/03)

307 Treffend *Duttge*, in: *Dölling/Duttge/Rössner*, Gesamtes Strafrecht, 2008, StGB, § 15 Rn. 38; ähnlich bei *Sternberg-Lieben/Schuster*, in: *Schönke/Schröder*, Strafgesetzbuch, 29. Aufl. 2014, § 15 Rn. 135

308 Zu BetrSichV ausführlich *Wilrich*, in: Praxisleitfaden Betriebssicherheitsverordnung – mit 20 Gerichtsurteilen aus der Rechtsprechungspraxis (2015)

309 Zur Gefährdungsbeurteilung siehe neben Kapitel 5 auch S. 109 ff. Praxisleitfaden Betriebssicherheitsverordnung (Fußnote 308) und *Wilrich*, Sicherheitsverantwortung, 2016, Kapitel 6, S. 47 ff.

310 So das OLG Hamm in Fall 9 (Bodenfliesen im Hallenbad), siehe Kapitel 8.9

311 So BR-Drs. 400/14 v. 28.8.2014, S. 83

312 So *Thorsten Neumann*, BetrSichV – die verantwortliche Elektrofachkraft in der Pflicht, 5. Aufl. 2015, 4.2.3.5, S. 120; *Scheuermann/Schucht*, Betriebssicherheitsverordnung, 2015, 4.2.4, S. 107

313 *Van Rienen/Wasser*, in: *Danner/Theobald*, Energierecht, 93. Lieferung Juni 2017, § 49 EnWG Rn. 13

Die Gefährdung muss „minimiert“[314] werden. Das zentrale Gebot der BetrSichV ist die **Gefährdungsminimierung**. Ziel ist, dass eine „Gefährdung“ durch Verwendung von Arbeitsmitteln *„**so gering wie möglich gehalten** wird“* (§ 5 Abs. 1 Satz 2 BetrSichV). § 5 Abs. 1 Satz 3 BetrSichV bringt dann noch einmal den Grundansatz zum Ausdruck: Kann durch diese Maßnahmen *„die Sicherheit und Gesundheit nicht gewährleistet werden, so hat der Arbeitgeber andere geeignete Schutzmaßnahmen zu treffen, um die Gefährdung so weit wie möglich zu reduzieren.“* Das EnWG hat nach seinem § 1 den Zweck, eine *„**möglichst** sichere Versorgung der Allgemeinheit mit Elektrizität und Gas“* zu gewährleisten. Zum Eisenbahnrecht sagt das VG Köln: *„Da in jedem Bereich des menschlichen Lebens absolute Sicherheit vor jeglicher Gefahr weder existiert noch gewährleistet werden kann und die Tätigkeit der Klägerin grundsätzlich erlaubt ist, gehen AEG und EBO jedenfalls nicht von der Herstellbarkeit absoluter Sicherheit aus, bezwecken aber zumindest den Schutz vor Gefahren, die nicht mehr sozial adäquat sind.“*[315]

Aber was sind „geeignete“ Schutzmaßnahmen? Wie weit muss man „minimieren“? Wann ist etwas *„so gering wie möglich gehalten“* bzw. *„so weit wie möglich“* reduziert? Was ist nicht mehr „sozial adäquat“? Man könnte immer weiter fragen – es kann aber keine allgemeingültigen Antworten und abstrakten Definitionen geben. *„Fragen erhalten Antworten. Aber Antworten führen immer zu neuen Fragen.“*[316] Juristen wird immer vorgeworfen, sie würden auf konkrete Fragen unkonkret antworten: *„**Es kommt darauf an.**“* Aber genau das ist die einzig richtige Antwort, wenn es um einen konkreten Fall – und nicht um die Darlegung der rechtlichen Grundsätze – geht. Es muss ja ein Einzelfall gelöst und kein abstraktes Prinzip umrissen werden. Es sind – so steht es in hunderten Gerichtsurteilen – *„**alle Umstände des Einzelfalls zu berücksichtigen**“*. So sagt das Bundesverfassungsgericht: *„Das Maß der anzuwendenden Sorgfalt bestimmt sich nach den konkreten Umständen des Einzelfalls.“*[317]

Der BGH hat das Sichtfahrgebot auf Autobahnen einmal als **goldene Regel** bezeichnet und gesagt: *„Keinesfalls ist die zulässige Geschwindigkeit in Absehung dieser mehreren konkreten Faktoren sozusagen ‚abstrakt‘ allein durch die Reichweite des Abblendlichts festgelegt, vielmehr ist sie dem erleuchteten Sichtfeld, wie auch das Gesetz sagt, ‚anzupassen‘. Für die zutreffende Beurteilung der konkreten Umstände und die richtige Wahl der danach zulässigen Geschwindigkeit ist jeder Kraftfahrer selbst verantwortlich.“*[318] Auch das (technische) Sicherheitsrecht hat goldene Regeln:

---

314 BR-Drs. 400/14 v. 28.8.2014, S. 83

315 VG Köln, Urteil v. 12.3.2010 (Az. 18 K 409/08)

316 *Henning Mankell*, Treibsand – Was es heißt, ein Mensch zu sein, 2015, Kapitel 11, S. 63

317 Siehe Fall 10 (Brunnen Kump), siehe Kapitel 8.10

318 BGH, Urteil v. 15.5.1984 (Az. VI ZR 161/82)

- im **technischen Recht**, insbesondere im **Anlagen(zulassungs-)recht**, häufig die – zwar definierten, aber letztlich auch unbestimmten – technischen Generalklauseln, also die anerkannten Regeln der Technik, den Stand der Technik und den Stand von Wissenschaft und Technik[319],
- im *öffentlich-rechtlichen* Produktsicherheitsrecht das Nicht-Gefährdungsgebot[320],
- im *öffentlich-rechtlichen* Arbeitsschutz- bzw. Betriebssicherheitsrecht das Gebot der sicheren Verwendbarkeit[321],
- im *zivilrechtlichen* ProdHaftG die berechtigte Sicherheitserwartung,
- im *zivilrechtlichen* **Schadensersatzrecht** das Schadensminimierungsgebot – mit der Formel alles Mögliche und Zumutbare zur Schadensvermeidung zu tun[322],
- bei *strafrechtlichen* **Sanktionen** letztlich eine *„Abwägung der Interessenlage"*[323].

Wie für das Sichtfahrgebot gilt auch hier das **Entscheidungs- und Eigenverantwortungsprinzip**: Niemals kann man sich auf „abstrakte" Aussagen in staatlichen Gesetzen, Unfallverhütungsvorschriften der Berufsgenossenschaften oder technischen Normen verlassen, sondern man muss das „Sichtfeld" auf die Einzelfallumstände „erweitern" und vielleicht seine Sicherheitslösungen „anpassen". Und man ist für die zutreffende Beurteilung der konkreten Umstände und die richtige Wahl der Sicherheitsmittel bzw. Sicherheitsmaßnahmen selbst verantwortlich.

Schauen wir der Wahrheit ins Auge: Eine große „Risikoquelle" im Hinblick auf rechtmäßiges Handeln ist, „dass unterschiedliche Auffassungen vertretbar sind"[324]. Das Dilemma, in dem wir stecken, wenn es um Sicherheit geht, verdeutlicht ein Wortwechsel zwischen *Karl Valentin* und *Liesl Karlstadt* über einen „Hausverkauf": *Valentin* erklärt, warum er nun beabsichtige, sich ein Bergwerk zu kaufen – die Sicherheit vor „Meteorsteinen" ist sein Motiv, und auf den Einwand seiner Gesprächspartnerin, dass so ein Ereignis doch so selten sei, meint *Valentin* eben: *„Schon, aber bei mir geht Sicherheit vor Seltenheit."*

Das OLG Köln gibt im Fall 25 (Spielplatzrutsche 1997 Aachen, siehe Kapitel 8.25) den guten Tipp, *„im Zweifel die Alternative zu wählen, die die größere Sicherheit bot"*.

---

319 Ausführlich *Wilrich*, Die rechtliche Bedeutung technischer Normen als Sicherheitsmaßstab – mit 33 Gerichtsurteilen zu anerkannten Regeln und Stand der Technik, Produktsicherheitsrecht und Verkehrssicherungspflichten (2017)

320 Ausführlich *Wilrich*, Das neue Produktsicherheitsgesetz (ProdSG) – Leitfaden für Hersteller, Importeure und Händler (2012)

321 Ausführlich *Wilrich*, Praxisleitfaden Betriebssicherheitsverordnung – mit 20 Gerichtsurteilen (2015)

322 Ausführlich *Wilrich*, Sicherheitsverantwortung – mit 25 Gerichtsurteilen (2016)

323 So der BGH im Fall des Einsturzes der Eissporthalle in Bad Reichenhall, vgl. *Wilrich*, Ein (tragisches) Lehrstück über 33 alte Planungs-, Konstruktions-, Koordinations-, Überwachungs-, Überprüfungs- und Anweisungsfehler eines Ingenieurs und Bauleiters, in: Bauportal Heft 5/2014

324 *Lemhöfer*, in: *Plog/Wiedow*, Bundesbeamtengesetz (BBG 2009) Band 1, Juni 2014, § 63 Rn. 6

Teil 2: Rechtsprechungspraxis

8 Gerichtsurteile aus der Rechtsprechungspraxis

Teil 2 des Buchs enthält 25 Gerichtsfälle, um die in Teil 1 herausgearbeiteten allgemeinen Aussagen zum Bestandsschutz zu verdeutlichen und mittels Rechtsprechungspraxis zu konkretisieren. Die Gerichtsurteile sind didaktisch aufbereitet, die juristischen Einzelheiten etwa zur Zulässigkeit der Klage oder zu anderen – allenfalls – Juristen interessierenden Detailproblemen ohne Bezug zum Sachthema wurden herausgeschnitten. Die entscheidenden Urteilspassagen sind meist nur ganz wenig verändert wiedergegeben und kursiv gedruckt, um dem Leser den juristischen Originalton zur Verfügung zu stellen.

Die Berücksichtigung und genaue Studie der Gerichtsurteile ist nötig, weil trotz zahlreicher allgemeiner Aussagen, die für Teil 1 des Buchs aus der Rechtsprechung herausgefiltert worden sind, immer auch der konkrete Kontext entscheidend ist. Juristen werden zuweilen verspottet, wenn sie sagen, *„es kommt darauf an"*. Aber es stimmt: Es kommt – das ist doch selbstverständlich und wurde in Teil 1 des Buchs und insbesondere im Schlusswort in Kapitel 7 genauer begründet – immer auf alle relevanten Umstände des zu beurteilenden Lebensausschnitts (also *„alles rund um den alten Bestand"*) mit seinen teilweise extrem vielen und häufig unterschiedlich gewerteten Einzelheiten an. Selbstverständlich ist es häufig auch umstritten, welche Umstände relevant sind bzw. welche Umstände welches Gewicht haben, im Vergleich zu anderen Umständen. Daher fiel die Entscheidung, bei den Fallbesprechungen nicht nur die Teile des Urteils mit den Aussagen zu den einschlägigen technischen Normen wiederzugeben. Die Urteile enthalten Begründungen nicht nur zu Inhalt, Umfang und Grenzen etwa des Sicherheitsniveaus und der Verkehrssicherungspflicht, sondern auch zur Person der Sicherungspflichtigen, zu ihrem Verschulden (Fahrlässigkeit), zum Mitverschulden des Geschädigten und zur Kausalität zwischen Sicherungspflichtverletzung und Unfall. Teilweise lassen die Gerichte – wie im Fall 15 (Geländer in der Schule, siehe Kapitel 8.15) – die Antwort nach dem Sicherheitsmaßstab und nach der Nachrüstungspflicht offen und lösen den Fall nur anhand anderer Kriterien.

- Im Fall 22 (Rollenschneidemaschine, siehe Kapitel 8.22) gingen die Gerichte zwar von einer Nachrüstungspflicht aus, ließen aber den Betreiber nicht haften, weil der Rückgriff der Berufsgenossenschaft nach einem Arbeitsunfall eine grob fahrlässige Pflichtverletzung voraussetzt, das Unternehmen aber nur einfach fahrlässig gehandelt hatte.

- Im Fall 29 (Treppensturz 1996 Hagen, siehe Kapitel 8.29) verweigerte das Gericht wegen Sicherheitsverstößen einem 100 Jahre alten Haus Bestandsschutz, verweigerte aber auch Schadensersatz nach einem Sturz – wegen fehlender Kausalität zwischen der Sicherheitswidrigkeit und dem Unfall.

Der Nachteil der ungekürzten Wiedergabe ist, dass die Fallbesprechungen dann teilweise recht lang sind. Aber: Kurz und prägnant *und* dem Leser ein eigenes und vollständiges Urteil erlaubend ist nicht möglich. Im Übrigen enthalten auch die längeren Fallbesprechungen teilweise nicht alle Einzelheiten. Sie sind didaktisch aufbereitet – ohne (nach dem Ermessen des Autors) die Exaktheit der Zusammenfassung leiden zu lassen. Aber immer, wenn man kürzt, besteht die Gefahr, dass gerade die Umstände ungesagt bleiben, die ein anderer Blick (z. B. der des Lesers) als die wesentlichen und entscheidungsrelevanten Punkte betrachtet hätte.

Viele Urteile nehmen Bezug auf technische Normen (z. B. DIN-Normen): Siehe hierzu ausführlich mein Buch zur rechtlichen Bedeutung technischer Normen als Sicherheitsmaßstab – mit 33 Gerichtsurteilen zu anerkannten Regeln und Stand der Technik, Produktsicherheitsrecht und Verkehrssicherungspflichten (2017). Allgemein zu Sicherheitspflichten informiert auch mein Buch zur Sicherheitsverantwortung – Arbeitsschutzpflichten, Betriebsorganisation und Führungskräftehaftung – mit 25 erläuterten Gerichtsurteilen (2016).

Übersicht

8.1 Fall 1: Abwasseranlage

Zusammenfassung und Fazit

Ein mildes VG Braunschweig hielt eine alte DIN für noch *„technisch vertretbar"* und gewährte – auch wegen der Vermutungswirkung technischer Normen – Bestandsschutz. Wegen *„strengerer Anforderungen des Rechts"* und weil *„hinreichend technische Möglichkeiten"* bestünden, *„dem Anpassungsverlangen zu entsprechen"* und die *„Investition nicht unverhältnismäßig hoch"* sei, forderte das OVG Lüneburg dagegen die Nachrüstung. Der Fall verdeutlicht also (wie Fall 3, vgl. Kapitel 8.3), dass man über das Ausmaß der erforderlichen Sicherheit unterschiedlicher Ansicht sein kann – und dass eine solche Entscheidung über das Sicherheitsniveau nicht durch ein Gesetz getroffen wird, sondern dass es ein Einzelfallurteil ist.

Sachverhalt

Der Kläger wendete sich gegen einen 1988 erlassenen Sanierungsbescheid der Stadt Salzgitter für eine auf seinem Grundstück betriebene Abwasserreinigungsanlage.

Nach § 153 Abs. 1 des Niedersächsischen Wassergesetzes (NWG) der damaligen Fassung sind Abwasseranlagen *„nach den hierfür jeweils in Betracht kommenden Regeln der Technik zu errichten und betreiben"*; das Fachministerium kann Regeln der Technik, die der Erfüllung dieser Anforderungen dienen, im Niedersächsischen Ministerialblatt bekanntmachen. § 153 Abs. 2 NWG lautet: *„Entsprechen vorhandene Anlagen nicht den Vorschriften des Abs. 1, so hat der Unternehmer die erforderlichen Anpassungsmaßnahmen durchzuführen."*[325] Die Vorschriften des NWG entsprechen der rahmenrechtlichen Regelung in § 18 b Abs. 1 WHG[326].

In einem Erlass des Niedersächsischen Umweltministers vom 3.5.1988 heißt es: *„Soweit eine zentrale Abwasserbeseitigung aufgrund der Siedlungsstruktur und der unverhältnismäßig hohen Kosten nicht angezeigt ist und Gründe des Wohls der Allgemeinheit nicht entgegenstehen, ist regelmäßig eine Teilreinigung in Kleinkläranlagen (Mehrkammer-Ausfaulgruben) mit Untergrundverrieselung oder Filtergräben nach DIN 4261 Teil 1 oder in Kleinkläranlagen mit Abwasserbelüftung nach DIN 4261*

325 GVBl. Nr. 33/1990 v. 3.9.1990, S. 399

326 § 18 b Abs. 1 Wasserhaushaltsgesetz (WHG) in der damaligen Fassung lautete: „Abwasseranlagen sind unter Berücksichtigung der Benutzungsbedingungen und Auflagen für das Einleiten von Abwasser nach den hierfür jeweils in Betracht kommenden Regeln der Technik zu errichten und zu betreiben"; zur heutigen Fassung des § 60 Abs. 1 WHG siehe Anhang Rechtsvorschriften

Teil 2 erforderlich. Sickerschächte nach DIN 4261 Teil 1 Ziffer 6.4 entsprechen nicht mehr den allgemein anerkannten Regeln der Technik. "[327]

Urteil

Das VG Braunschweig hielt den Sanierungsbescheid für rechtswidrig und gab der Klage des Anlagenbetreibers statt (dazu I.). Das OVG Lüneburg wies die Klage dagegen ab (dazu II.). Das BVerwG bestätigte das Urteil des OVG (dazu III.). Der Betreiber musste also den Bescheid umsetzen und sanieren.

I. VG Braunschweig 1993[328]

Die Klage des Anlagenbetreibers gegen den Sanierungsbescheid hatte beim VG Braunschweig Erfolg:

Es „*sind die auch im Rahmen des Sanierungsgebots gemäß § 153 Abs. 2 NWG anzuwendenden Regeln der Technik insbesondere den einschlägigen DIN-Vorschriften zu entnehmen. Auch wenn eine Bekanntmachung gemäß § 153 Abs. 1 NWG bislang nicht erfolgt ist, kommt im vorliegenden Verfahren demgemäß der sich auf Kleinkläranlagen beziehenden DIN 4261 rechtserhebliche Bedeutung zu. Hiernach aber stellt die vom Kläger durchgeführte Abwasserbehandlung in einer Vier-Kammer-Ausfallgrube ebenso eine abwassertechnische vertretbare Lösung dar wie ein Einbringen des Abwassers in den Untergrund über einen Sickerschacht (DIN 4261, Nr. 3.1.2, 3.2.1.2 und 6.4). Demgegenüber beinhaltet die von der beklagten Stadt alternativ zu einer Kleinkläranlage mit Abwasserlüftung geforderte biologische Nachbehandlung durch Untergrundverrieselung bzw. Filtergräben lediglich eine weitere, sich nach dem Gesamtnormgefüge indessen nicht als unabdingbar darstellende Form der Abwasserbehandlung bzw. Abwassernachbehandlung. Auch wenn eine derartige biologische Nachbehandlung mit einem erhöhten Wirkungsgrad einhergeht und demgemäß aus Gründen des Grundwasserschutzes wünschenswert ist, geht die angeforderte Sanierungsanordnung der Stadt somit über den in der DIN 4261 niederlegten (Mindest-) Standard hinaus.*"

Der „*(unveröffentlichte) Erlass des Niedersächsischen Umweltministeriums vom 3.5.1988, wonach Sickerschächte nicht mehr den allgemein anerkannten Regeln der Technik entsprechen, rechtfertigt keine abweichende Beurteilung. Denn es spricht eine Vermutung dafür, dass die DIN-Regelungen (Stand: Februar 1991) den Stand der Abwassertechnik wiedergeben. Diese Vermutung wird auch durch den Erlass, der insbesondere substanzielle Ausführungen über die (auf breite wissenschaftliche*

[327] DIN 4261-1:1991-02 Kleinkläranlagen – Anlagen ohne Abwasserbelüftung – Anwendung, Bemessung und Ausführung

[328] VG Braunschweig, Urteil v. 19.5.1993 (Az. 10 A 10169/92)

und praktische Erkenntnisse zurückgehende) technische Sachangemessenheit von Sickerschächten nicht aufweist, keinesfalls entkräftet. Nach alledem entsprechen auch Sickerschächte (noch) den Regeln der Technik i. S. d. § 153 NWG.“

II. OVG Lüneburg 1996[329]

Das OVG Lüneburg hob das Urteil des VG Braunschweig auf und wies die Klage des Betreibers ab – der Sanierungsbescheid ist rechtmäßig:

„Die Berechtigung für ein solches Verlangen ergibt sich daraus, dass nach § 7a Abs. 1 Satz 1 WHG[330] *eine Erlaubnis für das Einleiten von Abwasser in den Untergrund nur erteilt werden kann, wenn Menge und Schädlichkeit des Abwassers so gering gehalten werden, wie dies bei Anwendung der jeweils in Betracht kommenden Verfahren nach den allgemeinen Regeln der Technik möglich ist. Unter diese Regeln der Technik fallen auch technische Baubestimmungen, die von Fachausschüssen und von Sachverständigengremien erstellt worden sind, wie die Vorschriften des Deutschen Normenausschusses DIN.“*

„Die ‚Regeln der Technik‘, nach denen die Anlagen (zwingend) zu betreiben sind, sind in den einschlägigen DIN-Vorschriften niedergelegt, für Kleinkläranlagen in den DIN-Normen 4261 Teil 1 bis 4. Sie haben zur Aufgabe zu beschreiben, ob und mit welchem technischen Verfahren ein gesetzlich vorgeschriebenes Anforderungsniveau bzw. ein gesetzlich vorgeschriebenes Schutzziel erreicht werden kann. Die Worte ‚sind zu errichten und zu betreiben‘[331] *sind so zu verstehen, dass Abwasseranlagen nur dann errichtet und betrieben werden dürfen, wenn sie die in Betracht kommenden Regeln der Technik auch einhalten. Nach Abs. 2 sind vorhandene Anlagen den Regeln der Technik entsprechend so zu betreiben, dass sie den ihrer Art entsprechenden Wirkungsgrad erreichen, sie genießen also keinen Bestandsschutz.“*[332]

„Durch die ihr Ermessen bindende Verwaltungsvorschrift war die Behörde gehalten, die für den Betrieb von Kleinkläranlagen bestehenden technischen Regeln generell, aber auch im Falle des Klägers durchzusetzen.“ Die Behörde *„war verpflichtet, entsprechend den strengen Anforderungen des Wasserhaushaltsrechts die Anpas-*

[329] OVG Lüneburg, Urteil v. 24.6.1996 (Az. 3 L 3433/93)

[330] § 7a Abs. 1 Satz 1 Wasserhaushaltsgesetz (WHG) der damaligen Fassung lautete: *„Eine Erlaubnis für das Einleiten von Abwasser darf nur erteilt werden, wenn die Schadstofffracht des Abwassers so geringgehalten wird, wie dies bei Einhaltung der jeweils in Betracht kommenden Anforderungen nach Satz 3, mindestens jedoch nach den allgemein anerkannten Regeln der Technik möglich ist“*; zur heutigen Fassung des § 57 Abs. 1 WHG siehe Anhang Rechtsvorschriften

[331] Gemeint ist § 153 Abs. 1 NWG – s. o. im Sachverhalt

[332] § 7a Abs. 2 WHG a. F. lautete: *„Für vorhandene Einleitungen werden in der Rechtsverordnung nach Abs. 1 Satz 3 abweichende Anforderungen festgelegt, wenn und soweit die danach erforderlichen Anpassungsmaßnahmen unverhältnismäßig wären.“*

sung der vorhandenen Kläranlage an den – durch den Erlass vom 3.5.1988 näher konkretisierten – Stand der Technik zu verlangen, um die Schädlichkeit des in den Untergrund gelangenden Abwassers so gering wie möglich zu halten".

Das *„Anpassungsverlangen lässt Ermessensfehler nicht erkennen"*:

- *„Die Aufwendungen, die mit der von ihr geforderten Investition verbunden sind, sind nicht unverhältnismäßig hoch."*
- *„Es bestehen auch im Falle des Klägers unter Berücksichtigung der Lage und der Bebauung seines Grundstücks hinreichend technische Möglichkeiten, dem Anpassungsverlangen zu entsprechen."*

III. BVerwG 1996[333]

Das BVerwG ließ die Revision nicht zu, weil sie nur darauf gestützt werden könnte, *„dass das angefochtene Urteil auf der Verletzung von Bundesrecht beruht"* (§ 137 Nr. 1 VwGO):

Regeln der Technik *„stellen aber nicht selbst Rechtsnormen dar"*. Und *„das Deutsche Institut für Normung hat keine Rechtsetzungsbefugnisse. Es ist ein eingetragener Verein, der es sich zur satzungsgemäßen Aufgabe gemacht hat, auf ausschließlich gemeinnütziger Basis durch Gemeinschaftsarbeit der interessierten Kreise zum Nutzen der Allgemeinheit Normen zur Rationalisierung, Qualitätssicherung, Sicherheit und Verständigung aufzustellen und zu veröffentlichen. Wieweit er diesem Anspruch im Einzelfall gerecht wird, ist keine Rechtsfrage, sondern eine Frage der praktischen Tauglichkeit der Arbeitsergebnisse für den ihnen zugedachten Zweck. Rechtliche Relevanz erlangen die von ihm erarbeiteten Normen im Bereich des technischen Sicherheitsrechts nicht, weil sie eigenständige Geltungskraft besitzen, sondern nur, soweit sie die Tatbestandsmerkmale von Regeln der Technik erfüllen, die der Gesetzgeber als solche in seinen Regelungswillen aufnimmt. Werden sie, wie dies beim Bau und beim Betrieb von Abwasseranlagen geschehen ist, vom Gesetzgeber rezipiert, so nehmen sie an der normativen Wirkung in der Weise teil, dass die materielle Rechtsvorschrift durch sie näher konkretisiert wird."*

Anerkannte Regeln der Technik sind *„diejenigen Prinzipien und Lösungen, die in der Praxis erprobt und bewährt sind und sich bei der Mehrheit der Praktiker durchgesetzt haben. DIN-Vorschriften und sonstige technische Regelwerke kommen hierfür als geeignete Quellen in Betracht. Sie haben aber nicht schon kraft ihrer Existenz die Qualität von anerkannten Regeln der Technik und begründen auch keinen Ausschließlichkeitsanspruch. Als Ausdruck der fachlichen Mehrheitsmeinung sind sie nur dann zu werten, wenn sie sich mit der Praxis überwiegend angewandter*

[333] BVerwG, Beschluss v. 30.9.1996 (Az. 4 B 175/96)

Vollzugsweisen decken. Das wird häufig, muss aber nicht immer der Fall sein. Die Normausschüsse des Deutschen Instituts für Normung sind pluralistisch zusammengesetzt. Ihnen gehören auch Vertreter bestimmter Branchen und Unternehmen an, die ihre Eigeninteressen einbringen. Die verabschiedeten Normen sind nicht selten das Ergebnis eines Kompromisses der unterschiedlichen Zielvorstellungen, Meinungen und Standpunkte. Sie begründen eine tatsächliche Vermutung dafür, dass sie als Regeln, die unter Beachtung bestimmter verfahrensrechtlicher Vorkehrungen zustande gekommen sind, sicherheitstechnische Festlegungen enthalten, die einer objektiven Kontrolle standhalten, sie schließen den Rückgriff auf weitere Erkenntnismittel aber keineswegs aus. Die Behörden, die im Rahmen des einschlägigen Rechts den Regeln der Technik Rechnung zu tragen haben, dürfen dabei auch aus Quellen schöpfen, die nicht in der gleichen Weise wie etwa die DIN-Normen kodifiziert sind. Unter welchen Voraussetzungen sie sich auf dem Gebiet des Abwasseranlagenbaus von der Erkenntnis leiten lassen können, dass Sickerschächte nicht den allgemein anerkannten Regeln der Technik entsprechen, ist eine Frage der Einzelfallwürdigung.“

8.2 Fall 2: Abzieh-Teilmaschine

Zusammenfassung und Fazit

Es geht um eines der wenigen – veröffentlichten – Urteile zu Nachrüstforderungen gemäß Betriebssicherheitsverordnung[334]. Es geht indes um einen Sonderfall, weil sich die Klage gegen Zwangsvollstreckungsmaßnahmen richtete, da die eigentliche Nachrüstforderung bestandskräftig wurde, weil die Betreiberin sie nicht angegriffen hatte. Das Gericht prüfte daher nicht mehr, ob die Nachrüstforderung rechtmäßig war, sondern nur noch, ob sie unter schweren Fehlern litt, die zur Nichtigkeit – und damit Unvollstreckbarkeit – führten: und verneinte dies.

Sachverhalt

Die Berufsgenossenschaft (BG) meinte im Februar 2011, dass bei einer zu einer PET-Folienanlage gehörenden Abzieh-Teilmaschine Einzugsstellen und Quetschstellen am Abzug zu sichern seien. Dazu schlug der Beratungsbericht an die Betreiberin die Nachrüstung von drei verriegelbaren Schutzeinrichtungen vor: eine nach oben zu öffnende Schutztüre, eine feststehende Schutzeinrichtung und eine seitlich zu öffnende Schutztüre.

Die Betreiberin rüstete nicht nach. Die BG erließ im Juni 2012 folgende Anordnung: *„Ihre Abzieh-Teilmaschine entspricht nicht den Forderungen der BetrSichV und wird somit von Ihnen rechtswidrig betrieben. Sie ist unverzüglich so nachzurüsten, dass sie mit den Anforderungen der Betriebssicherheitsverordnung in Einklang steht. Hierzu können Sie die Ausführungen im Beratungsbericht vom Februar 2011 heranziehen."*

Die Betreiberin erhob keinen Widerspruch. Die BG drohte am 31.10.2013 ein Zwangsgeld i. H. v. 750 € für den Fall an, *„dass die Abzieh-Teilmaschine nicht bis zum 31.1.2014 entsprechend den Anforderungen der Betriebssicherheitsverordnung (§ 7 Abs. 2 Nr. 2 i. V. m. Anlage 1[335]) gesichert ist"*, setzte dieses am 19.3.2014 fest – und drohte gleichzeitig erneut ein Zwangsgeld i. H. v. 850 € an.

Urteil

Die Klage der Betreiberin gegen die Zwangsgelder wies das Verwaltungsgericht (VG) Regensburg[336] ab.

---

[334] Siehe hierzu *Wilrich*, Praxisleitfaden Betriebssicherheitsverordnung – mit 20 Gerichtsurteilen, 2015

[335] Zum Text des § 7 Abs. 2 a. F. siehe Anhang Rechtsvorschriften

[336] VG Regensburg, Urteil v. 5.2.2015 (Az. RN 5 K 14.1327)

I. Verwaltungsrechtsweg

Das VG ist gemäß § 40 Abs. 1 VwGO zuständig: Durch § 51 Abs. 1 Nr. 3 Alt. 2 SGG ist *„sichergestellt, dass in dem sich überschneidenden Gebiet von staatlichem Arbeitsschutzrecht nach dem Arbeitsschutzgesetz und dem dem Sozialversicherungsrecht zuzurechnenden autonomen Unfallverhütungsrecht einheitliche gerichtliche Entscheidungen ergehen. Die gleiche Maßnahme hätte nämlich auch vom Gewerbeaufsichtsamt der Regierung von Niederbayern nach dem ArbSchG angeordnet werden können.“*

II. Rechtmäßigkeit der Nachrüstanordnung nicht entscheidend

Die Nachrüstanordnung ist aus Sicht des Zwangsvollstreckungsrechts der sog. „Grundverwaltungsakt“. Da die Betreiberin die Anordnung aus dem Jahr 2012 bestandskräftig werden ließ, weil sie keinen Widerspruch eingelegt hatte, ist *„Voraussetzung für eine ordnungsgemäße Vollstreckung lediglich die Wirksamkeit und nicht die Rechtmäßigkeit der vorausgegangenen Grundverfügung“.*

III. Keine Nichtigkeit

Unwirksam ist ein Verwaltungsakt nach § 40 SGB X nur bei Nichtigkeit. Aber:

1. Durchführbarkeit

„Der Ausführung des Verwaltungsakts stehen keine tatsächlichen Gründe entgegen (§ 40 Abs. 2 Nr. 3 SGB X), da der Produktionsleiter und Montageleiter der klagenden Betreiberin keine Hindernisse gesehen haben, die Abzieh-Teilmaschine entsprechend den Forderungen des Beratungsberichts nachzurüsten. Damit hat sich der anfängliche Streit über die Durchführbarkeit der Nachrüstung erledigt.“

2. Bestimmtheit

Ein Verwaltungsakt ist nach § 40 Abs. 1 SGB X auch *„nichtig, wenn er an einem besonders schwerwiegenden Fehler leidet und dies bei verständiger Würdigung aller in Betracht kommender Umstände offensichtlich ist. Diese beiden Voraussetzungen müssen kumulativ vorliegen. Ein besonders schwerwiegender Fehler liegt vor, wenn der Verwaltungsakt in einem so schwerwiegenden Widerspruch zur geltenden Rechtsordnung und den ihr zugrunde liegenden Wertvorstellungen steht, dass es unerträglich wäre, wenn er die beabsichtigten Rechtswirkungen hätte. Dementsprechend führt nicht jede Unbestimmtheit des Verwaltungsakts zu seiner Nichtigkeit, sondern nur wenn der Verwaltungsakt in wesentlichen Punkten unklar, widersprüchlich oder unverständlich ist“*, nicht aber, *„wenn der Inhalt des Verwaltungsakts auch durch* *vorrangige Auslegung ermittelt werden kann. Der Maßstab für die notwendige Bestimmtheit eines Verwaltungsakts richtet sich im Einzelnen nach dem jeweiligen Regelungsgehalt und den Besonderheiten des jeweils anzuwendenden und mit dem Verwaltungsakt umzusetzenden materiellen Rechts.*

Ausgangspunkt sind die Besonderheiten des Arbeitsschutzrechts, die keine Anordnung einer ganz bestimmten Handlung des Arbeitgebers erfordern. Nach § 3 Abs. 1 Satz 1 ArbSchG ist die Klägerin als Arbeitgeber verpflichtet, die erforderlichen Maßnahmen des Arbeitsschutzes unter Berücksichtigung der Umstände zu treffen, die Sicherheit und Gesundheit der Beschäftigten bei der Arbeit beeinflussen. Dies setzt voraus, dass der Arbeitgeber gemäß § 5 Abs. 1 ArbSchG die einzelnen Arbeiten bewertet und dabei die drohenden Gefahren ermittelt, um anschließend prüfen zu können, welche Arbeitsschutzmaßnahmen erforderlich sind. Unter mehreren möglichen Alternativen kann der Arbeitgeber grundsätzlich frei wählen. Nach § 18 Abs. 1 ArbSchG kann diese Pflicht durch Rechtsverordnungen konkretisiert werden, so wie hier geschehen durch die BetrSichV. Da die Abzieh-Teilmaschine vor dem 3.10.2002[337] *in Betrieb genommen wurde, gelten für sie gemäß § 7 Abs. 2 Nr. 2 BetrSichV mindestens die Anforderungen des Anhangs 1 Nr. 1 und Nr. 2*[338]*. Nach Anhang 1 Nr. 2.8 müssen Arbeitsmittel mit Schutzeinrichtungen ausgestattet sein, die den unbeabsichtigten Zugang zum Gefahrenbereich von beweglichen Teilen verhindern oder welche die beweglichen Teile vor dem Erreichen des Gefahrenbereichs stillsetzen*[339]*.*

Daraus wird zwar die konkrete gesetzliche Pflicht der Klägerin deutlich, für geeignete Schutzvorrichtungen zu sorgen; gleichzeitig wird auch deutlich, dass der Klägerin dahingehend ein gewisser Umsetzungsspielraum verbleibt. Da im vorliegenden Fall nicht nur eine einzige Nachrüstung möglich ist, war es der Beklagten sogar verwehrt, die Nachrüstung in einer ganz bestimmten Art und Weise zu fordern. Sie konnte sich im Rahmen ihrer nach § 17 Abs. 1 SGB VII bestehenden Überwachungs- und Beratungstätigkeit zunächst darauf beschränken, den jetzigen Betrieb der Maschine als arbeitsschutzwidrig zu rügen und eine entsprechende Nachrüstung zu fordern. Diese Besonderheiten des Arbeitsschutzrechts erlauben es nicht nur, sondern machen es geradezu notwendig, zunächst keine bestimmte Nachrüstung im Bescheid anzuordnen. Alles andere würde den von Gesetzes wegen bestehenden Umsetzungsspielraum der Klägerin einschränken, solange mehrere gleich geeignete Nachrüstungen möglich sind. Dies ist nicht zuletzt auch Ausfluss des Verhältnismäßigkeitsgrundsatzes, denn die Klägerin hat dadurch weiter die Möglichkeit, die Mängel kostengünstiger und

[337] An diesem Tag hat die BetrSichV die zuvor geltende Arbeitsmittelbenutzungsverordnung (AMBV) abgelöst

[338] Zum Text des Anhangs der seinerzeit geltenden BetrSichV siehe Anhang Rechtsvorschriften

[339] Heute sind Schutzeinrichtungen in § 6 Abs. 2 und § 9 Abs. 3 BetrSichV geregelt: siehe *Wilrich*, Praxisleitfaden Betriebssicherheitsverordnung, 2015

einfacher und somit weniger belastend für ihren Betriebsablauf umzusetzen. Deshalb war es ausreichend, die Klägerin im Bescheid zu einer entsprechenden Nachrüstung zu verpflichten.

Diese im Kern bestehende Pflicht zur Nachrüstung ist auch in ihrer Allgemeinheit vollstreckungsfähig. Im Streitfall über die Fälligkeit des Zwangsgelds könnte nämlich das Gericht, notfalls mithilfe eines Sachverständigen, klären, ob die Klägerin durch ihre Maßnahmen die in Rede stehenden Gesundheitsgefahren ausreichend beseitigt hat. Dies ist hier aber (noch) nicht streitgegenständlich, da die Klägerin bislang überhaupt keine Abhilfemaßnahmen unternommen hat.

Im Übrigen nimmt der zu vollstreckende Grundverwaltungsakt auf den Beratungsbericht aus dem Februar 2011 Bezug. Durch diesen Verweis muss der Beratungsbericht bei der vorrangigen Auslegung des Bescheidinhalts herangezogen werden. Dieser Bericht enthält einen ganz konkreten und detaillierten Umsetzungsvorschlag für eine effektive Mangelbeseitigung, unter gleichzeitiger Benennung der Gefahren (zu sichernde Einzugsstellen an der Teilmaschine Wickler, Quetschgefahr am Antrieb), denen entgegengewirkt werden muss. Daher obliegt es allein der Klägerin, ob sie den von der Beklagten angeregten Lösungsvorschlag umsetzt oder ob sie eine andere, gleich geeignete Maßnahme zur Beseitigung der gerügten Mängel ergreift.“

3. Keine Zitatpflicht

Der Grundverwaltungsakt ist auch *„nicht deshalb nichtig, weil die BG nicht die entsprechende Ziffer des Anhangs 1 der BetrSichV benennt. Eine solche Angabe wäre nämlich nur Teil der Begründung des Verwaltungsakts gewesen und das Fehlen einer Begründung könnte höchstens die Rechtmäßigkeit, nicht aber die Wirksamkeit des Verwaltungsakts berühren“* – es kommt aber hier bei den Vollstreckungsmaßnahmen nicht mehr auf die Rechtmäßigkeit der Grundverfügung an (siehe II.).

IV. Ergebnis

„Das ursprüngliche Zwangsgeld i. H. v. 750 € ist fällig geworden, weil die Klägerin ihrer Verpflichtung, die Abzieh-Teilmaschine nachzurüsten, nicht nachgekommen ist. Damit ist auch der Weg frei für eine erneute Zwangsgeldandrohung, da die Wiederholung von Zwangsmitteln grundsätzlich im pflichtgemäßen Ermessen der Behörde steht, sofern die allgemeinen und besonderen Vollstreckungsvoraussetzungen vorliegen.

Ermessensfehler bei der Entscheidung, ein weiteres Zwangsgeld gegen die Klägerin anzudrohen, sind nicht ersichtlich. Insbesondere muss die Klägerin dazu bewegt werden, ihre Abzieh-Teilmaschine entsprechend nachzurüsten.“

8.3 Fall 3: Arbeitsgerüst

Zusammenfassung und Fazit

Dem strengen VG Braunschweig reichte – zugunsten des Betreibers – ein Normentwurf mit gelockerten Anforderungen nicht, weil die Aufsichtsbehörde wegen *„besonderer Gefahren aus Gründen des Unfallschutzes bei den bestehenden Anforderungen verbleiben"* könnte – und gewährte so letztlich der Behörde „Bestandsschutz" bei der Durchsetzung der aktuell noch gültigen DIN-Norm. Ein milderes OVG Lüneburg sah dagegen den alten Stand der Technik *„erschüttert"* durch eine *„Mehrheitsauffassung der Experten"* im Normausschuss, dass von einem *„bisherigen strikten Gebot Ausnahmen zulässig sein sollten"*. Der Fall verdeutlicht also (wie Fall 1, vgl. Kapitel 8.1), dass man über das Ausmaß der erforderlichen Sicherheit unterschiedlicher Ansicht sein kann – und dass eine solche Entscheidung über das Sicherheitsniveau nicht durch ein konkretes Gesetz getroffen wird, sondern dass es ein Einzelfallurteil ist.

Sachverhalt

Die Klägerin errichtete auf Industriebaustellen Arbeitsgerüste. Sie wendete sich gegen eine Anordnung der Aufsichtsbehörde vom 29.2.1988, dass keine Gerüste errichtet werden dürfen, *„ohne dass ein Nachweis der Brauchbarkeit (statische Berechnung) entsprechend den anerkannten Regeln der Technik an der Verwendungsstelle vorliegt. Der Standsicherheitsnachweis muss gemäß DIN 4420 Teil 1 u. a. folgendes beinhalten: ..."*.

Die Verpflichtung folge aus § 3 Abs. 1 ArbStättV i. V. m. § 6 Abs. 1 der Unfallverhütungsvorschrift „Bauarbeiten" i. V. m. Ziffer 5.3 der DIN 4420 Teil 1:

- Nach § 3 Abs. 1 Nr. 1 ArbStättV in der damaligen Fassung hat der Arbeitgeber *„die Arbeitsstätte nach dieser Verordnung, den sonst geltenden Arbeitsschutz- und Unfallverhütungsvorschriften und nach den allgemein anerkannten sicherheitstechnischen, arbeitsmedizinischen und hygienischen Regeln sowie den sonstigen gesicherten arbeitswissenschaftlichen Erkenntnissen einzurichten und zu betreiben"*[340].
- § 6 Abs. 1 der UVV Bauarbeiten[341] lautet: *„Bauliche Anlagen und ihre Teile, Hilfskonstruktionen, Gerüste, Laufstege, Geräte und andere Einrichtungen müssen so bemessen, aufgestellt, unterstützt, ausgesteift, verankert und beschaffen sein,*

[340] Zur heutigen Fassung des § 3a Abs. 1 ArbStättV siehe Anhang Rechtsvorschriften

[341] Damals BGV C22, heute DGUV-Vorschrift 38

dass sie die bei der vorgesehenen Verwendung anfallenden Lasten aufnehmen und ableiten können. Sie dürfen nicht überlastet werden und müssen auch während der einzelnen Bauzustände standsicher sein.“

- Nach Nr. 5.3 der damaligen Fassung der DIN 4420[342] Teil 1 „*Arbeits- und Schutzgerüste*“ war für Gerüste – mit Ausnahme der Regelausführungen – zum Nachweis der Standsicherheit „*eine statische Berechnung nach den für die verwendeten Baustoffe maßgeblichen technischen Baubestimmungen und unter Beachtung der in dieser Norm enthaltenen Bestimmungen aufzustellen*“.
- In den Durchführungshinweisen zur UVV Bauarbeiten vom April 1993 heißt es zu § 6 Abs. 1: „*Diese Forderung ist erfüllt für: ... Arbeits- und Schutzgerüste, wenn sie nach Normen der Reihe DIN 4420 ‚Arbeits- und Schutzgerüste‘ errichtet und benutzt werden.*“

Im Dezember 1988 wurde der Entwurf einer Neufassung der DIN 4420 veröffentlicht. Nach Ziffer 5.4.1 dieses Entwurfs kann im Einzelfall auf einen rechnerischen Standsicherheitsnachweis verzichtet werden „*bei Abweichungen von Regelausführungen, soweit diese nach fachlicher Erfahrung beurteilt werden können*“.

Urteile

Rechtsgrundlage des Bescheids war § 120 d Abs. 1 GewO[343]. Heute wäre es § 22 Abs. 3 ArbSchG[344]. Das VG Braunschweig hielt den Bescheid für rechtmäßig und wies die Klage ab (dazu I.). Das OVG Lüneburg gab der Klage mit Wirkung vom 1. Januar 1989 dagegen statt (dazu II.).

[342] DIN 4420-1:1980-03 Arbeits- und Schutzgerüste (ausgenommen Leitergerüste) – Berechnung und bauliche Durchbildung

[343] § 120 d Abs. 1 GewO in der damaligen Fassung lautete: „*Die zuständigen Behörden sind befugt, im Wege der Verfügung für einzelne Anlagen die Ausführung derjenigen Maßnahmen anzuordnen, welche zur Durchführung der in den §§ 120 a und 120 b enthaltenen Grundsätze erforderlich und nach der Beschaffenheit der Anlage ausführbar erscheinen*“. § 120 a GewO hatte die Überschrift „Betriebssicherheit“ und Abs. 1 lautete: „*Die Gewerbeunternehmer sind verpflichtet, die Arbeitsräume, Betriebsvorrichtungen, Maschinen und Gerätschaften so einzurichten und zu unterhalten und den Betrieb so zu regeln, dass die Arbeitnehmer gegen Gefahren für Leben und Gesundheit so weit geschützt sind, wie es die Natur des Betriebes gestattet.*“

[344] Siehe Anhang Rechtsvorschriften; eine der in Bezug genommenen Rechtsverordnungen ist die BetrSichV, die auch für Arbeitsgerüste gilt, siehe *Wilrich*, Praxisleitfaden Betriebssicherheitsverordnung (2015)

I. VG Braunschweig 1989[345]

Das VG Braunschweig verwies bei seiner Klageabweisung zwar auf die Erleichterungen für Gerüstbauer in Nr. 5.4.1 des Normentwurfs – aber *„das beklagte Amt war nicht gehalten, seiner Entscheidung diesen Regelungsentwurf zugrunde zu legen. Nach wie vor ist nicht abzusehen, ob und wann diese Bestimmung Gültigkeit erlangen wird. Demgemäß geht auch der Niedersächsische Sozialminister in seinem Erlass vom 27. Juni 1986 von der Verbindlichkeit der zurzeit geltenden Norm DIN 4420 Teil 1 aus. Völlig offen ist zudem, ob die gemäß § 3 Abs. 1 Nr. 1 ArbStättV maßgebliche UVV Bauarbeiten eine entsprechende Änderung erfahren wird. Denkbar ist, dass es wegen der besonderen Gefahren im Gerüstbau aus Gründen des Unfallschutzes bei den bestehenden Anforderungen verbleibt. Zuzugeben ist dem Kläger, dass auch in Bezug auf den Standsicherheitsnachweis von Gerüsten die allgemein anerkannten sicherheitstechnischen Regeln dem Wandel unterworfen sein können. Vorliegend geht es indes nicht um die Einhaltung derartiger Regeln, sondern um die Einhaltung der sich aus der genannten UVV Bauarbeiten ergebenden Pflichten."*

II. OVG Lüneburg[346]

Das OVG gab der Klage mit Wirkung vom 1. Januar 1989 Klage statt. Die Verfügung der beklagten Aufsichtsbehörde war ab diesem Zeitpunkt *„rechtswidrig geworden und durfte von diesem Zeitpunkt an nicht mehr aufrechterhalten werden"*.

1. Grundsatz: Normen sind anerkannte Regeln der Technik

„Der Beklagte durfte bei Erlass seiner Verfügung zu Recht davon ausgehen, dass die ‚allgemein anerkannten sicherheitstechnischen Regeln' die von ihm angeordnete Maßnahme geboten. Zu diesen ‚allgemein anerkannten Regeln' gehören u. a. die DIN-Normen, soweit sie sich mit Fragen der Sicherheitstechnik befassen, darunter die in der angefochtenen Verfügung genannte DIN 4420 Teil 1 ‚Arbeits- und Schutzgerüste' (im Zeitpunkt der Verfügung geltend in der Fassung vom 1.3.1980). Nach Ziffer 5.3 dieser Norm war ‚für Gerüste – mit Ausnahme der Regelausführungen – ... zum Nachweis der Standsicherheit eine statische Berechnung nach den für die verwendeten Baustoffe maßgeblichen technischen Baubestimmungen und unter Beachtung der in dieser Norm enthaltenen Bestimmungen aufzustellen'."

[345] VG Braunschweig, Urteil v. 15.11.1989 (Az. 1 A 90/88)

[346] OVG Lüneburg, Urteil v. 6.9.1991 (Az. 7 L 166/89)

2. Und: Normen bleiben anerkannte Regeln der Technik auch bei Widerstand

Diese DIN-Norm *„hatte im Zeitpunkt der letzten Verwaltungsentscheidung ihren Charakter als ‚allgemein anerkannte' Regel nicht dadurch verloren, dass von den Gerüstbauern das Erfordernis eines statisch berechneten Sicherheitsnachweises bei sämtlichen Regelabweichungen bestritten und die Meinung vertreten wurde, in bestimmten Fällen reiche die fachliche Erfahrung des Monteurs zur Beurteilung der Standsicherheit aus. Die DIN-Normen repräsentieren den Stand der Technik im Zeitpunkt ihres Inkrafttretens. ‚Es spricht ... (ein qualifizierter) Erfahrungssatz dafür, dass die von den privaten Normungsorganisationen aufgestellten Regelwerke, welche zur Konkretisierung bestimmter ... technischer Standards entwickelt worden sind, diese auch zutreffend wiedergeben'.*[347] *Mit anderen Worten: Die DIN-Normen begründen aufgrund der Art ihres Zustandekommens und der fachlichen Autorität der an ihrem Zustandekommen beteiligten Personen und Gremien eine – widerlegbare – tatsächliche Vermutung dafür, dass sie dem in Fachkreisen allgemein anerkannten technischen Standard entsprechen*[348]. *Darüber hinaus vermögen sie aufgrund jener Autorität auch eine solche allgemeine Anerkennung zu begründen. Hierbei bedeutet ‚allgemein anerkannt' nicht die ausnahmslose Anerkennung durch alle Fachleute. Es genügt, wenn eine technische Regel die Mehrheitsmeinung der Experten widerspiegelt. Es liegt in der Natur der Sache, dass derartige Regeln von denjenigen ihrer Adressaten, die durch sie besonders belastet werden, oftmals nur widerwillig akzeptiert werden. Deswegen besagt es noch nichts und genügt insbesondere nicht zur Widerlegung der Regelvermutung, wenn aus dem Kreise der betroffenen Anlagenbauer gegen eine von ihnen als unbequem oder überflüssig empfundene Regel Widerstand geleistet oder wenn diese Regel von ihnen nicht angewandt wird. Daher war es auch nicht erforderlich, Vertreter des Fachverbandes der Gerüstbauer dazu zu vernehmen, was diese von der Bestimmung der Ziffer 5.3 DIN 4420 Teil 1 (1980) hielten."*

3. Aber: Widerlegung der Vermutung durch Normentwurf

„Die Vermutung, dass jene Bestimmung der Mehrheitsmeinung der Experten entsprach, ist jedoch durch die Veröffentlichung des Entwurfs einer Neufassung der DIN 4420 im Dezember 1988 erschüttert worden. Nach Ziffer 5.4.1 dieses Entwurfs konnte im Einzelfall auf einen rechnerischen Standsicherheitsnachweis verzichtet werden ‚bei Abweichungen von Regelausführungen, soweit diese nach fachlicher Erfahrung beurteilt werden können'."

[347] Das Gericht zitiert hier *Rittstieg*, Die Konkretisierung technischer Standards im Anlagenrecht, 1982, S. 23

[348] So auch das VG Braunschweig im Fall der Abwasseranlage; dort hob das OVG Lüneburg das Urteil des VG indes auf (siehe Fall 1, Kapitel 8.1)

Für das Gericht war *„von besonderer Bedeutung, dass zu den Entwurfsverfassern nicht nur die Vertreter der Anlagenbauer gehörten. Der hierfür verantwortliche Arbeitsausschuss ‚Arbeits- und Schutzgerüste' im Normenausschuss ‚Bauwesen' setzt sich vielmehr aus acht Vertretern der Wissenschaft und Baustatik, sechs Vertretern der Hersteller und Benutzer sowie vier Vertretern der Bauaufsicht, der Gewerbeaufsicht und der Berufsgenossenschaft zusammen und repräsentiert damit ein breites Spektrum der Fachwelt."*[349]

„Die zitierte Bestimmung des Entwurfs hat unverändert in die am 1. Dezember 1990 in Kraft getretene endgültige Fassung (‚Weißdruck') der neuen DIN 4420 Eingang gefunden. Dies bedeutet, dass nach Bekanntgabe der Entwurfsfassung von den zur Stellungnahme aufgeforderten Fachkreisen kein ernsthafter Widerspruch gegen jene Bestimmung geäußert wurde. Demnach entsprach es jedenfalls nach der Veröffentlichung des Entwurfs der Mehrheitsauffassung der Experten, dass von dem bisherigen strikten Gebot des rechnerischen Nachweises der Standsicherheit Ausnahmen zulässig sein sollten; der Entwurf spiegelte insoweit die herrschende Meinung unter den Sachkennern wider. Damit war die für die frühere strengere Regelung begründete Vermutung der ‚allgemeinen Anerkennung' widerlegt." Das Gericht *„datiert den Zeitpunkt dieser Widerlegung auf den 1. Januar 1989, weil anzunehmen ist, dass die Fachwelt zu diesem Zeitpunkt Kenntnis von dem Entwurf erhalten und – wie sich in der Folgezeit ergeben hat – die genannte Regelung gebilligt hatte"*.

4. Vermutungswiderlegung nicht erst mit Außerkrafttreten der alten Norm

„Dass die alte DIN 4420 (1980) erst am 1. Dezember 1990 mit Bekanntgabe der – endgültig verabschiedeten – Neufassung außer Kraft trat, ist für den Zeitpunkt des Verlusts ihrer ‚allgemeinen Anerkennung' unbeachtlich. Die Bestimmung des § 3 ArbStättV stellt nicht auf die Geltung ab, welche sich die DIN-Norm selbst beimisst; insbesondere enthält jene Vorschrift nicht eine Verweisung auf eine bestimmte DIN-Norm. Maßgebend ist allein der auf der bestehenden Akzeptanz durch die Fachwelt beruhende innere Geltungsgrund der Norm, der nicht notwendig mit ihrer formalen Geltung verbunden zu sein braucht."

5. Rechtsgrundlage der Anordnung nicht im allgemeinen Arbeitsschutz- und Unfallverhütungsrecht

„Auf die in § 3 Abs. 1 Nr. 1 ArbStättV genannten, sonst geltenden ‚Arbeitsschutz- und Unfallverhütungsvorschriften' lässt sich die Anordnung des Beklagten nicht stützen.

[349] Das Gericht ergänzt: *„... vgl. hierzu die von der Klägerin eingereichte Abhandlung ‚Neue Norm für Arbeits- und Schutzgerüste' von Otfried Meesmann"*; siehe zum Ganzen auch *Wilrich/Mattiuzzo*, Wie Richter mit und über Normen richten, in: DGUV-Forum Heft 1/2018

Die einschlägige Unfallverhütungsvorschrift (UVV) ‚Bauarbeiten' enthält in § 6 Abs. 1 lediglich eine in ihrem Konkretisierungsgrad kaum über § 3 ArbStättV hinausgehende Generalklausel; die hierzu erlassenen Durchführungsanweisungen sind Auslegungsregeln, die selbst nicht die Normqualität der UVV besitzen. Die Verweisung in § 3 ArbStättV erstreckt sich demgemäß nicht auf jene Durchführungsanweisungen. Soweit nach diesen Durchführungsbestimmungen die DIN 4420 Teil 1 (1980) zugrunde gelegt werden dürfte, war hierfür nicht eine – von § 3 Abs. 1 ArbStättV abgeleitete – rechtliche Verbindlichkeit der Durchführungsanweisungen, sondern der Umstand entscheidend, dass die DIN-Normen den Stand der Sicherheitstechnik repräsentierten. Dies war jedoch – wie bemerkt – seit Anfang 1989 nicht mehr der Fall."

6. Rechtmäßigkeit der Anordnung nur bei besonderer Begründung

„Wenn die Normverfasser einen rechnerischen Standsicherheitsnachweis unter bestimmten Voraussetzungen nicht mehr für erforderlich halten, bedarf die gegenteilige Auffassung der Behörde einer besonderen Begründung, um noch als sachgerecht bewertet zu werden. Eine solche Begründung könnte darin bestehen, dass die in der Neufassung der Ziffer 5.4.1 DIN 4420 (1990) vorausgesetzte ‚fachliche Erfahrung' bei den Mitarbeitern der Klägerin bezweifelt werden müsste. Etwas Derartiges hat die Aufsichtsbehörde im Berufungsverfahren zwar angedeutet, aber nicht in der erforderlichen Weise substanziiert. Damit hat sie nicht dargetan, geschweige denn nachgewiesen, dass die Qualifikation der Mitarbeiter des Beklagten nicht ausreicht, um ihnen die Beurteilung der Standsicherheit eines Gerüsts aufgrund ‚fachlicher Erfahrung' zu gestatten."

Das OVG merkt noch an, *„dass die Änderung der DIN-Norm die Frage, welche Nachweise der Standsicherheit eines Gerüsts die Behörde im Rahmen ihrer Aufsichtsbefugnisse fordern kann, unberührt lässt. Denn die DIN-Norm regelt nicht die Voraussetzungen und Mittel staatlicher Aufsicht. Hierfür ist vielmehr § 26 Abs. 1 VwVfG*[350] *maßgebend, der die Auswahl der Erkenntnismittel in das pflichtgemäße Ermessen der Behörde stellt. Danach könnte die Behörde durchaus den rechnerischen Nachweis der Standsicherheit eines lediglich nach ‚fachlicher Erfahrung' beurteilten und errichteten Gerüsts verlangen. Hierbei handelt es sich indessen um einen nachträglich zu erbringenden Nachweis. Die genannte Vorschrift des VwVfG deckt nicht die Forderung des Beklagten, vor jeder Abweichung von einer Normausführung die Standsicherheit des Gerüsts rechnerisch zu überprüfen."*

[350] Zu den Beweismitteln in Verwaltungsverfahren siehe Anhang Rechtsvorschriften

8.4 Fall 4: Aufzug im Kurheim

Zusammenfassung und Fazit

Das LG Detmold befasste sich in zwei Urteilen mit der Verantwortung des Betreibers und eines externen Wartungsunternehmens nach einem Unfall an einer über 30 Jahre alten (Aufzugs-)Anlage, für die keine Gefährdungsbeurteilung durchgeführt worden und die *„sicherheitstechnisch nicht mehr zeitgemäß"* war: Das Gericht warf trotzdem keine Verkehrssicherungspflichtverletzung vor.

Sachverhalt

B betreibt ein Kurheim, das einen Aufzug *„älteren Modells"* hat. B vereinbarte für den Aufzug 1977 mit dem Unternehmen **W** einen Wartungsvertrag. Der letzte Wartungsdienst war am 1. Juli 2010. Am Abend des 12. August 2010 erledigte ein Mitarbeiter des W *„Reparaturarbeiten an dem Fahrstuhl aufgrund eines aufgetretenen Defekts"*.

Am 13. August 2010 wollte die 80-jährige Bewohnerin **K** mit dem Aufzug zum Frühstücksraum fahren und trat ins Leere, weil die Kabine etwa 18 cm über dem Bodenbereich stehengeblieben war. Sie brach sich mehrere Knochen. Sie war die Klägerin und verlangte 10 000 € Schmerzensgeld – zunächst erfolglos vom Wartungsunternehmen W (dazu I.), und dann, ebenfalls erfolglos, vom Heimbetreiber B (dazu II.).

Urteile

Voraussetzung für eine Schadensersatzhaftung ist eine Pflichtverletzung.

I. Klage gegen das Wartungsunternehmen[351]

Das LG Detmold wies die Klage gegen das Wartungsunternehmen ab, denn es *„lässt sich nicht feststellen, dass der Unfall auf eine Pflichtverletzung der W zurückzuführen ist"*. Die Beweislast lag bei K als Anspruchstellerin.

- Erstens war kein Fehler des Monteurs bei der Reparatur am Vortag ersichtlich: Dass er *„eine falsche Einstellung vorgenommen habe, ist nicht zu erkennen. Der Fahrstuhl war am Vortag in einem der oberen Stockwerke stehengeblieben, die Kabine habe allerdings bündig mit dem Boden abgeschlossen. Nach der Reparatur funktionierte der Fahrstuhl unstreitig wieder. Der Fehler hätte jedoch bei*

[351] LG Detmold, Urteil v. 18.12.2012 (Az. 9 O 212/11)

einer falschen Einstellung anschließend bei mehreren oder allen Fahrten wieder auftreten müssen. An welcher Stelle dieser ‚Schaltfehler' aufgetreten ist, konnte nicht mehr ermittelt werden. Es ist nicht mehr nachzuvollziehen, ob dieser Fehler durch Verschleiß oder einen Serviceeingriff aufgetreten ist.“

- Zweitens hätte der Monteur *„auch nicht zu einer Stilllegung des Fahrstuhls raten müssen, z. B. bis zu einer noch auszuführenden weiteren Reparatur. Bei den anschließenden Probefahrten funktionierte der Aufzug wieder. Der Fehler am nächsten Tag war nach der Einschätzung des Sachverständigen für den Monteur nicht vorhersehbar.“*
- Drittens *„ergibt sich eine Haftung der W auch nicht daraus, dass offenbar eine sog. Gefährdungsbeurteilung nach BetrSichV unterblieben ist. Diese Vorschrift richtet sich an den Betreiber der Anlage bzw. den ‚Arbeitgeber', nicht jedoch an das Wartungsunternehmen. Dass eine Übertragung dieser Pflichten vom Betreiber auf die Beklagte W stattgefunden habe, ist weder vorgetragen noch sonst ersichtlich.“*
- Viertens war es nach Ansicht des Gerichts ohnehin *„fernliegend“*, dass *„mit einer Gefährdungsbeurteilung die Ursache des aufgetretenen Fehlers hätte erkannt oder behoben werden können. Es gibt auch keine Hinweise darauf, dass diese Gefährdungsbeurteilung zu einer Stilllegung des Fahrstuhls geführt hätte. Dagegen spricht schon der Umstand, dass die im Oktober 2009 und Oktober 2010 durchgeführten wiederkehrenden Prüfungen nach BetrSichV durch den TÜV einen Weiterbetrieb jeweils erlaubt haben. Die Entscheidung, ob der sicherheitstechnisch nicht mehr zeitgemäße Fahrstuhl (nach den Angaben des Sachverständigen fehlte eine Notrufeinrichtung, die Kabinentürschürze war zu kurz und es gab keine Türzugangsüberwachung durch eine Lichtschranke oder ein Lichtgitter) in dem Kurheim durch eine modernere Anlage hätte ersetzt werden sollen, oblag nicht der W.“*

Fazit

Der externe Dienstleister W haftete hier nicht,

- weil ihm keine Fehler bei der ihm übertragenen Aufgabe – der *Wartung der Anlage* – nachgewiesen werden konnten und
- weil er keine Pflicht zur Durchführung der Gefährdungsbeurteilung und der Umsetzung der ermittelten Schutzmaßnahmen – und damit eine Verantwortung auch für den *Zustand der Anlage* – übernommen hatte.

Wenn der Anlagenbetreiber einem Wartungsunternehmen diese zustandsbezogene Pflicht überträgt, reduziert sich die Betreiberpflicht auf Auswahl- und Kontrollpflichten[352]. Der Dienstleister kann dann haften, wenn er den Zustand unzutreffend als ausreichend sicher einstuft. Ob eine solche Fehleinschätzung vorlag, beantwortete das Gericht in einer weiteren Klage der K gegen die Betreiberin B, denn hier war die (Zustands-)Verantwortung ja beim Betreiber verblieben.

II. Klage gegen den Heimbetreiber[353]

Obwohl das LG Detmold 2012 von einem *„sicherheitstechnisch nicht mehr zeitgemäßen Fahrstuhl"* sprach, wies es 2014 auch die Klage gegen den Heimbetreiber (B) ab, denn es konnte *„nicht festgestellt werden, dass B eine Verletzung der Verkehrssicherungspflicht trifft. Derjenige, auf dessen Grundstück oder in dessen Haus eine Gefahrenquelle besteht, und der zugleich Haus und Grundstück einem – wenn auch nur beschränkten – Besucherkreis zugänglich macht, ist dafür verantwortlich, dass diese Gefahrenquelle beseitigt wird oder aber zumindest so abgesichert wird, dass niemand zu Schaden kommt. Die Anforderungen, die dabei an den Verkehrssicherungspflichtigen zu stellen sind, sind jedoch vom Umfang her nicht unbegrenzt. So muss er keine Absicherung gegen jegliche auch nur entfernt denkbaren Risiken treffen. Der Maßstab richtet sich vielmehr danach, welche Sicherheit das infrage kommende Publikum unter Berücksichtigung der technischen Gegebenheiten erwarten kann und darf."*

Das bedeutete für die Aufzugsanlage im Kurheim, dass sie *„sich in einem betriebssicheren Zustand befinden und den Anforderungen an die allgemeine Verkehrssicherung entsprechen muss. Insbesondere ist im vorliegenden Fall in Betracht zu ziehen, dass es sich bei den Gästen im Regelfall um ältere und ggf. auch gebrechliche Personen handelt, also eine Personengruppe, die eines besonderen Schutzes bedarf."*

Aber selbst *„unter Anlegung dieses (erhöhten) Maßstabs lässt sich eine Verletzung der Verkehrssicherungspflicht durch B nicht feststellen. Unstreitig hat B aufgrund des von ihr mit W geschlossenen Wartungsvertrages die Aufzugsanlage regelmäßig warten lassen. Darüber hinaus hat sie unstreitig die turnusmäßigen TÜV-Prüfungen vornehmen lassen. Ebenso ist außer Streit, dass B auftretende Mängel an der Anlage jeweils hat reparieren lassen."*

Das Gericht betonte, dass es *„im Kern deshalb allein um die Frage geht, ob die am Unfalltag aufgetretene massive Halteungenauigkeit angesichts des Zustands und des Alters der Aufzuganlage zu erwarten war und diese sodann der B zuzurechnen wäre. Dass eine derartige Halteungenauigkeit vorher schon einmal oder sogar mehrfach aufgetreten wäre, vermag K nicht darzulegen. Ihr Vortrag geht dahin, dass aufgrund der technischen Rahmenbedingungen damit gerechnet werden musste. Dies ist jedoch*

352 Siehe Urteil zum Aufzug im Parkhaus (Fall 5), Kapitel 8.5

353 LG Detmold, Urteil v. 4.8.2014 (Az. 1 O 228/13)

ein Umstand, den sich B nicht zurechnen lassen muss.“ Das Gericht verwies dann auf den Beschluss des OLG Frankfurt vom 24. Januar 2013 (siehe Fall 5 in Kapitel 8.5).

B hatte zwar keine Gefährdungsbeurteilung gemäß BetrSichV durchgeführt. Aber das Gericht hatte *„bereits Zweifel daran, ob K überhaupt in den Schutzbereich der entsprechenden Vorschrift einzubeziehen ist und insoweit überhaupt der aus der Verkehrssicherungspflicht folgende Pflichtenkreis der B berührt ist“*. Das ist heute anders, denn Aufzüge sind überwachungsbedürftige Anlagen – und für sie regelt die BetrSichV jetzt *„zugleich Maßnahmen zum Schutz anderer Personen im Gefahrenbereich, soweit diese aufgrund der Verwendung dieser Anlagen durch Arbeitgeber gefährdet werden können“* (§ 1 Abs. 1 Satz 3 BetrSichV). Das nennt man Drittschutz. Andere Personen sind alle, die *„sich im Gefahrenbereich einer überwachungsbedürftigen Anlage innerhalb oder außerhalb eines Betriebsgeländes befinden“* (§ 2 Abs. 15 BetrSichV), also auch Kurheimbewohner.

K wäre zwar heute also geschützte Person, hatte aber – so das Gericht – *„nicht substanziiert vorzutragen vermocht, dass aufgrund einer derartigen Gefährdungsbeurteilung ein erhöhtes oder auch nur einfaches Risiko einer Halteungenauigkeit hätte aufgedeckt werden können. Dies gilt erst recht angesichts des Umstandes, dass die Beklagte eine derartige Gefährdungsbeurteilung zwischenzeitlich während des laufenden Prozesses hat durchführen lassen, ohne dass sich aus dem entsprechenden Prüfprotokoll die von der Klägerin erwartete Schlussfolgerung herleiten ließe. Im Ergebnis trifft die Beklagte danach aufgrund des durch die erhebliche Halteungenauigkeit hervorgerufenen Unfalls keine Verantwortung.“*

Das Gericht entschuldigte sich fast, *„dass dieses Ergebnis für die Klägerin, die bereits auch einen Vorprozess gegen das Wartungsunternehmen angestrengt hatte* [siehe I.], *mehr als unbefriedigend sein muss. Indessen geht es hier allein um die Frage, ob sich die Betreiberin die der Klägerin bedauerlicherweise entstandenen körperlichen Schäden zurechnen lassen muss.“*

Das Gericht setzte sogar noch *„hinzu, dass, selbst wenn B für den Unfall und seine Folgen verantwortlich wäre, die Klägerin sich ein ganz erhebliches Mitverschulden (§ 254 BGB) zurechnen lassen müsste. Insoweit müsste zum Tragen kommen, dass die Klägerin die Halteungenauigkeit bei Ausübung einer auch nur geringen Sorgfalt hätte bemerken können.“* Es wird als *„Pflicht eines jeden Fahrstuhlbenutzers angesehen, bei Verlassen des Fahrstuhls darauf zu achten, ob dieser korrekt, insbesondere bündig mit dem Stockwerksboden angehalten hat“*. Der Aufzug des Kurheims hatte eine Halteungenauigkeit von 18 cm – das ist eine *„deutliche Differenz, die ohne Zweifel auch für einen alten Menschen eine entsprechende Stufenbildung hätte auffallen müssen“*. K *„selbst, die sich im Termin zur mündlichen Verhandlung beeindruckend geistig wendig gezeigt hat, hat ausgeführt, dass sie nicht auf den Boden geachtet hatte. Bereits damit hat sie ihrer vorstehend aufgezeigten Obliegenheit zuwidergehandelt.“*

Fazit

Der Betreiber einer Anlage ist verantwortlich für deren sicheren Zustand und die ordnungsgemäße Wartung. Wenn – wie hier durch die Einschaltung eines externen Fachunternehmens – Wartungsfehler ausgeschlossen sind, kommt nur eine Haftung wegen unsicheren Zustands in Betracht. Hierzu reicht aber nicht der Hinweis auf das Alter oder auf „sicherheitstechnische Unzeitgemäßheit". Eine Haftung ist erst dann möglich, wenn aufgrund des technischen Zustands der Anlage der den Unfall auslösende Umstand – hier die „massive" Halteungenauigkeit – zu erwarten war. Das setzt voraus, dass

- sich der Fehler *wiederholt*, nicht, dass er *erstmals* auftritt, oder
- eine Gefährdungsbeurteilung den sicherheitstechnischen Fehler zu Tage gefördert hätte.

Wieder andersherum: Wenn der Fehler zum ersten Mal auftritt und mit einer Gefährdungsbeurteilung nicht entdeckt worden wäre, war er nicht erkennbar und es wird dann nicht gehaftet. Insofern gilt: ***„Einmal ist keinmal"***, wenn nicht das Einmal durch eine Gefährdungsbeurteilung hätte erkannt werden können – und so ein Keinmal möglich gewesen wäre.

Andersherum: Wenn der Fehler schon mehrmals aufgetreten ist, wird dies im Haftungsprozess bei der Frage der Erkennbarkeit gebührend berücksichtigt. Insofern gilt: **„Zweimal ist nicht wirklich gut!"**

8.5 Fall 5: Aufzug im Parkhaus

Zusammenfassung und Fazit

Das LG und OLG Frankfurt urteilten, der Betreiber sei nicht automatisch verpflichtet, eine Anlage *„dem neuesten technischen Stand anzupassen"*, insbesondere wenn es sich nicht um *„generelle Störungen"* handelt, die *„zufällig"* und *„unvermeidbar"* sind und *„in angemessener Zeit beseitigt"* werden können. Eine Nachrüstungspflicht besteht (nur), wenn sie *„erforderlich und wirtschaftlich"* ist.

Sachverhalt

Die Klägerin stürzte am 30.9.2010 beim Verlassen eines 1989 errichteten, nicht mehr dem Stand der Technik entsprechenden Parkhausaufzugs, weil die Kabine ca. 40 cm oberhalb des Bodenniveaus stoppte. Die Parkhausbetreiberin hatte einem Fachunternehmen die *„Wartung, Störungsbeseitigung und Instandsetzung der Fahrstuhlanlagen"* übertragen und diesen Dienstleister verpflichtet, *„die vorgeschriebenen, wiederkehrenden Prüfungen gemäß BetrSichV eigenverantwortlich durchzuführen und zu dokumentieren"*. In vereinbarten *„Arbeitskarten"* wurden die *„einzelnen Prüf- und Wartungsleistungen und die zeitlichen Intervalle explizit aufgeführt"*. Die letzten dokumentierten Wartungen vor dem Unfall waren am 2.7.2010 und 28.9.2010. Zudem fanden täglich Kontrollen statt. Am 30.9.2010 führte das Wartungsunternehmen zwischen 7:45 Uhr und 10:45 Uhr, *„mithin unmittelbar vor dem Sturz der Klägerin"*, Reparaturarbeiten durch. Die Klägerin verlangte von der beklagten Parkhausbetreiberin Schmerzensgeld gemäß §§ 823 Abs. 1, 253 Abs. 2 BGB.

Entscheidungen

Die Gerichte wiesen die Klage in beiden Instanzen aus zwei Gründen[354] ab:

I. Haftungsbefreiende Übertragung der Sicherungspflicht auf den Dienstleister

Das LG Frankfurt formulierte zunächst die konkreten Pflichten aus der Betriebssicherheitsverordnung (BetrSichV) für Aufzüge in die für das zivilrechtliche Schadensersatzrecht relevante allgemeine Verkehrssicherungspflicht um: *„Nach BetrSichV hat derjenige, der eine Aufzugsanlage betreibt, diese in ordnungsgemäßem Zustand zu erhalten, zu überwachen, notwendige Instandsetzungs- oder Wartungsarbeiten*

[354] LG Frankfurt, Urteil v. 11.5.2012 (Az. 2-10 O 434/11) und OLG Frankfurt, Beschluss v. 6.12.2012 (Az. 3 U 169/12)

unverzüglich vorzunehmen und die den Umständen nach erforderlichen Sicherheitsmaßnahmen zu treffen."

Hier aber „*hat die Betreiberin die Überwachungs- und Wartungspflicht wirksam auf das Wartungsunternehmen übertragen*": Wer diese Pflicht „*übernimmt, wird seinerseits deliktisch verantwortlich, während sich die Verkehrssicherungspflicht des ursprünglich Verantwortlichen auf eine Kontroll- und Überwachungspflicht verengt*".

Der Parkhausbetreiber hatte folgende **drei Grundregeln der haftungsbefreienden Übertragung der Verkehrssicherungs- und Wartungspflicht** beachtet (die „drei A")

- ordnungsgemäße **Auswahl** (eines Fachunternehmens),
- klare und konkrete **Absprache** (über die Art und Weise der Pflichtenerfüllung) und
- ausreichende **Aufsicht** (über den externen Dienstleister).

Konkret sagte das Gericht:

- Die Wartung und Störungsbeseitigung wurde – erstens – auf ein „*spezialisiertes Unternehmen*" übertragen, das nach dem Vertrag die Aufgaben „*durch geschultes Fachpersonal durchzuführen*" hatte (Auswahlpflicht).
- Es wurde – zweitens – „*vertraglich geregelt, dass Wartungen jeweils viermal im Jahr bzw. sechsmal im Jahr durchzuführen sind. Diese Intervalle sind ausreichend. Dass die Wartungen – zumindest im Zeitraum vor dem Unfall – tatsächlich stattfanden, belegen die Wartungsprotokolle vom 28.9.10 und 2.7.10*" (Absprachepflicht).
- Es gab außerdem – drittens – keine Anhaltspunkte dafür, dass der Parkhausbetreiber seiner Überwachungspflicht nicht ausreichend nachgekommen war (Aufsichtspflicht). Das LG bestimmte das Ausmaß der Kontrollpflicht zwar nicht mit genauen Fristen, aber doch recht ausführlich: „*Der Umfang der nach Übertragung der Verkehrssicherungspflicht noch verbleibenden allgemeinen Kontroll- und Aufsichtspflicht bestimmt sich nach den Umständen des Einzelfalls, insbesondere nach der bestehenden Kontrollmöglichkeit, der Person des Übernehmers sowie der Art und Häufigkeit der möglichen Schäden. Übernimmt ein nicht in den Betrieb eingebundener Dritter vertraglich die Pflicht, darf sich der Übertragende im Allgemeinen auf deren Erfüllung verlassen und muss ohne konkreten Anhaltspunkt für eine Pflichtverletzung nicht alle Einzelheiten kontrollieren.*" Indem sich der Dienstleister „*verpflichtete, die gesetzlich vorgeschriebenen wiederkehrenden Wartungen durch geschultes Fachpersonal durchzuführen, konnte der Betreiber darauf vertrauen, dass das Wartungsunternehmen seinen Pflichten im erforderlichen Umfang nachkommt*".

Konkret hatte die Klägerin nichts zu einer unzureichenden Überwachung vorgetragen und es *„ist nicht ersichtlich, dass die Beklagte ihrer allgemeinen Aufsichtspflicht nicht nachgekommen wäre. Aufgrund der Tatsache, dass das Wartungsunternehmen ein erfahrenes Unternehmen im Bereich der Wartung und Instandsetzung von Aufzugsanlagen ist, dass es sich um komplexe technische Anlagen handelt und dass eine flächendeckende Kontrolle bei der Vielzahl der Objekte und Aufzugsanlagen bei der hohen Dichte der vorzunehmenden Wartungen nahezu unmöglich ist, wäre die Beklagte ohnehin nur verpflichtet gewesen, vereinzelte, stichprobenweise Kontrollen durchzuführen."*

Wegen der erfolgreichen Übertragung der Verantwortung ging das Gericht auch nicht der Frage nach, *„ob der Dienstleister die unmittelbar vor dem Unfall stattgefundene Reparaturmaßnahme ordnungsgemäß durchgeführt hat. Eine etwaige Pflichtverletzung seitens des Wartungsunternehmens wäre zumindest für die Beklagte weder erkennbar noch zu verhindern gewesen."*

II. Bestandsschutz – keine Nachrüstpflicht

Das LG Frankfurt sah auch keine Verpflichtung zur Nachrüstung des über 20 Jahre alten Aufzugs. Der Betreiber war nicht verpflichtet, *„die Aufzugsanlage mit einer zusätzlichen Warntechnik auszurüsten"*, denn *„der Umfang der Verkehrssicherungspflichten eines Aufzugbetreibers wird durch die Aufzugsverordnung bzw. BetrSichV konkretisiert. Dort wird jedoch nur die regelmäßige Überwachung des betriebssicheren Zustands gefordert, nicht jedoch zusätzliche Warnhinweise für den Fall des Nichtvorliegens des betriebssicheren Zustands"*.

Es gibt zwar keinen starren Bestandsschutz alter Anlagen, wenn der Stand der Technik fortgeschritten ist, aber *„der Verkehrssicherungspflichtige muss lediglich diejenigen Vorkehrungen treffen, die erforderlich und für ihn wirtschaftlich zumutbar sind. Der Betreiber einer Aufzugsanlage ist nicht von vornherein gehalten, die Fahrstuhltechnik auszutauschen und dem neuesten technischen Stand anzupassen, solange der Fahrstuhl noch den technischen Anforderungen der Aufzugsverordnung (mittlerweile BetrSichV) entspricht. Dabei ist insbesondere auf den Zeitpunkt des Einbaus der Anlage abzustellen. Wollte man verlangen, dass stets der neuste Sicherheitsstandard geboten werden muss, müsste der Betreiber seine Anlagen ständig erneuern, ohne seine kostspieligen Investitionen amortisieren zu können. Bei einer älteren Fahrstuhlanlage muss deshalb auch nur diejenige Verkehrssicherheit geboten werden, die bei Ausnutzung der vorhandenen technischen Einrichtungen in einwandfrei funktionierendem Zustand geboten werden kann. Vorliegend handelt es sich um eine relativ alte Anlage, Baujahr 1989. Zu diesem Zeitpunkt gab es etwaige weitergehende Sicherheits- und Warnsysteme noch nicht."*

III. OLG Frankfurt bestätigt Bestandsschutz

Das OLG Frankfurt bestätigte den Bestandsschutz für den Aufzug mit drei Argumenten:

1. Einmalige technische Störung – keine generellen Halteungenauigkeiten

Ein einmaliger Aussetzer in der Technik („Ausreißer") ist allein keine (Verkehrssicherungs-)Pflichtverletzung:

„Aus dem Umstand allein, dass es am Unfalltag zu einer Halteungenauigkeit gekommen ist, lässt sich nicht auf eine Verkehrssicherungspflichtverletzung schließen. Da es bei der Aufzugsanlage nicht generell zu Halteungenauigkeiten kommt, ist davon auszugehen, dass am Unfalltag eine technische Störung vorgelegen hat, die trotz regelmäßiger Wartung und Kontrolle zufällig auftrat. Solche technischen Störungen sind unvermeidbar und stellen für sich genommen keine Verkehrssicherungspflichtverletzung des Verantwortlichen dar, wenn er die Störung in angemessener Zeit beseitigen lässt. Die Klägerin behauptet auch nicht, dass die Störung bereits häufiger aufgetreten ist und es die Beklagte unterlassen hätte, das ihr Mögliche zu veranlassen, um eine etwa vorliegende Störanfälligkeit zu beseitigen."

2. Bestandsschutz – keine Pflicht zur Nachrüstung technischer Warnvorrichtungen

Die beklagte Betreiberin musste auch den Aufzug nicht mit Warnvorrichtungen ausrüsten, *„die im Falle einer technischen Störung – wie z. B. einer Halteungenauigkeit – rechtzeitig auf eine Gefahrensituation hinweisen"*. Das wäre nur in zwei Situationen so:

- Es besteht eine **Ausrüstungspflicht**, wenn für den Aufzug *„solche Warnvorrichtungen bei Errichtung der Aufzugsanlage 1989 vorgeschrieben waren oder dem damaligen Stand der Technik entsprachen"*: Dies ist *„aber weder ersichtlich noch behauptet dies die Klägerin"*.
- Es kann eine **Nachrüstungspflicht** bestehen: Das ist aber nicht der Fall, *„solange der Fahrstuhl noch den technischen Anforderungen des Errichtungszeitraums entsprach und – nach neueren Vorschriften – nicht nachgerüstet oder stillgelegt werden musste. Letzteres ist weder ersichtlich noch beruft sich die Klägerin hierauf. Die Verkehrssicherheit fordert nur, dass die nach den technischen Möglichkeiten erreichbare Sicherheit geboten wird, wobei auf den Zeitpunkt des Einbaus der Anlage abzustellen ist. Dies gilt selbst dann, wenn sich die Sicherheitsbestimmungen für neu zu errichtende ähnliche Anlagen verschärft haben."*

3. Eigenverantwortung und Selbstschutzpflicht – keine Pflicht zu Warnhinweisen

Schließlich konnte und musste die Klägerin sich hier auch selbst schützen – und zwar auch ohne Warnhinweis:

- Die *„Störung war für jedermann erkennbar, denn beim Anhalten eines Fahrstuhls muss nach wie vor von jedem Benutzer erwartet werden, dass er darauf achtet, ob die Kabine korrekt – insbesondere also bündig mit dem Bodenniveau – angehalten hat. Die von der Klägerin verlangten technischen Warnmechanismen sind in Anbetracht der vielen weiterbetriebenen älteren Aufzugsanlagen auch aktuell noch nicht so verbreitet, dass sich der Benutzer blind auf das korrekte Funktionieren der Technik verlassen könnte.“*
- Die Aufzugsbetreiberin *„musste im Rahmen der ihr obliegenden Verkehrssicherungspflicht auch nicht – etwa durch ein Hinweisschild – auf altersbedingte Halteungenauigkeiten der Aufzugsanlage oder das Fehlen von modernen Warnvorrichtungen für den Fall einer technischen Störung hinweisen. Ein solches Vorgehen wäre allenfalls dann erforderlich gewesen, wenn die Störung öfter aufgetreten wäre, was die Klägerin nicht vorgetragen hat.“*

8.6 Fall 6: Aufzug im Pflegeheim

Sachverhalt

Eine 88-jährige Bewohnerin eines Pflegeheims wollte am 19. April 2011 mit ihrem Rollstuhl in einen Aufzug Baujahr 1986, der in diesen Augenblick schloss. Ihre Beinverletzungen mussten einen Monat stationär im Krankenhaus behandelt werden. Die Haftpflichtversicherung der Heimbewohnerin ersetzte den Schaden und verlangte die fast 6 000 € von der Heimbetreiberin.

- Die Versicherung argumentierte: Die Heimbewohnerin habe alles richtig gemacht, woraus zu folgern sei, dass die technische Ausrüstung des Fahrstuhls für einen Pflegeheimbetrieb unzureichend gewesen sei.
- Die Betreiberin berief sich auf Bestandsschutz und „Augenblicksversagen" der Sicherheitsvorkehrungen. Der Aufzug sei seit vielen Jahren im Heim unfallfrei genutzt worden – seit neun Jahren (2002) auch von der Geschädigten.

Der Aufzug

- hatte in 50 cm Höhe in der Tür eine Lichtschranke,
- wurde vom *„zuständigen TÜV"* regelmäßig abgenommen,
- wurde von der Heimaufsicht der Stadt Wuppertal regelmäßig kontrolliert,
- wurde nach dem Unfall von einer Fachfirma überprüft, die keine technischen Mängel feststellen konnte.

Urteile

Das Landgericht[355] gab der Klage statt (dazu A.). Das Oberlandesgericht[356] hob das Urteil auf und wies die Klage ab (dazu B.).

A. Landgericht Wuppertal: Klagestattgabe

Nach dem LG hat die Versicherung *„wegen des Unfalls einen nach § 116 Abs. 1 SGB X übergegangener Schadensersatzanspruch der verletzten Heimbewohnerin gegen die Betreiberin § 280 Abs. 1 BGB. Die Beklagte hat die für ein Pflegeheim notwendige Sicherheit des Fahrstuhls, in dem sich der Unfall ereignete, nicht ge-*

355 LG Wuppertal, Urteil v. 31.7.2014 (Az. 3 O 252/13)

356 OLG Düsseldorf, Urteil v. 26.4.2016 (Az. I-24 U 144/15)

währleistet und damit ihre sich aus dem Heimvertrag ergebenden Obhutspflichten schuldhaft verletzt".

I. Grundlage der Sicherheitspflichten: Heimvertrag

„Der beklagten Heimträgerin erwachsen aus den jeweiligen Heimverträgen Obhutspflichten zum Schutz der körperlichen Unversehrtheit der ihr anvertrauten Heimbewohner. Diese gegenüber den Bewohnern bestehenden Obhutspflichten entsprechen inhaltlich den allgemeinen, deliktischen Verkehrssicherungspflichten und umfassend insbesondere auch den Schutz vor Schädigungen, die aufgrund der baulichen Gestaltung des Pflegeheims drohen".

Fazit

Sicherheitspflichten aus Verträgen entsprechen der – aus dem Deliktrecht folgenden – allgemeinen Verkehrssicherungspflicht eines Betreibers gegenüber der Allgemeinheit[357], wenn nicht in den Verträgen (zulässig) etwas Anderes oder Besonders geregelt ist – oder (siehe hier II.) besondere Vorschriften einschlägig sind[358].

II. Pflichtverletzung: Verstoß gegen Heimmindestbauverordnung

Hier werden *„die Pflichten bezüglich Aufzügen in Pflegeheimen von § 4 Heimmindestbauverordnung konkretisiert. Danach muss ein Aufzug nach Art, Größe und Ausstattung den Bedürfnissen der Bewohner entsprechen".* Die Heimträgerin ist dieser *„Pflicht nicht nachgekommen, da die Beschaffenheit des Aufzugs nicht den Bedürfnissen der Bewohner einer Pflegeeinrichtung entsprach".*

- Zwar *„wurde der Fahrstuhl regelmäßig gewartet und auch insbesondere unmittelbar nach dem Unfall überprüft, wobei kein technischer Defekt festgestellt werden konnte".* Aber *„der Fahrstuhl schloss die Türen, während sich die Verletzte zwischen den Türen befand. Folglich ist nach Auffassung des Gerichts davon auszugehen, dass der Unfall sich nur aufgrund der für ein Pflegeheim generell ungeeigneten Beschaffenheit des Aufzugs ereignen konnte".*
- Zwar *„war der Aufzug mit einer einzelnen – in 50 cm Höhe befindlichen – Lichtschranke ausgestattet".* Aber *„eine solche singuläre Lichtschranke ist für einen Aufzug in einem Pflegeheim, welcher häufig von Personen in Rollstühlen*

357 Siehe *Wilrich*, Sicherheitsverantwortung: Arbeitsschutzpflichten, Betriebsorganisation und Führungskräftehaftung – mit 25 erläuterten Gerichtsurteilen (2016)

358 Siehe *Wilrich*, Die rechtliche Bedeutung technischer Normen als Sicherheitsmaßstab – mit 33 Gerichtsurteilen zu anerkannten Regeln und Stand der Technik, Produktsicherheitsrecht und Verkehrssicherungspflichten (2017)

genutzt wird, nach Überzeugung des Gerichts nicht ausreichend. Auch ein für die Heimaufsicht der Stadt Wuppertal tätiger Zeuge bestätigte, dass die allermeisten Aufzüge in Pflegeeinrichtungen, im Gegensatz zum Aufzug in der Einrichtung der Beklagten, mit bis zum Boden gehenden Lichtschranken ausgerüstet sind".

- Zwar „*verfügt der Aufzug neben der Lichtschranke über eine Vorfeldüberwachung, welche die Innen- und Außenseite der Aufzugtüren beim Ein- und Aussteigen überwacht*". Aber die Beklagte „*trägt keinerlei Anhaltspunkte dafür vor, dass trotz unmittelbar nach dem Unfall erfolgter und ohne Beanstandungen durchgeführter Kontrolle ein momentaner, technischer Defekt ursächlich für den Unfall gewesen sein soll*". Daher – so das Gericht – „*war auch ihrem diesbezüglichen Beweisantritt durch Sachverständigengutachten nicht nachzugehen – zumal dem Vortrag der Beklagten auch nicht zu entnehmen ist, warum ein Sachverständiger im Gegensatz zu der unmittelbar nach dem Unfall erfolgten Kontrolle durch eine Wartungsfirma ein Augenblicksversagen feststellen könnte*".
- „*Für eine generelle Ungeeignetheit des Aufzugs spricht darüber hinaus, dass sich der Aufzug nur mithilfe des Pflegepersonals wieder öffnen ließ*".

Fazit

Die Aussage in § 4 Heimmindestbauverordnung, dass ein Aufzug nach Art, Größe und Ausstattung den Bedürfnissen der Bewohner entsprechen muss, ist zwar sehr allgemein. Diese Rechtsvorschrift gibt dem LG aber Anlass für erhöhte (technische) Anforderungen, die es – anders als später das OLG – beim unfallauslösenden Aufzug nicht erreicht sieht.

III. Kein Bestandsschutz

Die Betreiberin kann sich nach Ansicht des LG nicht auf Bestandsschutz berufen. Denn „*Bestandschutz würde nur dann gegen eine Pflichtverletzung streiten, wenn nach dem Stand der Technik zum Zeitpunkt der Errichtung die Fahrstuhlanlage den damaligen Sicherheitsanforderungen entsprochen hätte. Diesbezüglich fehlt aber jeglicher Vortrag der Beklagten*".

Fazit

Bestandsschutz setzt – insoweit ist das Urteil zutreffend – voraus, dass die Anlage, für die er reklamiert wird, jedenfalls im Zeitpunkt der Errichtung den seinerzeit gültigen Anforderungen entsprach. Aber die Betreiberin musste insoweit nichts vortragen, weil die Versicherung insoweit nichts bestritten hatte (siehe unten B.IV.1.)

IV. Verschulden = Fahrlässigkeit

Die Haftung aus Vertrag setzt Verschulden voraus, also dass die Heimträgerin die Pflichtverletzung „zu vertreten" hat (§ 280 Abs. 1 Satz 2 BGB). Aber nicht die Geschädigte – bzw. hier die Versicherung, die diesen Vertragsanspruch geltend macht – muss das Verschulden beweisen, sondern die Betreiberin als Vertragspartnerin muss sich durch den Nachweis fehlenden Verschuldens entlasten: Das ist eine Beweislastumkehr. Diese *„Entkräftung der Verschuldensvermutung ist der Beklagten nicht gelungen"*.

Zwar hatte die Heimträgerin Fachleute eingeschaltet. Aber *„eine Exkulpation der Beklagten aufgrund der durchgeführten Überprüfung durch den TÜV und die Heimaufsicht kann nicht angenommen werden"*.

1. TÜV-Prüfung umfasst nicht Heimmindestbauverordnung

Das LG kann nämlich nicht feststellen, dass TÜV und Heimaufsicht auch gerade *„die Geeignetheit des Aufzugs für ein Pflegeheim, wie sie § 4 Heimmindestbauverordnung vorschreibt"* überprüfen sollten.

- Die Heimbetreiberin hat *„nicht dargelegt, dass der TÜV eine derartige Überprüfung durchführt"*.
- Ein Zeuge E *„hat unmissverständlich ausgesagt, dass die Heimaufsicht eine Prüfung der generellen Geeignetheit von Aufzügen für Pflegeheime ebenfalls nicht vornimmt"*.

„Insofern ist davon auszugehen, dass es dem jeweiligen Betreiber eines Pflegeheims selber obliegt, die an die speziellen Bedürfnisse von Bewohnern eines Pflegeheims angepasste Beschaffenheit der Aufzüge sicherzustellen".

Fazit

Grundsätzlich kommt eine Entlastung von Verschulden in Betracht, wenn externe Fachleute eingeschaltet sind – aber nur für die Dinge, mit denen sie beauftragt bzw. für die sie zuständig sind.

2. Kein Vertrauensschutz

Das LG ist außerdem *„der Auffassung, dass die Beklagte auch nicht auf eine umfassende Kontrolle durch die genannten Organe vertrauen dürfte und sich hierdurch exkulpieren kann. Die Beklagte muss sich im Rahmen ihrer Pflichten als Heimbetreiber Kenntnis des Prüfungsumfangs der jeweiligen Kontrollorgane verschaffen, um sich ergebende Kontrolllücken, wie im vorliegenden Fall, zu schließen"*.

Fazit

Grundsätzlich müssen externe Dienstleister im Auge behalten werden – aber die Aussagen des Landgerichts Wuppertal sind strenger als die ständige Rechtsprechung (siehe zu ihr unten B.III.).

B. OLG Düsseldorf: Klageabweisung

Das OLG Düsseldorf hob das erstinstanzliche Urteil auf und wies die Klage ab.

I. Beweislast für Pflichtverletzung bei Klägerin

Das OLG stellt zunächst fest, dass es zwar eine Beweislastumkehr für das Verschulden gibt (s. o. A.IV.) – aber eben nicht für die (vorgelagerte) Pflichtverletzung: *„Darlegungs- und beweisverpflichtet für eine Pflichtverletzung der beklagten Betreiberin ist die Klägerin“.*

Zwar hatte *„die Rechtsprechung eine Beweislastumkehr beispielsweise angenommen, wenn sich der Heimbewohner in einer konkreten Gefahrensituation befand, die gesteigerte Obhutspflichten auslöste und deren Beherrschung einer speziell dafür eingesetzten Pflegekraft anvertraut worden war, was beispielsweise bei einer Bewegungs- und Transportmaßnahme unter Begleitung von Pflegepersonal der Fall sein kann. Eine konkrete Gefahrensituation lag hier jedoch nicht vor. Die Heimbewohnerin bewegte sich eigenständig mit ihrem Rollstuhl im Gebäude, wie es schon viele Male zuvor ebenfalls geschehen war. Sie befand sich somit in einer alltäglichen und generell ungefährlichen Situation, für die eine Umkehr der Beweislast nicht gerechtfertigt ist. Vielmehr ging es hier lediglich um den normalen, alltäglichen Gefahrenbereich, der grundsätzlich in der eigenverantwortlichen Risikosphäre der Versicherten verbleibt“.*

Fazit

Die Frage der Beweislast kann entscheidend sein. Das OLG Düsseldorf spricht Urteile an, in denen eine Beweislastumkehr zu Lasten des Betreibers angenommen wurde – so sagte das OLG Hamm[359]: *„Anders als der normale alltägliche Gefahrenbereich im Heim, der grundsätzlich in die Risikosphäre des Bewohners fällt und bei dem dieser im Schadensfall für die Pflichtverletzung und deren Kausalität darlegungs- und beweisbelastet ist, greift in einer konkreten Gefahrensituation, die gesteigerte (erfolgsbezogene) Obhutspflichten bezüglich des Heimbewohners auslöst und deren Beherrschung gerade einer speziell dafür eingesetzten Pflegekraft anvertraut ist, eine Beweislastumkehr analog § 280 Abs. 1 Satz 2 BGB ein, sodass sich der Heimträger entlasten muss“.* Der Aufzugsbetrieb gehört nicht diesem sog. **„voll beherrschbaren**

---

[359] OLG Hamm, Urteil v. 27.1.2014 (Az. I-17 U 35/13)

Risiko“. Damit behält die Heimbewohnerin bzw. die Versicherung die Beweislast für die Pflichtverletzung.

II. Kein Beweis einer Pflichtverletzung

„Allein aus dem Umstand, dass die Versicherte im Bereich des von der Beklagten betriebenen Heims zu Schaden gekommen ist, lässt nicht ohne Weiteres auf eine Pflichtverletzung der Beklagten schließen“.

Zunächst *„lässt sich nicht feststellen, dass der zum Unfallzeitpunkt im Heim der Beklagten befindliche Aufzug § 4 HeimMindBauV nicht genügt hat. Er verfügte über eine Lichtschranke in Höhe von 50 cm und eine Vorfeldüberwachung, was grundsätzlich geeignet ist, einen Vorfall wie den hier zu beurteilenden zu verhindern. Hierfür spricht auch, dass es zu keiner Zeit seit der Inbetriebnahme im Jahr 1986 einen Vorfall gegeben hat, der auf eine fehlende oder mängelbehaftete Eignung für den Heimbetrieb hätte hindeuten können. Vielmehr wurde der Fahrstuhl durchgängig unfallfrei betrieben. Es darf deshalb nicht aus dem einmaligen Unfallgeschehen der Rückschluss gezogen werden, dem Fahrstuhl fehle die generelle Eignung zur Nutzung in einem Heim. Denn es lässt sich nicht ausschließen, dass das Unfallgeschehen auf einem einmaligen, nicht mehr nachvollziehbaren technischen Defekt beruht, der auch von der unmittelbar nach dem Unfall hinzugezogenen Fachfirma und der Heimaufsicht nicht mehr rekonstruiert werden konnte“.*

„Da der Fahrstuhl im Jahr 2012 aufgrund anderer baulicher Notwendigkeiten ausgetauscht werden musste, kommt auch die sachverständige Überprüfung eines möglichen Defekts nicht in Betracht. Anhaltspunkte zur Art des Defekts trägt die darlegungs- und beweisbelastete Klägerin auch nicht vor. Ihrem Vorbringen lässt sich nicht entnehmen, was die Beklagte hätte tun können, um diesen Defekt zu verhindern, der erstmals und einmalig nach 25 Jahren des Betriebs aufgetreten ist“.

Fazit

Das OLG Düsseldorf kommt zum gegenteiligen Ergebnis wie das LG Wuppertal. Das zeigt, dass alle Urteile zum Ausmaß der (technischen) Sicherheit letztlich Wertungsfragen sind – und dass alle Abwägungen naturgemäß unterschiedlich ausfallen können.

III. Kein Verschulden wegen Vertrauen auf externe Fachfirma

Das OLG verneint also schon eine Pflichtverletzung – und ergänzt: *„Jedenfalls würde es an einem Verschulden fehlen“.*

„Angesichts der technischen Komplexität einer Aufzugsanlage kann ein Betreiber in der Regel nicht selbst für die ordnungsgemäße Instandhaltung und Kontrolle sorgen,

sondern benötigt die Unterstützung eines Fachmanns. Lässt er die Aufzugsanlage in angemessenen Intervallen von einer zuverlässigen Fachfirma warten und die vorgeschriebenen Kontrollen vom TÜV vornehmen, genügt er in aller Regel seiner Verkehrssicherungspflicht. Das Klägervorbringen lässt nicht erkennen, dass die Beklagte gegen dahingehende Verpflichtungen verstoßen hätte".

Fazit

Damit folgt das OLG Düsseldorf der ständigen Rechtsprechung – zuvor hatte im Fall „Sturz aus dem Parkhausaufzug" z. B. das LG Frankfurt[360] ähnlich entschieden: *„Übernimmt ein nicht in den Betrieb eingebundener Dritter vertraglich die Pflicht, darf sich der Übertragende im Allgemeinen auf deren Erfüllung verlassen und muss ohne konkreten Anhaltspunkt für eine Pflichtverletzung nicht alle Einzelheiten kontrollieren".* Indem sich der Dienstleister *„verpflichtete, die gesetzlich vorgeschriebenen wiederkehrenden Wartungen durch geschultes Fachpersonal durchzuführen, konnte der Betreiber darauf vertrauen, dass das Wartungsunternehmen seinen Pflichten im erforderlichen Umfang nachkommt".*

IV. Bestandsschutz

Im Gegensatz zum LG gewährte das OLG der Heimträgerin Bestandsschutz.

1. Aufzug entspricht gesetzlichen Anforderungen des Baujahrs 1986

Zunächst *„steht zwischen den Parteien nicht im Streit, dass der Fahrstuhl zum Zeitpunkt seines Einbaus im Jahr 1986 den technischen Anforderungen entsprach".* Die klagende Versicherung hatte zwar eine Vorrichtung zur Verhinderung des Einklemmens durch automatisches Öffnen gemäß europäischer Aufzugsrichtlinie 95/16/EG gefordert: die trat indes erst am 1. Juni 1997 in Kraft und *„galt nur für neue Aufzüge und erfasst demgemäß nicht den 1986 eingebauten Fahrstuhl der Beklagten".* Die Klägerin trug auch nichts vor, *„dass der von der Beklagten im Jahr 2011 betriebene Fahrstuhl die technischen Anforderungen bei seiner Einrichtung im Jahr 1986 nicht mehr eingehalten hat".*

Fazit

Unstreitiges *muss* ein Gericht seinem Urteil zugrunde legen: „Tatsachen, die nicht ausdrücklich bestritten werden, sind als zugestanden anzusehen" (§ 138 Abs. 3 ZPO).

---

[360] Besprochen als „Sturz aus dem Parkhaus-Aufzug" in *Wilrich*, Praxisleitfaden Betriebssicherheitsverordnung (2015) – Fall 5: Sturz im Parkhaus-Aufzug und im Kurheim-Aufzug, S. 234 ff.

2. Es besteht keine Nachrüstungspflicht

„Die Verkehrssicherungspflicht der Beklagten umfasste nicht, die 1986 eingebaute Fahrstuhltechnik auszutauschen und dem neueren technischen Standard anzupassen. Sie war also nicht gehalten, den Aufzug mit moderneren Warnvorrichtungen, wie beispielsweise einer durchgehenden Lichtschranke und einer automatischen Öffnung, die bei Kontakt mit einem Hindernis automatisch wieder öffnet, auszustatten. Die Verkehrssicherheit erfordert nur, dass die nach den technischen Möglichkeiten erreichbare Sicherheit geboten wird, wobei auf den Zeitpunkt des Einbaus der Anlage abzustellen ist. Dies gilt selbst dann, wenn sich die Sicherheitsbestimmungen für neu zu errichtende ähnliche Anlagen verschärft haben. Wollte man aus der Verkehrssicherungspflicht ableiten, dass stets der neueste Sicherheitsstandard geboten werden muss, müsste der Betreiber einer technischen Einrichtung über die Verkehrssicherungspflicht seine Anlagen ständig erneuern, ohne seine kostspieligen Investitionen amortisieren zu können. Bei einer älteren Fahrstuhlanlage muss deshalb auch nur diejenige Verkehrssicherheit geboten werden, die bei Ausnutzung der vorhandenen technischen Einrichtungen in einwandfrei funktionierendem Zustand geboten werden kann“.

Fazit

Ob eine Nachrüstpflicht besteht, ist eine schwierige Wertungsfrage. Hier beantwortet sie das Gericht mit „nein“.

3. Keine mehrmaligen Fehlfunktionen

Der *„Fahrstuhl hat zwar am Unfalltag einen Defekt aufgewiesen“*, aber das *„lässt nicht ohne Weiteres auf die Verletzung einer Verkehrssicherungspflicht durch die Beklagte schließen. Ein derartiger Rückschluss wäre nur dann in Betracht zu ziehen, wenn sich Fehlfunktionen mehr als einmal gezeigt und der Beklagten zur Kenntnis gelangt worden wären. Hierzu ist indes nichts vorgetragen, es ist aus den Umständen auch nicht ersichtlich. Vielmehr steht außer Streit, dass der Unfall der Versicherten auf einem einmaligen, nicht nachvollziehbaren Vorfall beruhte“.*

Fazit

Immer wieder betonen Gerichte, dass einmalige technische Störungen nicht unbedingt haftungsauslösend sind. Wenn dieser Fall vorliegt, bedeutet das letztlich „Einmal ist keinmal“. Der Gegenspruch – aus Sicht der Geschädigten – würde lauten: „Einmal ist einmal zu viel“. Aber das ist dann letztlich – so sagen es Gerichte nicht selten – allgemeines Lebensrisiko der Nutzer technischer Anlagen (siehe sogleich im Gesamtfazit). Im Fall „Sturz aus dem Parkhaus-Aufzug“ betonte das OLG Frankfurt: *„Da es bei der*

Aufzugsanlage nicht generell zu Halteungenauigkeiten kommt, ist davon auszugehen, dass am Unfalltag eine technische Störung vorgelegen hat, die trotz regelmäßiger Wartung und Kontrolle zufällig auftrat. Solche technischen Störungen sind unvermeidbar und stellen für sich genommen keine Verkehrssicherungspflichtverletzung des Verantwortlichen dar, wenn er die Störung in angemessener Zeit beseitigen lässt.“

4. Kein Verschulden im Hinblick auf Nichtnachrüstung

Selbst wenn man eine Nachrüstpflicht annehmen würde: „*Das Vorbringen der Klägerin lässt keinen Rückschluss auf ein etwaiges Verschulden der Beklagten zu, was für eine Haftung bei Verletzung einer Verkehrssicherungspflicht indes weitere Voraussetzung wäre. Anhaltspunkte dafür, dass die Beklagte aufgrund ihr bekannt gewordener Umstände hätte erkennen können, dass mit dem Betrieb des Fahrstuhls ein zukünftiges Unfallgeschehen in der durch die Versicherten erlittenen Art verbunden sein könnte, werden nicht aufgezeigt und sind auch nicht ersichtlich*“.

Gesamtfazit des Gerichts

„*Letztlich hat ein in den Ursachen nicht mehr aufklärbares Geschehen zu dem tragischen Unfall und den Verletzungen der Versicherten geführt, dessen Verlauf als schicksalhaft angesehen werden muss*“.

8.7 Fall 7: Bäckerei

Zusammenfassung und Fazit

Anwohner wendeten sich mit Erfolg gegen die einer schon zu DDR-Zeiten betriebenen Bäckerei gewährte Ausnahme von Lärmschutzvorschriften. Das VG Berlin meinte, die Lärmstörungen seien unzumutbar: *„Immissionsschutzrechtlicher Bestandsschutz"* ist für die Bäckerei *„wegen des Rechtsinstituts der nachträglichen Anordnung nach § 17 BImSchG nicht anzuerkennen"* – und zwar trotz betreiberfreundlicher (Bestandsschutz-)Regelung in einer VDI-Richtlinie. Die Entscheidung verdeutlicht die dynamischen Anforderungen im Immissionsschutzrecht.

Sachverhalt

Schon zu DDR-Zeiten beschwerten sich Anwohner wegen des Produktionslärms einer Bäckerei. Nachbarn wendeten sich gegen die dem Betreiber 1994 vom Berliner Bezirksamt Prenzlauer Berg erteilten Genehmigung, die Ausnahmen von Verboten zum Schutz der Nachtruhe nach der Verordnung zur Bekämpfung des Lärms *„für den Betrieb der lärmintensiven Toastbrotlinien zur Nachtzeit befristet bis zum 31. März 1995"* zum Gegenstand hatte.

Der Betreiber argumentierte, *„für die Interessenabwägung"* müsse „maßgeblich" sein, *„dass die Brotfabrik bereits seit Längerem dort bestehe und sich als einziger größerer Betrieb mit ca. 300 Beschäftigten wirtschaftlich habe behaupten können. Die Stilllegung der Toastbrotlinien"* habe *„katastrophale Folgen für die Wettbewerbsfähigkeit des Gesamtbetriebs. Die VDI-Richtlinie 2058 räume ausdrücklich ein, dass nur solche dem Stand der Technik entsprechenden Maßnahmen gefordert werden könnten, die auch wirtschaftlich vertretbar seien."*

Beschluss

Der Antrag der Anwohner hatte beim Verwaltungsgericht Berlin Erfolg.[361]

I. Die Rechtsvorschriften: Immissionsschutzrecht

Die Bäckerei ist als immissionsschutzrechtlich nicht genehmigungsbedürftige Anlage gemäß § 22 BImSchG so zu betreiben, dass schädliche Umwelteinwirkungen verhindert werden, die nach dem Stand der Technik vermeidbar sind, und die nach dem Stand der Technik unvermeidbaren schädlichen Umwelteinwirkungen auf ein Mindestmaß beschränkt werden.

[361] VG Berlin, Beschluss v. 17.2.1995 (Az. 10 A 1174/94)

Gemäß § 8 Abs. 1 der seinerzeit geltenden Berliner Lärmverordnung[362] kann die zuständige Behörde von den Verboten der LärmVO Ausnahmen für Einrichtungen, Betätigungen oder Veranstaltungen zulassen,

- wenn die Störung unbedeutend ist (dazu II.) oder
- wenn das beantragte Vorhaben im Einzelfall Vorrang vor den schutzwürdigen Belangen Dritter haben muss (dazu III.).

II. Variante 1: Unbedeutende Störungen?

Erstens ging es bei dem beantragten Nachtbetrieb nicht um unbedeutende Störungen i. S. d. § 8 LärmVO: *„Der von der Betriebsstätte der Bäckerei – insbesondere durch den Betrieb der Toastbrotlinien – ausgehende Lärm ist geeignet, die Anwohner in der Nachtruhe zu stören bzw. während der Ruhezeiten objektiv unzumutbar zu stören."*

1. Heranziehung einer VDI-Richtlinie

„Zur Bestimmung der Zumutbarkeit und Lästigkeit des Lärms können die Richtwerte der VDI-Richtlinie Nr. 2058[363] *für die Beurteilung von Arbeitslärm in der Nachbarschaft herangezogen werden. Zwar dürfen diese technischen Regelwerke nicht unkritisch als ‚geronnener Sachverstand' oder als reine Forschungsergebnisse verstanden werden, denn dadurch würde die Zielrichtung und Interessenlage dieser von der Industrie aufgestellten Regelwerke verkannt werden. Den Anforderungen, die etwa an die Neutralität und Unvoreingenommenheit gerichtlicher Sachverständiger zu stellen sind, genügen sie deswegen nicht. Gleichwohl kann diesen Regelwerken einerseits Sachverstand und Verantwortlichkeit für das allgemeine Wohl nicht abgesprochen werden, sodass eine Überschreitung der Grenzwerte den Schluss auf eine Überschreitung der Zumutbarkeitsgrenze rechtfertigt. Im Übrigen geht es nicht nur um naturwissenschaftliche Feststellungen, sondern um deren gesellschaftliche Bewertungen, was grundsätzlich nicht Aufgabe des Sachverständigen ist."*

2. Anwendung der VDI-Richtlinie

„Nach sämtlichen Schallmessungen in den Wohnungen der Anwohner und anderer Mieter des angrenzenden Nachbarhauses liegt durch den Betrieb der Toastbrotlinien

[362] Heute gilt das Landes-Immissionsschutzgesetz Berlin vom 5.12.2005 (GVBl. S. 735). Die Nachtruhe ist in § 3 geregelt – und § 10 Abs. 1 ermöglicht die „Zulassung von Ausnahmen": *„Die zuständige Behörde kann für den Betrieb von Anlagen auf Antrag Ausnahmen von den Verboten der §§ 3 bis 5 widerruflich zulassen, wenn die Störung unbedeutend ist oder das Vorhaben Vorrang vor den Ruheschutzinteressen Dritter hat."*

[363] VDI-Richtlinie 2058 Beurteilung von Lärm am Arbeitsplatz unter Berücksichtigung unterschiedlicher Tätigkeiten

eine Überschreitung des zulässigen Nachtwerts von 25 dB(A) um mindestens 7 dB(A) vor." Hierbei „*kann nicht von einer unbedeutenden Störung im Sinne des § 8 LärmVO ausgegangen werden, vielmehr werden durch den Betrieb der Toastbrotlinien fast die nur am Tage zulässigen Werte (35 dB(A)) erreicht, und die Messungen im September und Oktober 1994 ergaben mit einem Beurteilungspegel von bis zu 43 dB(A) noch weitergehende Überschreitungen. Hierzu ist zu berücksichtigen, dass eine Pegelerhöhung von 10 dB(A) einer Verzehnfachung der Schallintensität entspricht, auch wenn dies ‚nur' als Verdoppelung der Lautstärke empfunden wird. Das bedeutet – anders ausgedrückt –, dass der nach den Richtwerten der VDI-Richtlinie zulässige Lärmpegel nachts subjektiv nur die Hälfte des am Tage zulässigen Lärms betragen darf, was objektiv einem Zehntel der Schallintensität entspricht.*"

3. Kein Bestandsschutz

Der Betreiber konnte sich „*gegenüber der Anwendbarkeit der Richtwerte zur Beurteilung der Zumutbarkeit des Lärms nicht mit Erfolg auf einen baurechtlichen Bestandsschutz der Betriebsstätte berufen, denn ein immissionsschutzrechtlicher Bestandsschutz ist schon wegen des Rechtsinstituts der nachträglichen Anordnung nach § 17 BImSchG nicht anzuerkennen*".

Das Gericht ergänzt, auch Ziffer 3.4. der VDI-Richtlinie gewährte keinen Bestandsschutz: „*Danach ist das Ausmaß einer etwaigen Überschreitung so klein wie möglich zu halten, wenn bei bestehenden Betriebsstätten und Anlagen selbst bei Anwendung der für Anlagen dieser Art nach dem Stand der Erkenntnisse möglichen und wirtschaftlich vertretbaren Mittel die Richtwerte nicht eingehalten werden können. Weder kann eine Richtlinie eines privaten Vereins entgegen den Bestimmungen des BImSchG einen derartigen Bestandsschutz schaffen noch bestehen hier Anhaltspunkte, dass die Einhaltung der Richtwerte unmöglich oder wirtschaftlich nicht vertretbar wäre.*"

III. Variante 2: Vorrang vor schutzwürdigen Belangen der Anwohner?

Zweitens „*genießt das Vorhaben keinen (zwingenden) Vorrang vor den schutzwürdigen Belangen Dritter*" (i. S. d. § 8 LärmVO), weil es „*gegen die gesetzlichen Vorschriften des im Bäckereiarbeitszeitgesetz (BAZG*[364]*) normierten Nachtbackverbots und Sonntagsbackverbots verstößt. Ein rechtfertigender Grund für eine Ausnahmeerteilung nach § 8 LärmVO ist aber von vornherein ausgeschlossen, wenn das zur Genehmigung gestellte Vorhaben gegen andere gesetzliche Bestimmungen verstößt.*"

[364] Das Gesetz über die Arbeitszeit in Bäckereien und Konditoreien vom 29. Juni 1936 ist mit dem Gesetz zur Änderung des Gesetzes über den Ladenschluss und zur Neuregelung der Arbeitszeit in Bäckereien und Konditoreien vom 30. Juli 1996 (BGBl. I S. 1 186) mit Wirkung zum 1. November 1996 im Arbeitszeitgesetz (ArbZG) aufgegangen.

8.8 Fall 8: Baggerunfall

Zusammenfassung und Fazit

Das Amtsgericht Wolfratshausen urteilte am 11. August 2014 über die strafrechtliche Verantwortung eines Baggerfahrers für einen Unfall beim Rückwärtsfahren. Der Arbeitgeber hatte nur eine selbst montierbare Rückwärtsfahrkamera zur Verfügung gestellt, die der Baggerfahrer aber im Unfallzeitpunkt nicht montiert hatte. In der DGUV-Information 201-021 (vormals BGI 781) heißt es: *„Für Neugeräte schreibt das Eisenbahn-Bundesamt seit 1.11.2007 die Ausrüstung mit Kamera-Monitor-Systemen verbindlich vor.“*[365] Das thematisierte das Gericht indes nicht: Darin lag – unausgesprochen – Bestandsschutz für den Bagger ohne das neue System. Die Verurteilung erfolgte nicht wegen eines *Zustandsfehlers* (am Bagger), sondern wegen eines *Verhaltensfehlers* (des Baggerführers).

Sachverhalt

Am 10. August 2013 waren am Bahnhof Kochel in Oberbayern zwei verschiedene Unternehmen tätig:

- Das Unternehmen des Baggerfahrers B war mit Grabungsarbeiten beauftragt und
- das Unternehmen des verunglückten V war beauftragt, Bohrungen am Bahngleis durchzuführen.

Gegen 14 Uhr kam es zum Unfall:

B hatte vom Polier *„die Anweisung erhalten, nach Grabungsarbeiten eine Pumpe zum Abpumpen von Wasser aus einem rückwärtigen Bereich der Baustelle mit seinem Bagger zu holen“*. V begab sich, *„ohne vorherige Absprache mit dem Baggerfahrer, welcher in unmittelbarer Nähe, etwa im Abstand von 10 m, mit einem sog. Zweiwegbagger im Gleisbett Grabungsarbeiten durchführte, in das Gleisbett hinab, um eine Schnur für die Vermessung des Bohrlochs zu halten“*. 30 Sekunden später fuhr B rückwärts, indem er *„den aus Kabine und Motorblock bestehenden schwenkbaren Aufsatz des Baggers in der Richtung beließ – oder aufgrund der Verhältnisse belassen musste –, dass die Windschutzscheibe in die der Fahrtrichtung entgegengesetzte Richtung zeigte“*. Dabei wurde V überrollt und verstarb noch an der Unfallstelle.

---

[365] DGUV-Information 201-021 (vormals BGI 781) „Sicherheitshinweise für Arbeiten im Gleisbereich von Eisenbahnen“, Mai 2013, Punkt 7.1, S. 80

Urteil

Das AG Wolfratshausen verurteilte den Baggerfahrer wegen fahrlässiger Tötung zu einer Geldstrafe in Höhe von 120 Tagessätzen, deren Höhe einkommensabhängig auf 30 € festgelegt wurde. Das Schuldausmaß bei einer Geldstrafe bestimmt sich nicht nach der Gesamtsumme (3 600 €), die zu zahlen ist, sondern nach den Tagessätzen – gemäß § 40 StGB mindestens fünf und höchstens 360 Tagessätze. Die Höhe des einzelnen Tagessatzes richtet sich dann nach den *„persönlichen und wirtschaftlichen Verhältnissen des Täters"*. Dabei ist vom Nettoeinkommen auszugehen – und ein Tagessatz entspricht dem, was an einem Tag verdient wird –, 120 Tagessätze entsprechen also vier Monatsgehältern. Dabei werden auch Kredit- und Unterhaltungszahlungen berücksichtigt – das heißt „bereinigtes" Einkommen.

I. Pflichtverletzung

Strafrechtlich verurteilt werden kann nur, wer eine Rechtspflicht verletzt hat. B hatte *„seine Pflichten als Baggerführer verletzt, bei jeder Rückwärtsfahrt die Rückfahrkamera installiert und betriebsbereit zu haben und im dazugehörigen Monitor in der Fahrerkabine die Fahrtstrecke auf Hindernisse, insbesondere Personen, zu überprüfen"*.

Diese Rechtspflicht steht nicht ausdrücklich im Gesetz – es geht um die allgemeine Verkehrssicherungspflicht. Jedes Unternehmen, aber auch jeder Arbeitnehmer hat – so die allgemeine Formel in der Rechtsprechung – die Pflicht, alles in der konkreten Situation Mögliche und Zumutbare zu tun, um Schäden zu vermeiden. Was war hier nun erforderlich? Die Verkehrssicherungspflicht wird recht häufig durch „Erfahrungssätze" konkretisiert, die zwar keinen Gesetzesrang haben, aber als Maßstab herangezogen werden. In der DGUV-Information 201-021 (vormals BGI 781) „Sicherheitshinweise für Arbeiten im Gleisbereich von Eisenbahnen"[366] heißt es:

- *„Bei Rückwärtsfahrten von Zweiwegebaggern besteht ein hohes Risiko, dass Personen überfahren werden, die sich im Nahbereich hinter dem Bagger aufhalten. Dieses Risiko resultiert aus den gleisbauspezifischen Arbeitsbedingungen:*
- *Beschäftigte müssen sich arbeitsbedingt häufig direkt im Gleis, d. h. im Fahrweg des Baggers, aufhalten oder treten dicht an den Unterwagen heran (z. B. zum Anschluss der Schlepperde für die Bahnerdung oder einer Kuppelstange).*
- *Konstruktionsbedingt hat der Maschinenführer nach rückwärts eine schlechte Sicht auf den Nahbereich hinter der Maschine. Rückspiegel können diese Sichtfeldeinschränkung nicht kompensieren. Der Einsatz von Einweisern ist schwer möglich (Betriebsgleis neben dem Arbeitsbereich, feldseitig Schotterflanke).*

[366] DGUV-Information 201-021 (vormals BGI 781) „Sicherheitshinweise für Arbeiten im Gleisbereich von Eisenbahnen", Mai 2013, Punkt 7.1, S. 80

- *Der Oberwagen kann nicht immer in Fahrtrichtung gedreht werden (z. B. Rückwärtsfahrt mit angeschlagener Last oder Ziehen von Schienen).*

  Wegen der hohen Gefährdung bei Rückwärtsfahrt müssen Zweiwegebagger – auch Mietgeräte – mit Kamera-Monitor-Systemen zur Rückraumüberwachung ausgerüstet sein."[367]

Genau dieses Risiko hatte sich in Kochel tragisch verwirklicht. Insoweit kann man hier wirklich feststellen, dass „*Unfallverhütungsvorschriften mit dem Blut der Versicherten geschrieben sind*". Immer wieder betont der BGH, die „*zu beachtenden Sorgfaltspflichten konkretisieren u. a. die Unfallverhütungsvorschriften*": Sie regeln „*Verhaltenspflichten, die dem Schutz von Leben und Gesundheit dienen und sind auch außerhalb ihres unmittelbaren Geltungsbereiches Maßstab für verkehrsgerechtes Verhalten*"[368].

II. Verschulden – Fahrlässigkeit

Eine Verurteilung wegen fahrlässiger Tötung gemäß § 222 StGB setzt Fahrlässigkeit voraus. Das Bürgerliche Gesetzbuch (BGB) definiert fahrlässig als unsorgfältig, genauer: als „*Außerachtlassung der im Verkehr erforderlichen Sorgfalt*" (§ 276). Diese Definition enthält aber nicht die Lösung eines konkreten Falls, sondern ist nur der Ausgangspunkt für die juristische Prüfung. Im Strafrecht spricht man von „persönlicher Vorwerfbarkeit" – und es gilt nicht (wie im Zivilrecht gemäß BGB) ein objektiver Maßstab, sondern es kommt auch auf die subjektiven Möglichkeiten des Angeklagten an. Entscheidend ist die Erkennbarkeit und Vermeidbarkeit: Bestraft wird nur, wer den Schaden (Juristen sagen: den „Kausalverlauf") voraussehen und wer zumutbare Abwehrmaßnahmen ergreifen konnte.

Dem Baggerfahrer warf das AG Wolfratshausen vor, er hätte „*bei Anwendung der im Verkehr erforderlichen und ihm auch zumutbaren Sorgfalt wissen können und müssen, dass ein evtl. im Gleis befindlicher Arbeiter seinen Bagger, auch aufgrund des verursachten weiteren Baulärms, nicht kommen hören konnte*". Selbst wenn B die DGUV-Information 201-021 (vormals BGI 781) nicht gekannt haben sollte, hätte er fahrlässig gehandelt – und beim Rückwärtsfahren erkennbar nicht das ihm Zumutbare getan. Denn es kommt auf die zutreffende Einschätzung und Wertung der Gefahren (schlechte Sicht) und die daraus folgenden Konsequenzen (Rückwärtsfahrt erst nach Vergewisserung) an – und nicht auf die Kenntnis der Rechtsvorschriften. Es geht nicht um Rechtskenntnis, sondern um die tatsächliche Ebene.

---

[367] Die Abbildungen 7.4, 7.5 und 7.6 in der DGUV-Information 201-021 (vormals BGI 781) zeigen sehr deutlich, was im hier vorgestellten Fall schiefgelaufen ist.

[368] BGH, Urteil v. 15.2.2011 (Az. VI ZR 176/10)

III. Mitverschulden und Strafzumessung

Dem verunglückten V warf das Gericht „*ein gehöriges Maß an Mitverschulden*“ vor: Er „*hatte vor Betreten des Gleisbetts und des Arbeitsbereichs des Angeklagten mit diesem keinerlei Kontakt aufgenommen und ihm signalisiert, dass er sich im Arbeits- und Gefahrenbereich des Angeklagten, wenn auch nur kurzfristig, befinden würde*“. Doch das führte für B nur zur Strafmilderung und wirkte nicht völlig strafbefreiend – genauso wie die „*andauernde und wohl auch fortwährende psychosomatische Belastung des Angeklagten*“.

IV. Anmerkung zum Stand der Technik

In Anhang 1 Nr. 3.1.6 d) der zum Unfallzeitpunkt geltenden BetrSichV heißt es: „*Mobile selbstfahrende Arbeitsmittel müssen folgende Bedingungen erfüllen: Reicht die direkte Sicht des Fahrers nicht aus, um die Sicherheit zu gewährleisten, sind geeignete Hilfsvorrichtungen zur Verbesserung der Sicht anzubringen.*“ § 7 der seinerzeitigen BetrSichV forderte, dass alle Arbeitsmittel „*mindestens den Vorschriften des Anhangs 1*“ entsprechen müssen[369].

Aber was ist geeignet? Und wann ist die Sicht ausreichend verbessert? In der DGUV-Information 201-021 (vormals BGI 781) heißt es: „*Für Neugeräte schreibt das Eisenbahn-Bundesamt seit 1.11.2007 die Ausrüstung mit Kamera-Monitor-Systemen verbindlich vor.*“[370] Der von B bediente Bagger war damit aber noch nicht fest ausgerüstet. Daher – so das Gericht – „*war ihm vonseiten des Arbeitgebers eine Rückfahrkamera zur Verfügung gestellt worden*“. Diese Kamera hatte B am Unfalltag aber nicht montiert.

Wir wissen nicht, ob das AG Wolfratshausen die Einschlägigkeit dieser Vorschriften erkannt und sie geprüft hat. Jedenfalls steckt im Urteil – unausgesprochen – Bestandsschutz: Es ließ die selbst montierbare – und damit auch selbst abmontierbare, und leider auch hier wirklich abmontierte – Kamera ausreichen und erwähnte die geschilderten Neuentwicklungen nicht.

Anhang 1 Nr. 1.5 e) der aktuellen BetrSichV ist noch konkreter geworden: „*Der Arbeitgeber hat vor der ersten Verwendung von mobilen selbstfahrenden Arbeitsmitteln Maßnahmen zu treffen, damit sie über geeignete Hilfsvorrichtungen, wie zum Beispiel Kamera-Monitor-Systeme, verfügen, die eine Überwachung des Fahrwegs gewährleisten, falls die direkte Sicht des Fahrers nicht ausreicht, um die Sicherheit anderer Beschäftigter zu gewährleisten.*“

---

[369] Siehe Anhang Rechtsvorschriften

[370] DGUV-Information 201-021 (vormals BGI 781) „Sicherheitshinweise für Arbeiten im Gleisbereich von Eisenbahnen“, Mai 2013, Punkt 7.1, S. 80

Es gibt seit Februar 2012 mit der BekBS 2111 auch eine spezielle Bekanntmachung zur Betriebssicherheit von rückwärts fahrenden Baumaschinen.

V. Anmerkung zur Überwachungspflicht

Das Gericht stellte fest, auf der *„Baustelle befand sich keine übergeordnete Person, welche für die Einhaltung der Sicherheitsvorschriften verantwortlich zeichnete"*. Diese Bemerkung wirft die Frage auf, ob ein Überwachungsverschulden der Vorgesetzten des verurteilten B in Betracht kommt – unter zwei Aspekten:

Einerseits könnte gefragt werden, ob der Polier, der in Kochel vor Ort war, hätte überwachen müssen. Die Pflicht hatte er jedenfalls automatisch – das OLG Koblenz hat schon 1972 zu einem Polier klargestellt: *„In dieser Stellung hatte er die Pflicht, darauf zu achten, die in seinem Aufgabenbereich tätigen Arbeiter von Gefahren fernzuhalten."*[371] Ob der Polier seine Überwachungspflicht verletzt hatte, ist mit den vorhandenen Informationen nicht abschließend beurteilbar. Nach der Rechtsprechung muss ein Vorgesetzter auch nicht immer persönlich anwesend sein. Die Einzelheiten hängen vom Ausmaß der Gefahr ab. Der BGH verlangt von einem Baustellenleiter, *„mindestens in den entscheidenden Zeitabschnitten, in denen es auf die Anbringung der dritten, besonders wichtigen Bolzenreihe ankam, persönlich an der Baustelle anwesend zu sein oder doch wenigstens eine mit geeigneten Weisungen versehene sachkundige Person an die Baustelle zu entsenden"*[372]. Aber *„gerade wenn eine besonders gefährliche Arbeit aus dem üblichen Rahmen herausfällt, sodass es nicht genügt, vorhandene Unfallverhütungsvorschriften zu befolgen, besteht eine erhöhte Pflicht des Unternehmers, sich um die Ausführung der betreffenden Arbeiten und um die Sicherung seiner Arbeiter im Einzelnen zu kümmern"*[373].

Andererseits könnte verlangt werden, dass der Einsatz der mobilen Rückfahrkamera kontrolliert wird. Dem Gericht erklärte der verurteilte B, dass er nicht mehr erklären könne, *„warum er am besagten Tag die Rückfahrkamera nicht montiert hatte"*. Das AG Wolfratshausen stellte schlicht fest, dass B *„für deren ordnungsgemäßen Einsatz alleine verantwortlich zeichnete"*. Das ist in dieser Pauschalität nicht ganz zutreffend: Arbeitnehmer sind nie allein verantwortlich, denn der Arbeitgeber muss die Nutzung der Rückfahrkamera anweisen (ggf. in einer **Betriebsanweisung**), ihre Nutzung auch erläutern (**Ein- bzw. Unterweisung**) und – die Rechtsprechung sagt immer: zumindest stichprobenartig – kontrollieren (**Überwachung**). Die Generalklausel des § 3 ArbSchG stellt klar, der Arbeitgeber hat die Arbeitsschutzmaßnahmen auch *„auf ihre Wirksamkeit zu überprüfen"*.

[371] OLG Koblenz, Urteil v. 21.12.1972 (Az. 1 Ss 238/72)
[372] BGH, Urteil v. 21.4.1964 (Az. 1 StR 72/64)
[373] OLG Hamburg, Urteil v. 19.6.2009 (Az. 1 U 108/08)

VI. Anmerkung zum Fremdfirmenmanagement

Das Gericht kritisierte die Projektorganisation, denn am Bahnhof Kochel „*zählte es nicht zu den vorgegebenen Aufgaben der verschiedenen Firmen mit unterschiedlichen Arbeitsbereichen, sich jeweils mündlich oder visuell für den Fall zu verständigen, dass sie den Arbeitsbereich einer anderen Firma tangieren würden*“. Es fehlte ein Koordinator. Das war ein Organisationsverschulden des Bauherrn und der beteiligten Unternehmen – das auch hätte verfolgt werden können. Der Polier sagte, dass „*man die allgemeine Anweisung erteilt habe, gegenseitig ‚aufzupassen‘*“ – wörtlich vor Gericht: „*Man hat sich halt immer irgendwie verständigt.*“[374] Eine konkrete Anweisung, sich „*beim Betreten eines Arbeits- oder Gefahrenbereichs einer anderen Firma zu verständigen, sei nicht erteilt worden*“. Aber selbst das könnte zur Erfüllung der Koordinationspflichten zu wenig sein. Der Sachverständige berichtete, dass er am Unfalltag noch eine andere Baustelle besichtigt habe, bei der auch „*jegliche Sicherheitsvorschriften missachtet worden seien*“. Fazit aus allem: Die Sicherheitsvorschriften hätte – mit den Worten des Poliers – „**man**“ durchsetzen müssen. „Man“ ist – mit der Organisation und Koordination – zunächst der Arbeitgeber.

---

[374] Siehe *Wolfgang Schäl*, Verhängnisvolle Verkettung, in: Süddeutsche Zeitung Nr. 184 vom 12. August 2014, S. R7

8.9 Fall 9: Bodenfliesen im Hallenbad

Sachverhalt und Zusammenfassung

Die Klägerin stürzte am 30.8.1985 in einem 1974 in Betrieb genommenen Hallenbad auf einer Treppe, die mit *„unglasierten Spaltfliesen der Größe 11,5 cm × 24 cm belegt"* war. Auf Rutschgefahr wurde nicht hingewiesen.

- Zwar: Der 1974 *„als ausreichend erachtete"* Zustand *„genügte nicht mehr den heutigen Anforderungen"* bei Neuerrichtung aufgrund einer Verbandsrichtlinie von 1981, die sich an eine DIN-Norm anlehnt.
- Aber: Obwohl 1985 nicht nachgerüstet war, hielt das OLG Hamm – unter Hinweis auf die *„unzumutbaren Belastungen für den Betreiber"* – die Verkehrssicherungspflicht für nicht verletzt.
- Und: Der Umrüstungsaufwand wäre *„ganz ungewöhnlich"* hoch im Verhältnis zur *„geringen Erhöhung der Rutschfestigkeit"*.
- Außerdem: Der Betreiber müsse *„Umbauten aufgrund neuerer Erkenntnisse nicht immer sofort vorzunehmen, sondern erst nach Ablauf eines angemessenen Zeitraumes und unter Berücksichtigung wirtschaftlicher Gesichtspunkte"*.

Urteil

Das OLG Hamm wies die Klage der verletzten Besucherin gegen den Schwimmbadbetreiber auf Schadensersatz und Schmerzensgeld ab.[375] Es bestand kein Anspruch gemäß § 823 Abs. 1 BGB: Die Treppe *„befand sich zur Zeit des Unfalls nicht in einem verkehrswidrigen Zustand. Irgendwelche vorbeugenden Maßnahmen zum Schutz der Besucher des Hallenbads waren deshalb nicht erforderlich."*

I. Allgemeine Aussagen zum Umfang der Verkehrsscherungspflicht

„Der Betreiber eines Hallenbads muss nicht jede Gefährdung durch Ausrutschen auf dem Fliesenbelag ausschließen, zumal eine solche vollständige Sicherheit nicht erreichbar ist und auch nicht erwartet werden kann. Dementsprechend muss der Besucher darauf eingestellt sein, dass sich durch Spritz- und Tropfwasser auf dem Boden eine gewisse Glätte bildet. Vor diesen typischen Gefahren muss er sich durch eine gesteigerte Vorsicht und Sorgfalt selbst schützen. Die Badegäste müssen nur vor solchen Gefahren bewahrt werden, die über das übliche Risiko des jeweiligen

[375] OLG Hamm, Urteil v. 23.2.1989 (Az. 6 U 2/88)

Badebetriebs hinausgehen. Dementsprechend kann der Besucher nur erwarten, durch vorbeugende Maßnahmen vor solchen außergewöhnlichen Gefahren geschützt zu sein, die bei Beachtung der zumutbaren Vorsicht und Sorgfalt nicht mehr ohne Weiteres erkennbar sind. Dazu gehört, dass er mit einer über das allgemeine Maß hinausgehenden Glätte des Bodens, die dazu führt, dass schon der sich normal und gleichmäßig bewegende Gast einer Rutschgefahr ausgesetzt ist, nicht rechnen muss. Er kann erwarten, dass der Bodenbelag so sorgfältig ausgewählt ist, dass das Risiko eines Ausrutschens möglichst begrenzt bleibt. Diese Anforderungen hat die beklagte Betreiberin aber erfüllt."

Nach dem OLG Hamm „*befand sich die Treppe zur Zeit des Unfalls in einem ausreichend sicheren Zustand, da die auf der Treppe aufgebrachten unglasierten Spaltfliesen für ein Hallenbad aus dem Jahr 1974 keine außergewöhnliche Rutschgefahr aufwiesen, mit welcher die Klägerin 1985 nicht rechnen musste*".

II. Ausgangspunkt: Sicherheitsmaßstab bei Inbetriebnahme

„Als das Bad im Jahre 1974 fertiggestellt wurde, wies die Treppe die Rutschfestigkeit auf, die damals für einen verkehrssicheren Zustand als ausreichend erachtet wurde. Für die Beantwortung der Frage, welcher Schutz damals gegen die Gefahr eines Ausrutschens auf dem Boden in Hallenbädern vorzusehen war, sind die insoweit die Verkehrssicherungspflichten bestimmenden maßgeblichen technischen Vorschriften zur Bauausführung in jener Zeit heranzuziehen. Wenn es solche Vorschriften nicht gab, kann die damals allgemein übliche Bauweise Auskunft geben. Eine über die sich daraus ergebenden Anforderungen hinausgehende Sicherheit vor Rutschgefahren konnte damals kein Besucher eines Hallenbads erwarten."

Der Sachverständige hatte festgestellt, „*dass es zur Zeit des Neubaus des Hallenbads im Jahre 1974 noch keine Praxis gab, Fliesen auf ihre Rutschfestigkeit zu prüfen und konkrete Anforderungen zu stellen. Es war damals allgemein üblich, für Hallenbäder auch unglasierte Spaltfliesen mit gehemmter Oberfläche zu verwenden, wie sie im Hallenbad der Beklagten verlegt sind. Es gab auch Bäder, die mit noch glatteren Fliesen ausgestattet waren. Auch wenn zu jener Zeit schon Fliesen mit größerer Rutschfestigkeit auf dem Markt waren, hatten sie sich noch nicht als allein zulässiger Belag für nassbelastete Bereiche durchgesetzt. Erst recht standen noch nicht die heute gebräuchlichen glasierten Fliesen mit erhöhter Rutschhemmung zur Verfügung, die erst seit zehn Jahren produziert werden.*" Der Sachverständige sah daher „*in der Auswahl der jetzt im Bad der Beklagten verlegten Spaltfliesen für das Jahr 1974 eine vertretbare und der Verkehrssicherungspflicht genügende Entscheidung*".

III. Zwar: Neuerrichtung heute unzulässig

Das Gericht konstatierte, *„die im Hallenbad für die Treppe verwandte Fliese genügte nicht mehr den Anforderungen, die heute bei der Errichtung eines öffentlichen Bades an Bodenbeläge für nassbelastete Bereiche gestellt werden"*:

„Das vom Bundesverband der Unfallversicherungsträger der öffentlichen Hand e. V. im Februar 1981 herausgegebene, sich an die DIN 51097 anlehnende ‚Merkblatt Bodenbeläge für nassbelastete Barfußbereiche' enthält Richtlinien, welche vorbeugenden Maßnahmen gegen eine Rutschgefahr auf den nassen und barfuß begangenen Bodenbereichen vom Betreiber eines Hallenbads gefordert werden. Auch danach ist der Besucher eines Hallenbads vor der Gefahr des Ausrutschens zwar nicht schlechthin geschützt. Zur Begrenzung dieser Gefahr sind jedoch gemäß Nr. 2.1 des Merkblatts Fliesen mit einer erhöhten Rutschhemmung der Bewertungsgruppe B (Standsicherheit bis zu einem Neigungswinkel von 18 Grad) zu verwenden, unter anderem für Duschräume, Beckenumgänge und Treppen außerhalb des Beckenbereiches. Diesen Anforderungen genügt die im Hallenbad der Beklagten auf der Treppe verlegte Fliese nicht. Sie gehört nach Angaben des Sachverständigen K der Bewertungsgruppe A an (Standsicherheit bis zum Neigungswinkel von 12 Grad) und ist damit für Treppen außerhalb des Beckenbereichs nach den jetzt geltenden Richtlinien nicht genügend rutschfest. Heute wäre dort eine glasierte Fliese der Bewertungsgruppe B aufzubringen."

IV. Aber Bestandsschutz: Umrüstung unzumutbar – Abwägung zwischen Aufwand und Ertrag

Aber die Beklagte hatte *„nicht dadurch ihre Verkehrssicherungspflicht verletzt, dass sie das Bad nicht entsprechend umgebaut hat"*:

Dass *„die Treppe zur Zeit des Unfalls mit einem Belag versehen war, der wohl den Anforderungen im Jahr der Errichtung des Hallenbads entsprach, nicht aber mehr den im Jahr 1985 an einen neu aufzubringenden Fliesenbelag zu stellenden Anforderungen, bedeutet jedoch nicht, dass die Treppe jetzt nicht mehr hinreichend verkehrssicher war und, dass deshalb auf ihr eine außergewöhnliche Rutschgefahr bestand, die bei Beachtung der ihr zumutbaren Vorsicht und Sorgfalt nicht erkennbar gewesen wäre und auf welche sie sich nicht hätte einstellen können. Denn welche Sicherheit und welcher Gefahrenschutz zu gewährleisten sind, richtet sich nicht ausschließlich nach den modernsten Erkenntnissen und nach dem neuesten Stand der Technik. Die Sicherheit des Besuchers ist nicht nach den hierauf gerichteten Vorstellungen des Besuchers zu gewährleisten. Vielmehr braucht der Gefahrenschutz nur die Sicherheit zu geben, die der Besucher eines Hallenbads den Umständen nach berechtigterweise erwarten kann. Daher kann der Besucher eines Hallenbads auch hinsichtlich der*

Rutschfestigkeit des Bodenbelags nicht von einer baulichen Ausführung nach neuesten wissenschaftlichen und technischen Erkenntnissen ausgehen, wenn schon aus den äußeren Umständen für ihn sichtbar oder erkennbar ist, dass die bauliche Ausführung in früheren Jahren erfolgt ist und deshalb dem neusten Stand der Technik nicht entsprechen kann. Er kann keine weitergehende Sicherheit erwarten und muss daher auch eine höhere Rutschgefahr in Rechnung stellen, als sie auf dem Fußboden eines neueren Hallenbads zu erwarten wäre. Andernfalls wäre der Betrieb eines Hallenbads mit unzumutbaren Belastungen für den Betreiber verbunden.

Es wäre ein ganz ungewöhnlicher Aufwand erforderlich gewesen, der in keinem Verhältnis stünde zu dem Erfolg, nämlich einer verhältnismäßig geringen Erhöhung der Rutschfestigkeit.

Ferner folgt auch aus dem oben genannten, vom Bundesverband der Unfallversicherungsträger herausgegebenen Merkblatt, dass die Fliese für nassbelastete Bereiche nicht gänzlich ungeeignet ist, sondern lediglich wegen ihrer graduell geringeren Rutschfestigkeit nur der Bewertungsgruppe A zugeordnet wird."

V. Außerdem Anpassungsfrist bei Normverschärfungen

„Würde man von der beklagten Betreiberin verlangen, dass sie das Bad zum Unfallzeitpunkt bereits den aus dem Jahre 1981 stammenden neuen Richtlinien angepasst hatte, hätte sie bis dahin nicht nur im Bereich der Treppe, sondern auch in vielen anderen Bereichen, z. B. im Bereich aller Beckenumgänge und Duschräume, den Fliesenbelag erneuern müssen. Es muss dem Betreiber eines öffentlichen Bades zumindest das Recht zugestanden werden, derartige Umbauten aufgrund neuerer Erkenntnisse nicht immer sofort vorzunehmen, sondern erst nach Ablauf eines angemessenen Zeitraumes und unter Berücksichtigung wirtschaftlicher Gesichtspunkte. Die Tatsache, dass die Beklagte den Bodenbelag in dem Bad bis zum Unfallzeitpunkt noch nicht den neuesten Erkenntnissen und Entwicklungen angepasst hatte, rechtfertigt deshalb allein nicht den Vorwurf, die ihr obliegenden Verkehrssicherungspflichten verletzt zu haben."

VI. Keine Warnpflicht

Die beklagte Betreiberin *„war auch nicht verpflichtet, durch entsprechende Schilder auf erhöhte Rutschgefahr hinzuweisen, weil nicht angenommen werden kann, dass von ihnen eine wesentliche Wirkung ausgeht. Denn dass in einem Hallenbad Rutschgefahren bestehen, ist dem Hallenbenutzer auch so bekannt. Im konkreten Fall hätte eine derartige Beschilderung sicher nichts bewirkt. Denn der Klägerin war bekannt, dass es sich um ein Bad handelte, das schon seit Jahren in Betrieb war. Sie hat bei ihrer Anhörung auch eingeräumt, ihr sei bekannt gewesen, dass die Treppe* *glatt sei und man dort ausrutschen könne. Dies bestätigt, dass ihr die sich aus der älteren Herstellungs- und Ausführungsart ergebende, gegenüber heutigen Belägen höhere Rutschgefahr auf der Treppe bewusst war. Hierauf hätte sie sich durch eine gesteigerte Vorsicht beim Gehen einstellen müssen.*

Die auf den Fliesen der Treppe gegebene Rutschgefahr war jedenfalls nicht so außergewöhnlich groß, dass die Klägerin ihr auch bei gesteigerter Vorsicht nicht mehr hätte begegnen können.“ Denn auch *„diese Fliesen wiesen eine rutschhemmende Oberfläche auf, die im Jahre 1974 noch als ausreichend gegen die im Hallenbad typische Gefahr des Ausrutschens angesehen wurde“.*

VII. Keine Unfallhäufigkeit

Das OLG konnte nicht feststellen, dass *„es in der Zeit vor dem Unfall der Klägerin zu einer auffälligen Häufung von vergleichbaren Unfällen gekommen ist und, dass deshalb eine außergewöhnliche, von den Besuchern des Bades nicht mehr beherrschbare Gefährlichkeit bestanden hätte. Zum einen sind Unfälle durch Ausrutschen auf Treppen in einem Hallenbad nie vermeidbar, auch dann nicht, wenn der Belag aus Fliesen mit einer erhöhten Rutschhemmung der Bewertungsgruppe B besteht. Zum anderen hat die Klägerin nicht vorgetragen, dass die von ihr für die Zeit vor dem 30.8.1985 erwähnten Unfälle auf der Treppe sämtlich und ausschließlich darauf zurückzuführen waren, dass die betreffenden Personen bei normaler Gehweise mit gesteigerter Vorsicht zur Vermeidung eines Ausrutschens dennoch infolge außergewöhnlicher Glätte auf den Stufen zu Fall gekommen sind. Angesichts der erheblichen Besucherzahl von 1,8 Mio. in mehr als zehn Jahren sind die von den Parteien mit unterschiedlichen Zahlen erwähnten Unfälle so verschwindend gering, dass daraus kein Rückschluss auf eine generelle, außergewöhnliche Gefährlichkeit der Treppe herleitbar ist, der auch mit der gebotenen Vorsicht nicht mehr begegnet werden konnte.“*

VIII. Keine Baurechtswidrigkeit

Schließlich *„folgt ein verkehrsunsicherer Zustand der Treppe nicht daraus, dass in ihrer Mitte kein Handlauf angebracht war. Aus der Regelung des § 32 NRWBauO lässt sich die unbedingte Notwendigkeit eines Zwischenhandlaufs nicht herleiten; er kann von der Baubehörde lediglich gefordert werden. Ob im Übrigen ein solcher Handlauf aus Gründen der Verkehrssicherungspflicht erforderlich gewesen wäre, kann dahinstehen*[376]*. Denn das Gericht ist davon überzeugt, dass die Klägerin sich auch an einem vorhandenen Zwischenhandlauf in der Mitte der Treppe nicht festgehalten hätte und somit sein Fehlen für ihren Unfall nicht ursächlich geworden ist.“*

[376] Wenn ein Gericht etwas „dahinstehen“ lässt, entscheidet es diese Frage nicht, sondern lässt sie offen.

8.10 Fall 10: Brunnen Kump in Steinheim

Einleitung

Dieser Fall zeigt eindrücklich, dass es nicht nur darauf ankommt, die bestehenden *allgemeinen* Gesetze einzuhalten, sondern alles in der *konkreten* Situation Zumutbare zu tun, um Unfälle und Schäden zu verhindern. Das LG Paderborn verurteilte einen Oberstadtdirektor wegen fahrlässiger Tötung, obwohl der Mitte des 19. Jahrhunderts errichtete und unfallauslösende Brunnen den aktuellen Bauvorschriften entsprach. Auch das OLG Hamm sah in einem zivilgerichtlichen Schadensersatzurteil eine Verkehrssicherungspflichtverletzung der Stadt.

Sachverhalt

Auf dem Marktplatz in Steinheim (Westfalen) steht der Brunnen Kump. Er hat eine Brüstungshöhe von 1,15 m und eine Wassertiefe von 2,60 m. *„Die durch die Tiefe begründete besondere Gefahr wird dabei vielfach verkannt, weil durch das äußere Erscheinungsbild der Eindruck erweckt wird, dass die Sohle des Brunnens etwa der Höhe des umliegenden Marktplatzes entspricht."* In der Nähe des Brunnens befinden sich Sitzbänke und Spielgeräte. Bis 1938 war in die Brunnenbrüstung ein senkrechtes Gitter eingelassen.[377]

Ende August 1984 fiel ein Kind in den Brunnen. Es konnte durch einen in der Nähe tätigen Bauarbeiter gerettet werden, der beim Bau einer Fußgängerzone rund um den Marktplatz tätig war. Der Rat der Stadt beschloss ein paar Tage später, Sicherungsmaßnahmen zu ergreifen, und bat den „Versicherungsverband für Gemeinden und Gemeindeverbände" um eine Stellungnahme. Der Verband „empfiehlt" Sicherungen, *„beispielsweise den Einsatz eines Metallrosts unterhalb der Wasseroberfläche"*, und „bittet" darum, *„auch die mögliche strafrechtliche Verantwortung der zuständigen Bediensteten zu berücksichtigen"*. Provisorisch wurde in den Brunnen ein Holzgerüst eingezogen und der Wasserspiegel abgesenkt.

Am 6. November 1984 empfahl der nach der Kommunalwahl neu konstituierte Bauausschuss in seiner ersten Sitzung einstimmig, den früheren Ratsbeschluss vom September 1984 aufzuheben, denn Sicherungsmaßnahmen *„würden das innerstädtische Gesamtbild überaus verschlechtern"* und zudem *„würden Netze und Stahlkonstruktion unterhalb der Wasseroberfläche weitere erhebliche Gefahren in*

---

[377] Bilder des Brunnens und der Brüstung finden sich im Rahmen der Besprechung des Urteils von *Wilrich* in: Zeitschrift für betriebliche Prävention und Unfallversicherung (BPUVZ) Heft 5/2014: Der Sturz des Jungen in den ungesicherten Brunnen Kump in Steinheim

sich bergen". Der Bauausschuss betonte auch zutreffend, dass die baugesetzlichen Pflichten angesichts der Umwehrung von mehr als 90 cm erfüllt seien. Der neue Rat beschloss am 19. November 1984 – dem Bauausschuss folgend – mit einer Gegenstimme, den Ratsbeschluss von Anfang September aufzuheben. Die provisorischen Maßnahmen wurden wieder rückgängig gemacht, sodass die Wassertiefe wieder 2,60 m betrug. Mit Bescheid vom 4. April 1989 ist das *„große Brunnenbecken von 1855"* in die Denkmalliste der Stadt Steinheim eingetragen worden: *„Der Brunnenbehälter nebst Fontänensäule ist ein bedeutendes Relikt der Stadtgeschichte und für seine Erhaltung bestehen städtebauliche und volkskundliche Gründe."*

Am 6. Juni 1989 stürzte ein siebenjähriger Junge in den Brunnen und ertrank. Danach baute die Stadt dicht unter der Wasseroberfläche einen Metallrost ein. Alle Gerichte gingen davon aus, dass die Stadt die Verkehrssicherungspflicht verletzt hatte (dazu I.). Der Stadtdirektor der Stadt Steinheim wurde wegen fahrlässiger Tötung (durch Unterlassen) angeklagt (dazu II.) und die Eltern verlangten von der Stadt Schadensersatz und Schmerzensgeld (dazu III.).

Urteile

Zentrale Frage in allen Gerichtsverfahren war, ob die Stadt eine Pflicht verletzt hatte (dazu I.). Wenn das nicht der Fall wäre, würde der Stadtdirektor nicht bestraft und die Eltern erhielten keinen Schadensersatz. Wenn dagegen eine städtische Pflicht verletzt worden wäre,

- ist der Stadtdirektor strafrechtlich (nur) verantwortlich, wenn ihm diese Pflichtverletzung auch zugerechnet werden könnte (dazu II.), und es
- ist zu entscheiden, welche Schäden zu ersetzen wären und ob die Eltern Schmerzensgeld erhielten (dazu III.).

I. Verkehrssicherungspflicht

Man könnte meinen, der Brunnen verstöße gegen kein einziges Gesetz. Das war ja auch die wesentliche Begründung des Bauausschusses. Die Landesbauordnung Nordrhein-Westfalen forderte damals in § 37 Abs. 4 – wie heute in § 41 Abs. 4[378] – für Umwehrungen von Flächen mit einer angrenzenden Absturzhöhe (hier in den Brunnen) von 1 m bis 12 m lediglich eine Mindesthöhe von 0,90 m. Ähnlich regeln

[378] § 41 der Bauordnung NRW über Umwehrungen lautet:
(1) In, an und auf baulichen Anlagen sind Flächen, die im Allgemeinen zum Begehen bestimmt sind und unmittelbar an mehr als 1 m tiefer liegende Flächen angrenzen, zu umwehren.
(4) Notwendige Umwehrungen müssen folgende Mindesthöhen haben:
1. Umwehrungen zur Sicherung von Öffnungen in begehbaren Decken, Dächern sowie Umwehrungen von Flächen mit einer Absturzhöhe von 1 m bis zu 12 m 0,90 m,
2. Umwehrungen von Flächen mit mehr als 12 m Absturzhöhe 1,10 m.

es die meisten Bauordnungen.[379] In Bayern müssen Umwehrungen „ausreichend hoch" sein.[380] Baden-Württemberg regelt: „*Umwehrungen müssen so beschaffen und angeordnet sein, dass sie Abstürze verhindern und das Überklettern erschweren.*"[381]

Es gibt aber nicht nur Sicherheitspflichten in Spezialvorschriften, sondern auch eine allgemeine Sicherungspflicht – Juristen nennen sie „Verkehrssicherungspflicht". Rechtsgrundlage dieser Sicherheitspflicht ist insbesondere § 823 BGB – die allgemeine Schadensersatzvorschrift, deren Vorläufer im römischen Recht schon vor mehreren 1 000 Jahren lautete: „Neminem laedere" = „*Bitte schädige niemanden*". Auch der BGH spricht gelegentlich vom „*Verstoß gegen das Gebot des Neminem laedere*"[382]. Es gibt zwar zahlreiche spezielle Gesetze, in denen die Verkehrssicherungspflicht zum Ausdruck kommt – etwa das Baurecht oder Unfallverhütungsvorschriften. Doch Gerichte fordern nicht selten, dass in bestimmten Situationen mehr gemacht werden muss, dass also – so das Bundesverfassungsgericht (BVerfG) im Beschluss vom Mai 1991 zum hier besprochenen Fall – „*allein die Einhaltung der Unfallverhütungsvorschriften*[383] *eine Sorgfaltspflichtverletzung nicht entfallen lässt*".

Auch im Strafrecht gibt es Sicherungspflichten. Wenn man nichts tut, kann man trotzdem, aber auch nur unter den Voraussetzungen des § 13 StGB verurteilt werden: „*Wer es unterlässt, einen Erfolg abzuwenden, der zum Tatbestand eines Strafgesetzes gehört, ist nach diesem Gesetz nur dann strafbar, wenn er rechtlich dafür einzustehen hat, dass der Erfolg nicht eintritt.*" Gemeint ist der „strafrechtliche Erfolg", also – so schlimm es klingt – der Tod des Opfers, also die Folge bzw. das Ergebnis, hier also letztlich der Misserfolg bzw. der tödliche Unfall. Wer in diesem Sinne „einstehen" muss, wird Garant genannt – er hat eine Garantenstellung. Es kommt darauf an, ob er „rechtlich" einstehen muss. Es muss daher eine Pflicht des Angeklagten benannt werden, die er nicht erfüllt hat – etwa die Verkehrssicherungspflicht.

Dieser Brunnen-Fall ist ein wichtiges Beispiel zur Verdeutlichung, dass Verkehrssicherungspflicht nicht schlicht bedeutet: „*Umsetzung aller Spezialgesetze.*" Es „*ist niemals nur das Vorschriftsmäßige geboten, sondern vielmehr immer das Richtige*"[384]. Es reicht für bauliche Anlagen zwar im Regelfall, aber nicht immer, die entsprechen-

[379] Berlin: § 38 Abs. 4; Brandenburg: § 33 Abs. 3; Bremen: § 38 Abs. 4; Hamburg: § 36 Abs. 4; Hessen: § 35 Abs. 4; Mecklenburg-Vorpommern: § 38 Abs. 4; Rheinland-Pfalz: § 38 Abs. 3; Saarland: § 38 Abs. 4; Sachsen: § 38 Abs. 4; Sachsen-Anhalt: § 37 Abs. 4; Schleswig-Holstein: § 39 Abs. 4; Thüringen: § 36 Abs. 4; Niedersachsen: § 4 Allgemeine Durchführungsverordnung zur Niedersächsischen Bauordnung (DVO-NBauO) vom 26. September 2012

[380] Art. 36 Abs. 2 BayBO

[381] § 16 Abs. 3 LBO

[382] BGH, Urteil v. 22.10.2004 (Az. V ZR 310/03)

[383] Der Begriff „Unfallverhütungsvorschriften" ist hier nicht eng als Regelwerk der Berufsgenossenschaften oder Unfallkassen zu verstehen, denn es geht in diesem Fall gar nicht um Arbeitsschutz.

[384] *Duttge*, in: *Dölling/Duttge/Rössner*, Gesamtes Strafrecht, 2008, StGB, § 15 Rn. 38

den Bauvorschriften – also insbesondere die Landesbauordnungen – umzusetzen. Das kommt letztlich schon in der allgemeinen Vorschrift zur Sicherheit am Anfang jeder Bauordnung zum Ausdruck – etwa in § 3 der Bauordnung Nordrhein-Westfalen[385]. Aber Bauordnungen sind auch „nur“ Öffentliches Recht, enthalten also Vorgaben des Staats zu baulichen Anlagen und sind gerichtet an Bauherrn. Die Verkehrssicherungspflicht tritt neben diese öffentlich-rechtlichen Anforderungen und wirkt zivil- und strafrechtlich. Das Öffentliche Recht ist bei der Haftungsfrage letztlich nur Mindeststandard.

Was zur Erfüllung der Verkehrssicherungspflicht getan werden muss, ist also nicht vorab für alle Situationen im Gesetz festgelegt, sondern kann eine schwierige **technische Sachverhaltsfrage** sein und ist häufig auch eine **verantwortungsreiche Wertungsfrage**: Wann ist gut auch wirklich gut genug?

Das LG Paderborn im Strafverfahren begann so, wie es alle Gerichte bei der Schilderung des Umfangs der Verkehrssicherung tun: *„Grundsätzlich ist derjenige, der eine Gefahrenlage schafft, jedem Dritten gegenüber verpflichtet, die zur Abwendung eines Schadens von Personen und Sachen erforderlichen Sicherheitsvorkehrungen zu treffen. Dabei richtet sich der Grad der anzuwendenden Sorgfalt nach der Stärke der Gefahrenquelle. Es ist diejenige Sicherheit zu verlangen, die nach Treu und Glauben mit Rücksicht auf die Verkehrssitte erwartet werden darf. Dabei muss auch mit unvorsichtigen Leuten sowie mit dem Spielbetrieb von Kindern gerechnet werden.“*

Das Gericht folgerte, die Stadt habe *„ihre Verkehrssicherungspflicht am Brunnen auf dem Marktplatz verletzt“*. Es wurden zwar alle öffentlich-rechtlichen Vorschriften beachtet, aber: *„Allein die Einhaltung der nach der Landesbauordnung vorgeschriebenen Mindesthöhe für Umwehrungen genügte zur Sicherung der von dem Brunnen am Markt ausgehenden Gefahren nicht.“* Es *„wurde nicht berücksichtigt, dass es sich bei der Regelung um Mindestmaße handelt und dass die Verkehrssicherungspflicht weitere Maßnahmen erfordert, wenn ein verständiger und umsichtiger Mensch davon ausgehen kann, dass sich die normale Gefährlichkeit gesteigert hat“*.

Das Gericht forderte nun von der Stadt, mehr zu tun als nur die der Bauordnung umzusetzen, denn der Brunnen sei ein *„Anziehungspunkt für Kinder“*: *„Angesichts der Tatsache, dass sich im Stadtzentrum spielende Kinder aufhalten und auch der Brunnen am Marktplatz mit Fischen besetzt ist, lag die Gefahr auf der Hand, dass Kinder auf die Brunnenbrüstung klettern und beim Betrachten der Fische oder beim Spiel aus Unachtsamkeit in den Brunnen fallen und dort im 2,60 m tiefen Wasser ertrinken können.“* Außerdem war die Gefahr angesichts der versteckten Brunnen-

[385] § 3 Abs. 1 der Bauordnung NRW mit allgemeinen Anforderungen lautet: *„Bauliche Anlagen sowie andere Anlagen und Einrichtungen sind so anzuordnen, zu errichten, zu ändern und instand zu halten, dass die öffentliche Sicherheit oder Ordnung, insbesondere Leben, Gesundheit oder die natürlichen Lebensgrundlagen, nicht gefährdet wird.“*

tiefe *„praktisch nicht erkennbar"* und es bestand angesichts der glatten Innenwände *„praktisch keine Chance der Selbstbefreiung"*. Schließlich habe es schon ein „Beinaheertrinken" gegeben.

Die Sicherung der Gefahrenquelle hätte auf verschiedene Arten geschehen können – bei der Wahl eines Gitterrosts unter der Wasseroberfläche hätten *„mögliche Verletzungen am Gitterrost in keinem Verhältnis zum möglichen Tode eines Menschen durch Ertrinken gestanden"*. Ohnehin bewertete das Gericht den Einwand der Verletzungsfolgen durch einen Gitterrost als „nicht stichhaltig". Belange des Denkmalschutzes diskutierte das Gericht nicht. Dabei spielte wohl auch eine Rolle, dass die Unterschutzstellung erst wenige Wochen vor dem Unfall erfolgte. Bei Denkmälern ist immer zu prüfen, ob Veränderungen erlaubnispflichtig sind. Nach den Denkmalschutzgesetzen sind aber Erlaubnisse zu erteilen, wenn *„ein überwiegendes öffentliches Interesse die Maßnahme verlangt"*[386].

Das Bundesverfassungsgericht (BVerfG) fasste im Beschluss vom 8. Mai 1991 zusammen: *„Durch die Beachtung der Mindesthöhe für Umwehrungen hatte die Stadt ihrer aus der Garantenstellung fließenden Verantwortlichkeit nicht genügt. Es ist in der Rechtsprechung seit jeher anerkannt, dass allein die Einhaltung der Unfallverhütungsvorschriften eine Sorgfaltspflichtverletzung nicht entfallen lässt. Das Maß der anzuwendenden Sorgfalt bestimmt sich vielmehr nach den konkreten Umständen des Einzelfalls."*

Das führte zu folgendem Fazit:

- Der Brunnen mag zwar gegen kein Spezialgesetz (Baurecht) verstoßen (wenn man – wie die Gerichte – § 3 BauO außer Acht lässt).
- Der Brunnen ist aber trotzdem gesetzeswidrig: Er verstößt gegen die allgemeine Verkehrssicherungspflicht – also das gesetzliche Gebot, alles in der konkreten Situation Mögliche und Zumutbare zu tun, um andere nicht zu schädigen.

  Verkehrssicherungsmaßnahmen sind insbesondere nötig, wenn

  1. eine **besondere Situation** vorliegt (beim Brunnen, weil er ein Anziehungspunkt für Kinder ist[387]),
  2. eine **besondere Gefahr** besteht (beim Brunnen wegen der Wassertiefe von 2,60 m und der glatten Wände sowie der damit fehlenden Befreiungsmöglichkeit),
  3. eine **Gefahr nicht gut erkennbar** ist (beim Brunnen wegen des Eindrucks, er sei nur knapp über 1 m tief),

[386] Für Nordrhein-Westfalen ist dies in § 9 Denkmalschutzgesetz (DSchG) geregelt.

[387] Art. 36 Abs. 2 BayBO enthält eine Regelung zum Schutz von Kindern: *„Ist mit der Anwesenheit unbeaufsichtigter Kleinkinder auf der zu sichernden Fläche üblicherweise zu rechnen, müssen Umwehrungen so ausgebildet werden, dass sie Kleinkindern das Über- oder Durchklettern nicht erleichtern."*

4. eine **Gefahr sich schon einmal realisiert hat**, wenn also schon einmal etwas passiert ist (beim Brunnen durch das Beinaheertrinken eines Kindes 1984).

II. Strafverfahren

Das LG Paderborn verurteilte den Stadtdirektor im September 1990 wegen fahrlässiger Tötung zu einer Geldstrafe in Höhe von 70 Tagessätzen zu je 80 DM. Im Urteil wurde zunächst die Pflichtverletzung und damit die Verantwortlichkeit der Stadt begründet (dazu I.). Dann ging es um die drei Voraussetzungen für eine strafgerichtliche Verurteilung:

- die konkrete strafrechtliche Verantwortlichkeit des Stadtdirektors und dessen **Pflichtverletzung** (dazu 1.) und
- dessen Fahrlässigkeit (**Verschulden** – dazu 2.) und
- die Verursachung des Unfalls und damit des Todes des Kindes durch ihn (**Kausalität** – dazu 3.).

1. Verantwortlichkeit und Pflichtverletzung

Die Verkehrssicherungspflicht für den Brunnen hat zunächst natürlich immer der Betreiber – das ist hier die Stadt Steinheim. In jedem Strafverfahren muss dann die im Ausgangspunkt das Unternehmen oder die Organisation treffende Verkehrssicherungspflicht auf einen Mitarbeiter heruntergebrochen bzw. verlagert werden. Dieser Mitarbeiter gilt dann als „Wer" i. S. d. entsprechenden Rechtsvorschriften – hier § 222 und § 13 StGB (oder für das Zivilrecht § 823 BGB). Die Verantwortlichkeit des Stadtdirektors leitete das Gericht aus seiner Stellung als hauptamtlicher Leiter der Gemeindeverwaltung ab.[388] In dieser Eigenschaft hatte er auch das Recht, Beschlüsse von Ausschüssen – und des Rats – zu beanstanden.[389] Daraus folgten nach Ansicht des Gerichts zwei Pflichten:

---

388 Heute gibt es in Nordrhein-Westfalen nur noch den (Ober-)Bürgermeister („eingleisige Kommunalverfassung"), während im Zeitpunkt des Unfalls – bis zur Reform der Gemeindeordnung 1994 – Stadtdirektor und (Ober-)Bürgermeister nebeneinanderstanden („Doppelspitze").

389 Heute ist das Beanstandungsrecht des Bürgermeisters in § 54 der Gemeindeordnung (GO NRW) geregelt. Abs. 2 und 3 lauten:
(2) Verletzt ein Beschluss des Rats das geltende Recht, so hat der Bürgermeister den Beschluss zu beanstanden. Die Beanstandung hat aufschiebende Wirkung. Sie ist schriftlich in Form einer begründeten Darlegung dem Rat mitzuteilen. Verbleibt der Rat bei seinem Beschluss, so hat der Bürgermeister unverzüglich die Entscheidung der Aufsichtsbehörde einzuholen. Die aufschiebende Wirkung bleibt bestehen.
(3) Verletzt der Beschluss eines Ausschusses, dem eine Angelegenheit zur Entscheidung übertragen ist, das geltende Recht, so findet Abs. 2 Satz 1 bis 3 entsprechende Anwendung. Verbleibt der Ausschuss bei seinem Beschluss, so hat der Rat über die Angelegenheit zu beschließen.

- Der Stadtdirektor hätte *„mit deutlicher Klarheit* ***argumentativ darlegen müssen,*** *dass zusätzliche Sicherungsmaßnahmen erforderlich seien“.*
- *„Selbst, wenn ihm eine argumentative Überzeugung des Bauausschusses nicht gelungen wäre, so hätte der Angeklagte den Beschluss* ***beanstanden müssen.*** *“*

Dieser Brunnen-Fall ist ein plastisches Beispiel, um zwei wichtige Grundsätze für Pflichtenübertragungen zu verdeutlichen:

1. Die Verkehrssicherungspflicht gilt erstens für jeden Menschen, auch während seiner beruflichen Tätigkeit im Rahmen seines Zuständigkeitsbereichs bzw. seiner Befugnisse. Wenn es um amtliche bzw. unternehmerische Tätigkeiten geht, kann man von **Berufsverantwortlichkeit bzw. -haftung** sprechen.
2. Die Verkehrssicherungspflicht muss zweitens nicht ausdrücklich oder gar schriftlich übertragen werden. Sie folgt in weitem Umfang automatisch aus der beruflichen Stellung. Hier folgt sie aus der Position als Stadtdirektor, der gesetzlich eben bestimmte Befugnisse – und damit in Sachen Sicherheit auch Pflichten – hat. Man kann hier von **Übernahmeverantwortlichkeit bzw. -haftung** sprechen.

Es gibt keine beruflichen Tätigkeiten und Positionen ohne (Sicherheits-)Pflichten, denn jeder hat bestimmte Handlungsmöglichkeiten und -freiräume und es gilt: **keine Befugnis ohne Verantwortung**[390].

Der Bundesgerichtshof (BGH) bestätigte die Verurteilung des Stadtdirektors im Beschluss vom 27. September 1990 mit der kurzen Aussage, das Strafurteil enthalte *„keinen Rechtsfehler zum Nachteil des Angeklagten“*. Der Kommunalbeamte erhob schließlich Verfassungsbeschwerde mit dem Argument, er sei in seinen Rechten aus Art. 33 Abs. 5 des Grundgesetzes (GG) verletzt, wonach das Recht des Öffentlichen Dienstes unter Berücksichtigung der hergebrachten Grundsätze des Berufsbeamtentums zu regeln und fortzuentwickeln ist. Aber das Bundesverfassungsgericht (BVerfG) nahm die Beschwerde nicht zur Entscheidung an und sagte im Beschluss vom 8. Mai 1991 schlicht, Art 33 Abs. 5 GG *„entbindet einen Beamten nicht von der strafrechtlichen Verantwortung“*: Die *„strafgerichtliche Verurteilung wirkt sich ersichtlich nicht auf die persönliche Rechtsstellung als Stadtdirektor und Kommunalbeamter aus“*. Außerdem sei der Stadtdirektor *„als Gemeindebehörde nach außen für die Wahrnehmung der Garantenpflichten unmittelbar verantwortlich“*.

[390] Siehe *Wilrich*, Sicherheitsverantwortung – Arbeitsschutzpflichten, Betriebsorganisation und Führungskräftehaftung – mit 25 erläuterten Gerichtsurteilen (2016)

2. Verschulden = Fahrlässigkeit

Das Gericht warf dem Stadtdirektor auch Verschulden in Form von Fahrlässigkeit vor, denn die Gefahr sei erkennbar gewesen (dazu a.), und er hätte den Unfall vermeiden können (dazu b.).

a. Erkennbarkeit

„Dem Angeklagten war die Gefahr des Ertrinkens von Personen im Brunnen am Marktplatz sowie die Notwendigkeit von Sicherungsmaßnahmen zu deren Beseitigung bekannt“ – insbesondere, nach dem LG Paderborn, auch wegen

- des Vorfalls im August 1984 und
- der Stellungnahme des Versicherungsverbands.

Aber auch sonst hätten die Gerichte durchaus die Erkennbarkeit annehmen können. Im zivilgerichtlichen Verfahren betonte etwa das Oberlandesgericht (OLG) Hamm: Da der Brunnen in der verkehrsberuhigten Zone auf dem Marktplatz in der Nähe von Bänken und Spielgeräten für Kinder stehe, *„war mithin damit zu rechnen, dass sich in der Nähe des Brunnens häufig spielende Kinder aufhalten würden. Dann musste aber damit gerechnet werden, dass Kinder ihrem Spieltrieb folgend versuchen könnten, auf die Brunnenbrüstung zu klettern, ohne sich der Gefahr bewusst zu werden, dass sie bei einem Sturz in den Brunnen, angesichts des für sie nicht erkennbaren 2,60 m tiefen Wassers, ertrinken konnten.“*

Das Fazit ist, dass die Erkennbarkeit der Gefahr leichter begründet werden kann, wenn schon einmal etwas – Ähnliches – passiert ist. Aber auch ohne Zwischenfälle könnte der Vorwurf der Erkennbarkeit aus den konkreten Umständen abgeleitet werden.

b. Vermeidbarkeit

„Dem Angeklagten war es auch möglich, geeignete Maßnahmen zur Sicherung zu veranlassen.“ Er hatte zwei Möglichkeiten:

- Er hätte *„sowohl bei der Sitzung des Bauausschusses am 6.11.1984, insbesondere aber bei der Sitzung des Rats am 19.11.1984“* mit Argumenten **überzeugen** können oder
- er hätte – *„wenn ihm eine argumentative Überzeugung nicht gelungen wäre“* – den Ausschuss-Beschluss **beanstanden** können.

Das Gericht betonte, der Stadtdirektor hätte *„die Rechtslage dem Ausschuss darlegen müssen“* und dann *„mit deutlicher Klarheit darlegen müssen, dass zusätzliche Sicherungsmaßnahmen zur Wahrung der Verkehrssicherungspflicht erforderlich seien“*.

Der Stadtdirektor war zwar Jurist, seine Sonderkenntnisse waren aber nicht entscheidend, denn wenn die Rechtslage *„ihm nicht geläufig war, musste er sich um die Klärung bemühen“*. Außerdem gab es deutliche Hinweise im Schreiben des Versicherungsverbandes. Insoweit stimmt der Spruch: *„Unkenntnis (der Rechtsvorschriften) schützt vor Strafe nicht.“*

Das Fazit ist, dass die Vermeidbarkeit der Gefahrverwirklichung – also des Schadens bzw. Unfalls – leichter begründet werden kann, wenn es um Verstöße gegen konkrete Rechtsvorschriften geht. Aber auch ohne Einschlägigkeit konkreter Rechtsgrundsätze kann der Vorwurf der Vermeidbarkeit abgeleitet werden aus einer Erkundigungspflicht zum Inhalt allgemeiner Sicherheitspflichten, die wiederum automatisch aus den übernommenen Aufgaben folgen können.

3. Verursachung/Kausalität

Schließlich ist das Unterlassen der möglichen Gegenmaßnahmen ursächlich gewesen für den Unfall (Kausalität). Da der Angeklagte die deutliche Gegenargumentation bzw. die Beanstandung unterlassen hatte, *„hat er den Tod in rechtswidriger und schuldhafter Weise mitverursacht“*. Im Falle der Gegenrede hatte das Gericht *„keinen Zweifel, dass der Rat der Stadt sich der Rechtslage angepasst und die Anbringung von Sicherungsmaßnahmen angeordnet hätte, wie es ja auch später geschehen ist. Ohne diesen Hinweis verschloss sich die Mehrheit des Rats dieser Erkenntnis und beschloss bei einer Gegenstimme, den Ratsbeschluss von Anfang 1984 aufzuheben.“* Auch die fehlende Beanstandung war kausal, denn sie *„hätte zur Aufhebung des Beschlusses geführt“*.

4. Strafzumessung

Die Strafe setzte das Gericht recht niedrig an, weil der Angeklagte

- *„bisher ein beanstandungsfreies Leben geführt und seine Pflichten als Stadtdirektor ordnungsgemäß wahrgenommen hat“*,
- *„den Tod des Jungen zutiefst bedauert und ihn der Tod des Jungen nachhaltig bewegt“* und weil
- § 13 Abs. 2 StGB bestimmt, dass die Strafe bei Unterlassen gemildert werden kann.

III. Zivilrechtliches Schadensersatzverfahren

Das LG Paderborn und das OLG Hamm verurteilten die Stadt gemäß § 823 Abs. 1 BGB zu Schadensersatz – zum Ersatz von einzelnen **Aufwendungen** der Eltern, etwa Beerdigungskosten.

Schmerzensgeld gemäß § 253 Abs. 2 BGB erhielten die Eltern nicht. Im erstinstanzlichen Verfahren hatten die Eltern keine ärztlichen Gutachten vorgelegt. In Vorbereitung der Berufung legte der Vater drei ärztliche Stellungnahmen von Mai, Juli und August 1991 vor. Nach dem OLG Hamm sei zwar *„anerkannt, dass eine Gesundheitsschädigung i. S. d. § 823 Abs. 1 BGB keine physische Einwirkung auf den Körper des Verletzten voraussetzt, vielmehr auch psychisch vermittelt werden kann, und dass psychische Gesundheitsschäden in dem Schädiger zurechenbarer Weise bei dem Ersatzbegehrenden durch die plötzliche Nachricht vom Unfalltod eines nahen Angehörigen oder einer Person, zu der er besonders enge persönliche Beziehungen unterhalten hat, verursacht werden können, wenn dies auch verhältnismäßig selten der Fall sein wird“*. Aber angesichts der ärztlichen Befunde *„steht nicht fest, dass die Trauer um den Tod seines Sohnes und seine reaktive Depression, unter der er wegen seiner schwierigen gesundheitlichen und sozialen Lage ohnehin litt, einen psychischen Krankheitswert erreichten, der es rechtfertigen könnte, dem Kläger das von ihm begehrte Schmerzensgeld zuzusprechen“*.

Schließlich ging es um **Unterhaltskosten** i. S. d. § 1601 BGB[391]. Das LG Paderborn verneinte einen Unterhaltsanspruch. Das OLG Hamm dagegen kam zum Ergebnis, dass *„der getötete Sohn seinen Eltern unterhaltspflichtig werden konnte und dass es sich hierbei um eine nicht eben entfernt liegende Möglichkeit handelte“*. Nach der Rechtsprechung des BGH *„ist die Feststellung der Ersatzpflicht des für die Unfallfolgen Verantwortlichen bereits dann gerechtfertigt, wenn nach der Erfahrung des Lebens und dem gewöhnlichen Lauf der Dinge die spätere Verwirklichung des Unterhaltsanspruchs nicht ausgeschlossen erscheint, vielmehr mit einer gewissen Wahrscheinlichkeit anzunehmen ist. Eine bestimmte Altersgrenze, von der an beurteilt werden kann, ob ein getötetes Kind die Möglichkeit erlangt haben würde, Unterhalt zu gewähren, lässt sich nicht festsetzen; die Frage nach der mutmaßlichen Leistungsfähigkeit des Kindes kann nur unter Berücksichtigung der besonderen Umstände des einzelnen Falls beantwortet werden.“*

Hier war nach Ansicht des OLG die Unterhaltspflicht „sogar nahe liegend“ bzw. „sogar wahrscheinlich“. Das folgte aus der mutmaßlichen Unterhaltsbedürftigkeit der Eltern wegen deren *„schwierigen sozialen Verhältnissen“* und der „mutmaßlichen Leistungsfähigkeit“ des Sohnes, weil dessen *„schulische Leistungen gut waren“*.

---

[391] § 1601 BGB mit der Überschrift „Unterhaltsverpflichtete“ lautet: *„Verwandte in gerader Linie sind verpflichtet, einander Unterhalt zu gewähren.“*

8.11 Fall 11: Drehmaschine

Zusammenfassung und Fazit

Nach einem Arbeitsunfall an einer über 20 Jahre alten – unsicheren – Maschine ging es um die Strafbarkeit des Betriebsinhabers wegen fahrlässiger Körperverletzung und die Frage, wann Berufsgenossenschaften wegen grober Fahrlässigkeit Rückgriff beim Betreiber nehmen können.

Die Gerichte sagten nichts zum Bestandsschutz, weil die Maschine schon bei Inbetriebnahme nicht den damals anwendbaren Sicherheitsvorschriften entsprach. Im Gegenteil: dass sie über einen so langen Zeitraum unsicher und damit gesetzeswidrig betrieben wurde, sei schulderhöhend.

Sachverhalt

Seit 1987 wurde in einem Betrieb eine CNC-Drehmaschine eingesetzt. *„Der Kontaktschalter der Schutztürverriegelung der CNC-Drehmaschine war nicht intakt, sodass der Bearbeitungsmechanismus trotz nicht eingeschalteter Schutztüre ausgelöst werden konnte."* 1993 übernahm der – spätere – Angeklagte und Beklagte den Betrieb. 2008 kam es zu einem Arbeitsunfall:

„Da die Maschine am 25. August 2008 nach Einlegung eines Werkstücks nicht wie gewohnt anlief, griff eine Arbeitnehmerin erneut in den Innenraum der Maschine, um das Rohr nachzuschieben und richtig einzuspannen. Tatsächlich hatte die Maschine ihren Arbeitszyklus jedoch bereits begonnen." Sie quetschte sich die Hand, diese wurde vom Rohr durchbohrt und der Mittelfinger musste amputiert werden.

Gerichtsentscheidungen

Der Unternehmensinhaber (dazu I.) wurde in einem Strafverfahren *an*geklagt (dazu II.) und die zuständige Berufsgenossenschaft (BG) verlangte (als Klägerin) von ihm (als *Be*klagtem) die Erstattung von 40 000 € Unfallfolgekosten (dazu III.).

I. Unternehmensinhaber

In den Gerichtsentscheidungen war nur vom „Firmeninhaber" bzw. „Unternehmensinhaber" die Rede: Er hatte den Betrieb *„vom Vater übernommen"* und *„leitet das Unternehmen seit 1993"*.

Das deutet darauf hin, dass es keine juristische Person – z. B. GmbH – gab, denn sonst wäre diese Gesellschaft Unternehmensinhaber. Dann könnte die juristische

Person zivilrechtlich verklagt werden. Angeklagt werden kann aber nur eine Individualperson. Das wäre dann der Sohn als Geschäftsführer.

II. Strafbefehl des Amtsgerichts Tuttlingen

Das Amtsgericht Tuttlingen erließ einen Strafbefehl und verurteilte den Sohn als Firmeninhaber wegen fahrlässiger Körperverletzung (§ 229 StGB) zu einer Geldstrafe in Höhe von 40 Tagessätzen[392]. Der Bearbeitungsmechanismus könne ausgelöst werden, *„weil entweder am Kontaktschalter der Schutztürverriegelung manipuliert worden war oder aber dieser einen technischen Defekt aufwies. Diese gegen Arbeitsschutzbestimmungen*[393] *grob verstoßende Vorgehensweise war ständige Übung im Betrieb. Als Firmeninhaber und ausgebildeter Maschinenbautechniker hatten Sie, obwohl Sie von dem Mangel wussten, infolge pflichtwidriger Sorglosigkeit*[394] *die gefahrenträchtige Bedienung der CNC-Drehmaschine angeordnet und somit den für Sie vorhersehbaren und vermeidbaren*[395] *Unfall mit zu verantworten."*[396]

III. Urteil des Landgerichts Rottweil

Die BG stützte ihre Forderung auf Rückzahlung der 40 000 € Unfallfolgekosten auf § 110 SGB VII.

- Der beklagte Unternehmensinhaber ist haftungsprivilegiert gemäß § 104 SGB VII.
- Die Geschädigte ist als Arbeitnehmerin Versicherte und hat durch einen Arbeitsunfall einen Personenschaden erlitten.
- Der Beklagte hat seine Pflichten verletzt (dazu 1.).

---

[392] Das Schuldausmaß bestimmt sich nach den Tagessätzen und nicht nach der Gesamtsumme. Die Höhe des einzelnen Tagessatzes richtet sich dann nach dem Einkommen. Hier lag der Tagessatz bei 100 €, die Gesamtstrafe betrug also 4 000 €.

[393] Welche Arbeitsschutzbestimmungen die Pflichtverletzung begründen sollen, wird nicht gesagt. Das ist häufig so in Strafbefehlen, die meistens sehr knapp sind. Erst wenn der Betroffene Einspruch einlegt, setzt sich das Gericht detaillierter mit den Rechtsgrundlagen auseinander.

[394] Jede fahrlässige Körperverletzung setzt Rechtswidrigkeit = Pflichtwidrigkeit und Verschulden = Fahrlässigkeit voraus. Fahrlässigkeit ist – so sagt es § 276 BGB für das Zivilrecht – die *„Außerachtlassung der im Verkehr erforderlichen Sorgfalt"*. Das erklärt die Kurzfassung des Gerichts, das von „pflichtwidriger Sorglosigkeit" spricht.

[395] Fahrlässigkeit kann genauer als Vorhersehbarkeit und Vermeidbarkeit der Schadensfolge bezeichnet werden. Das Gericht bleibt hier indes eine nähere Begründung schuldig, weil es „nur" um einen knapp begründeten Strafbefehl geht.

[396] Wegen fahrlässiger Körperverletzung kann nur bestraft werden, wer den Unfall – durch eine fahrlässige Pflichtverletzung – „verursacht" hat. Dieses Wort – bzw. den Begriff „Kausalität" – verwendet das Gericht zwar nicht ausdrücklich, meint es aber auch mit dem Begriff „Verantwortung", der aber auch die Pflichtwidrigkeit (siehe Fußnoten 393 und 394) und Schuld (siehe Fußnoten 394 und 395) umfasst.

- Der Beklagte hat grob fahrlässig gehandelt (dazu 2.).
- Die Pflichtverletzung war auch ursächlich für den Unfall (dazu 3.).
- Der Geschädigten war kein Mitverschulden vorzuwerfen (dazu 4.)

1. Pflichtverletzung

Der Unternehmensinhaber hatte seine Pflichten verletzt, durch einen Verstoß gegen die Beschaffenheitsanforderungen an Maschinen als Arbeitsmittel in der BetrSichV. Einschlägig war zur Zeit des Unfalls und Gerichtsurteils § 7 Abs. 2 BetrSichV a. F.[397], weil die Drehmaschine vor dem 3. Oktober 2002 – dem Inkrafttreten der BetrSichV – zur Verfügung gestellt wurde. Danach musste die Maschine jedenfalls dem Rechtsstand des Jahres 1987 entsprechen. Heute wäre das nach § 5 Abs. 3 BetrSichV ebenso.[398]

Das Gericht stellte als Rechtsverstoß fest, es fehlten Schutzreinrichtungen gemäß

- § 4 Abs. 2 VBG 5 „Kraftbetriebene Arbeitsmittel“ und
- Anhang I Nr. 2.8 der BetrSichV 2002[399].

2. Grobe Fahrlässigkeit

Grobe Fahrlässigkeit *„kann beispielsweise darin liegen, dass ein besonders gewichtiger objektiver Pflichtverstoß vorliegt, z. B. ein Verstoß gegen eine Unfallverhütungsvorschrift, die mit eindeutigen Sicherungsanweisungen vor tödlichen Gefahren schützen soll“* (dazu a.). Hinzukommen muss aber auch noch die subjektive Unentschuldbarkeit der Pflichtverletzung (dazu b.).

a. Objektive Schwere der Pflichtverletzung

Bei § 7 Abs. 2 BetrSichV (a. F.) *„handelt es sich um eine UVV*[400]*, die elementare Sicherheitspflichten zum Inhalt hat“*. Daher gilt: *„Diese Verstöße gegen die UVV sind ausreichend, um objektiv den Vorwurf der groben Fahrlässigkeit zu begegnen, da sie dem Schutz von Leib und Leben der eingesetzten Arbeiter dienen. Dies gilt im vorliegenden Fall umso mehr, als die CNC-Drehmaschine in diesem Zustand unter der Betriebsleitung des Beklagten über 15 Jahre hinweg betrieben wurde. Zwar wies*

[397] Zum Text des § 7 Abs. 2 a. F. siehe Anhang Rechtsvorschriften

[398] Siehe in diesem Buch in Kapitel 3.5.1 und in: *Wilrich*, Praxisleitfaden Betriebssicherheitsverordnung, 2015, 4.1, S. 97 f.

[399] Zum Text des alten Anhangs der BetrSichV siehe Anhang Rechtsvorschriften

[400] Das ist nicht zutreffend: Die BetrSichV ist eine staatliche Arbeitsschutzvorschrift und keine berufsgenossenschaftliche UVV. Entscheidend ist aber nicht die Herkunft der Vorschrift, sondern dass § 7 BetrSichV [heute § 5 Abs. 3 BetrSichV] elementare Sicherheitspflichten regelt.

der Beklagte die Arbeiter nach den nachvollziehbaren und glaubwürdigen Aussagen der Geschädigten und einer Kollegin an, bei Problemen mit der Maschine (kein Anlaufen oder Stehenbleiben) immer sofort zu ihm zu kommen und nicht zu versuchen, das Problem allein zu beheben. Auch wurden die Arbeiter nach der glaubhaften Aussage der Geschädigten bei neuen Aufgaben durch den Beklagten standardmäßig eingewiesen und ihnen wurde gesagt, dass das Arbeiten bei geöffneter Tür gefährlich ist und sie nicht in den Bearbeitungsraum hineingreifen sollten. Dadurch wurde der Eintritt der Gefahrensituation jedoch nicht zuverlässig verhindert. Denn in diesem Zusammenhang ist die Erfahrungstatsache zu berücksichtigen, dass der Arbeitnehmer an gefährlichen Maschinen gewöhnlich gegen die Gefahr abstumpft und dadurch leichtsinnig wird. Der Unternehmer darf sich nicht darauf verlassen, dass der Arbeitnehmer die nötige Sorgfalt stets beachtet. Hinzu kommt, dass die üblichen Gefahren durch den nicht intakten Schutzschalter der Schiebetüre erheblich gesteigert waren. Aufgrund dessen durfte sich der Beklagte nicht darauf verlassen, seine Arbeiter würden sich aufgrund allgemeiner Weisungen stets so verhalten, dass jegliche Gefahr im Zusammenhang mit dem nicht intakten Schutzmechanismus ausgeschlossen wäre. Vielmehr hätte es zumindest eines konkreten Hinweises auf die besondere Problematik des nicht intakten Schutzschalters der CNC-Drehmaschine und der hierdurch hervorgerufenen besonderen Gefährdungslage der Arbeitnehmer bedurft." Der fehlte indes. Hinzu kommt, dass die Geschädigte *„nach ihren glaubhaften und nachvollziehbaren Angaben des Öfteren bei geöffneter Tür arbeite und der Beklagte dies auch selbst sah und duldete. Auch zum Zeitpunkt des Unfalls befand sich der Beklagte nach den glaubhaften Angaben der Geschädigten und seiner eigenen Einlassung in unmittelbarer Nähe zu deren Arbeitsort."*

Womöglich weil die BG tatsächlich einige Male im Betrieb war und sich vielleicht auch die konkrete Maschine angesehen hat – vielleicht aber auch nur als Zusatzbegründung – ergänzt das Gericht: *„Schließlich wird die objektive Fahrlässigkeit bei einem Verstoß gegen UVV nicht dadurch ausgeschlossen, dass die BG als Aufsichtsbehörde den Betrieb regelmäßig überprüft und das unfallursächliche Fehlen von Schutzvorrichtungen einer Maschine nicht gerügt hat"*.

b. Subjektive Unentschuldbarkeit der Pflichtverletzung

„Der Beklagte hat auch in subjektiver Hinsicht die UVV in grob fahrlässiger Weise missachtet. Der Beklagte hat über 15 Jahre hinweg nicht dafür gesorgt, dass der Sicherheitsmechanismus in Gang gesetzt wurde, obwohl er nach seiner eigenen Einlassung von diesem Sicherheitsdefizit die ganze Zeit über wusste. Dem Beklagten musste es auch bewusst sein, dass hiermit besondere Gefahren einhergehen, insbesondere wenn die Arbeiter bei geöffneter Schutztüre arbeiteten, was von ihm geduldet wurde." Es *„entlastet den Beklagten nicht, wenn er bis zum Zeitpunkt des Unfalls*

selbst nicht wusste, dass die Maschine den Bearbeitungsvorgang fortsetzt, wenn er zuvor schon einmal unterbrochen wurde. Der Beklagte hätte vielmehr ausschließen müssen, dass ein Arbeiter aufgrund des nicht aktivierten Schutzmechanismus zu Schaden kommt. Auf vage Vorstellung durfte er sich in Anbetracht der erheblichen Gefahren für seine Arbeiter nicht verlassen. Auch der Umstand, dass die Aktivierung des Schutzmechanismus geraume Zeit in Anspruch genommen hätte, ändert nichts am gesteigerten Verschulden[401] *des Beklagten. Der Beklagte hätte entweder die Maschine stilllegen oder diesen Aufwand – ggf. durch eine Fachfirma – in Kauf nehmen müssen. Dass sich der Aufwand in Anbetracht der erheblichen Gefahren in durchaus verhältnismäßigem Umfang hielt, zeigt nicht zuletzt der Umstand, dass der Schutzmechanismus der Drehmaschine nicht einmal zwei Monate nach dem Unfall instand gesetzt war.“*

3. Verursachung des Unfalls durch die Pflichtverletzung (Kausalität)

„Das grob fahrlässige Fehlverhalten des Beklagten ist für den Arbeitsunfall auch ursächlich geworden. Wäre der Schutzschalter aktiviert gewesen, hätte sich die Maschine nicht weiterbewegt, sobald die Türe geöffnet wird. Im Übrigen spricht auch der Beweis des ersten Anscheins für einen Kausalzusammenhang.“[402] Zwar hat die geschädigte Arbeitnehmerin selbst die letzte Ursache gesetzt, aber: *„An einem adäquaten Kausalzusammenhang fehlt es lediglich dann, wenn sich der verunglückte Arbeiter in erheblichem Maße widersinnig und somit außerhalb jeglicher Wahrscheinlichkeit verhält. Ein solches Verhalten der Geschädigten liegt jedoch nicht vor.“* Sie *„griff zwar willentlich in den Bearbeitungsraum der Maschine. Damit ist aber kein beabsichtigter Zugang zum Gefahrenbereich verbunden. Denn die Arbeitnehmerin ging ersichtlich nicht davon aus, dass mit diesem Eingriff eine erhebliche Gefahr verbunden ist. Vielmehr wollte sie nach ihrer nachvollziehbaren und glaubhaften Aussage lediglich das Werkstück richtig einlegen, wobei sie von dem nicht funktionierenden Schutzmechanismus nichts wusste.“*

[401] Mit „gesteigertem“ Verschulden ist gemeint, dass der Rückgriff eben nicht nur einfache, sondern grobe Fahrlässigkeit voraussetzt.

[402] Im Beweisrecht gilt der Grundsatz, dass jeder die für ihn günstigen Tatsachen beweisen muss – also die Voraussetzungen der Rechtsvorschrift, auf die er sich beruft. Deshalb muss die BG die Kausalität der Pflichtverletzung (des Unternehmensinhabers) für den Schaden (der Arbeitnehmerin) beweisen. Trotzdem legt das Gericht dem Unternehmensinhaber die Pflicht auf, entlastende Argumente vorzubringen. Es stützt sich dabei auf die Rechtsfigur des Anscheinsbeweises. Der Anscheinsbeweis (Beweis des ersten Anscheins, Prima-facie-Beweis) ist zulässig, wenn ein Sachverhalt erfahrungsgemäß auf einen bestimmten Geschehensablauf hindeutet (siehe ausführlich das Urteil des OLG Düsseldorf zur „Explosion der Flüssiggasanlage“ = Fall 14 in Kapitel 8.14 dieses Buchs – und dort in II.7.).

4. Kein Mitverschulden der geschädigten Arbeitnehmerin

Der geschädigten Arbeitnehmerin ist auch kein Mitverschulden vorzuwerfen, weil der Arbeitgeber „*trotz des Wissens um den nicht intakten Schutzmechanismus seine Arbeiter über 15 Jahre hinweg ohne konkreten Hinweis auf dessen erheblich gefahrträchtigen Umstand an der Maschine arbeiten ließ. Gegenüber diesem erhöhten Verschulden des Beklagten stellt sich das Verhalten der Geschädigten in dieser konkreten Einzelsituation als Augenblicksversagen dar.*“

8.12 Fall 12: Eishockey-Puck

Sachverhalt und Zusammenfassung

Eine 38-jährige Zuschauerin wurde beim Eishockey-Bundesligaspiel des Sportbundes Rosenheim gegen Iserlohn im Januar 1980 von einem über die seitliche Bande des Spielfelds geschleuderten Puck (Hartgummischeibe) im Gesicht getroffen und verletzt. Sie verklagte den Verein als Veranstalter auf Schadensersatz und Schmerzensgeld.

Das LG Traunstein gewährte dem Verein Bestandsschutz für seine nicht mehr den aktuellen Techniknormen entsprechende Seitenabsicherung und wies die Klage ab. Das OLG München und der BGH sahen dagegen eine Nachrüstungsverpflichtung des Vereins, weil das *„profihaft betriebene Eishockeyspiel schneller und damit auch härter geworden ist"* und daher ein *„entscheidender Wandel eingetreten"* sei.

Urteile

Das LG Traunstein wies die Klage ab (dazu I.). Das OLG München gab ihr dagegen statt (dazu II.) und der BGH bestätigte die Schadensersatzansprüche (dazu III.).

I. LG Traunstein[403]

Das LG Traunstein sah keine Pflichtverletzung des Vereins:

1. Keine konkreten Sicherheitsvorgaben in Rechtsvorschriften

„Eine bindende Vorschrift, bei Eishockey-Spielfeldern auf den Seitenbanden der Längsseiten weitere Schutzvorrichtungen zum Schutze der Zuschauer anzubringen, etwa Plexiglaswände, ist nicht ersichtlich." Die Klägerin verweist zwar auf eine „internationale Empfehlung", aber sie hat *„weder den genauen Inhalt dieser Empfehlung dargelegt und von wem die Empfehlung herausgegeben wurde, noch ob diese Empfehlung der Beklagten überhaupt zugegangen ist."*

2. Keine Sicherungspflichtverletzung

Zwar muss nach den *„allgemeinen Grundsätzen über die Verkehrssicherungspflicht jeder, der Gefahrenquellen schafft, die notwendigen Vorkehrungen zum Schutze Dritter treffen. Dabei sind jedoch nur diejenigen Vorkehrungen zu treffen, die im*

[403] LG Traunstein, Urteil v. 24.9.1981 (Az. 2 O 947/81)

Rahmen des wirtschaftlich Zumutbaren geeignet sind, Gefahren von Dritten tunlichst abzuwenden, die bei bestimmungsgemäßer oder bei nicht ganz fernliegender bestimmungswidriger Benutzung drohen. Dies gilt grundsätzlich auch für die Veranstalter von Sportveranstaltungen mit Gefahren für die Zuschauer, jedoch ist es in der Regel je nach der Art der Sportveranstaltung und der von ihr ausgehenden Gefahr verschieden, welche Vorkehrungen der Veranstalter zum Schutz der Zuschauer im Einzelnen zu treffen hat und auch die Leistungsfähigkeit des verkehrssicherungspflichtigen Veranstalters spielt hierbei eine Rolle. Unter Berücksichtigung dieser Grundsätze kann im vorliegenden Fall jedoch bereits nicht angenommen werden, dass die Anbringung einer Schutzvorrichtung auf den Seitenbanden der Längsseiten, etwa einer Plexiglaswand, objektiv erforderlich und der Beklagten auch zumutbar war.

Eine allseitige Abschirmung des Spielfelds beim Eishockey, d. h. nicht nur eine Abschirmung auf den beiden kürzeren Seiten des Felds hinter den Toren, sondern auch auf den Längsseiten, wäre nur dann erforderlich, wenn die Zuschauer bei normalem Spielablauf ernstlich gefährdet wären. Dies kann aber im Regelfall nicht angenommen werden. Das Ziel des Spiels ist es nämlich, den Puck im gegnerischen Tor unterzubringen. Scharfe Schüsse werden daher in der Regel nur auf das Tor abgegeben und nur für die Zuschauer hinter den Endbanden hinter den Toren und allenfalls – wegen aus spitzem Winkel abgegebenen Schüssen auf das Tor – hinter den Rundungen der Spielfeldecken besteht daher regelmäßig eine gewisse Gefahr, dass Schüsse ihr Ziel verfehlen und über die Bande hinweg in den Zuschauerraum fliegen. Nicht dagegen für Zuschauer im mittleren Bereich der Seitentribüne, in dem sich der Sitzplatz der Klägerin unstreitig befunden hat. Im übrigen Spiel wird nämlich der Puck in der Regel flach auf dem Eis geführt und es besteht in der Regel keine ernstzunehmende Gefahr, dass der Puck über die Seitenbanden fliegt, vielmehr stellt dies eine seltene Ausnahme dar, insbesondere bei geübten Spielern wie im vorliegenden Falle, da durch ein solches Ausschlagen des Pucks über die Bande keinerlei Spielvorteile errungen werden können. Hierauf hat bereits der 4. Zivilsenat des OLG München in seinem Urteil im Verfahren 4 U 284/63 hingewiesen[404]*, auf das beide Parteien Bezug genommen haben. Dies gilt nach Auffassung des nunmehr erkennenden Gerichts auch noch heute, insbesondere da die Regeln des Eishockey-Spiels nicht oder zumindest nicht erheblich verändert worden sind, soweit es diesbezüglich von Bedeutung ist. Allein daraus, dass das Eishockey-Spiel der Bundesliga-Vereine in Deutschland seit der Zeit der vorgenannten Entscheidung des OLG München profihafter und möglicherweise auch schneller geworden ist, ergibt sich nichts grundsätzlich Anderes.“*

[404] Urteil vom 9.7.1964: Dieses Urteil ist leider nicht mehr verfügbar.

II. OLG München[405]

Das OLG München hob das erstinstanzliche Urteil auf und verurteilte den Verein zur Schadensersatzleistung an die verletzte Zuschauerin. Die Veranstalterin *„hat die ihr obliegenden Sicherungspflichten schuldhaft verletzt“*. Einen *„Sportveranstalter trifft neben der vertraglichen Nebenpflicht, den Besucher aufgrund des mit ihm geschlossenen Werkvertrags vor den von der Sportausübung ausgehenden Gefahren zu schützen, hinsichtlich der Sportstätte auch die Verkehrssicherungspflicht“*.

„Gesetzliche Vorschriften, die Längsseiten eines Eishockeyfelds mit Schutzvorrichtungen (etwa durch eine Plexiglasscheibe) zu versehen, bestehen nicht“:

- *„§ 84 Abs. 1 der (bayerischen) Versammlungsstättenverordnung schreibt für Eishockeyspielfelder lediglich eine ‚Bande‘ von 1,25 m Höhe vor.“*
- *„Das offizielle Regelbuch des Internationalen Eishockey-Verbands schreibt in Regel 102 a nur vor, dass die das Spielfeld umgebende Wand (Bande) eine Höhe zwischen 1,15 m und 1,22 m aufweisen muss.“*
- *„Plexiglasscheiben oder Maschendrahtnetze bis zu einer Höhe von 1,60 m ab der Bandenoberkante sind nur an den Stirnseiten des Spielfelds vorgeschrieben (Nr. 8.1.4.3 der DIN 18036).“*[406]
- *„Der Deutsche Eishockeybund (DEB) hat für den Spielbetrieb in seinem Bereich (mithin auch für das Spiel, bei dem die Klägerin verletzt wurde) keine derartigen Vorrichtungen angeordnet, sondern verlangt solche nur im ‚internationalen Bereich‘ (vgl. Auskunft des DEB zu Regel 102 B der Sonderbestimmungen für Europa- und Weltmeisterschaften).“*

Trotzdem *„war eine Schutzvorrichtung gegen aus dem Spielfeld fliegende Pucks auch an den Längsseiten erforderlich. Diese Verpflichtung folgt aus dem Grundsatz, dass jeder, der (durch eine besondere Veranstaltung) eine Gefahrenquelle eröffnet, Vorkehrungen zum Schutz der Besucher der Veranstaltung zu treffen hat. Eine solche allseitige Abschirmung ist erforderlich, denn die Gefahr, dass ein Puck auch über die Seitenbande in die Zuschauertribüne fliegt, ist keineswegs ungewöhnlich. Insoweit ist gegenüber dem Jahr 1961 (dem Zeitpunkt des Vorfalls, der dem Urteil des OLG München vom 9.7.1964 zugrunde liegt*[407]*) ein entscheidender Wandel eingetreten, weil das nunmehr profihaft betriebene Eishockeyspiel – wie gerichtsbekannt ist – schneller und damit auch härter geworden ist. Nur so ist es zu erklären, dass der DEB derartige Vorkehrungen nun jedenfalls für internationale Spiele verlangt und dass*

405 OLG München, Urteil v. 29.4.1982 (Az. 1 U 4085/81)

406 DIN 18036-1:1980-05 Eissportanlagen – Hallen für den Eissport, Grundlagen für Planung und Bau

407 Az. 4 U 284/63: Dieses Urteil ist leider nicht verfügbar.

die Stadien nicht nur in Übersee in dieser Weise ausgestattet sind, sondern dass auch in Deutschland Plexiglaswände auch an den Längsseiten vorhanden sind. Welche Maßnahmen zum Schutz der Zuschauer erforderlich sind, richtet sich nach der Art der Sportveranstaltung und der von ihr ausgehenden Gefahr. Je gefährlicher eine Verrichtung ist, umso größer sind die Sorgfaltspflichten des Geschäftsherrn. Dass eine mit hoher Geschwindigkeit in die Zuschauer geschlagene Hartgummischeibe erhebliche Verletzungen auslösen kann, liegt auf der Hand. Dabei braucht freilich nicht jede Gefährdung ausgeschlossen zu werden. Eine Plexiglaswand in einer Höhe von ca. 80 cm bietet aber jedenfalls für die in nächster Nähe des Spielfelds (wie hier die Klägerin) sitzenden Zuschauer ausreichend Schutz. Eine derartige Vorkehrung ist für die Beklagte trotz der Kosten von ca. 110 000 DM bis 150 000 DM (vgl. Auskunft des DEB) auch zumutbar.“

III. BGH[408]

Der BGH bestätigte die Verurteilung des Vereins zur Schadensersatzleistung an die verletzte Zuschauerin.

„Welche Maßnahmen im Einzelnen zu treffen sind, bestimmt sich nach den jeweiligen Umständen der Veranstaltung, vor allem nach der Intensität und Häufigkeit der sich für die Zuschauer ergebenden Gefährdung, wobei auch der finanziellen Belastbarkeit des Veranstalters (bzw. des Eigentümers der Sportanlage) bei Abwägung der Zumutbarkeit eine gewisse, wenn auch untergeordnete Bedeutung zukommt.

- *Allerdings soll das Spielfeld nach den einschlägigen DIN 18036 (‚Hallen für Eissport‘ Teil 1 Nr. 8.1.4.3) nur an den Stirnseiten und an seinen Längsseiten bis zur verlängerten Torlinie (4 m ab Stirnseite Bande) entweder durch ein Netz oder eine durchsichtige Kunststoffplatte (bis zu einer Höhe von 1,60 m ab Oberkante Bande) gesichert sein; bei längsseitig angeordneten Tribünen wird nur an Umgängen unter 2 m Breite die Anbringung einer mindestens 0,85 m hohen durchsichtigen Schutzverkleidung aus bruch- und splitterfreiem Material als erforderlich bezeichnet.*
- *Strengere Anforderungen bestanden 1980 nach den internationalen Eishockey-Regeln nur für die Austragung von Europa- und Weltmeisterschaften (Regel 102 B), die vorsehen, dass über normalen Banden eine Plexiglaswand hinter den Toren von 1,60 m und für die Seiten von 0,80 m Höhe angebracht wird. Diese Voraussetzungen erfüllen nach den Feststellungen des Berufungsgerichts bisher in Deutschland (anders als in Übersee) nur einige wenige Eissporthallen.*

[408] BGH, Urteil v. 29.11.1983 (Az. VI ZR 137/82)

Dennoch hat die Beklagte mit der Erfüllung der Voraussetzungen für nationale Eishockey-Spiele der ihr obliegenden Verkehrssicherungspflicht nicht ausreichend Rechnung getragen. Die Regeln der Technik, wie sie in den genannten Normen ihren Niederschlag finden, können zwar zur Konkretisierung der Verkehrssicherungspflichten herangezogen werden und stellen oft, zumal sie von Experten-Kommissionen erarbeitet sind, einen brauchbaren Maßstab für die zu fordernde Sorgfalt dar. Jedoch bestimmen sie nicht stets das Äußerste, was im Einzelfall verlangt werden kann, sondern sind ergänzungsbedürftig und entlassen den Richter nicht aus der Pflicht, das Integritätsinteresse des potenziellen Geschädigten selbst zu bewerten. Dies gilt insbesondere, wenn die Regeln, wie hier beim Eishockey, unterschiedliche Anforderungen für die Spiele auf nationaler und internationaler Ebene aufstellen.“
Der *„Sorgfaltsmaßstab richtet sich nicht stets nach dem, was ‚üblich‘ ist, sofern die Üblichkeit nicht den Sicherheitserwartungen besonnener und gewissenhafter Beurteilung entspricht. Da die Zuschauer sich wegen des kleinen Umfangs des Pucks und der sehr hohen Geschwindigkeit, mit der er auch bei normalem Spielablauf aus dem Spielfeld über die seitlichen Banden hinausgeschleudert werden kann, gegen die Gefahr einer Verletzung durch diesen nicht schützen können, muss der Verkehrssicherungspflichtige dieser Gefahr begegnen. Dies gilt jedenfalls für Eissporthallen, in denen regelmäßig Eishockeyspiele stattfinden, die auf eine größere Zuschauerbeteiligung angelegt sind.“*[409]

409 Neuerer Puck-Fall des OLG München: Urteil v. 2.4.1998 (Az. 14 U 622/97)

8.13 Fall 13: Fluchttür

Warum selbst eine konkrete Nachtragsgenehmigung der Fluchtrichtung dem Betreiber wegen der dynamischen ArbStättV nichts nützt.

Sachverhalt

Die Klägerin nutzte ein Bürogebäude und hatte im Jahr 2000 eine Nachtragsgenehmigung für eine nach innen öffnende Fluchttür im vierten Obergeschoss erhalten. Dieser Teil der Etage konnte über zwei Wege mit nach außen öffnenden Fluchttüren verlassen werden: eine Tür war etwas weiter entfernt, der zweite Weg ging über das Dachgeschoss in der fünften Etage.

Im Jahr 2015 erließ die Bezirksregierung eine Ordnungsverfügung und verfügte ohne Fristsetzung:

1. *„Die Fluchtwegsituation in der Betriebsstätte der Klägerin, vierten Obergeschoss, ist gemäß § 4 Abs. 4 i. V. m. Anhang 2.3 ArbStättV ist in einen verordnungskonformen Zustand zu versetzen“.*
2. *„Die Fluchttüren müssten in Fluchtrichtung aufschlagen“.*
3. *„In der Betriebsstätte der Klägerin, viertes Obergeschoss, wird die Beschäftigung von Beschäftigten im Sinne des § 2 Abs. 2 ArbSchG untersagt, bis der verordnungsgemäße Zustand hergestellt ist“.*
4. *„Die sofortige Vollziehung wird angeordnet“.*

Die Behörde begründete: *„Im Falle einer Gefahrensituation wird eine nach innen aufschlagende Fluchttür die Stresssituation der betroffenen Personen deutlich erhöhen und eine Flucht extrem erschweren. Im schlimmsten Fall wird es vor der Tür zu einer Menschenansammlung (Traubenbildung) kommen, die aufgrund des irrationalen Fluchtverhaltens des Menschen es nicht ermögliche, die Tür nach innen zu öffnen“.*

Urteil

Die Klage des Bürobetreibers gegen die Anordnung wies das Verwaltungsgericht (VG) Münster ab[410]: *„Die Ordnungsverfügung ist rechtmäßig und verletzt die Klägerin nicht in ihren Rechten“.*

---

[410] VG Münster, Urteil v. 22.6.2016 (Az. 9 K 1985/15)

A. Fluchtwegsituation: Aufschlagrichtung der Tür

Ermächtigungsgrundlage für die Anordnung zur Fluchtwegsituation ist § 22 Abs. 3 Satz 1 Nr. 1 ArbSchG.

I. Anordnungsvoraussetzungen

Die Klägerin argumentierte, sie *„habe in ihrer – unter Hinzuziehung externer Stellen erstellten – Gefährdungsbeurteilung berücksichtigt, dass lediglich fünf bis sieben Personen die Notausgangstür benutzten, sodass eine Stau- bzw. Traubenbildung vor der Tür nicht zu erwarten sei; folglich könne die Tür in einer Evakuierungssituation auch nach innen geöffnet werden“.*

Aber das Gericht verwies auf den *„eindeutigen Wortlaut von Nr. 2.3 Abs. 2 Satz 2 des Anhangs zur ArbStättV“*: danach *„‚müssen‘ sich Türen von Notausgängen zwingend immer nach außen öffnen lassen“* – und dies *„gilt unabhängig davon, wie viele Personen sich regelmäßig unter gewöhnlichen Umständen in der Arbeitsstätte aufhalten. Die Systematik der (normativen) ArbStättV ist anders als die nicht normativen Technischen Regeln für Arbeitsstätten (ASR), dergestalt angelegt, dass sich u. a. im Anhang der ArbStättV detaillierte, überwiegend zwingende (Muss-)Vorgaben finden, die der Arbeitgeber grundsätzlich umsetzen muss* (insoweit hat bereits der Verordnungsgeber auf abstrakt-genereller Ebene die Abwägung zwischen den verfassungsrechtlichen Positionen aus Art. 14 Abs. 1 GG und Art. 2 Abs. 2 Satz 1 GG vorgenommen[411]), *und eine Ausnahme von diesen zwingenden normativen Anforderungen (nur) dann in Betracht kommt, wenn die tatbestandlichen Voraussetzungen der Ausnahmevorschrift des § 3a Abs. 3 ArbStättV erfüllt sind und der Arbeitgeber einen entsprechenden schriftlichen Antrag an die zuständige Behörde stellt“.*

Das Gericht ergänzte, *„das Vorliegen einer besonderen Gefahr für Leben und Gesundheit der Beschäftigten fordert § 22 Abs. 3 Satz 1 Nr. 1 ArbSchG gerade nicht“.* Das *„ergibt sich aus dem Umkehrschluss zu § 22 Abs. 3 Satz 1 Nr. 2 ArbSchG“*, wo das nur bei einer anderer Ermächtigungsgrundlage Voraussetzung ist.

II. Kein Bestandsschutz

Als die Klägerin die Büronutzung im Jahr 2000 begann, galt § 10 Abs. 7 Satz 2 ArbStättV 1975 a. F.: *„Türen im Verlauf von Rettungswegen müssen gekennzeichnet sein. Die Türen müssen sich von innen ohne fremde Hilfe jederzeit leicht öffnen lassen, solange sich auch Arbeitnehmer in der Arbeitsstätte befinden“.* Die Klägerin meinte, die Bezirksregierung *„hätte sich vor diesem Hintergrund fragen müssen, ob*

[411] Eigentumsgrundrecht auf der einen (Arbeitgeber-)Seite und Recht auf körperliche Unversehrtheit auf der anderen (Beschäftigten-)Seite

im Hinblick darauf im konkreten Einzelfall eine geänderte Gefährdungsbeurteilung der Situation im vierten Obergeschoss vorliege, und wäre dann zu dem Ergebnis gekommen, dass dies nicht der Fall sei. Nach wie vor handele es sich um einen Bürobetrieb in einem aufwendig modernisierten Gebäude, der keine besonderen Brandgefahren hervorrufe".

Aber trotz Nachtragsgenehmigung sagte das VG: Die Klägerin *„kann sich nicht auf Bestandsschutz berufen. Die normative Regelung der Nr. 2.3 Abs. 2 Satz 2 des Anhangs zur ArbStättV ist ab dem Zeitpunkt ihres Inkrafttretens am 25. August 2004 auch auf die Arbeitsstätte der Klägerin – unabhängig davon, ob sich die konkreten Verhältnisse in ihrer Arbeitsstätte verändert haben – anwendbar. Die insoweit maßgebliche Übergangsvorschrift in § 8 ArbStättV greift nicht zu ihren Gunsten ein. Ein Bestandsschutz für ab dem 20. Dezember 1996 eingerichtete Arbeitsstätten greift auch dann nicht, wenn diese Arbeitsstätten durch die ArbStättV 2004 zusätzlichen Anforderungen unterworfen werden; die ArbStättV ist dynamisch angelegt, sodass die Anforderungen mit neuen Entwicklungen steigen können".*

Das Gericht ergänzte, *„auf baurechtlichen Bestandsschutz kann sich die Klägerin im Arbeitsschutzrecht von vornherein nicht berufen".*

III. Ausreichende Begründung der Ermessensausübung

§ 22 Abs. 3 Satz 1 Nr. 1 ArbSchG räumt der zuständigen Aufsichtsbehörde auf der Rechtsfolgenseite Ermessen ein, denn sie „***kann*** im Einzelfall anordnen".

Der Klägerin ist – so das VG – *„zwar zuzugestehen, dass die Dokumentation bzw. Darlegung auf den vorliegenden Einzelfall bezogener individueller Ermessenserwägungen in der Ordnungsverfügung weitgehend fehlt bzw. sehr dürftig gehalten ist"*, aber sie *„genügen gerade noch den rechtlichen Anforderungen"*:

Denn *„die an den Umfang der Begründung der Ermessensausübung zu stellenden Anforderungen richten sich u. a. auch nach den Umständen des jeweiligen Einzelfalls, beispielsweise danach, ob es sich beim jeweiligen Einzelfall, verglichen mit anderen Fällen, um einen ‚Standardfall' handelt, oder ob es sich um einen ‚Ausnahmefall' handelt, der sich von dem Durchschnitt der in der jeweiligen rechtlichen Konstellation vorkommenden Fälle (deutlich) abhebt. Je weiter der Ermessensspielraum der Behörde ist, desto eingehender muss sie ihre Entscheidung begründen; andererseits sind die Anforderungen an die Begründung der Ermessensbetätigung geringer, wenn es sich um einen ‚Standardfall' handelt, der keine Besonderheiten aufweist".*

Da vorliegend *„das Risiko durch eine nach innen aufschlagende Notausgangstür gegenüber dem Durchschnitt der vorkommenden Fälle nicht vermindert"* war, *„bestand für die Bezirksregierung auch keine rechtliche Verpflichtung, im Rahmen der Dokumentation der Ermessensausübung vertiefte Ausführungen anzustellen (auch wenn dies ggf. wünschenswert gewesen wäre)".*

IV. Erforderlichkeit: Milderes Mittel durch andere ArbStättV-konforme Fluchtwege oder durch Unterrichtung?

Die Anordnung zu den Fluchtwegen hielt das VG auch für verhältnismäßig, denn *„ein milderes Mittel, das eine unverzügliche und ungehinderte Flucht der sich im vierten Obergeschoss befindlichen Personen im Unglücksfall ebenso wirksam gewährleistete, besteht nicht"*. Die beiden anderen Fluchtwege haben zwar ArbStättV-konforme Türen, aber sie reichen dem Gericht nicht, weil *„Fluchtwege und Notausgänge nach Nr. 2.3 Abs. 1 Satz 1 lit. b) Anhang zur ArbStättV auf möglichst kurzem Weg ins Freie führen müssen"*:

- *„Eine Flucht über das erste Dachgeschoss scheidet insoweit von vornherein aus, da es im vierten Obergeschoss befindlichen Personen im Unglücksfall auf der Hand liegend nicht zugemutet werden kann, sich zur Flucht zunächst noch weiter vom Gebäudeausgang im Erdgeschoss zu entfernen, um dann von einem höheren Stockwerk aus die Flucht anzutreten."*
- Den Beschäftigten *„kann nicht zugemutet werden, im Unglücksfall an einer näher gelegenen Fluchttür* (der hier streitigen Tür) *vorbeizulaufen, um eine weiter entfernt gelegene Fluchttür zu benutzen"*.
- *„Eine Unterrichtung der Beschäftigten über die Gefährdung durch die nach innen öffnende Fluchttür stellt sich ebenfalls nicht als milderes Mittel dar. Individuelle Schutzmaßnahmen sind nach der ausdrücklichen Regelung in § 4 Nr. 5 ArbSchG nachrangig zu anderen Maßnahmen; Gefahren sind vielmehr gemäß § 4 Nr. 2 ArbSchG an ihrer Quelle zu bekämpfen"*.

V. Angemessenheit: Unzumutbarkeit wegen zu hoher Kosten?

Der Kläger hatte zwar auf Umbaukosten in Höhe von 30 000 € verwiesen; hierauf ging das Gericht indes nicht mehr ein. Denn *„eine Abwägung im Einzelfall zwischen den verfassungsrechtlichen Positionen aus Art. 14 Abs. 1 GG und Art. 2 Abs. 2 Satz 1 GG nicht mehr angezeigt, da der Verordnungsgeber der ArbStättV diese Abwägung insoweit bereits abstrakt-generell mit der Normierung von Nr. 2.3 Abs. 2 Satz 2 des Anhangs zur ArbStättV vorgenommen hat"*.

VI. Keine Fristsetzung nötig

Die Bezirksregierung hatte zwar keine Frist gesetzt, aber das Gericht sah gemäß § 22 Abs. 3 Satz 2 ArbSchG keine solche Pflicht, *„da hier Gefahr im Verzug vorlag. Gefahr im Verzug verlangt grundsätzlich eine konkrete Gefahr; grundsätzlich muss der Eintritt eines unmittelbar drohenden Schadens für wichtige Rechtsgüter drohen"*:

„Die Gefahr, die durch die nach innen öffnende Notausgangstür für Leib und Leben der im vierten Obergeschoss befindlichen Personen droht, ist dadurch gekennzeichnet,

dass sie jederzeit, sofern ein Unglücksfall eintritt, der die Flucht aus dem Gebäude erfordert (hier ist etwa an einen Brandfall, aber auch an sonstige Evakuierungssituationen zu denken), in eine unmittelbar drohende, konkrete Gefahr für diese überragend wichtigen Rechtsgüter (Art. 2 Abs. 2 Satz 1 GG) umschlagen kann, insofern als die nach innen öffnende Tür eine Flucht aus dem viertem Obergeschoss durch Bildung einer Menschentraube hinter der Tür verhindern (in diesem Zusammenhang ist auf die höchstmögliche Anzahl der im vierten Obergeschoss anwesenden Personen abzustellen, Nr. 2.3 Abs. 1 Satz 1 lit. a) Anhang zur ArbStättV) oder zumindest erheblich erschweren/verlangsamen kann. In einem derartigen, jederzeit möglichen Unglücksfall käme ein Eingreifen der zuständigen Aufsichtsbehörde immer zu spät bzw. wäre bei ungehindertem Ablauf des objektiv zu erwartenden Geschehens ein Schaden für Leben und Gesundheit der Beschäftigten unmittelbar-konkret möglich".

B. Untersagung der Beschäftigung

Ermächtigungsgrundlage für Anordnung des Beschäftigungsverbots ist § 22 Abs. 3 Satz 3 ArbSchG.

I. Anordnungsvoraussetzungen

Aber im Zeitpunkt der Anordnung konnte die Klägerin i.S.d. § 22 Abs. 3 Satz 3 ArbSchG die Anordnung doch noch gar nicht sofort ausgeführt haben? Das VG rettete die Bezirksregierung mit folgender Argumentation:

Die Vorschrift *„erfordert mit dem Tatbestandsmerkmal, dass eine für sofort vollziehbar erklärte Anordnung nach § 22 Abs. 3 Satz 1 ArbSchG nicht ‚sofort' ausgeführt wird, nicht, dass – zeitlich hintereinander – zwei Ordnungsverfügungen ergehen müssen dergestalt, dass zunächst eine Ordnungsverfügung nach § 22 Abs. 3 Satz 1 ArbSchG ergeht, dann eine Ordnungsverfügung nach § 22 Abs. 3 Satz 3 ArbSchG. Vielmehr können beide Verwaltungsakte jedenfalls dann in einem Bescheid verbunden werden, wenn nichts dafür ersichtlich ist, dass der arbeitsschutzrechtlich verantwortliche Arbeitgeber freiwillig dafür sorgt, dass die entsprechenden Türen von Notausgängen sich nach außen öffnen lassen"*. Diese Situation nahm das Gericht hier an, weil die Klägerin im Verwaltungsverfahren Aufforderungen der Bezirksregierung nicht nachkam.

II. Ermessen und Verhältnismäßigkeit

Auch hier genügten – so das Gericht – die Begründungen der Bezirksregierung zum Ermessen *„gerade noch"* den rechtlichen Anforderungen. Die Behörde musste nicht – im Sinne erst Umbauanordnung, dann erst Untersagungsanordnung – gestaffelt vorgehen, weil *„die betroffenen Beschäftigten so weiter der Gefahrenlage durch eine nach innen öffnende Notausgangstür ausgesetzt gewesen wären"*.

C. Bestätigung durch das Oberverwaltungsgericht

Das OVG Nordrhein-Westfalen bestätigte das erstinstanzliche Urteil[412] – und ergänzte insbesondere: Es *„begegnet keinen Bedenken"*, wie das VG anzunehmen, *„ein Unglücksfall sei jederzeit möglich und ein Eingreifen der Aufsichtsbehörde käme dann immer zu spät"*. Gefahr im Verzug *„kann bei nicht unerheblichen Brandschutzdefiziten regelmäßig bejaht werden. Vielmehr muss in Gebäuden jederzeit mit dem Entstehen eines Brands gerechnet werden"*.

Sodann folgt im OVG-Urteil noch ein Scheingefecht:

- Die Klägerin rügte, die *„Beklagte habe keine Einzelfallbetrachtung der Gefährdungssituation vorgenommen"* und verwies *„auf Ausführungen des Bundesministeriums für Arbeit und Soziales, die sich auf dessen Homepage befunden hätten, führt zu keinem anderen Ergebnis. Danach enthalte die ArbStättV Schutzziele, allgemein gehaltene Anforderungen und flexible Grundvorschriften, aber keine detaillierten Vorgaben"*. Aber – so das Gericht – diesen Angaben im Internet *„kommt keine rechtliche Bedeutung für die gerichtliche Auslegung der ArbStättV zu"*. Dabei steht das ähnlich in der Verordnungsbegründung[413], hätte als bei der Auslegung berücksichtigt werden müssen: „Regelungssystematik der europäischen Arbeitsschutzrichtlinien, nach der Schutzziele und allgemein gehaltene Verhaltensvorgaben festgesetzt werden. Durch flexible Grundvorschriften soll den Betrieben Spielraum für an ihre Situation angepasste Arbeitsschutzmaßnahmen gegeben werden".
- Die Klägerin argumentierte noch mit Anhang Vorbemerkung Satz 1: „Die nachfolgenden Anforderungen gelten in allen Fällen, in denen die Eigenschaften der Arbeitsstätte oder der Tätigkeit, die Umstände oder eine Gefährdung der Beschäftigten dies erfordern". Diese Vorbemerkung berücksichtigte das OVG nicht, weil sie vor dem zweitinstanzlichen Urteil 2016 aus der ArbStättV gestrichen worden ist. Diese Streichung wurde damit begründet[414], dass die Vorbemerkung „auf die gefährdungsbezogene Anwendung der Maßnahmen des Anhangs hinweist", was aber „durch die Aufnahme der Gefährdungsbeurteilung in die ArbStättV entbehrlich geworden" sei; „die Maßnahmen nach der ArbStättV sind immer dann zu ergreifen, wenn dadurch eine Gefährdung der Beschäftigten minimiert oder verhindert werden kann". Die Vorbemerkung steht aber auch noch in der europäischen Arbeitsstätten-Richtlinie 89/654/EWG, wäre also auch noch auslegungsrelevant gewesen.

---

412 OVG Münster, Beschluss v. 17.1.2018 (Az. 8 A 1648/16)

413 BR-Drs. 450/04 v. 26.5.2004, S. 21

414 BR-Drs. 506/16 v. 8.9.16, S. 31

Das OVG hätte also die deutsche Verordnungsbegründung und die europäischen Richtlinien nicht so „wegbügeln“ dürfen. Aber das Ergebnis wäre dasselbe gewesen: das Gericht hätte wieder mit den Gefahren kontern können. So tat es das VG im erstinstanzlichen Urteil: *„Türen von Notausgängen, die sich nicht nach außen öffnen lassen, stellen nach der in Nr. 2.3 Abs. 2 Satz 2 Anhang zur ArbStättV getroffenen Wertung des Verordnungsgebers vielmehr immer eine relevante Gefahr dar. Dass Satz 1 der Vorbemerkung zum Anhang zur ArbStättV keine Abwägung im konkreten Einzelfall mehr erfordert, folgt zusätzlich auch daraus, dass anderenfalls die in § 3a Abs. 3 ArbStättV geregelte Ausnahmevorschrift leer liefe“.*

8.14 Fall 14: Flüssiggasanlage

1998 hatten das LG Krefeld am 24. Februar und das OLG Düsseldorf am 30. Oktober Urteile zur Schadensersatzhaftung eines Technikleiters für Konstruktionsfehler und eines ausführenden Hersteller-Mitarbeiters sowie zum Mitverschulden des verletzten Betreibermitarbeiters verkündet:

Sachverhalt

Der Betreiber – ein Unternehmen der Tonwarenindustrie – hatte für den Betrieb seiner Produktionsanlagen die Möglichkeit, diese wahlweise mit Erdgas oder mit Flüssiggas zu beheizen. Die 1989 installierte Flüssiggasanlage sollte von Butangas auf Propangas umgestellt werden. Der Betreiber beauftragte 1990 den Hersteller der Flüssiggasanlage mit den entsprechenden Umrüstungsarbeiten – und dazu musste der Gas-/Luft-Mischer (G/L-Mischer) ausgebaut werden. Die Arbeiten erledigten folgende zwei Mitarbeiter des Herstellers:

- **T** ist zwar nicht Geschäftsführer des Anlagenherstellers, aber – so das OLG – *„nach seinen Angaben im strafrechtlichen Ermittlungsverfahren*[415] *ist davon auszugehen, dass er die Firma faktisch jedenfalls im technischen Bereich führt. Er ist als Diplom-Ingenieur ohne besondere Funktionsbezeichnung in der GmbH tätig, als deren Geschäftsführerin seine Ehefrau eingetragen ist.“*
- **S** ist beim Anlagenhersteller als Schweißer tätig.

Nach Wiedereinbau und Probelauf ohne Störungen verließen T und S am späten Freitag-Nachmittag das Werk des Betreibers. *„Zu dieser Zeit und noch einige Stunden lang wurden die Öfen mit Flüssiggas beheizt.“* Am späten Abend trat Gasgeruch auf. Der Betriebsmeister B – beim Betreiber *„zuständig für die Einteilung und Produktionsüberwachung“* – ließ die Flüssiggasanlage abschalten und beheizte die Öfen einige Tage wieder mit Erdgas. Auf Weisung des Betriebsleiters setzte B die Flüssiggasanlage einige Tage später wieder in Betrieb. Als Gasgeruch feststellt wurde, ging B zur Flüssiggasanlage. *„Auf dem Weg dorthin bemerkte er, dass Flüssiggas aus dem Ausgangsrohr der Luftleitung tropfte. Nahezu im selben Moment kam es zu einer Explosion, durch die B schwer verletzt wurde.“*

Die Zuführung von flüssigem Gas aus dem Tanklager in den Verdampfer erfolgt über ein thermoelektrisches Ventil (Ventil 5.2), das sich erst öffnet, wenn im Verdampfer

[415] Zu einem Strafurteil ist es – soweit ersichtlich – nicht gekommen.

eine Temperatur von mindestens 30 °C erreicht ist. Wenn das thermoelektrische Ventil (aufgrund eines Defektes) nicht öffnet, kann die Zuführung des flüssigen Gases über ein manuell zu betätigendes Ventil (Ventil 5.4) in einer Umgehungsleitung erfolgen. Im Verdampfer wird das Gas vom flüssigen in den gasförmigen Zustand überführt und dann zum G/L-Mischer geleitet. Über Rohrleitungen ins Freie kann dem Mischer Luft zugeführt bzw. diese abgeleitet werden. Die auf Anordnung der Staatsanwaltschaft eingeschalteten Sachverständigen stellten bei ihrer Untersuchung am Tag des Unfalls zum Ventil 5.2 fest, *„dass der Einstelldrehknopf aus Kunststoff in der Mitte durchgehend gerissen war. Die Temperatur war auf 33 °C eingestellt.“* Den G/L-Mischer fanden sie in halboffener Stellung vor.

B war Kläger und verklagte T und S auf Schadensersatz und Schmerzensgeld und behauptete, *„das G/L-Mischerventil sei schon am Freitagabend nicht ordnungsgemäß geschlossen gewesen. Die Beklagten hätten es nach Abschluss ihrer Arbeiten nicht richtig überprüft. Dadurch sei Gas entwichen, das sich aus unbekannter Ursache entzündet habe. Gasgeruch beim Einschalten der Anlage habe es immer wieder gegeben, das sei nichts Auffälliges gewesen.“*

Die Beklagten T und S behaupteten, *„bei dem Probelauf am Freitagabend sei das Mischerventil in Ordnung gewesen“*, denn sonst *„hätte die Anlage auch nicht 6 h ohne Gasgeruch laufen können.“* Außerdem warfen sie dem B Mitverschulden vor, denn *„es sei leichtsinnig gewesen, die Anlage trotz des am Freitag festgestellten Gasgeruchs am Dienstag ohne vorherige Überprüfung wieder in Betrieb zu nehmen“*.

Urteile

Das LG Krefeld lehnte eine Schadensersatzpflicht von T und S ab (dazu I.). Das OLG Düsseldorf gab der Klage gegen den Technischen Leiter T dagegen aus allgemeinem (außervertraglichem, also deliktischem) Schadensersatzrecht statt (dazu II.), aber nur teilweise, weil B den Unfall selbst mitverschuldet hatte (dazu III.). Die Klage gegen den Schweißer S scheiterte dagegen auch in zweiter Instanz (dazu IV.). Die Gerichte prüften auch vertragliche Ansprüche des Klägers B gegen die Beklagten T und S – solche bestanden indes nicht (dazu V.). Ein Urteil zu einer Klage des B gegen den Arbeitgeber von T und S – also das Unternehmen – ist nicht bekannt (dazu VI.).

I. LG Krefeld – keine Ansprüche nach außervertraglichem Schadensersatzrecht

Die wichtigste Anspruchsgrundlage im außervertraglichen Schadensersatzrecht ist § 823 BGB. Danach hat jeder – auch beruflich tätige – Mensch alles in der konkreten Situation Mögliche und Zumutbare zu tun, um andere nicht zu schädigen. Aus der allgemeinen Haftungsvorschrift folgen viele konkrete Handlungs- bzw. **Verkehrssicherungspflichten** – so auch von Anlagenherstellern und -instandhaltern.

Das LG Krefeld konnte indes keine Pflichtverletzung feststellen und lehnte den Schadensersatzanspruch ab:

Nach dem eingeschalteten Sachverständigen lag die primäre Ursache für den Unfall in der Zuführung von flüssigem Gas aus dem Tanklager in den Verdampfer *„zu einer Zeit, als im Verdampfer noch keine Temperatur von 30 °C erreicht war"*. Dadurch konnte der Verdampfer seine Funktion nicht übernehmen, *„sodass es zum Austritt von flüssigem Gas aus dem Verdampfer"* in den G/L-Mischer kam. Die dort durch Verdampfung entstehende Verdampfungskälte führte zu einer Vereisung des Mischerventils (in halb geöffneter Stellung) und damit zum Durchtritt von flüssigem Gas, bis dieses schließlich aus dem Ausgangsstutzen einer Luftleitung des Mischers austrat.

Das LG sah also kein menschliches Versagen der Beklagten: *„Mitnichten lässt also das Vorfinden des Mischers in halboffener Stellung nach der Explosion darauf schließen, dass die Beklagten bei Einbau oder Wartung des Mischers Fehler begangen haben."* Dafür spreche auch, *„dass es zu keiner Störung während des Probelaufs kam. Vielmehr muss es einen technischen Defekt oder aber Manipulationen im Bereich der Ventile"*, die sich zwischen Tanklager und Verdampfer befanden, „gegeben haben". Dabei sei es für die Klärung der Frage, ob eine Pflichtverletzung von T und S vorliegt, unerheblich, ob letztlich das eine Ventil *„manuell geöffnet wurde oder aber ein ungeregeltes Zuschalten des thermoelektrisch gesteuerten Ventils"* erfolgte.

Fazit

Es ging – wie häufig nach Unfällen vor Gericht – nicht primär um rechtliche Wertungen, sondern um Tatsachenfeststellungen. Bei der Haftungsfrage – so ist es sehr häufig und für diese Antwort werden Juristen nicht selten kritisiert – *„kommt es darauf an"*: nämlich auf den Sachverhalt. Für den Sachverständigen war das halb geöffnete Mischerventil nicht die Ursache für den Schadensablauf, sondern eine Folge (nämlich der Vereisung). Da T und S nicht hafteten, musste das Gericht auch nicht weiter ein Mitverschulden des Geschädigten B prüfen (dazu später III.).

II. OLG Düsseldorf – Verantwortlichkeit des technischen Leiters

Das OLG Düsseldorf gab in zweiter Instanz der Klage gegen den Technischen Leiter T dagegen statt. Eine Haftung nach § 823 Abs. 1 BGB setzt eine Pflichtverletzung (dazu 1. bis 3.) eines Verantwortlichen (dazu 4. und 5.) voraus, der schuldhaft gehandelt hat (dazu 6.) und dessen Pflichtverletzung kausal für den Unfall und Schaden war (dazu 7.).

1. Pflichtverletzung durch Konstruktionsfehler – Nichteinbau einer zweiten Sicherheitsstufe

Das LG Krefeld sagte noch kurz und knapp, es sei *„nicht vorgetragen, dass der Aufbau der Anlage gegen Sicherheitsvorschriften verstößt“*. Wörtlich genommen muss die Aussage verwundern, denn die Prüfung von Verstößen gegen Vorschriften ist gerade Aufgabe des Gerichts und nicht die Parteien müssen hierzu vortragen – sie sollten es aber tun, um gerade solche knappen Urteilsbegründungen zu verhindern.

Letztlich reicht ohnehin eine Verletzung der allgemeinen Verkehrssicherungspflicht – ohne dass es konkret festgelegter Sicherheitspflichten bedarf. Aber hierzu sagte das LG ohne jede Begründung nur, dass *„eine Verletzung der Verkehrssicherungspflicht nicht vorliegt“*. Das Gericht erwähnte aber – wieder ohne konkrete weiterführende Hinweise – die Aussage des Sachverständigen, *„die Anlage hätte von der Konstruktion her sicherer gestaltet werden können“*. Zwar sagt § 3 Abs. 2 Produkthaftungsgesetz (ProdHaftG): *„Ein Produkt hat nicht allein deshalb einen Fehler, weil später ein verbessertes Produkt in den Verkehr gebracht wurde.“* Aber genau prüfen muss man einen möglichen Konstruktionsfehler schon.

Das OLG Düsseldorf begründete die „Mangelhaftigkeit“ der Anlage dagegen mit einer fehlenden zweiten Sicherheitsstufe: *„Die zweite Sicherung war notwendig, um die von der Anlage ausgehenden Gefahren abzuwenden. Durch das Unterlassen des Einbaus eines solchen Ventils hat T gegen ihm obliegende Verkehrssicherungspflichten verstoßen.“* Vertieft begründet wurde das nicht. Das Gericht verwies nur auf einen Runderlass des nordrhein-westfälischen Ministeriums für Umwelt, Raumordnung und Landwirtschaft sowie für Arbeit, Gesundheit und Soziales vom 5.6.1990, *„wonach eine redundante, möglichst diversitäre Sicherheitseinrichtung vorhanden sein muss, die den Übertritt von Flüssigphase in die dem Verdampfer nachgeordneten Anlagenteile sicher verhindert. Eine solche Einrichtung war unstreitig nicht vorhanden. Sie hätte verhindert, dass Gas in flüssiger Form bis zum G/L-Mischerventil vordringen konnte.“*

Fazit

Eine allgemeine Anforderung nach einer redundanten (und möglichst diversitären) Sicherheitseinrichtung gibt es nicht. Allgemein wird gefordert, dass (Schutz-)Maßnahmen wirksam und zuverlässig sein müssen – so z. B. in der Generalklausel § 3 Arbeitsschutzgesetz (ArbSchG). Ob ausreichende Sicherheit nur durch eine zweite Sicherheitseinrichtung erreicht wird, muss im Rahmen einer Gefährdungsbeurteilung ermittelt werden. Auch z. B. in der Störfallverordnung[416] wird diese Forderung

[416] Zwölfte Verordnung zur Durchführung des Bundes-Immissionsschutzgesetzes (Störfall-Verordnung – 12. BImSchV)

ausdrücklich mit einer individuellen Bewertung verknüpft – und kommt in den *„Anforderungen zur Verhinderung von Störfallen"* in § 4 Nr. 3 so zum Ausdruck: Der Betreiber hat *„die Anlagen des Betriebsbereichs mit zuverlässigen Messeinrichtungen und Steuer- oder Regeleinrichtungen auszustatten, die, soweit dies sicherheitstechnisch geboten ist, jeweils mehrfach vorhanden, verschiedenartig und voneinander unabhängig sind"*. Im konkreten Fall des OLG Düsseldorf gab es allerdings eine explizite Forderung nach einer redundanten Sicherheitseinrichtung gemäß Runderlass im Juni 1990. Ab Dezember 1991 forderte es auch die Anlage zu TRB 801 Nr. 25 „F lüssiggaslagerbehälteranlagen"[417].

Möglicherweise war aber gar nicht das Versagen der Sicherheitseinrichtung ursächlich für den Unfall, sondern Manipulation oder die Öffnung des manuell zu betätigenden Ventils in der Umgehungsleitung (s. o.: *„Vielmehr muss es einen technischen Defekt <u>oder</u> aber Manipulationen im Bereich der Ventile gegeben haben"*, *„weil entweder der Temperaturregler für das Ventil 5.2 aus seinem normalen Regelbereich verdreht oder das Ventil 5.4 manuell geöffnet worden sei"*). Aus dem Urteil ging nicht hervor, ob das in der Umgehungsleitung installierte Handventil 5.4 gegen unbeabsichtigte Betätigung gesichert war. Sollte aber seine Öffnung ursächlich gewesen sein, dann hätte auch eine zweite Sicherheitseinrichtung (in der Hauptleitung) den Unfall nicht verhindert. Eine zweite Sicherheitseinsrichtung ist dann sinnvoll, wenn auch der Rest der Anlage (in diesem Fall die Umgehungsleitung) entsprechend gesichert ist, *„das schwächste Glied der Kette"* also nicht an anderer Stelle zu finden ist. Oder – bildlich gesprochen – das zweite Schloss an der Vordertür macht nur dann Sinn, wenn die Hintertür nicht offengelassen wird.

2. Pflichtverletzung trotz fehlender zwingender Vorgaben – kein Vertrauensschutz auf abschließende Rechtsvorschriften

Nun war die zweite Sicherheitsstufe im Jahre 1989 *„zur Zeit der Errichtung der Anlage noch nicht verbindlich vorgeschrieben"*. Darauf kann – so das OLG recht knapp – sich T indes *„nicht berufen, denn die Einhaltung geltender Normen befreit den Verkehrssicherungspflichtigen nicht ohne Weiteres von der Haftung"*[418].

Fazit

Das maßgebliche Sicherheitsniveau ergibt sich nicht abschließend aus technischen Regelwerken und Normen – und nicht einmal aus konkreten Rechtsvorschriften.

---

417 BArbBl. 12/1991 S. 53

418 Hier verweist das Gericht auf das Buch Haftpflichtprozeß von *Geigel* – heute sagt dort der Richter am BGH *Wolfgang Wellner*: *„Die Einhaltung bestimmter Normen steht dem Vorwurf einer Verkehrspflichtverletzung nicht etwa per se entgegen"* (25. Aufl. 2008, Kapitel 14 Rn. 6).

Immer wieder sagt die Rechtsprechung, es *„wird die auf der allgemeinen Verkehrssicherungspflicht beruhende zivilrechtliche Verantwortlichkeit des Herstellers eines Erzeugnisses durch sicherheitstechnische Regeln nicht auf deren Einhaltung beschränkt. Solche Vorschriften konkretisieren lediglich Sorgfaltspflichten des Herstellers, sie stellen jedoch keine abschließende Festlegung seiner Verantwortlichkeit dar.“*[419] Daher kann etwas zur (allgemeinen) „Verkehrssicherung“ gehören, ohne dass bzw. bevor es in technischen Normen oder Gesetzen zur (konkreten) Pflicht wird. Das bedeutet große Verantwortung für alle Verkehrssicherungspflichtigen. Wie geht man mit dieser „Last“ um? Natürlich geben Gerichtsurteile wie das hier besprochene Anhaltspunkte für die Anforderungen aus Sicht der „entscheidenden“ Instanzen – und zwar juristisch, mit Blick in die Vergangenheit auf den Vorfall – Juristen sagen „ex post“). Aber letztlich muss zuvor der Verkehrssicherungspflichtige selbst entscheiden, und zwar fachlich mit Blick in die Zukunft – Juristen sagen „ex ante“. Dabei hat er sich nicht nur an rechtlichen Wertungen zu orientieren, sondern auch an dem, was in seinem Fachbereich – in seiner Zunft – für erforderlich gehalten wird. Entscheidend ist der Stand der Technik, der sich eben nicht allein aus Regelwerken ergibt. Siehe zum Ganzen auch das Schlusswort in Teil 1 Kapitel 7 dieses Buchs und – noch ausführlicher – mein Buch zur Sicherheitsverantwortung – Arbeitsschutzpflichten, Betriebsorganisation und Führungskräftehaftung – mit 25 erläuterten Gerichtsurteilen (2016).

3. Pflichtverletzung trotz Anlagengenehmigung – kein Bestandsschutz

Das Gericht stellte auch fest, *„die Anlage war genehmigt“*. Wenn es eine Genehmigung gibt, kommt sofort das Argument: Bestandsschutz! Das OLG sagte aber nur lapidar, im Runderlass sei *„eine Nachrüstung auch bestehender Anlagen vorgeschrieben“*.

Fazit

Diese Begründung ist unzureichend. Im Fall 7 (Bäckerei, siehe Kapitel 8.7) stellte das VG Berlin zutreffend fest, *„eine Richtlinie eines privaten Vereins kann entgegen den Bestimmungen des Gesetzes keinen Bestandsschutz schaffen“*. Das gilt auch umgekehrt. Eine – nicht zwingende – technische Norm kann Bestandsschutz auch nicht nehmen. Das Gericht hätte also schon umfangreicher prüfen müssen, ob aus gesetzlichen Wertungen Bestandsschutz folgen könnte oder nicht. Zum Verhältnis des Rechts zu Techniknormen siehe ausführlich mein Buch zur rechtlichen Bedeutung technischer Normen als Sicherheitsmaßstab – mit 33 Gerichtsurteilen zu anerkannten Regeln und Stand der Technik, Produktsicherheitsrecht und Verkehrssicherungspflichten (2017).

---

[419] BGH, Urteil v. 18.5.1998 (Az. VI ZR 192/98)

4. Verantwortlichkeit trotz primärer Betreiberpflicht zur Umrüstung – Berater- bzw. Dienstleisterhaftung

Zwar ist für die Nachrüstung primär der Betreiber verantwortlich – was auch der Runderlass klarstellte. Aber T hätte – so das OLG – *„insbesondere anlässlich der Umrüstung im November 1990 auf dieses Erfordernis hinweisen und eine solche Sicherung einbauen müssen. Er war derjenige, der die erforderliche Sachkunde besaß, und er hätte den Betreiber beraten müssen.“*

Fazit

Dienstleister können, auch ohne dass dies ausdrücklich im Vertrag steht, Hinweispflichten haben. Das unterstreicht die enorme Bedeutung der Vertragsgestaltung bei Installations- und Instandhaltungsarbeiten: Wer ist wann für was wie weitgehend zuständig? Wenn man das nicht genau regelt, dann kommt immer der – sehr weit und sehr unkonkret formulierte – § 241 Abs. 2 BGB ins Spiel. Jeder Dienstleister hat danach – auch ohne dass es ausdrücklich gesagt wird – in gewissem Umfang Nebenpflichten – und dazu gehören Hinweis- und Informationspflichten. Aber wann und in welchem Umfang? Das könnte – soweit es möglich ist – im Vertrag spezifiziert werden.

Der Betreiber behält seine Pflichten übrigens, wenn er sie nicht auf den Dienstleister überträgt. Erstens muss aber eine solche Pflichtendelegation *„klar und eindeutig“*[420] erfolgen und zweitens behält der Betreiber eine Aufsichtspflicht – er muss ordnungsgemäß auswählen (also ein geeignetes Fachunternehmen beauftragen) und er muss kontrollieren (jedenfalls wenn ein Anlass besteht)[421]. Auf diese Pflichten wäre es z. B. angekommen, wenn ein Geschädigter den Betreiber verklagt hätte – also B seinen eigenen Arbeitgeber oder aber ein geschädigter Dritter den Betreiber.

5. Verantwortlichkeit als technischer Leiter bzw. faktischer Geschäftsführer – persönliche Produkthaftung

Aber der Hersteller bzw. Dienstleister war doch das Unternehmen (der Arbeitgeber von T) und nicht T selber: Wie kommt die Verantwortlichkeit zum Unternehmensmitarbeiter? Das LG Krefeld konnte nicht erkennen, dass gerade die Beklagten für einen fehlerhaften Zustand der Anlage *„verantwortlich wären oder diesen hätten erkennen müssen“*. Für den Schweißer S war das OLG Düsseldorf auch bei dieser Ansicht geblieben (dazu IV.). Zum Technischen Leiter T sagte das OLG indes: *„Er hat die Anlage eingebaut. Als Verantwortlicher für die technische Einrichtung der Anlage haftet er deshalb gemäß § 823 Abs. 1 BGB für die durch Mängel der Anlage*

[420] Vgl. z. B. BGH, Urteil v. 22.1.2008 (Az. VI ZR 126/07)

[421] Siehe hierzu in diesem Buch auch die Fälle 4 und 5 (Kapitel 8.4 und 8.5): Aufzug im Kurheim bzw. im Parkhaus

hervorgerufene Körperverletzung. Hier sind die Grundsätze der Produkthaftung anzuwenden, wonach derjenige, der an herausgehobener und verantwortlicher Stelle im Produktionsbetrieb tätig ist, für einen Schaden, der in seinem Organisations- und Verantwortungsbereich entsteht, einzustehen hat, wenn er nicht den Beweis seiner Schuldlosigkeit erbringen kann[422]*, denn T war derjenige, der die Konstruktion der Anlage zu verantworten hat."*

Fazit

Auch Unternehmensmitarbeiter können bei Schäden nach Produktfehlern – persönlich – auf Schadensersatz in Anspruch genommen werden, wenn sie eine „herausgehobene und verantwortliche Stellung innehaben".

6. Verschulden – Fahrlässigkeit

Die Haftung nach § 823 BGB wegen Verletzung der Verkehrssicherungspflicht setzt Verschulden voraus. Verschulden ist Vorsatz oder Fahrlässigkeit. Vorsatz scheidet hier aus. Fahrlässigkeit setzt Erkennbarkeit voraus. Und dass Erkennbarkeit gegeben war, behauptet das OLG mehr als das es dies begründet: Dem T *„waren die Gefahren erkennbar. Er hätte alle Maßnahmen zu ihrer Eindämmung ergreifen müssen. Dies gilt umso mehr, als zum Zeitpunkt des Unfalls die Richtlinien in Kraft getreten waren und eine Nachrüstung auch bestehender Anlagen vorgeschrieben ist."*

Fazit

Das Verschulden ist insbesondere bei komplexen technischen Wertungen problematisch. Das OLG hätte das Verschulden des T ausführlicher begründen müssen. Das gilt umso mehr, als der Runderlass mit der Nachrüstungsforderung erst fünf Monate vor dem Unfall in Kraft getreten war. Der BGH sagt[423], bei Normverschärfungen *„kann dem Verkehrssicherungspflichtigen im Einzelfall jedenfalls eine angemessene Übergangsfrist zuzubilligen sein"* – *„jedenfalls innerhalb des unter einem Jahr liegenden Zeitraums bis zum Unfall"*. Aber Vorsicht: Erstens beschränkt der BGH dies auf bestimmte Fälle – *„soweit es sich um Gefahren handelt, die nicht so schwerwiegend und für den Verkehr im Allgemeinen erkennbar und mit zumutbarer Sorgfalt und Vorsicht beherrschbar sind"*. Zweitens gilt nicht immer eine 1-Jahr-Übergangsfrist[424]. Was erforderlich ist, bestimmt die Verkehrssicherungspflicht.

[422] Hier zitiert das Gericht den BGH, Urteil v. 3.6.1975 (Az. VI ZR 192/73): In diesem Fall haftete der „Geschäftsleiter für die Produktion der Werkzeuge".

[423] BGH, Urteil v. 2.3.2010 (VI ZR 223/09) – in diesem Buch Fall 17 (Kapitel 8.17): Glastür in der Bank Traunstein

[424] Zur Frage der Anpassungsfrist bei Normverschärfung siehe ausführlich – zu Glastüren – die Fälle 16 und 17, Kapitel 8.16 und 8.17 in diesem Buch.

Der BGH sagt, die *„Frage einer Nachrüstungspflicht für bestehende technische Anlagen im Falle einer Verschärfung von Sicherheitsbestimmungen lässt sich nicht generell beantworten, sondern richtet sich ebenfalls danach, ob sich vorausschauend für ein sachkundiges Urteil die nahe liegende Gefahr ergibt, dass durch die bestehende technische Anlage – ohne Nachrüstung – Rechtsgüter anderer verletzt werden können"*.

Das OLG handelte die Fahrlässigkeit womöglich so kurz und knapp ab, weil sich der Technische Leiter T hätte entlasten müssen. Entgegen der allgemeinen Beweislastregel, dass der Geschädigte alle Voraussetzungen des § 823 Abs. 1 BGB – also auch das Verschulden des Pflichtverletzers – beweisen muss, dreht die Rechtsprechung die Beweislast in der Produkthaftung um – selbst dann, wenn ein Unternehmensmitarbeiter verklagt wird, denn dieser überblickt die vom ihm geleitete „Produktionssphäre" und ist (ebenso wie sein Unternehmen) „näher dran" und daher besser geeignet, den Sachverhalt aufzuklären, als der Geschädigte[425].

7. Kausalität

Als anspruchsbegründende Voraussetzungen musste der Geschädigte B grundsätzlich auch die Kausalität beweisen – also, dass die Pflichtverletzung von T den Schaden verursacht hatte. Aber das OLG machte es kurz: *„Der Beweis des ersten Anscheins spricht nämlich jedenfalls dafür, dass eine Störung der Funktion der Flüssiggasanlage Ursache des Unfalls war."*

Der Anscheinsbeweis[426] kommt in Betracht bei typischen Geschehensabläufen – in Fällen, in denen ein gewisser Tatbestand feststeht, der nach den Erfahrungen des Lebens („allgemeiner Erfahrungssatz") auf eine bestimmte Ursache oder auf einen bestimmten Ablauf als maßgeblich für den Eintritt des Schadens hinweist. Die Verursachung ist dann *„auf erste Sicht bewiesen"* (Prima-facie-Beweis) und der Beklagte müsste dann konkrete Tatsachen vortragen und notfalls beweisen, aus denen sich die Möglichkeit eines vom typischen Ablauf abweichenden Geschehens ergibt. Aber das konnte T hier nicht: *„Für einen menschlichen Eingriff"* – z. B. eine Manipulation aufseiten des Betreibers – „spricht nichts".

---

425 Zuerst BGH, Urteil v. 3.6.1975 (Az. VI ZR 192/73)

426 Vgl. *Othmar Jauernig*, Zivilprozessrecht, 29. Aufl. 2007, § 50 V, S. 166; *Walter Zeis/Klaus Schreiber*, Zivilprozessrecht, 10. Aufl. 2003, Rn. 456 f.

Fazit

Der Beweis des ersten Anscheins mildert die Beweislast beträchtlich – er hat in der Gerichtspraxis eine „eminente Bedeutung“[427]. Er darf aber *„nicht zum Deckmantel dazu benutzt werden, Lücken in der Beweisführung zu überspielen“*[428]. Der BGH fordert ein „Muster“ der der Anscheinsregel zugrunde liegenden Erfahrungstypik[429]. Das OLG blieb die Beschreibung des Musters schuldig, das hier den Anscheinsbeweis hätte rechtfertigen können. Es könnte der – aber eher lockere – zeitliche Zusammenhang zwischen den Umrüstarbeiten und dem Unfall gemeint sein. Das ist aber kein „typischer Geschehensablauf“ und kein „allgemeiner Erfahrungssatz“.

III. Verantwortlichkeit des Betriebsmeisters beim Betreiber – Mitverschulden

Das OLG Düsseldorf lastete dem B *„ein erhebliches Mitverschulden“* an. *„Es war grob fahrlässig, wenn er, ohne dass festgestellt worden wäre, woher der Gasgeruch kam, die Anlage wieder einschaltete. Früheres Auftreten von Gasgeruch beim Einschalten der Anlage ist dabei unerheblich. Hier war gerade nicht beim Einschalten der Anlage Gasgeruch aufgetreten, sondern nach mehrstündigem Betrieb.“*

B hatte sich mit einer fehlenden Einweisung entschuldigt. Aber das OLG bezeichnete den Einwand

- erstens als unbegründet, weil B nicht geschildert habe, *„inwieweit die Einweisung für den Betrieb der Anlage unzureichend gewesen sein soll“*, und
- zweitens als irrelevant, weil B nicht begründet habe, *„dass bei besserer Einweisung der Unfall verhindert worden wäre“*: *„Um die Gefährlichkeit von austretendem Gas zu erkennen und eine Überprüfung zu veranlassen, bedarf es keiner besonderen Einweisung.“*

Das OLG taxierte den Mitverschuldensanteil sogar auf zwei Drittel: *„Das schwerwiegende Eigenverschulden überwiegt das Verschulden des T, der nicht rechtzeitig für die Umrüstung einer immerhin genehmigten Anlage gesorgt hat, deutlich.“*

Fazit

Fazit ist, dass auch jeder Mitarbeiter alles in der konkreten Situation Mögliche und Zumutbare tun muss, um sich selbst vor Schäden zu bewahren – und zwar auch dann, wenn er nicht in die Tätigkeit eingewiesen wurde. Wenn die Gefahr offensichtlich

[427] *Laumen*, in: *Baumgärtel/Laumen/Prütting*, Handbuch der Beweislast, 2. Aufl. 2009, § 12 Rn. 1

[428] *Martin Schwab*, Zivilprozessrecht, 3. Aufl. 2010, Rn. 492 G

[429] BGH, Urteil v. 3.7.1990 (Az. VI ZR 239/89)

ist, ist eine fehlende Einweisung nicht ursächlich für das Fehlverhalten des Arbeitnehmers (Kausalität).

Eine fehlende Einweisung kann aber

- erstens zu Mitverschulden der Vorgesetzten bzw. des Arbeitgebers führen und
- zweitens jedenfalls dann das Mitverschulden des Arbeitnehmers reduzieren, wenn es um Umstände geht, die nicht offensichtlich sind. Dann aber muss im Prozess mehr vorgetragen werden als schlicht das Fehlen der Einweisung. Man muss schon sagen, was eine ordnungsgemäße Einweisung hätte umfassen müssen (Substanziierung).

IV. Keine Verantwortlichkeit des Schweißers

Der Schweißer S war nicht für den Unfall verantwortlich und B hatte keinen Schadensersatzanspruch aus § 823 BGB gegen ihn.

1. Keine Verantwortlichkeit für Konstruktion der Anlage

S war „einfacher" Arbeitnehmer. *„Ein Anhaltspunkt dafür, dass er auch für die Konstruktion der Anlage und den fehlenden Sicherheitsthermostat verantwortlich gemacht werden könnte, besteht nicht."* Beim S fehlte also die *„herausgehobene und verantwortliche Stellung"*, die notwendig für eine persönliche Produkthaftung ist (siehe oben II.5.). Aber Vorsicht: Es kommt mehr auf die konkrete Verantwortung für die relevante Tätigkeit oder für den relevanten (Produktions-)Prozess an und weniger auf die generelle Position im Unternehmen – strafrechtlich hat auch schon einmal ein ausführender Tischler gehaftet[430].

2. Kein Beweis für fehlerhafte Durchführungsarbeiten

Jeder Arbeitnehmer ist – unabhängig vom Ausmaß seiner Handlungsfreiheit und Weisungsunterworfenheit – für alle seine konkreten Tätigkeiten verantwortlich. Denn *„mit jedem Arbeitsauftrag wird automatisch die Handlungsverantwortung delegiert"*[431]. Aber das OLG meinte, *„der Beweis dafür, dass die Arbeiten der Beklagten im November 1990 ursächlich für den Unfall waren, ist nicht erbracht"*.

---

[430] Vgl. das Urteil zum „Unfall im Kindergarten am normwidrigen Klettergerüst – Strafurteil gegen Geschäftsführer, Projektleiter und Monteur wegen Herstellung unter Verstoß gegen DIN-Norm und Freispruch für TÜV-Mitarbeiter in Funktion einer Fachkraft für Arbeitssicherheit", besprochen von *Wilrich* in: BPUVZ Heft 11/2013: Wegen fahrlässiger Tötung verurteilt wurden nicht nur der Geschäftsführer und der Projektleiter, sondern auch der Tischler.

[431] *Hartmut Laufer*, Grundlagen erfolgreicher Mitarbeiterführung, 2005

V. Keine Ansprüche des B aus Vertrag zwischen Hersteller und Betreiber

Die beiden Unternehmen – der Betreiber der Flüssiggasanlage als Auftraggeber und der Hersteller als Auftragnehmer – hatten einen (Werk-)Vertrag abgeschlossen. Ansprüche des B gegen die beklagten Unternehmensmitarbeiter aus diesem Vertrag bestanden nicht (dazu 1.). Ansprüche gegen das Unternehmen – den Anlagenhersteller – gab es (dazu 2.). B hatte aber das Unternehmen nicht verklagt, denn Vertragsansprüche hätten damals – anders als heute – nur materielle Schäden abgedeckt, nicht dagegen Schmerzensgeld (dazu 3.).

1. Ansprüche des B gegen die beklagten Unternehmensmitarbeiter – nicht gegeben

Jeder Vertrag beinhaltet – auch ohne, dass es ausdrücklich gesagt ist – Nebenpflichten. Selbstverständlich gehört dazu, die Rechtsgüter des Vertragspartners zu schützen. Das steht heute in § 241 Abs. 2 BGB.

a. Zwar vertragliche Schutzwirkungen zugunsten des B …

Der Geschädigte B war zwar nicht selbst Vertragspartner, sondern sein Arbeitgeber – der Betreiber. Aber daran scheiterten die Vertragsansprüche des B nicht.

Denn Werk- oder auch Dienst(leistungs-)verträge haben Schutzwirkung für Dritte, da – so der BGH[432] – *„sich Schutz- und Fürsorgepflichten aufgrund vertraglicher Vereinbarungen nach dessen Zweck nicht nur auf den Gläubiger als Vertragspartner* [hier der Betreiber] *beschränkten, sondern auch zwangsläufig Dritte* [hier die Unternehmensmitarbeiter des Betreibers] *erfassen"*, wenn dem *„Vertragspartner gegenüber Dritten eine gesteigerte Fürsorgepflicht obliegt, ihm gleichsam deren ‚Wohl und Wehe' anvertraut ist"*. Auf dieser Grundlage werden *„vor allem Familienangehörige und Arbeitnehmer des Gläubigers geschützt"*. Nach dem BGH[433] wird der Kreis der in den Schutzbereich des Vertrags einbezogenen Dritten *„danach bestimmt, ob sich vertragliche Schutzpflichten des Schuldners* [hier der Anlagenhersteller] *nach Inhalt und Zweck des Vertrags nicht nur auf den Vertragspartner* [also den Betreiber] *beschränken, sondern, für den Schuldner erkennbar, ebenso solche Dritte* [also Mitarbeiter] *einschließen, denen der Gläubiger seinerseits Schutz und Fürsorge schuldet. Das ist insbesondere dann der Fall, wenn zwischen Gläubiger und Drittem eine Rechtsbeziehung mit personenrechtlichem Einschlag – ein familienrechtliches, arbeitsrechtliches oder mietvertragliches Verhältnis – besteht."* Und das gilt auch bei Dienst- und Werkverträgen: Es ist – so das OLG Braunschweig[434]

---

[432] BGH, Urteil v. 2.7.1996 (Az. X ZR 104/94)
[433] BGH, Urteil v. 26.6.2001 (Az. X ZR 231/99)
[434] OLG Braunschweig, Urteil v. 7.3.1986 (Az. 2 U 259/85)

– *„anerkanntes Recht, dass bei Ausführung von Werkleistungen in Betriebsräumen des Bestellers der Unternehmer dafür zu sorgen hat, dass bei diesen Arbeiten weder dem Besteller noch dessen Werksangehörigen Schäden zugefügt werden. Die Werksangehörigen sind in den Bereich der dem Unternehmer obliegenden Schutzpflichten aufgenommen, weil deren Schädigung den Besteller trifft, der für das Wohl und Wehe seiner Arbeitnehmer verantwortlich ist"* – hier verwies das Gericht auf § 618 BGB.

b. … aber keine Durchgriffshaftung zu Lasten von S und T

Aber Vertragsansprüche des B *„scheiden aus, weil die Beklagten nicht Vertragspartner des Vertrages über die Reparatur der Flüssiggasanlage waren, sondern die GmbH"*. Es gibt in seltenen Fällen zwar eine Durchgriffshaftung auf hinter dem Unternehmen stehende Personen – nämlich bei unmittelbarem, eigenem wirtschaftlichen Interesse am Vertrag oder Inanspruchnahme besonderen persönlichen Vertrauens[435]. Aber zu diesen *„Voraussetzungen hat der Kläger nichts vorgetragen"*.

Fazit

Es kann auch Vertragsansprüche ohne Vertrag geben – aufseiten der Geschützten recht häufig (dazu V.10.a.), aufseiten der Haftenden eher selten (dazu V.10.b.).

2. Ansprüche des B gegen das Unternehmen – nicht eingeklagt

B hätte allerdings auch das Unternehmen des Anlagenherstellers – aus dem Vertrag mit Schutzwirkung zu seinen Gunsten (dazu V.10.a.) – in Anspruch nehmen können. Dann wäre ein Verschulden von T und S dem Unternehmen nach § 278 BGB zugerechnet worden.

Nach dieser Vorschrift hat der Schuldner (hier der Anlagenhersteller als Auftragnehmer) das Verschulden seiner Erfüllungsgehilfen (hier T und S) in gleichem Umfang zu vertreten wie eigenes Verschulden, d. h. er muss bei Nutzung der Vorteile der Arbeitsteilung auch die Nachteile durch Übernahme der Verantwortung tragen. § 278 BGB gilt nur im Rahmen von Verträgen. Im Gegensatz zur Regelung des § 831 BGB über den Verrichtungsgehilfen (dazu VI.) geht es hier um die Übernahme von fremdem Verschulden (des Erfüllungsgehilfen) – ohne dass eigenes Verschulden des Schuldners (also Vertragspartners) vorliegen muss. Es liegt in diesem Sinne eine Art Garantiehaftung vor.

[435] Vgl. z. B. *Kleindieck*, in: *Lutter/Hommelhoff*, GmbHG, 17. Aufl. 2009, § 43 Rn. 64 ff.

Fazit

Dem Unternehmen wird das Verschulden seiner Mitarbeiter als Erfüllungsgehilfen zugerechnet, sodass eine zivilrechtliche Klage gegen die Unternehmensmitarbeiter häufig nicht sinnvoll ist – zumindest dann nicht, wenn das Unternehmen noch existiert und solvent ist.

3. Vertragsansprüche nicht auf Schmerzensgeld – damals anders als heute

Allerdings konnte 1990 aus Verträgen nur der Ersatz materieller Schäden, nicht aber Schmerzensgeld verlangt werden[436]. Heute ist das anders[437]: Seit 2002 bestimmt § 253 Abs. 2 BGB allgemein – also auch für Vertragsansprüche: *„Ist wegen einer Verletzung des Körpers, der Gesundheit, der Freiheit ... Schadensersatz zu leisten, kann auch wegen des Schadens, der nicht Vermögensschaden ist, eine billige Entschädigung in Geld gefordert werden."*

Fazit

Da seit 2002 auch vertragsrechtlich Schmerzensgeldansprüche geltend gemacht werden können, hätte B heute eher den Arbeitgeber von T – also das Unternehmen – in Anspruch genommen. Das Vertragsrecht hat auch den Vorteil, dass wegen der Beweislastumkehr (dazu II.6) der (Schadensersatz-)Schuldner – hier also das Unternehmen – das fehlende Verschulden seiner Erfüllungsgehilfen (dazu V.2.) belegen müsste.

VI. Verantwortlichkeit des Arbeitgebers von T nach außervertraglichem Schadensersatzrecht

Warum der Geschädigte B nicht trotzdem auch den Arbeitgeber von T als Hersteller und Umrüster der Flüssiggasanlage verklagt hatte, ist nicht erklärlich. Grundlage dafür hätte das allgemeine – außervertragliche – Schadensersatzrecht sein können. Nach § 831 BGB hätte B – anders als nach Vertragsrecht (dazu V.3.) – auch Schmerzensgeld bekommen können.

Nach § 831 Abs. 1 BGB haftet ein Unternehmen auch für Pflichtverletzungen seiner Mitarbeiter, die es einsetzt (Satz 1) – und nicht der Geschädigte muss Verschulden nachweisen, sondern das Unternehmen muss sich entlasten, durch substanziierten Vortrag, dass es ordnungsgemäß ausgewählt und überwacht hat (Satz 2).

§ 831 BGB gilt unabhängig von Vertragsbeziehungen – und wenn neben § 278 BGB ein Vertrag besteht (dazu V.2.). Im Gegensatz zur Regelung über den Erfüllungsgehilfen geht es hier um eigenes Verschulden des „Geschäftsherrn" – ohne dass es auf ein

[436] Vgl. *Karl Larenz*, Schuldrecht I – Allgemeiner Teil, 14. Aufl. 1987, § 28 III, S. 475
[437] Vgl. *Dieter Medicus*, Schuldrecht I – Allgemeiner Teil, 17. Aufl. 2006, Rn. 590, S. 216

Verschulden des Verrichtungsgehilfen ankommt. Es geht (in Satz 1) um Haftung für vermutete fehlerhafte Auswahl und Kontrolle, die (gemäß Satz 2) widerlegt werden kann durch einen Entlastungsbeweis – das nennen Juristen „Exkulpation".

Die Schadensersatzpflicht nach Satz 1 ist hier unproblematisch: Das Unternehmen hatte T und S zur Ausführung einer Verrichtung bestellt – und die beiden hatten den B (einen „Dritten") durch Pflichtverletzung (also „widerrechtlich") verletzt („Schaden zugefügt"). Die Schadensersatzpflicht entfällt nach Satz 2 dann (*„dies gilt nicht"*), wenn das Unternehmen („der Geschäftsherr") bei der Auswahl (und der Kontrolle) der Mitarbeiter (der „bestellten Personen") nicht fahrlässig gehandelt hat (*„die im Verkehr erforderliche Sorgfalt beachtet hat"*).

Vielleicht war der Hersteller (also der Arbeitgeber von T und S) zum Zeitpunkt der Klage nicht mehr existent – z. B. wegen Insolvenz. Das ist einer der wesentlichen Gründe, warum Unternehmensmitarbeiter verklagt werden.

8.15 Fall 15: Geländer in der Schule

Zusammenfassung und Fazit

Das OLG Saarbrücken diskutierte aktuelle DIN-Normen, ließ aber für ein Dachgeländer offen, ob eine Nachrüstpflicht bestand – und zwar wegen fehlender Kausalität der nicht ausreichenden Dimensionierung eines Geländers bzw. des fehlenden Korrosionsschutzes für den Unfall. Es verurteilte den Eigentümer trotzdem – wegen fehlender Kontrolle. Letztlich liegt in dieser Argumentation aber eine Umrüstungspflicht, denn Folge der Kontrolle hätte – so das Gericht – eine von den konkret aufgelisteten Ergänzungsmaßnahmen sein müssen.

Sachverhalt

Eine Schülerin ging auf das – wegen Hanglage von der einen Seite betretbare – Dach einer auf dem Schulgelände befindlichen Garage, trat hinter das auf der anderen Seite befindliche Gerüst und verkündete, dass sie vom Dach springen werde. Ein 16-Jähriger, der sich mit Freunden auf dem Dach befand, wollte sie abhalten und ergriff sie. Da brach das Geländer und beide stürzten 3,5 m in die Tiefe. *„Ursache hierfür war, dass die Befestigungsschienen des Gitters, die sich innerhalb der auf dem Dach befindlichen Kiesschicht befanden, durchgerostet waren.“* Das Gitter hatte auch keine seitlichen Verstrebungen und war lediglich am Boden verankert.

Der 16-Jährige verletzte sich schwer, saß sechs Wochen im Rollstuhl und verlangte von der Eigentümerin der Garage ein angemessenes Schmerzensgeld, mindestens aber 10 000 €.

Urteile

Das Landgericht (LG)[438] und das Oberlandesgericht (OLG)[439] Saarbrücken gaben der Klage statt.

I. LG Saarbrücken

Das LG Saarbrücken sagte kurz und knapp, ohne Heranziehung irgendwelcher Rechtsvorschriften oder Techniknormen: *„Der Verkehrssicherungspflichtige muss bei einem Schulgelände immer damit rechnen, dass die sich dort aufhaltenden Minderjährigen jeden Blödsinn, der angestellt werden kann, auch tatsächlich anstellen werden und damit unter Umständen auch zweckwidrige und übermäßig starke Belastung des Geländers auftreten wird.“*

[438] LG Saarbrücken, Urteil v. 9.3.2005 (Az. 4 O 142/04)
[439] OLG Saarbrücken, Urteil v. 9.5.2006 (Az. 4 U 175/05)

II. OLG Saarbrücken

Das OLG Saarbrücken bestätigte die Klagestattgabe der ersten Instanz und wurde ausführlicher. Anspruchsgrundlage war

- *„§ 823 Abs. 1 BGB unter dem Gesichtspunkt der Verletzung einer Verkehrssicherungspflicht“* (dazu 1.) und
- *„§ 836 Abs. 1 Satz 1 BGB unter dem Gesichtspunkt der Haftung des Grundstücksbesitzers“* (dazu 2.).

1. § 823 BGB

„Der Beklagte hat seine Verkehrssicherungspflicht bezüglich der Absicherung des Daches und des Geländers verletzt.“ Haftungsgrund war indes nicht ein unsicherer Zustand (dazu a.), sondern eine unzureichende Überwachung (dazu b.).

a. Sicherungspflichtverletzung, aber Nichtursächlichkeit des unsicheren Zustands

Das Gericht ließ offen, ob dem beklagten Eigentümer ein unsicherer Zustand vorzuwerfen war (dazu aa.), denn jedenfalls war der Unfall nicht Folge eines solchen Fehlers (dazu bb.).

aa. Offenlassen einer Nachrüstpflicht

Die Beklagte hatte die Verkehrssicherungspflicht nicht dadurch verletzt, *„dass das Geländer die zum Unfallzeitpunkt bestehenden technischen Anforderungen, wie sie in der DIN 1055*[440] *zum Ausdruck kommen, nicht erfüllt hat. Nach den Feststellungen des Sachverständigengutachtens war das Geländer zwar bereits ohne die Schwächung durch Korrosion zur Ableitung der gemäß den Regelwerken aufzunehmenden Horizontallasten nicht geeignet. Allerdings richtet sich die Frage, welche Sicherheit und welcher Gefahrenschutz zu gewährleisten sind, nicht ausschließlich nach den modernsten Erkenntnissen und nach dem neusten Stand der Technik. Es besteht auch weder nach dem privaten Deliktrecht noch nach öffentlichem Baurecht eine generelle Pflicht des Eigentümers, alte Bauwerke und Einrichtungen an die jeweils geltenden Standards anzupassen. Ansonsten wäre der Bauherr dazu gezwungen, die Bausubstanz ständig zu ändern, um den gesteigerten sicherheitsrechtlichen Anforderungen zu genügen.“*

Aber *„es kann dahingestellt bleiben, ob die Beklagte im vorliegenden Fall die Pflicht hatte, wenigsten innerhalb angemessener Zeit die nachträglich gewonnenen, neuen technischen Erkenntnisse umzusetzen und das Geländer nachzurüsten“*.

---

[440] DIN 1055-1:2002-06 Einwirkungen auf Tragwerke – Teil 1: Wichten und Flächenlasten von Baustoffen, Bauteilen und Lagerstoffen

bb. Jedenfalls aber keine Kausalität hinsichtlich des Normverstoßes

„Denn ausweislich des Gutachtens ist die nicht ausreichende Dimensionierung des Geländerpfostens und damit der Verstoß gegen die DIN 1055 im vorliegenden Fall nicht ursächlich für das Versagen der Geländerkonstruktion geworden. Selbst dann, wenn eine Pflicht zur Nachrüstung des Geländerpfostens bestanden hätte, wäre diese Pflichtverletzung mithin nicht kausal geworden."

b. Überwachungspflichtverletzung: Sicherungspflichtverletzung durch unzureichende Kontrolle

Das OLG begründete aber, *„die Verletzung der Verkehrssicherungspflicht besteht nicht in der Wahl der ursprünglichen Konstruktion, sondern in der mangelhaften Kontrolle des Geländers. Der Beklagte hat zur Absicherung des Daches ein Geländer gewählt, welches zum einen unstreitig keine Seitenverankerung aufwies, sondern lediglich am Boden befestigt war, und zum anderen im Bereich der Einspannung am Boden keinen Korrosionsschutz besaß. Die gesamte Sicherheit und Stabilität des Geländers war deshalb von der Einspannung der Geländerpfosten auf dem Flachdach abhängig. Die Geländerpfosten waren in diesem Bereich witterungs- und jahreszeitbedingt einem ständigen Wechsel von Nässe, Trockenheit und Frost ausgesetzt. Wenn der Verkehrssicherungspflichtige in einer solchen Situation auf einen Korrosionsschutz etwa durch Verzinkung verzichtet, muss er durch geeignete Kontrollmaßnahmen dafür Sorge tragen, dass bereits der Beginn von Korrosion, der in Anbetracht der genannten Umstände wahrscheinlich und vorhersehbar war, sofort entdeckt wird."* Der Beklagte hatte daher seine Verkehrssicherungspflicht verletzt, weil er *„das Dach mit Kies aufschüttete, dadurch die Einspannstellen und damit die neuralgischen Punkte verdeckte und eine geeignete Kontrolle unmöglich machte. Der Beklagte hätte entweder das Geländer zusätzlich an den Seiten verankern müssen, sodass die Stabilität der Konstruktion auch bei einer Durchrostung der Bodeneinspannung gewährleistet ist, oder sie hätte die Geländerpfosten und die Bodeneinspannung verzinken und vor Korrosion sichern oder auf das Kiesbett verzichten müssen, um so eine geeignete regelmäßige Kontrolle und ein sofortiges Entdecken jeder Korrosion zu ermöglichen. Die vorgenommenen Handlungen und Unterlassungen stellen jedenfalls in ihrer Kombination eine schuldhafte Verletzung der Verkehrssicherungspflicht dar. Diese Pflichtverletzung ist auch für die Schäden des Klägers kausal geworden. Nach den unbestrittenen Feststellungen des Gutachtens war gerade die Korrosion im Bereich der Einspannung ursächlich für den Einsturz des Geländers."*

c. Sicherheitserwartung

Der Beklagte sagte zwar, „*dass das Geländer nur einen rein optischen Schutz vor dem Ende des Daches bieten sollte und nicht zum Anlehnen gedacht war*“. Aber „*wenn vor einem Abgrund ein Metallgeländer angebracht wird, dann geht der Benutzer des Geländers davon aus, dass ihm dieses Geländer Halt bietet. Die typischerweise bei dem Benutzer angesichts des Abgrunds bestehende Vorsicht wird durch das Geländer herabgesetzt und die berechtigte Erwartung geweckt, das Geländer biete ihm Sicherheit vor dem Absturz. In einer solchen Situation schützt ein instabiles und nicht belastbares Geländer den Benutzer nicht, sondern begründet eine zusätzliche Gefahr, die für diesen nicht erkennbar und deshalb besonders gefährlich ist.*“

d. Finanzielle Zumutbarkeit

Der Beklagte berief sich „*auf fehlende finanzielle Mittel*“. Aber „*dem Schutz von Leben und Gesundheit kommt höchste Priorität zu und der Beklagte muss die ihm zur Verfügung stehenden Mittel deshalb zunächst hierfür verwenden, bevor er anderweitige Ausgaben tätigt. Im Übrigen war nach dem oben Gesagten auch kein übermäßiger finanzieller Aufwand zur Einhaltung der Verkehrssicherungspflichten erforderlich. Der Beklagte hätte nur das Geländer zusätzlich an den Seiten verankern müssen oder die Geländerpfosten und die Bodeneinspannung verzinken und vor Korrosion sichern oder auf das Kiesbett verzichten, um so eine geeignete regelmäßige Kontrolle und ein sofortiges Entdecken jeder Korrosion zu ermöglichen.*“

e. Keine Relevanz unbefugter Benutzung

Der Beklagte berief sich auch darauf, „*dass der Kläger sich unbefugt auf dem Schulgelände aufgehalten habe*“. Aber „*entscheidend ist, dass sich die Garage auf dem Gelände einer Schule befindet, das Garagendach von der Rückseite ebenerdig begehbar und leicht zugänglich ist und das Schulgelände täglich bestimmungsgemäß von zahllosen Kindern betreten wird. Alle Schüler der Schule kommen somit an jedem Schultag bestimmungsgemäß und zwangsläufig in den Gefahrenbereich der Garage. Der Beklagte war deshalb unabhängig von der Person des Klägers zu der Einhaltung der von ihr unterlassenen Sicherungsmaßnahmen verpflichtet. Es beruht damit letztlich nur auf einem Zufall, bei wem das Geländer einstürzt. Der Beklagte war gerade dafür verantwortlich, für die Verkehrssicherheit des Daches und des Geländers zu sorgen und einen Schaden wie den tatsächlich beim Kläger eingetretenen durch die erforderlichen Sicherheitsmaßnahmen zu verhindern. Der dem Kläger entstandene Schaden ist deshalb dem Beklagten zurechenbar, ohne dass diese sich darauf berufen könnte, der Kläger habe das Schulgelände nicht betreten dürfen. Zudem war der Kläger berechtigt, der auf dem Garagendach befindlichen Schülerin zu Hilfe zu eilen.*“

2. § 836 BGB

Der Kläger hatte auch einen Anspruch auf Schmerzensgeld gegen den Beklagten aus § 836 Abs. 1 BGB[441]. Die Begründung des OLG Saarbrücken:

- Der Beklagte ist die Eigenbesitzerin der fraglichen Garage.
- Bei der Garage handelt es sich um ein Gebäude im Sinne des § 836 BGB, nämlich um ein Bauwerk, welches durch eine räumliche Umfriedung Schutz gegen äußere Einflüsse gewährt und von Menschen betreten werden kann.
- Das Geländer stellt ein Gebäudeteil im Sinne des § 836 BGB dar. Unter Gebäudeteilen sind solche Sachen zu verstehen, die mit dem Gebäude baulich verbunden sind, also zu dessen Herstellung eingefügt oder an ihm angebracht worden sind. Das Geländer wurde auf dem Dach der Garage angebracht und dort verankert, sodass es ein Gebäudeteil darstellt.
- Dieses Geländer hat sich von der Garage abgelöst. Unter Ablösung ist dabei die Aufhebung der Verbindung des Gebäudeteils vom Gebäude zu verstehen. Das plötzliche Herausbrechen des Geländers aus der Verankerung am Dach der Garage stellt damit eine Ablösung dar.
- Ursache dieser Ablösung des Geländers war eine fehlerhafte Errichtung (fehlende Verankerung des Geländers zusätzlich an den Seiten sowie unterlassener Korrosionsschutz der Bodeneinspannung und der Geländerpfosten) bzw. eine mangelhafte Unterhaltung (mangelhafte Kontrolle auf Korrosion). Für die Haftung nach § 836 BGB ist es dabei ausreichend, wenn der Geschädigte nachweist, dass sich das Gebäude in einem objektiv mangelhaften Zustand befunden hat. Dagegen ist es nicht erforderlich, dass der Gefahrenzustand auf das Verschulden bestimmter Personen zurückzuführen ist. Im Übrigen spricht auch allein das Abbrechen und Abstürzen des Geländers für die Fehlerhaftigkeit des Bauwerks. Ordnungsgemäß errichtete und unterhaltene Geländer pflegen nämlich nicht abzubrechen. Es besteht deshalb ein Anscheinsbeweis für die Fehlerhaftigkeit des Geländers.
- Die Beklagte hat auch nicht nachgewiesen, dass sie die zur Abwendung der Gefahr erforderliche Sorgfalt beachtet hat, sodass die Haftung auch nicht gem. § 836 Abs. 1 Satz 2 BGB ausgeschlossen ist. Steht die objektive Fehlerhaftigkeit des Gebäudes im Zeitpunkt des Unfalls fest, wird vermutet, dass es aufgrund einer Sorgfaltspflichtverletzung des Besitzers zu dem Schadensereignis gekommen ist. Der Besitzer trägt dann die Beweislast dafür, dass er sowohl bei der Errichtung als auch bei der Unterhaltung des Bauwerks die erforderliche Sorgfalt beachtet hat oder das schädigende Ereignis auch bei Aufwendung der erforderlichen Sorgfalt eingetreten wäre. Diesen Beweis hat die Beklagte nicht erbracht (dazu 1.).

[441] Siehe Anhang Rechtsvorschriften

- Folge dieser Ablösung war, dass der Kläger sowohl an seinem Körper als auch an seiner Gesundheit geschädigt worden ist.
- Als Rechtsfolge von § 836 BGB ergibt sich eine Schadensersatzpflicht des Beklagten, die gemäß § 253 Abs. 2 BGB auch ein Schmerzensgeld umfasst.

8.16 Fall 16: Glastür Supermarkt Bad Kissingen – Sturz August 2006

Einleitung

Nachdem sich ein Junge 1985 an einer Rutsche Baujahr 1964, die nicht einer 1976 ergangenen DIN-Norm entsprach, verletzte, sagte der BGH[442]: DIN-Normen *„spiegeln den Stand der für die betroffenen Kreise geltenden anerkannten Regeln der Technik wider und sind somit zur Bestimmung des nach der Verkehrsauffassung zur Sicherheit Gebotenen in besonderer Weise geeignet"* und verurteilte den Betreiber zum Schadensersatz. Bestandsschutz wurde nicht ausdrücklich erwähnt – es heißt nur: *„Ob bei Einführung neuer DIN-Normen für eine Übergangszeit die bestehenden Einrichtungen ohne Veränderung weiterbetrieben werden dürfen, kann hier dahingestellt bleiben. Eine solche Anpassungszeit – ließe man sie zu – wäre jedenfalls längst verstrichen gewesen, als es mehr als acht Jahre nach Erlass der einschlägigen DIN-Norm zu dem Unfall kam."*

Das Amtsgericht Bad Kissingen hatte sich 2007 gegen eine solche Frist zur Anpassung von Anlagen bei Normverschärfung entschieden – allerdings ohne die Problematik ausdrücklich zu diskutieren.[443] Das Amts- und Landgericht Traunstein und der BGH hatten sich in einem sehr ähnlichen Fall dagegen für eine Anpassungsfrist entschieden.[444]

Sachverhalt

Eine 1924 geborene Frau stürzte am 10. August 2006 im Eingangsbereich eines Einkaufmarkts. Der Markt hatte getrennte – elektronisch gesteuerte – Eingangs- und Ausgangstüren. Die Frau war durch die Eingangstür in den Markt gegangen und wollte den Markt wieder – durch den Zugangsbereich – verlassen. Als sie eine zweite, nämlich die eigentliche Eingangstür passieren wollte, öffnete sich diese elektronisch nach innen. Die Frau verklagte den Betreiber auf ein angemessenes Schmerzensgeld – mindestens jedoch 3 000 €.

---

[442] Siehe Fall 24 in diesem Buch (Spielplatzrutsche 1985 Mönchengladbach, siehe Kapitel 8.24)

[443] AG Bad Kissingen, Urteil v. 20.12.2007 (Az. 21 C 161/07)

[444] Siehe Fall 17 (Glastür Bank Traunstein – Sturz Oktober 2006, siehe Kapitel 8.17); siehe auch Fall 26 (Sprungturm im Freibad Chemnitz: Unfall zwei Jahre nach der Wiedervereinigung, siehe Kapitel 8.26) und Fall 9 (Bodenfliesen im Hallenbad: Unfall 4,5 Jahre nach der verschärften Norm, siehe Kapitel 8.9)

Urteil

Die Klage hatte Erfolg. Der Betreiber hatte nach Ansicht des Amtsgerichts schuldhaft seine Verkehrssicherungspflicht verletzt.

1. Normverstoß

Das Amtsgericht sagte, „*dass eine automatische Türanlage – unabhängig davon, ob sie bestimmungsgemäß oder bestimmungswidrig entgegen der Türöffnungsrichtung benutzt wird – so auszulegen ist, dass bei den Öffnungs- und Schließbewegungen Gefährdungen durch Quetschen, Scheren, Anstoßen und Einziehen vermieden oder abgesichert werden. Dies kann geschehen durch trennende Schutzeinrichtungen, Begrenzung der Türflügelkräfte oder Schutzeinrichtungen nach ESPE*[445] *und/oder PSPE*[446]. *Dies ergibt sich aus der DIN-Norm 18650-2 in Ziffer 4.4.1*[447].

Damit steht – ohne dass es weiterer Beweiserhebungen oder Ausführungen bedarf – fest, dass die streitgegenständliche Türanlage der Beklagten damals nicht dem aktuellen Stand der Technik entsprach. Die DIN-Norm gilt seit 1.12.2005, sodass sie am Vorfallstag von der Beklagten bereits hätte umgesetzt worden sein müssen. Mit dem Verstoß gegen die einschlägige DIN-Norm steht auch ohne Weiteres fest, dass der Beklagten ein fahrlässiger Verstoß gegen die ihr obliegende Verkehrssicherungspflicht vorzuwerfen ist, den die Beklagte vor allem nicht durch regelmäßige Überprüfungen der Türanlage entkräften kann.“

2. Kein Mitverschulden

„*Die Klägerin hat ihren Sturz nicht mitverschuldet. Sie durfte sich mangels entsprechender Kennzeichnung der beiden Türflügel darauf verlassen, dass beide Türbereiche sowohl für das Betreten des Markts als auch für das Verlassen desselben geeignet sind. Denn es ist lediglich eine eindeutige Kennzeichnung außerhalb des Markts angebracht, im Innenbereich fehlt eine solche jedoch an den jeweils ersten Türen. Diese Kennzeichnung war unzureichend. Die Klägerin gab an, dass bereits vor dem hier in Rede stehenden Vorfall viele, vor allem ältere Kunden die beiden Türanlagen verwechselt hätten. Somit besteht keinerlei Grund, ihr Mitverschulden in Betracht zu ziehen.*“

---

[445] Gemeint ist: electro-sensible protective equipment = berührungslos wirkende Schutzeinrichtung

[446] Pressure sensitive protective equipment = druckempfindliche Schutzeinrichtungen

[447] DIN 18650-2 Automatische Türsysteme

3. Anmerkung

Der Unfall war neun Monate nach Inkrafttreten der DIN-Norm geschehen – und das Gericht sagte schlicht: *„Die DIN-Norm gilt seit 1.12.2005, sodass sie am Vorfallstag bereits hätte umgesetzt worden sein müssen."* Im Fall *„Glastür Bank Traunstein"* (Fall 17, Kapitel 8.17 in diesem Buch), bei dem der Unfall im Oktober 2006 – also zwei Monate später als in Bad Kissingen und elf Monate nach der neuen Norm – passierte, entschieden sich Amts- und Landgericht und der BGH für eine Anpassungsfrist bei Normverschärfung.

8.17 Fall 17: Glastür Bank Traunstein – Sturz Oktober 2006

Einleitung

Nachdem sich ein Junge 1985 an einer Rutsche Baujahr 1964, die nicht einer 1976 ergangenen DIN-Norm entsprach, verletzte, sagte der BGH[448]: DIN-Normen *„spiegeln den Stand der für die betroffenen Kreise geltenden anerkannten Regeln der Technik wider und sind somit zur Bestimmung des nach der Verkehrsauffassung zur Sicherheit Gebotenen in besonderer Weise geeignet"* – und verurteilte den Betreiber zum Schadensersatz. Bestandsschutz wurde nicht ausdrücklich erwähnt – es hieß nur: *„Ob bei Einführung neuer DIN-Normen für eine Übergangszeit die bestehenden Einrichtungen ohne Veränderung weiterbetrieben werden dürfen, kann dahingestellt bleiben. Eine solche Anpassungszeit – ließe man sie zu – wäre jedenfalls längst verstrichen gewesen, als es mehr als acht Jahre nach Erlass der einschlägigen DIN-Norm zu dem Unfall kam."*

Heute hat der BGH die Frage entschieden[449]:

Sachverhalt

Eine Sparkasse hatte in ihrer Filiale im Bahnhof Traunstein eine Glastür, die den im Zeitpunkt der Errichtung im Jahre **1996** geltenden „Richtlinien für kraftbetätigte Fenster, Türen und Tore" ZH 1/494 des HVBG entsprach[450]. Außerhalb der Öffnungszeiten der Filiale erfolgte der Zugang zu dem Vorraum mit dem Geldautomaten mittels eines Kartenlesegeräts. Um den Vorraum wieder zu verlassen, musste die Tür von innen mit einem Taster manuell betätigt werden, diese schloss danach automatisch nach Ablauf von circa 10 Sekunden (Halbautomatikbetrieb).

Seit **Dezember 2005** gilt die DIN 18650 Automatische Türsysteme. An den Hauptschließkanten der Türflügel fehlten die in dieser DIN vorgesehenen Sicherheitseinrichtungen zum Schutz gegen das Einklemmen bzw. Quetschen. **Im Oktober 2006** verletzte sich eine spastisch behinderte Dame an der Tür: Als sie das Gebäude verließ,

---

448 Siehe Fall 24 in diesem Buch (Spielplatzrutsche 1985 Mönchengladbach), Kapitel 8.24

449 Siehe auch Fall 26 (Sprungturm im Freibad Chemnitz: Unfall zwei Jahre nach der Wiedervereinigung, Kapitel 8.26) und Fall 9 (Bodenfliesen im Hallenbad: Unfall 4,5 Jahre nach der verschärften Norm, Kapitel 8.9)

450 Später dann BGR 232 „Kraftbetätigte Fenster, Türen und Tore"; siehe heute ASR 1.7 „Türen und Tore": *„Der Ausschuss für Arbeitsstätten hat grundlegende Inhalte der BGR 232 ‚Kraftbetätigte Fenster, Türen und Tore' des Fachausschusses ‚Bauliche Einrichtungen' der Deutschen Gesetzlichen Unfallversicherung (DGUV) in Anwendung des Kooperationsmodells als ASR in sein Regelwerk übernommen."*

stand die Glastür zunächst offen, hat sich dann jedoch plötzlich geschlossen, sodass Mittel- und Ringfinger ihrer rechten Hand eingeklemmt worden sind. Sie war die Klägerin und verklagte die Bank (Beklagte) auf „angemessenes Schmerzensgeld" – mindestens 3 000 €.

Urteile

Die Klage hatte in drei Instanzen keinen Erfolg. Die Bank als Betreiberin der Glastür hatte ihre Verkehrssicherungspflicht nicht verletzt:

I. Amtsgericht Traunstein[451]

Das AG Traunstein urteilte, *„die Tür entspricht den Sicherheitsstandards zum Zeitpunkt ihres Einbaues im Jahr 1996 und erfüllt die damaligen DIN-Vorschriften"*. Die Tür wurde jährlich ein- bis zweimal gewartet. *„Beanstandungen seitens der Wartung oder seitens Kunden sind bis zum fraglichen Vorfall nie vorgekommen. Damit bestand für die Beklagte bzw. deren Verantwortlichen bis zu diesem Zeitpunkt kein Anlass, am Sicherheitsstandard der Tür zu zweifeln. Auch wenn also die Türanlage im Zeitpunkt des Unfalls die Normen nicht erfüllt hätte, die für die damals für das Inverkehrbringen der Anlage eingehalten hätten werden müssen, nämlich die DIN-Norm hinsichtlich besonders schutzbedürftiger Personen, bedeutet dies nicht, dass die Beklagte ihre Verkehrssicherungspflicht dadurch verletzt hat, dass nicht eine solche Anlage neu eingebaut wurde. Diese Vorschriften gelten eben nur für neu zu errichtende Anlagen."*

II. Landgericht Traunstein[452]

Das LG Traunstein bestätigte das Urteil – und begründete ergänzend: *„In der neuen Norm (DIN 18650-1 und -2 vom Dezember 2005) sind zum Teil höhere Anforderungen bzw. Sicherheitsstandards festgelegt, insbesondere was Schutzmaßnahmen besonders schutzbedürftiger Personen betreffe."* Aber *„der Betreiber einer technischen Anlage erfüllt grundsätzlich seine Verkehrssicherungspflicht, wenn die Anlage den für sie geltenden Sicherheitsbestimmungen (in Rechtsvorschriften oder von Fachverbänden erlassenen technischen Richtlinien) entspricht. Bei Vorliegen besonderer Umstände kann sich jedoch eine über diese Bestimmungen hinausgehende Verkehrssicherungspflicht ergeben, insbesondere, wenn sich Schadensfälle ereignet haben, die zu Zweifeln Anlass geben, ob die Sicherheitsbestimmungen ausreichend sind. Der Geschäftsstellenleiter der Beklagten in deren Filiale hat ausgesagt, dass sich dort noch kein Vorfall der von der Klägerin beschriebenen Art ereignete.*

[451] AG Traunstein, Urteil v. 23.1.2009 (Az. 319 C 1258/07)

[452] LG Traunstein, Urteil v. 17.6.2009 (Az. 5 S 589/09)

Hier besteht allerdings die Besonderheit, dass die Türanlage zwar den zur Zeit ihres Einbaus 1996 geltenden Sicherheitsbestimmungen entsprach, jedoch später eine DIN (DIN 18650-1 und -2) erlassen wurde, die als Schutzmaßnahmen für besonders schutzbedürftige Personen höhere Sicherheitsstandards vorsieht, denen die Türanlage im Halbautomatikbetrieb nicht mehr genügte.“ Aber das LG *„ist wie das AG und nach der herrschenden Meinung der Ansicht“*,

- dass *„keine generelle und uneingeschränkte Pflicht anzunehmen ist, alte Bauwerke und Einrichtungen an die jeweils geltenden Standards anzupassen“*,
- dass *„jedenfalls in Bezug auf technische Anlagen im Fall einer Verschärfung der Sicherheitsbestimmungen eine Nachrüstungspflicht nach Ablauf eines angemessenen Zeitraums und unter Berücksichtigung wirtschaftlicher Gesichtspunkte zu bejahen ist“*.

Aber *„hier war zum Zeitpunkt des Unfalls am 11.10.2006 seit dem Erlass der neuen DIN vom Dezember 2005 noch nicht einmal ein Jahr vergangen. Damit war der angemessene Zeitraum, der dem Verkehrssicherungspflichtigen zur Nachrüstung zugebilligt werden muss, sicher nicht überschritten.“*

III. Bundesgerichtshof (BGH)[453]

Der BGH bestätigte: *„Die Frage einer Nachrüstungspflicht für bestehende technische Anlagen im Falle einer Verschärfung von Sicherheitsbestimmungen lässt sich nicht generell beantworten, sondern richtet sich danach, ob sich vorausschauend für ein sachkundiges Urteil die nahe liegende Gefahr ergibt, dass durch die bestehende technische Anlage – ohne Nachrüstung – Rechtsgüter anderer verletzt werden können.*

Welche Sicherheit und welcher Gefahrenschutz im Rahmen der Verkehrssicherungspflicht zu gewährleisten sind, richtet sich nicht ausschließlich nach den modernsten Erkenntnissen und nach dem neuesten Stand der Technik. Es kommt vielmehr maßgeblich auch auf die Art der Gefahrenquelle an. Je größer die Gefahr und je schwerwiegender die im Falle ihrer Verwirklichung drohenden Folgen sind, umso eher wird eine Anpassung an neueste Sicherheitsstandards geboten sein. Soweit es sich um Gefahren handelt, die nicht so schwerwiegend und für den Verkehr im Allgemeinen erkennbar und mit zumutbarer Sorgfalt und Vorsicht beherrschbar sind, kann dem Verkehrssicherungspflichtigen im Einzelfall jedenfalls eine angemessene Übergangsfrist zuzubilligen sein.

Danach begegnet es keinen rechtlichen Bedenken, dass das LG Traunstein eine Nachrüstungspflicht im Hinblick auf die seit Dezember 2005 geltende neue Herstel-

[453] BGH, Urteil v. 2.3.2010 (Az. VI ZR 223/09)

lungsnorm (DIN 18650-1 und -2) jedenfalls innerhalb des unter einem Jahr liegenden Zeitraums bis zum Unfall der Klägerin am 11.10.2006 verneint hat. Denn auf der Grundlage der getroffenen Feststellungen ergab sich bis dahin vorausschauend für ein sachkundiges Urteil keine nahe liegende Gefahr, dass durch die bestehende technische Anlage – ohne Nachrüstung – Rechtsgüter anderer verletzt werden können."

IV. Anmerkung

Der Unfall geschah elf Monate nach Inkrafttreten der DIN-Norm. Im Fall *„Glastür Supermarkt Bad Kissingen"* (Fall 16, Kapitel 8.16 in diesem Buch), bei dem der Unfall im August 2006 – also zwei Monate früher als in Traunstein und neun Monate nach der neuen Norm – stattfand, entschied sich das Amtsgericht gegen Bestandsschutz bei Normverschärfung – allerdings, ohne das Problem zu diskutieren. Es heißt dort schlicht: *„Die DIN-Norm gilt seit 1.12.2005, sodass sie am Vorfallstag bereits hätte umgesetzt worden sein müssen."*

8.18 Fall 18: Glyzerinwasser im Rhein

Zusammenfassung und Fazit

Das Landgericht Kleve verurteilte einen Produktionsleiter und einen Produktionsmeister wegen fahrlässiger Gewässerverunreinigung, weil Glyzerinwasser durch ein unübersichtliches, umgebautes und lange unbenutztes Rohrleitungssystem in den Rhein gelangte. *„Vor Benutzung hätten sie sich deshalb zunächst in geeigneter Weise überzeugen müssen"*, sie *„handelten fahrlässig, als sie ohne Nachprüfung"* handelten. Man kann sagen: Schon wegen der fehlenden Vergewisserung konnten sich die beiden Unternehmensmitarbeiter nicht auf Bestandsschutz berufen. Wenn eine Anlage so alt ist, dass es „keine Pläne" mehr gibt, kann man nicht auf den gefahrlosen Bestand vertrauen.

Sachverhalt

Ein Produktionsleiter und ein Produktionsmeister eines Unternehmens ordneten, als sich herausstellte, dass sich eine Reparatur des Großlagertanks verzögern würde, im September 1977 die Ableitung des bei der Herstellung von Fettsäuren anfallenden Glyzerinwassers in eine seit Jahren nicht benutzte Bodenablassleitung an. Der Schichtführer gab diese Anweisung an den Schichtarbeiter weiter – und dieser öffnete dann das Bodenablassventil. Alle vier Mitarbeiter gingen davon aus, dass diese Leitung an die werkseigene Zuleitung zum städtischen Kanalisationsnetz angeschlossen war. Das war aber seit 1967 nicht mehr so – die Leitung führte unmittelbar in den Rhein. Alle vier Beteiligten wurden wegen fahrlässiger Gewässerverunreinigung angeklagt. Das Landgericht Kleve verurteilte am 17. April 1980 Produktionsmeister und Produktionsleiter und sprach Schichtführer und Schichtarbeiter frei.[454]

Urteil

Wegen Fahrlässigkeit bestraft werden kann nur, wer die Folge(n) seines Tuns erkannte oder erkennen musste. Bei der Prüfung des „Erkennenmüssens" geht es letztlich darum, ob eine Überprüfungspflicht besteht.

[454] Az. 1 I 36/78

I. Strafbarkeit des Produktionsleiters und des Produktionsmeisters

Dem Produktionsleiter und dem Produktionsmeister machte das Gericht den „*Vorwurf, die Gewässerverunreinigung fahrlässig verursacht zu haben*“.

Sie wussten zwar nicht von der Verbindung der Leitung zum Rhein, aber sie „*wussten, dass die Rohrleitungen nach ihrer Errichtung verändert worden waren*“. Das Rohrleitungssystem war „*unübersichtlich*“ und zu den „*nachträglichen Veränderungen gab es keine Pläne*“. Daraus folgerte das Gericht: „*Vor der Benutzung dieser seit Langem nicht mehr genutzten Rohrleitung hätten sie sich deshalb zunächst in geeigneter Weise vom tatsächlichen Leitungsverlauf überzeugen müssen. Dies haben sie in vorwerfbarer Weise nicht getan. Sie handelten deshalb fahrlässig, als sie ohne Nachprüfung im Vertrauen darauf, die Bodenablassleitung sei an den Schmutzwasserkanal angeschlossen, anordneten, das Glyzerinwasser solle durch diese Leitung abgelassen werden; durch ihre Anordnung kam es dann später zu der Rheinwasserverschmutzung.*“

II. Freispruch für Schichtführer und Schichtarbeiter

Den Schichtführer und den Schichtarbeiter sprach das LG Kleve frei.

Vorsätzlich hatten sie nicht gehandelt: „*Es haben sich keine Anhaltspunkte dafür ergeben, dass sie zu irgendeiner Zeit überhaupt Kenntnis davon hatten, wie die Leitungen innerhalb der Destillation und im weiteren Bereich liefen. Eine positive Kenntnis, dass gerade auch die Bodenablassleitung über Klärbecken und Sicherheitsbecken zum Rhein führte, kann ihnen somit nicht nachgewiesen werden.*“

„*Aber auch ein Fahrlässigkeitsvorwurf kann ihnen nicht gemacht werden*“: Sie „*erhielten die Anweisung, bei Erreichen der Lagerkapazität das Glyzerinwasser über die Bodenablassleitung, die sie noch nie benutzt hatten, abzulassen. Es wäre eine Überforderung der an sie zu stellenden Sorgfaltspflichten, wenn man ihnen eine Überprüfung der ihnen erteilten Anordnung in diesem Falle auferlegen würde. Sie konnten und durften sich darauf verlassen, dass die beiden anderen Angeklagten als verantwortlicher Produktionsleiter bzw. Produktionsmeister rechtmäßige Anweisungen erteilt hatten. Anhaltspunkte dafür, dass diese Anordnungen rechtswidrig waren, hatten sie nicht. Anhaltspunkte in dieser Richtung mussten sich ihnen auch nicht aufdrängen.*“

III. Keine geringe Umweltbeeinträchtigung

Das LG Kleve betonte noch, dass es „*unerheblich ist, dass die negative Beeinträchtigung nur vorübergehend und nur partiell an der Einleitungsstelle und etwa 100 m stromabwärts infolge der durch Strömung und Schiffsverkehr verursachten Wasserbewegungen völlig beseitigt war. Denn auch eine partielle kurzzeitige Beeinträchtigung reicht zur Tatbestandserfüllung aus; sie darf lediglich nicht nur ganz geringfügig sein.*

Hier ist, wenn auch nicht über die gesamte Strombreite, so doch auf mindestens 50 m bis 100 m Länge ab Dükeröffnung eine negative Belastung, nämlich ein erhöhter Sauerstoffbedarf des Rheinwassers über einen Zeitraum von mindestens knapp 2 h eingetreten. Bei dieser flächenmaßigen Ausdehnung der Belastung in Verbindung mit der Dauer der Belastung kann nicht mehr von einer nur ganz geringfügigen Verschmutzung ausgegangen werden.“

IV. Anmerkungen zur Fahrlässigkeit

1. Wann Sicherheitswidrigkeit erkennbar ist und wann nicht, ist erstens eine Sachverhaltsfrage und zweitens eine schwierige Wertungsfrage. Hier kann ein Jurist – auch wenn das dann als typische und nichtssagende Antwort gilt – nur sagen: *„Es kommt darauf an.“* Was bringt nämlich eine abstrakte Definition von „erkennbar“ – etwa die aus dem Duden, Bedeutungswörterbuch, 3. Aufl. 2002: „aufgrund bestimmter Merkmale ausmachen“ und „Klarheit gewinnen“? Das ist keine Handlungsanleitung, sondern die Beschreibung des Problems! Welche Merkmale müssen mich wann und in welcher Situation stutzig machen und zur Hinterfragung führen und zur Aufklärung und Schaffung von „Klarheit“ zwingen?
2. Im konkreten Fall war es nach Auffassung des Gerichts für Schichtführer und Schichtarbeiter nicht erkennbar, dass die Leitung in den Rhein führte. Sie hatten auch nicht eine solche Position im Unternehmen, die zur Überprüfung verpflichtete. Sie konnten sich auf die Rechtmäßigkeit der Anweisung des Vorgesetzten verlassen. Das kann man Vertrauensgrundsatz nennen. Denn bei Mitarbeitern geht es zunächst immer nur um „Detailverantwortung“[455]. Man kann nicht alles hinterfragen und absichern[456].
3. Die Pflicht der beiden Verurteilten – Produktionsleiter und Produktionsmeister – zur Überprüfung begründete das Gericht
   - erstens mit der Unübersichtlichkeit der Lage und
   - zweitens mit dem Fehlen von Plänen und
   - drittens dem Wissen um Veränderungen am Leitungssystem und
   - viertens mit der längeren Nichtnutzung der Leitung.

   Unausgesprochen ging das Gericht davon aus, dass die Unternehmenspositionen „Produktionsleiter“ und „Produktionsmeister“ wegen dieser vier Unsicherheiten in der Einschätzung der Sicherheit eine Überprüfungspflicht beinhalteten.[457]

[455] So *Mansdörfer*, Zur Theorie des Wirtschaftsstrafrechts 2012

[456] Ähnlich *Nobbe/Pinter/Vögele*, Verantwortung im Unternehmen, 1993

[457] Ausführlich zur persönlichen Verantwortung siehe *Wilrich*, Sicherheitsverantwortung – Arbeitsschutzpflichten, Betriebsorganisation und Führungskräftehaftung – mit 25 erläuterten Gerichtsurteilen, 2016

4. Warum die Unternehmensleitung nicht angeklagt worden ist, konnte ich im Fall des LG Kleve nicht mehr ermitteln. Eine Mitverantwortung der ersten Führungsebene ist allerdings nur dann anzunehmen, wenn diese ihre spezifischen – auf das Gesamtunternehmen bezogenen und daher anders gelagerten – Organisations- und Aufsichtspflichten verletzt hätte. Die Unternehmensleitung hat die Möglichkeit – und Pflicht – der *„Leitung der Organisation in eine bestimmte Richtung"* und *„das gezielte Hervorrufen bestimmter Reaktionen im System"*[458]. Beim Urteil des OLG Stuttgart vom 4. März 1977[459] hatte ein mit der technischen Leitung des Betriebs beauftragter Färbermeister Appreturflüssigkeit in die Nagold eingeleitet. Das Gericht betonte die Verantwortung der Geschäftsleitung *„für alle betrieblichen Angelegenheiten, auch für Gefährdungen, die vom Betrieb ausgingen. Dies gilt im vorliegenden Fall um so mehr, als es sich bei der Färberei um einen Kleinbetrieb mit einer überschaubaren und damit leicht kontrollierbaren Anzahl von Angestellten handelt."* Das Gericht betonte auch, man dürfe *„auf die Verlässlichkeit des Mitarbeiters nur aufgrund seiner Versicherungen nicht bauen"*. Hier wiederum ist nicht mehr ermittelbar, warum der Mitarbeiter nicht angeklagt wurde. Er war im Strafverfahren nur Zeuge.

458 *Mansdörfer*, Zur Theorie des Wirtschaftsstrafrechts, 2012
459 Az. 4 Ss (8) 63/77

8.19 Fall 19: Kopfsteinpflaster

Kurzfassung und Fazit

In diesem Fall war der (Straßen-)Bestand schon im Errichtungszeitraum nicht normkonform. Die Gerichte kamen indes nicht zu einer Verkehrssicherungspflichtverletzung der Stadt und ließen nicht haften, weil

- technische Normen *„bei der Frage der Haftung durch eine sachgerecht vorzunehmende Risikoverteilung relativiert werden“* müssen und der Verstoß nur geringfügig war und
- die technische Norm zum Vertragsrecht gehört (VOB/B) – was das OLG Celle aber nicht so deutlich sagte.[460]

Sachverhalt

Die Klägerin fiel auf einer Straße mit Natursteinpflaster, weil sie *„mit der Fußspitze an einem um etwa 3,5 cm überstehenden Pflasterstein hängengeblieben“* war. Die Straße war im Jahre 1992 im Zuge der Altstadtsanierung aus städtebaulichen Gründen und in Abstimmung mit der Denkmalschutzbehörde mit Natursteinen belegt worden.

Urteil

Das LG Essen wies die Klage auf Schadensersatz ab.[461] Das OLG Hamm bestätigte das klageabweisende Urteil.[462] Der Träger der Straßenbaulast haftete nicht nach § 839 BGB i. V. m. Art. 34 GG, weil er seine Verkehrssicherungspflicht nicht verletzt hat.

1. Inhalt und Grenze der Verkehrssicherungspflicht

„Die für öffentliche Straßen und Wege Versicherungspflichtigen haben die Verkehrsflächen so herzustellen und zu unterhalten, dass sie möglichst gefahrlos benutzt werden können. Dabei dürfen die Verkehrsteilnehmer aber nicht erwarten, dass die Sicherungspflichtigen die Verkehrsflächen völlig gefahrlos und frei von allen Mängeln zur Verfügung stellen. Eine Verkehrssicherung, die jeden Unfall ausschließt, ist nämlich praktisch nicht erreichbar.

---

[460] Siehe hierzu z. B. auch *Wilrich*, Gerichtsurteil zu DIN-Normen in Hausbauverträgen: Zur Unwirksamkeit einer AGB-Klausel, *„bei Änderung von technischen Vorgaben in DIN-Normen kann der Unternehmer dies vornehmen“*, in: DIN-Mitteilungen Heft 11/2017

[461] LG Essen, Urteil v. 10.11.1994 (Az. 4 O 457/94)

[462] OLG Hamm, Urteil v. 5.5.1995 (Az. 9 U 14/95)

Dabei wird die Grenze zwischen abhilfebedürftiger Gefahrenquelle und hinzunehmender Erschwernis maßgebend durch die sich im Rahmen des Vernünftigen haltenden Sicherheitserwartungen des Verkehrs bestimmt. Der Sicherungspflichtige hat – von objektiv besonders einschneidenden Gefahrenlagen abgesehen – nur solche Gefahren zu beseitigen bzw. vor ihnen zu warnen, die für einen die normale Sorgfalt beachtenden Benutzer nicht rechtzeitig erkennbar sind oder auf die er sich nicht rechtzeitig einzustellen vermag."

2. Sicherungspflicht im Falle von Niveauunterschieden

Diese Grundsätze legte das Gericht *„in den Fällen scharfkantiger Niveauunterschiede auf Gehbereichen dahin aus, dass die Fußgänger gewisse – im Allgemeinen beherrschbare – Höhendifferenzen hinnehmen und die insoweit vorhandenen Risiken durch eigene Vorsicht selbst bewältigen müssen. Dabei ist ein Höhenunterschied von bis zu 2 cm grundsätzlich als beherrschbar anzusehen. Dieser Betrag bestimmt die Grenze zwischen haftungsbegründender Gefahr und hinnehmbarem Erschwernis aber nicht absolut. Sie kann und muss vielmehr je nach der an den einschätzbaren örtlichen Verhältnissen orientierten Sicherheitserwartung des Verkehrs höher oder tiefer liegen. Dabei sind dem Fußgänger um so stärkere Unebenheiten zuzumuten, je auffälliger diese in Erscheinung treten. Für ein dem historischen Zustand nachgebildetes Natursteinpflaster aus besonders unebenen Pflastersteinen bedeutet dies, dass wegen der besonderen Auffälligkeit des Belags auch in vorwiegend dem Gehverkehr vorbehaltenen Bereichen Differenzen von über 2 cm hinnehmbar sind."*

3. Zwar Normverstoß

„Zwar sind bei der Herstellung des Pflasters die Richtlinien und die DIN-Norm objektiv nicht in vollem Umfang beachtet worden.

Unter Nr. 3.2.3 der DIN-Norm 18318 (‚Toleranzen')[463] *ist festgelegt, dass Pflasterdecken an den Fugen höhengleich herzustellen sind und die dortigen Abweichungen bei Baustoffen mit ‚grobrauer' Oberfläche 5 mm nicht überschreiten dürfen. Auch in den Richtlinien für die Standardisierung des Oberbaues von Verkehrsflächen (RStO 86) wird unter Nr. 4.2.5 auf die DIN 18318 Bezug genommen."*

4. Aber sachgerechte Risikoverteilung und keine Haftung

„Eine Verletzung der Verkehrssicherungspflicht kann jedoch aus der Nichtbeachtung technischer Straßenbauvorschriften nicht zwingend hergeleitet werden.

[463] DIN 18318:1992-12 VOB Verdingungsordnung für Bauleistungen – Teil C: Allgemeine Technische Vertragsbedingungen für Bauleistungen (ATV) – Verkehrswegebauarbeiten – Pflasterdecken, Plattenbeläge und Einfassungen

Bei den DIN-Normen handelt es sich nicht um mit Drittwirkung versehene Normen im Sinne hoheitlicher Rechtsetzung, sondern um auf freiwillige Anwendung ausgerichtete Empfehlungen des ‚DIN Deutschen Instituts für Normung e. V.'. Im vorliegenden Fall kommt noch hinzu, dass die vorbezeichnete DIN-Vorschrift nach ihrer eigenen Überschrift technische Vertragsbedingungen für Bauleistungen zum Gegenstand hat und somit unmittelbar nur zwischen Auftraggeber und Auftragnehmer gelten soll.

Die DIN-Normen spiegeln jedoch auch den Stand der für die betroffenen Kreise geltenden anerkannten Regeln der Technik wider und sind somit mittelbar in besonderer Weise dazu geeignet, das nach der Verkehrsauffassung zur Sicherheit Gebotene zu bestimmen. Sie können eine entsprechende Verkehrserwartung begründen, auf die sich der Sicherungspflichtige einstellen muss.

Allerdings besagt ein Verstoß gegen die DIN 18318 noch nicht, dass das Pflaster als gefährlich im Sinne einer haftungsbegründenden Gefahrenlage anzusehen ist. Die faktischen Standards stellen nämlich nur eines und nicht das einzige Kriterium für die an eine Haftung zu stellenden normativen Anforderungen dar. Der mit der DIN-Norm u. a. verfolgte Zweck eines möglichst umfassenden Sicherheitszustands muss bei der Frage einer Haftungsbegründung durch eine sachgerecht vorzunehmende Risikoverteilung relativiert werden. Bei dieser Risikoverteilung wird der Eigenverantwortlichkeit der Straßenbenutzer für ihre Sicherheit Rechnung getragen. Die Grenze der hinnehmbaren Erschwernisse wird dabei sinnvollerweise auch hier durch die ‚begründeten Sicherheitserwartungen' des Verkehrs bestimmt. Dies führt im Ergebnis dazu, dass die bei ‚normaler' Vorsicht beherrschbaren Risikolagen grundsätzlich auch dann keine zivilrechtliche Haftung begründen, wenn sie unter nicht vollständiger Beachtung technischer Richtlinien oder eines sonstigen technischen Regelwerks zustande gekommen sind. Dies gilt jedenfalls dann, wenn die technischen Regeln nicht in erheblichem Maße missachtet worden sind."

5. Kein erheblicher Normverstoß

„Ein solcher erheblicher Verstoß gegen die DIN 18318 liegt hier aber nicht vor." Die Klägerin hätte *„infolge der besonderen Auffälligkeit des Natursteinpflasters ihren Sturz bei der nach den örtlichen Bedingungen zu erwartenden vorsichtigeren Gehweise vermeiden können. Auch konnte der angegebene scharfkantige Höhenunterschied nicht als derart groß festgestellt und damit ein Verstoß gegen technische Regeln als derart schwerwiegend bewertet werden, dass die Risikoverteilung aus diesem Grunde zu einer Haftung der sicherungspflichtigen Beklagten hätte führen müssen."*

8.20 Fall 20: Parkhauseinfahrt

Sachverhalt und Zusammenfassung

Der Kläger fuhr mit seinem Pkw am 18.7.2015 in ein im Eigentum einer Wohnungseigentümergemeinschaft (WEG) stehendes Parkhaus. Er klagte gegen den WEG-Verwalter auf knapp 1 200 € Schadensersatz wegen Beschädigung des rechten Vorderreifens und der Radfelge in der 2,55 m breiten Einfahrt.

Aber das Gericht sagte, die Einfahrtbreite *„entsprach im Zeitpunkt der Errichtung den damaligen bau- und bauordnungsrechtlichen Vorschriften"* und das Parkhaus *„genießt insoweit rechtlichen Bestandsschutz"*, die Verkehrssicherungspflicht sei nicht verletzt und es bestehe auch keine *„Umbau- bzw. Nachrüstpflicht"*.

Urteile

I. Amtsgericht Saarlouis[464]

Das AG Saarlouis wies die Klage ab, aber nicht aus Sicherheitsgründen, sondern weil der Verwalter nicht der Sicherungspflichtige und damit nicht der richtige Klagegegner war (fehlende „Passivlegitimation").

Zwar sei *„derjenige, der eine Gefahrenquelle unterhält, grundsätzlich verpflichtet, die notwendigen und zumutbaren Vorkehrungen zu treffen, um eine Schädigung anderer möglichst zu verhindern. Bei unbeweglichen Sachen wie Grundstücken muss derjenige, der auf einem Grundstück Verkehr eröffnet, für die Verkehrssicherheit haften. Neben dem Eigentümer eines Grundstückes haftet derjenige, der als Mieter oder Pächter einen Verkehr eröffnet hat"*.

Aber die beklagte Verwalterin *„ist nicht Eigentümer des Parkhauses"* und *„auch nicht Vermieterin, sodass eine Haftung aus den mietvertraglichen Schutzvorschriften ebenfalls nicht gegeben ist. Bei der Einfahrt in ein Parkhaus kommt konkludent ein Mietvertrag zustande. Nach den vorgelegten Unterlagen ist der Verwalter auch für den Kläger erkennbar nicht Vertragspartner dieses Mietvertrages. Bei der Einfahrt in das Parkhaus erhielt der Kläger ein Parkticket. Dort ist zu entnehmen, dass die Mietverwaltung der Parkhausgesellschaft mbH obliegt und die Parkhausverwaltung der Beklagten. Die von dem Kläger vorgelegte Quittung weist als Aussteller der Quittung die Parkhausgesellschaft mbH aus. Da Quittungen ohne Vertretungszusatz grundsätzlich von dem Zahlungsempfänger ausgestellt werden, war so für den Kläger zu erkennen, dass ein Mietvertrag mit der Parkhausgesellschaft zustande gekommen ist.*

---

[464] AG Saarlouis, Urteil v. 28.4.2016 (Az. 30 C 59/16 (17))

Der Verwalter haftet gegenüber Dritten nicht originär. Dass die Miteigentümer dem Verwalter die Verkehrssicherungspflicht übertragen haben, trägt der Kläger selbst nicht vor.

Mangels Passivlegitimation kann dahingestellt bleiben, ob die Zufahrt zum Parkhaus aufgrund einer zu geringen Breite und eines fehlenden Hinweises die Verkehrssicherung verletzt und dem Kläger der dadurch entstandene Schaden zu ersetzen ist."

II. LG Saarbrücken[465]

Das LG Saarbrücken hielt den Verwalter zwar für den Sicherheitspflichtigen, wies die Klage aber trotzdem ab.

1. WEG-Verwalter als richtiger Klagegegner

Das Gericht ließ *„dahinstehen[466], ob einen WEG-Verwalter nach § 27 Abs. 1 Nr. 2 WEG eigene Verkehrssicherungspflichten gegenüber Dritten treffen"*. Denn *„der WEG-Verwalter wird gegenüber Dritten[467] – wie hier – jedenfalls dann verkehrssicherungspflichtig, wenn die WEG ihre Verkehrssicherungspflicht in Bezug auf das Wohnungseigentum vertraglich auf ihn übertragen hat. Hierfür genügt grundsätzlich die allgemein übliche Regelung im Verwaltervertrag, wonach der WEG-Verwalter alles tun muss, was zu einer ordnungsgemäßen Verwaltung notwendig ist. Dass in dem hier maßgeblichen Verwaltervertrag zwischen der Beklagten und den Eigentümern eine hiervon abweichende Regelung getroffen ist, wird von der Beklagten nicht behauptet."*

2. Keine Verkehrssicherungspflichtverletzung

Aber – so das LG – es *„fällt der Beklagten keine Verletzung der für das Parkhaus bestehenden Verkehrssicherungspflicht zur Last (§ 823 Abs. 1 BGB)"*.

So sei, wer *„eine Gefahrenlage schafft oder eröffnet, grundsätzlich verpflichtet, die notwendigen und zumutbaren Vorkehrungen zu treffen, um eine Schädigung anderer möglichst zu verhindern. Die Verkehrssicherung umfasst diejenigen Maßnahmen, die ein umsichtiger und verständiger, in vernünftigen Grenzen vorsichtiger Mensch für notwendig und ausreichend hält, um andere vor Schäden zu bewahren, ohne dass jede Schädigung ausgeschlossen werden müsste. Haftungsbegründend wird eine Gefahr dann, wenn sich für ein sachkundiges Urteil die nahe liegende Möglichkeit ergibt, dass Rechtsgüter anderer verletzt werden. Gefahren, die über das übliche Risiko bei der*

[465] LG Saarbrücken, Urteil v. 16.9.2016 (Az. 13 S 73/16)

[466] Wenn ein Gericht etwas „dahinstehen" lässt, entscheidet es diese Frage nicht, sondern lässt sie offen.

[467] Dritter in diesem Sinne ist der Kläger. Erster und Zweiter sind die Wohnungseigentümergemeinschaft und der WEG-Verwalter.

Sachnutzung hinausgehen, vom Benutzer nicht vorhersehbar und für ihn nicht ohne Weiteres erkennbar sind, ist in geeigneter und angemessener Weise zu begegnen."

3. Garagenverordnung

Der Kläger berief sich zwar darauf, *„die Breite der Zufahrt zum Parkhaus entspreche nicht der Mindestbreite nach den Vorschriften der saarländischen Garagenverordnung (GarVO) in der derzeit geltenden Fassung"*[468]. Aber *„das Parkhaus entsprach im Zeitpunkt seiner Errichtung den damaligen bau- und bauordnungsrechtlichen Vorschriften"*, sodass es *„insoweit rechtlichen Bestandsschutz genießt. Insoweit bestehen bereits Bedenken dagegen, ob hierauf eine Pflichtverletzung der Beklagten gestützt werden kann."*

Es sei auch – so das LG – *„zweifelhaft, ob die Regelungen der GarVO überhaupt drittschützende Wirkung*[469] *entfalten"*. Mit diesem Drittschutz meinte das Gericht die Frage, ob sich der Kläger gegenüber der WEG überhaupt auf den Rechtsverstoß berufen könne.

4. Keine allgemeine Umbau- oder Nachrüstpflicht

Aber ohnehin *„hätte eine aus der allgemeinen Verkehrssicherungspflicht folgende Handlungspflicht (Umbau- oder Nachrüstpflicht, Hinweispflicht) für die Beklagte nur dann bestanden, wenn die Einfahrt zum Parkhaus in ihrem derzeitigen baulichen Zustand mit einer besonderen Gefahr für die Nutzer des Parkhauses verbunden wäre und die Beklagte diese besondere Gefahr erkannt hätte oder bei gehöriger Anstrengung hätte erkennen können. Davon kann indes nicht ausgegangen werden"*, denn:

- Erstens sagte die Beklagte, *„das streitgegenständliche Ereignis sei das erste dieser Art gewesen, das seit Bestehen des Parkhauses bekannt geworden sei"*.
- Zweitens *„ist das Befahren der Einfahrt zum Parkhaus in der derzeitigen Breite von jedenfalls 2,55 m (gegenüber 3,00 m Mindestbreite nach § 2 Abs. 3 GarVO in der aktuellen Fassung) mit keiner solchen Gefahr für die Nutzer des Parkhauses verbunden, dass für die Beklagte Veranlassung bestanden hätte, gefahrvermeidende Maßnahmen zu ergreifen. Dies gilt insbesondere, weil die auf dem Markt befindlichen Fahrzeugmodelle selbst mit Außenspiegel Breiten aufweisen, mit*

[468] § 2 Abs. 3 der Dritten Verordnung zur Landesbauordnung (Garagenverordnung – GarVO), zuletzt geändert am 25. August 2008 (Amtsblatt S. 1 470), lautet: *„Die Breiten der Fahrbahnen von Zu- und Abfahrten vor Mittel- und Großgaragen müssen mindestens betragen: 3 m bei Benutzung durch Kraftfahrzeuge bis zu 2 m Breite, 3,50 m bei Benutzung durch breitere Kraftfahrzeuge. Schmalere Fahrbahnen sind im Bereich von Zu- und Abfahrtssperren zulässig. Breitere Fahrbahnen, insbesondere in Kurven, können verlangt werden, wenn dies wegen der Verkehrssicherheit erforderlich ist."*

[469] Also eine den Kläger schützende Wirkung (siehe Fußnote 467)

denen das Befahren der Parkhauseinfahrt im derzeitigen baulichen Zustand ohne Weiteres möglich ist.“ (So z. B. für einen Audi A6: 2,09 m bei einer bestehenden Breite von jedenfalls 2,55 m; vgl. hierzu die Tabelle des ADAC zur Breite der gängigsten Fahrzeugmodelle, abrufbar über www.adac.de/_mmm/pdf/920_Fahrzeugbreiten_1_211035.pdf.[470])

- Drittens: *„Dass von der Einfahrt zum Parkhaus in ihrer derzeitigen Breite keine besondere Gefahr für die Nutzer von Großgaragen besteht, folgt nicht zuletzt daraus, dass in anderen Bundesländern Mindestbreiten für ausreichend gehalten werden, die nur geringfügig über der derzeitigen Breite der Einfahrt liegen.“* (Vergleiche etwa § 2 baden-württembergische GaVO und § 2 bayerische Garagen- und Stellplatzverordnung: jeweils 2,75 m.)

470 Zuletzt abgerufen am 18.2.2018

8.21 Fall 21: Parkhaustor

Zusammenfassung und Fazit

Wegen eines Autoschadens durch ein Garagentor ohne Lichtschranke verklagte ein Mieter erfolgreich den Vermieter. Das Gericht sagte, für den Vermieter *„ergibt sich aus der Fürsorge/Verkehrssicherungspflicht die Verpflichtung, die Mietsache auf mögliche Gefahren zu überprüfen und alle zumutbaren und erforderlichen Schutzvorrichtungen einzurichten"*. Zehn Jahre nach der Verschärfung einer DIN-Norm könne sich der Vermieter *„nicht mehr auf Bestandsschutz berufen"*.

Sachverhalt

Als die Ehefrau eines Mieters eines Parkhausstellplatzes mit ihrem Mercedes Benz der A-Klasse aus der Ausfahrt fuhr, senkte sich das Tor vorzeitig. Die Ampel habe nicht funktioniert und nicht rot signalisiert. Die Ehefrau war Klägerin (K) und verlangte vom Vermieter Schadensersatz für das beschädigte Auto.

Die Tiefgarage hatte die beklagte Vermieterin (B) 1976 gebaut – und seitdem hatte der Ehemann der Klägerin einen Stellplatz gemietet. Es gab keine Lichtschranke. K behauptete, das Tiefgaragentor entspreche nicht dem Stand der Technik.

B berief sich auf Bestandsschutz – und sagte, sie habe durch den Abschluss von Wartungsverträgen *„alles für die Sicherheit der Mieter getan. Absolute Sicherheit ist nicht geschuldet und lasse sich auch nicht erreichen."*

Entscheidungen

Amts- und Landgericht Kempten gaben der Klage statt.

I. Urteil des Amtsgerichts Kempten[471]

Das AG Kempten verurteilte die Vermieterin: *„Die Klägerin hat gegen die Beklagte gemäß §§ 535 Abs. 1, 280 Abs. 1, 278 BGB Anspruch auf Schadensersatz, weil die Beklagte eine Nebenpflicht aus dem Mietvertrag schuldhaft verletzt hat."*

[471] AG Kempten, Urteil v. 15.3.2017 (Az. 5 C 1232/15)

1. Vertragliche Ansprüche der Ehefrau K: Mietvertrag mit Schutzwirkung zugunsten Dritter

Klägerin K war zwar nicht Vertragspartner des Vermieters B, aber sie war *„als Ehefrau des Mieters in den Schutzbereich des Mietvertrags einbezogen"*.

2. Fürsorge- bzw. Verkehrssicherungspflichten der Vermieter: Pflicht zur Gefahrenanalyse

Vermieterin B *„schuldet Schadensersatz, weil sie die sich aus dem Mietvertrag ergebende Nebenpflicht der Fürsorge verletzt hat"*:

„Vermieter sind aufgrund des Mietvertrags verpflichtet, dem Mieter den ungestörten und vertragsgemäßen Mietgebrauch zu gewähren und zu sichern. Vermieter trifft daher die Pflicht, durch Vorsorge Beeinträchtigungen des Mietgebrauchs zu vermeiden und die Mietsache in einem verkehrssicheren Zustand zu halten. Konkret ergibt sich aus der Fürsorge/Verkehrssicherungspflicht für den Vermieter die Verpflichtung, die Mietsache auf mögliche Gefahren zu überprüfen und alle zumutbaren und erforderlichen Schutzvorrichtungen einzurichten."

Als am Garagentor 2006/2007 neue Federpakete eingebaut wurden (dazu 4.a.), hätte – so das AG Kempten – *„im Rahmen der Fürsorgepflicht und der Verkehrssicherungspflicht eine Gefahrenanalyse durchgeführt werden müssen"*.

3. Sachverständigengutachten und Normwidrigkeit des Garagentors

Aus dem gerichtlichen Sachverständigengutachten *„ergibt sich, dass spätestens seit 1.5.2005 neue motorbetriebene Garagentore von Mietshäusern zwei Sicherungen benötigen, die Unfälle möglichst unwahrscheinlich machen. Tatsächlich verfügt das Tiefgaragentor jedoch nur über eine Sicherheitseinrichtung, einen optoelektronischen Drucksensor, der allerdings im Zusammenspiel mit dem Torantrieb wegen des zu langen Nachlaufwegs nicht ordnungsgemäß funktionierte."*

Welche Norm einschlägig ist, arbeitete erst das LG Kempten heraus (dazu II.). Aber die verschärfte gilt zunächst für neue Garagentore:

4. Bestandsschutz?

B *„kann sich nach Ansicht des Gerichts nicht, jedenfalls nicht mehr* [dazu I.4.d.], *auf Bestandsschutz berufen"*. Zwar *„richtet sich die nach dem Mietvertrag geschuldete Beschaffenheit der Mietsache nach den zum Zeitpunkt der Errichtung des Gebäudes geltenden technischen Normen"*. Aber das gilt in zwei Konstellationen nicht mehr:

a. Kein Bestandsschutz bei wesentlicher Änderung = Neubau

Erstens gilt der neueste Stand der Technik, wenn es *„erhebliche bauliche Maßnahmen am Haus gab, die einem Neubau ähnlich kommen, oder grundlegende Veränderungen des Gebäudes (z. B. Umgestaltung des bisher ungenutzten Dachbodens in eine Dachgeschosswohnung) erfolgt"* sind.

Das war aber nicht der Fall: 1990 wurde ein neuer Torantrieb eingebaut. 2006 wurden die Torfedern ersetzt. Das entspricht nicht einem Neubau.

b. Kein Bestandsschutz bei Sicherheitsaspekten der Mietsache

Das AG Kempten sagte, Bestandsschutz gelte *„nur für Fragen des (statischen) Nutzungskomforts bzw. des Ausstattungsstandards der Mietsache. Für Fragen der (dynamischen) Betriebs- und Nutzungssicherheit der Mietsache sind dagegen auch aktuelle Normen und alle vorgenommen Änderungen an der Mietsache und alle eingetretenen Änderungen im Umfeld der Mietsache zu berücksichtigen. Nur so lassen sich die Ziele der Fürsorgepflicht und der Verkehrssicherungspflicht, andere Personen vor Schäden zu bewahren, erreichen. Der Vermieter wird hierdurch nicht unbillig benachteiligt. Er ist dadurch ausreichend geschützt, dass die zu ergreifenden Maßnahmen dem Gebot der Zumutbarkeit und Erforderlichkeit entsprechen müssen."*

c. Zumutbarkeit der Nachrüstung

„Der Einbau einer zweiten Sicherheitseinrichtung ist erforderlich und zumutbar: Bei einem Unfall drohen hohe Schäden. Tatsächlich ist der Schaden im vorliegenden Fall beträchtlich" (das Gericht sprach 2 677 € zu). *„Derartige Unfälle sind nicht so selten, dass keine Maßnahmen zu ergreifen wären. Der Einbau einer zweiten Sicherheitseinrichtung ist ohne großen Aufwand möglich und würde die Sicherheit des Garagentors deutlich erhöhen"* (der Sachverständige ging von 1 100 € aus).

d. Jedenfalls Ablauf der Anpassungsfrist

Zur Frage einer Anpassungsfrist sagte das AG Kempten kurz: *„Jedenfalls war das Tor angesichts des (nunmehr) geringen Nachrüstungsaufwands aufgrund der mietvertraglichen Fürsorge- und Prüfpflicht nach Ablauf von zehn Jahren nach Inkrafttreten der neuen Anforderungen, also bereits 2015, in einen aktuellen verkehrssicheren Zustand zu bringen."*

e. Ergebnis: Nachrüstungspflicht

Im Ergebnis hatte B ihre Fürsorgepflicht verletzt, denn *„nach den derzeit geltenden Normen müsste das Garagentor eine zweite Sicherheitseinrichtung haben"*:

„Da eine zweite Sicherheitseinrichtung, zum Beispiel Lichtschranken in erforderlicher Zahl, fehlt, hat B ihre Verpflichtungen aus dem Mietvertrag verletzt."

5. Verschulden: keine Übertragung der Verkehrssicherungspflicht

Ein Schadensersatzanspruch gegen den Vertragspartner setzt Vertretenmüssen voraus (§ 280 Abs. 1 Satz 2 BGB). Vertreten muss man Vorsatz und Fahrlässigkeit (§ 276 Abs. 1 Satz 1 BGB). Hier kam nur die Schuldform Fahrlässigkeit in Betracht (§ 276 Abs. 2 BGB):

„Die Beklagte hat schuldhaft gehandelt. Sie hat nur die Wartung des Tors in Auftrag gegeben und nicht wie nach dem Mietvertrag geschuldet eine Überprüfung des Tors auf aktuelle Verkehrssicherheit und Nachrüstmöglichkeiten[472]*. Gegebenenfalls hätte die Firma auf die Nachrüsterforderlichkeit und Nachrüstmöglichkeit hinweisen müssen."*

- *„Hat sie dies getan, kam die Beklagte den Hinweisen nicht nach, sodass Verschulden vorliegt."*
- *„Hat sie es unterlassen, so handelte die Wartungsfirma schuldhaft. Das Verschulden der Firma muss sich die Beklagte nach § 278 BGB zurechnen lassen."*

II. Beschluss des Landgerichts Kempten

Das LG Kempten[473] teilte der beklagten Vermieterin mit, dass deren Berufung offensichtlich erfolglos sein werde – B nahm sie dann auch zurück:

Zwar müsse der Vermieter *„bei Änderungen von Sicherheitsvorschriften nicht sofort reagieren"*, aber *„die Mietsache so erhalten, dass dem Mieter kein Schaden entsteht bzw. Gefahren für das Eigentum des Mieters verhindert oder abgewendet werden"*. Die *„aktuelle Sicherheitsvorschrift DIN EN 13241-1 Tore ist bereits am 1.4.2004 in Kraft getreten und der Einbau der zweiten Sicherheitseinrichtung wäre mit vertretbarem Kostenaufwand möglich gewesen"*. Die Erneuerungen am Garagentorantrieb und an der Sicherheitskontaktleiste zeigten, *„dass sich auch der Vermieter in der Vergangenheit der Tatsache bewusst war, dass neue Sicherheitsstandards in die Anlage einzubauen sind"*.

„Seit Inkrafttreten der DIN EN 13241-1 Tore sind jetzt mehr als zehn Jahre vergangen" – daher bestehe eine *„Nachrüstungspflicht des Vermieters"*, auch wenn die *„DIN keine Regelung zu einer Nachrüstungspflicht enthält, da die Fürsorgepflicht des Vermieters ein Tätigwerden verlangt"*.

---

[472] Im Fall „Aufzug im Parkhaus" war die Instandhaltungspflicht haftungsbefreiend vom Betreiber auf den Dienstleister übertragen (Fall 5, Kapitel 8.5 in diesem Buch).

[473] LG Kempten, Beschluss v. 17.7.2017 (Az. 51 S 644/17)

8.22 Fall 22: Rollenschneidemaschine

Zusammenfassung

Bei einer im Jahre 1974 angeschaffte Rollenschneidemaschine gewährten LG und OLG Düsseldorf für fehlende Schutzeinrichtungen keinen Bestandsschutz und sahen daher Sicherungspflichten verletzt. Der Fall verdeutlicht aber eindrucksvoll, mit welch komplexen Argumenten ein (als gerecht verstandenes) Ergebnis begründet werden kann: Beide Instanzen ließen den Betreiber nicht haften, weil der Rückgriff der BG nach einem Arbeitsunfall eine grob fahrlässige Pflichtverletzung voraussetze, das Unternehmen aber nur einfach fahrlässig gehandelt habe.

Sachverhalt

Im August 1997 geriet der seit 1969 als Rollmaschinenführer (R) Beschäftigte an einer 1974 angeschafften Rollenschneidemaschine zwischen die Tragwalzen, wurde mit seinem gesamten Körper eingezogen, erlitt schwerste Verletzungen, war seitdem zu 100 % erwerbsunfähig und lebte in einem Pflegeheim.

Es wurde *„keine Bedienungsanleitung ausgehängt"*. Eine Schulung und Unterweisung fand nicht statt. Die zuständige Berufsgenossenschaft (BG) *„hat den Betrieb der Beklagten durch einen technischen Aufsichtsbeamten zweimal jährlich besichtigt"*. An der Maschine wurden *„sicherheitsrelevante Mängel gerügt"*, aber *„sie betrafen nicht die Einzugsstelle an der Schneidemaschine, an der sich der Unfall ereignete"*.

Die Arbeitsmittelbenutzungsverordnung (AMBV) galt zum Zeitpunkt des Unfalls noch nicht. Der damals geltende § 28 der Unfallverhütungsvorschrift (UVV) *„Maschinen der Papierherstellung"* (VBG 7r) hatte die Überschrift *„Umroll- und Rollenschneidmaschinen"* und sah vor:

- Absatz 2: *„Einlaufstellen an Umroll- und Rollenschneidemaschinen müssen mit trennenden Schutzeinrichtungen gesichert sein. Die Schutzeinrichtungen müssen bei jedem Durchmesser der Wicklung wirksam sein und das Einziehen der Hände verhindern. Abweichend von § 4 Abs. 2 müssen bewegliche Schutzeinrichtungen bei größerer Maschinengeschwindigkeit als Kriechgeschwindigkeit verriegelt sein."*
- Absatz 4: *„Abweichend von den Abs. 2 und 3 darf an Rollenschneidmaschinen mit achsloser Einzelaufwicklung auf trennende Schutzeinrichtungen wie auch auf Fangvorrichtungen verzichtet werden, wenn die Gefahrstellen durch Schutzeinrichtungen mit Annäherungsreaktion ausgestattet sind, die sich selbst*

überwachen und bei Annäherung an die Wickelstation den Antrieb der Maschine stillsetzen. In diesen Fällen ist der Fußbodenbereich jedoch durch Warnanstrich zu kennzeichnen.“

- Absatz 6: *„Umroll- und Rollenschneidmaschinen, deren Einlaufstellen während der Kriechgeschwindigkeit ungeschützt sind, müssen mit über die gesamte Maschinenbreite reichenden Schaltstangen, -leinen oder ähnlichen Schalteinrichtungen gesichert sein, die beim Betätigen die gefahrbringenden Bewegungen der Maschine schnellstmöglich stillsetzen.“*

§ 40 im Kapitel *„VI. Übergangs- und Ausführungsbestimmungen“* lautet:

- Absatz 1: *„Für Maschinen der Papierherstellung, die vor dem Inkrafttreten dieser Unfallverhütungsvorschrift in Betrieb waren, gelten nicht § 2 Abs. 4, § 15, § 16 Abs. 1, § 20, § 25, § 27 Abs. 2 bis 4, § 29 Abs. 2.“*
- Absatz 3: *„Die Berufsgenossenschaft kann verlangen, dass eine Maschine der Papierherstellung entsprechend dieser Unfallverhütungsvorschrift geändert wird, wenn*
  - *sie wesentlich erweitert oder umgebaut wird,*
  - *die bestimmungsgemäße Verwendung der Maschine der Papierherstellung geändert wird oder*
  - *das Unfallgeschehen dies erfordert.“*

Die BG war Klägerin und verklagte das die Maschine betreibende Unternehmen auf Ersetzung der Unfallfolgekosten.

Urteile

I. Klageabweisung durch das LG Düsseldorf[474]

Das LG Düsseldorf wies die Klage ab. Die BG stützte ihre Forderung auf Rückzahlung der 40 000 € Unfallfolgekosten auf § 110 SGB VII[475].

- Das beklagte Unternehmen ist haftungsprivilegiert gemäß § 104 SGB VII.
- Der Geschädigte R ist als Arbeitnehmer Versicherter und hat durch einen Arbeitsunfall einen Personenschaden erlitten (dazu 1.).
- Das beklagte Unternehmen hat aber nicht grob fahrlässig gehandelt (dazu 2.).
- Dem Geschädigten ist auch Mitverschulden vorzuwerfen (dazu 3.).

[474] LG Düsseldorf, Urteil v. 3.9.2002 (Az. 10 O 592/01)
[475] Siehe Anhang Rechtsvorschriften

1. Zwar Arbeitsunfall …

Das *„Unfallereignis ist ein Versicherungsfall im Sinne der §§ 7 und 8 SGB VII.*

Arbeitsunfälle sind nach der gesetzlichen Legaldefinition (§ 8 Abs. 1 SGB VII) Unfälle von Versicherten infolge einer den Versicherungsschutz nach §§ 2, 3 oder 6 begründenden Tätigkeit (versicherte Tätigkeit). Unfälle sind zeitlich begrenzte, von außen auf den Körper einwirkende Ereignisse, die zu einem Gesundheitsschaden oder zum Tod führen. Das Hineingeraten des nach § 2 Abs. 1 Nr. 1 SGB VII Versicherten R in die Rollenschneidemaschine ist ein Unfall i. S. d. SGB VII.“

Das beklagte Unternehmen behauptete, R habe *„die zu einer Geschwindigkeitsreduzierung führende Schalt-Gummimatte absichtlich nicht betreten, um den Produktionsfluss nicht zu unterbrechen und geriet sodann im Bereich des ungesicherten Arbeitsbereichs an dem Randstreifenabsaugrohr mit dem rechten Arm und sodann mit der rechten Körperseite in die Maschine“*. Aber das schließe – so das LG – einen Arbeitsunfall nicht aus. Eine *„sog. selbstgeschaffene bzw. -verschuldete Gefahr, die den Versicherungsschutz ausschließen würde, ist hier nicht gegeben:*

Der Begriff der selbstgeschaffenen Gefahr ist eng auszulegen und mit größter Vorsicht zu handhaben. Er ist zu bejahen, wenn die besondere Gefahrerhöhung nicht mehr wesentlich der versicherten Tätigkeit zugerechnet werden kann, da sie auf betriebsfremden Motiven beruhte. Hier hat der Versicherte dem Beklagtenvortrag zufolge die vorhandenen Sicherungsvorkehrungen der Rollenschneidemaschine bewusst ignoriert, um den Produktionsfluss in seiner Geschwindigkeit nicht zu beeinträchtigen. Betriebsfremde Motive für ein unvernünftiges Verhalten sind damit nicht ersichtlich und werden von der Beklagten auch nicht vorgetragen.“

2. … aber keine grob fahrlässige Herbeiführung des Unfalls

Aber das beklagte Unternehmen *„hat den Arbeitsunfall weder vorsätzlich noch grob fahrlässig herbeigeführt“*:

„Grobe Fahrlässigkeit setzt einen objektiv schweren und subjektiv nicht entschuldbaren Verstoß gegen die Anforderungen der im Verkehr erforderlichen Sorgfalt voraus [dazu a.]. *Diese Sorgfalt muss in ungewöhnlich hohem Maß verletzt und es muss dasjenige unbeachtet geblieben sein, was im gegebenen Fall jedem hätte einleuchten müssen* [dazu b.]. *“*

a. Zwar objektiv schwere Pflichtverletzung

„Ein objektiv grob fahrlässiges Verhalten der Beklagten ist nach Ansicht des Gerichts aufgrund der Verletzung wichtiger UVV zu bejahen.

Ein Verstoß gegen die UVV reicht zwar für sich allein normalerweise nicht aus, um grobe Fahrlässigkeit annehmen zu können" – außer wenn *„es sich um einen Verstoß gegen eine Unfallvorschrift handelt, die mit eindeutigen Sicherungsanweisungen vor tödlichen Gefahren schützen soll und somit elementare Sicherungspflichten beinhaltet."*

aa. Fehlende trennende Schutzeinrichtung

„Dies ist auch hier der Fall: § 28 Abs. 2 und Abs. 4 VBG 7r der zum Unfallzeitpunkt geltenden UVV ist eine erkennbar lebenssichernde Vorschrift", war aber *„zum Schadenzeitpunkt nicht erfüllt und das führte letztlich zum Arbeitsunfall. Erst nach dem Unfall wurden nach einem Bericht der BG um den Arbeitsbereich der Maschine gelbe Schutzgitter angebracht. Bei Öffnen dieser Schutzgitter schaltet die Maschine nunmehr ab."*

bb. Kein Bestandsschutz

Das beklagte Unternehmen *„kann sich demgegenüber nicht darauf berufen, dass die im Jahr 1974 angeschaffte Rollenschneidemaschine den zu diesem Zeitpunkt geltenden Sicherheitsbestimmungen entsprach. Die Übergangsvorschriften für Maschinen der Papierherstellung, die vor dem Inkrafttreten der UVV VBG 7r am 1. Oktober 1985 angeschafft wurden, sehen nach § 40 Abs. 1 VBG 7r in der Fassung vom 1. Januar 1993 keine Befreiung von der Maschinennachrüstung bezüglich § 28 VBG 7r vor."*

cc. Keine Entlastung durch Besichtigungen

Auch dass die BG *„den Betrieb der Beklagten durch ihre Aufsichtsbeamten in regelmäßigen Abständen besichtigte, führt nicht zum Ausschluss eines objektiv grob fahrlässigen Verhaltens der Beklagten"*.

- Erstens, da die BG *„in ihren Berichten an die Beklagte stets abschließend darauf hingewiesen hat, dass über die darin aufgeführten Beanstandungen weitere Mängel bestehen könnten, für die die Beklagte verantwortlich sei"*.
- Zweitens *„ist es laut den arbeitsschutzgesetzlichen Bestimmungen eigenständige Aufgabe der Beklagten, Sorge für die Einhaltung der Unfallverhütungsvorschriften zu tragen"*.
- Drittens *„wird der Umfang der Verkehrssicherungspflicht nicht nur durch die gesetzlichen UVV bestimmt. Der Unternehmer hat vielmehr die Pflicht, die Betriebssicherheit weitestmöglich sicherzustellen. Dabei muss er u. a. auch die Erfahrungstatsache berücksichtigen, dass der Arbeitnehmer sich an die gefährlichen Maschinen gewöhnt, gegen die Gefahr abstumpft und dadurch leichtsinnig wird."*

dd. Fehlende Betriebsanweisung und fehlende Schulung

Schließlich *„hat es die Beklagte unterlassen, den Versicherten in regelmäßigen Schulungen auf die von der Maschine ausgehenden Gefahren hinzuweisen und ihn entsprechend einzuweisen. Eine Betriebsanweisung war nicht an der Maschine ausgehängt."*

b. Aber keine subjektive Unentschuldbarkeit

Trotz der *„objektiv grob fahrlässigen Verletzung der Unfallverhütungsvorschrift § 28 VBG 7r"* ist dem Betreiber *„indes kein subjektiv gesteigerter Schuldvorwurf zu machen"*.

aa. Grundlagen

„Ein besonders gewichtiger objektiver Pflichtverstoß kann zwar den Schluss auch auf ein subjektiv gesteigertes Verschulden nahelegen. Es existiert aber kein dahingehender Anscheinsbeweis, dass allein aus der objektiv schweren Pflichtverletzung auch ein entsprechend gesteigertes, schlechthin unentschuldbares subjektives Verschulden folgt. Maßgeblich sind vielmehr die konkreten Umstände des Einzelfalls. Dies gilt insbesondere für die Fälle des § 110 SGB VII: Denn die Unternehmer sollen wegen ihrer an die Berufsgenossenschaft gezahlten Beiträge grundsätzlich von einer Haftung freigestellt sein und nur dann im Wege des Rückgriffs in Anspruch genommen werden können, wenn es auch bei voller Berücksichtigung dieses Zwecks angesichts ihres für den Arbeitsunfall ursächlichen Verhaltens nicht mehr gerechtfertigt erscheint, die Folgen des Unfalls auf die in der BG zusammengeschlossene Unternehmerschaft abzuwälzen. Dies ist aber nur dann der Fall, wenn eine besonders krasse und auch subjektiv schlechthin unentschuldbare Pflichtverletzung vorliegt, die das in § 276 Abs. 1 Satz 2 BGB bestimmte Maß erheblich überschreitet.

Die Abwägung der Fallumstände führt zur Überzeugung des Gerichts zu dem Ergebnis, dass die Beklagte kein gesteigertes personales Verschulden trifft."

bb. Nicht vollständig unterbliebene, sondern unzureichende Schutzmaßnahmen

„Zu differenzieren ist zunächst zwischen einem gänzlichen Absehen von Schutzvorkehrungen bzw. lediglich unzureichenden Sicherungsmaßnahmen. Der völlige Verzicht auf Schutzmaßnahmen bei lebensbedrohlicher Gefahrenlage führt nach ständiger Rechtsprechung regelmäßig zur Bejahung auch der subjektiv groben Fahrlässigkeit. Hier ist der Beklagten angesichts der von der Maschine ausgehenden tödlichen Gefahr aber nicht das Unterlassen jeglicher Schutzmaßnahmen vorzuwerfen":

- *„Die Rollenschneidemaschine verfügte vielmehr über zwei – wenn auch insgesamt unzureichende – Schutzvorrichtungen in Form eines quer vor der Maschine verlaufenden Sicherheitsdrahts (sog. ‚Reißleine'), der mit dem Not-Aus-Schalter gekoppelt war, und einer bei Betreten die Maschine auf Kriechgeschwindigkeit herunterfahrenden Gummimatte, die zumindest dem früheren Sicherheitsstandard entsprachen."*
- *„Weiter legen die rechtsseitig in der Nähe des Randstreifenabsaugrohrs blutverschmierten Walzen nahe, dass der Versicherte selbst die Gummimatten-Schutzvorrichtung aller Wahrscheinlichkeit nach absichtlich umgangen hat, um den Produktionsablauf nicht auf Kriechgeschwindigkeit herunterzufahren – dies wäre die Konsequenz gewesen, wenn er die Gummimatte betreten hätte. Unstreitig würde es sich hierbei um ein eigenmächtiges und nicht von Arbeitsanweisungen der Beklagten gedecktes Verhalten des Versicherten handeln."*
- Die klagende BG sei *„darlegungs- und beweisbelastet, trägt aber keine konkreten Umstände vor, wonach der Beklagten die von der nicht nachgerüsteten Rollenschneidemaschine ausgehende Gefahr bewusst gewesen sein soll"*.

cc. Jahrelange Unfallfreiheit

Die BG trug zwar vor, *„dass davon auszugehen sei, dass die Beklagte der offenkundig gefährliche Zustand der Maschine bekannt gewesen sei"*, aber das stand – so das LG – *„im Widerspruch zum Vortrag der Beklagten, dass sich an der Maschine seit ihrer Anschaffung vor 23 Jahren keine Unfälle ereignet hätten. Hiervon dürfte auch tatsächlich auszugehen sein, denn der Klägerin wäre dies in ihrer Eigenschaft als Unfallversicherungsträgerin bekannt gewesen."*

dd. Besichtigungen

„Vor allem aber hat die Klägerin, die den Betrieb der Beklagten durch technische Aufsichtsbeamte regelmäßig besichtigte, nie auf den konkreten Gefahrenherd an der Schneidemaschine der Papiermaschine 4 hingewiesen und ihn bemängelt. Dies belegen die Berichte der Klägerin vom 9.3.1995 und 30.10.1996, wonach u. a. die Papiermaschine 4 besichtigt wurde. Mangels anderweitiger Anhaltspunkte ist hieraus zu folgern, dass die Beklagte keine positiv gesicherte Kenntnis von der nur unzureichenden Absicherung hatte, über die sie sich alsdann sehenden Auges hinweggesetzt haben könnte. Angesichts der vorhandenen Sicherheitsvorkehrungen und des Umstandes, dass es in der Vergangenheit nicht zu vergleichbaren Unfällen an der Rollenschneidemaschine gekommen ist, musste sich der Beklagten der fehlende Sicherheitsstandard auch nicht förmlich aufdrängen."

Das Gericht erwähnte einen Unfall vom 2.12.1997 an der *„Papiermaschine 3"*. Aber erstens *„handelt es sich hierbei nicht um die streitgegenständliche Papiermaschine 4"* und zweitens *„hat sich der Unfall auch erst zeitlich nach dem Arbeitsunfall des Versicherten am 27.8.1997 ereignet"*.

ee. Verunfallter ist Fachkraft

„Schließlich handelte es sich bei dem Versicherten um eine beruflich ausreichend qualifizierte Fachkraft und nicht etwa eine ungeeignete Hilfskraft, der man den Umgang mit gefahrträchtigen Großmaschinen nicht zumuten durfte, denn R war seit Jahrzehnten bei der Beklagten als Rollmaschinenführer tätig und mit dem Umgang der Rollenschneidemaschine vertraut."

c. Ergebnis

„Insgesamt war somit ein auf § 110 Abs. 1 SGB VII gestützter Regressanspruch der BG wegen fehlender subjektiver Komponente der groben Fahrlässigkeit abzulehnen."

3. Mitverschulden

„Im Übrigen weist das Gericht darauf hin, dass der BG selbst bei Bejahung einer grob fahrlässigen Unfallherbeiführung durch die Beklagte ein erheblicher Mitverschuldenseinwand nach § 254 BGB entgegenzuhalten wäre, denn ihr selbst ist die der Beklagten nunmehr vorgeworfene ‚gravierende Verletzung von Unfallverhütungsvorschriften' im Rahmen ihrer regelmäßigen Betriebsbegehungen durch technisch versierte Mitarbeiter nicht aufgefallen."

II. Bestätigung der Klageabweisung durch OLG Düsseldorf[476]

Das OLG Düsseldorf bestätigte die Klageabweisung. Der Pflichtverstoß (dazu 1.), sei zwar objektiv grob (dazu 2.), und es bestehe kein Bestandsschutz (dazu 3.), der Pflichtverstoß sei aber nicht subjektiv unentschuldbar (dazu 4.) – wie es für einen Rückgriffsanspruch gemäß § 110 SGB VII aber erforderlich wäre.

1. Pflichtverstoß

Es könne – so das OLG – *„dahinstehen*[477]*, ob die Maschine auch schon gegen die zum Zeitpunkt des Erwerbs geltende UVV aus dem Jahr 1957 verstoßen hat, denn die Beklagte hat jedenfalls die zum Unfallzeitpunkt geltende, aus dem Jahr 1985 stammende UVV verletzt"*.

---

476 OLG Düsseldorf, Urteil v. 24.9.2003 (Az. 15 U 188/02)

477 Wenn ein Gericht etwas „dahinstehen" lässt, entscheidet es diese Frage nicht, sondern lässt es offen.

- *„Nach § 28 Abs. 2 und 4 VBG 7r darf auf trennende Schutzeinrichtungen nur dann verzichtet werden, wenn z. B. durch Schaltmatten sichergestellt ist, dass sich die Maschine bei der Annäherung vollkommen abschaltet. Dies war hier nicht der Fall, da die Maschine bei einem Betreten der Schaltmatte nur auf Kriechgeschwindigkeit reduziert worden ist und die Schaltmatte nicht den gesamten Bereich der Maschine abdeckte."*
- *„Aus § 28 Abs. 6 VBG 7r ergibt sich im Umkehrschluss zwar, dass die Maschine bei Kriechgeschwindigkeit frei zugänglich sein darf, wie es erforderlich ist, um bei dieser Geschwindigkeit das Papier einzufädeln. Damit bei dieser Geschwindigkeit ebenfalls Unfälle vermieden werden, muss die Notausleine angebracht sein, die die Maschine schnellstmöglich stoppt. Es lag im Hinblick darauf kein Verstoß gegen die UVV darin, dass die Maschine bei Auslösung dieser Notausleine noch einen Nachlauf von ca. 2,3 Sekunden hatte, bis sie zum Stillstand kam. Der Verstoß liegt vielmehr darin, dass keine trennenden Schutzeinrichtungen vorhanden waren, die dafür sorgten, dass bei Annäherung an die Maschine diese in jedem Fall auf Kriechgeschwindigkeit heruntergefahren wird, bevor die sich nähernde Person in die unmittelbare Nähe der Einzugsstelle kommt."*

2. Objektiv grober Pflichtverstoß

Diese *„Verstöße gegen die UVV sind ausreichend, um objektiv den Vorwurf der groben Fahrlässigkeit zu begründen"*, denn:

aa. Tödliche Gefahren

„Eine objektiv schwere Pflichtwidrigkeit liegt bei einem Verstoß gegen eine UVV vor, die sich mit dem Schutz der Arbeiter vor tödlichen Gefahren befasst und somit elementare Sicherungspflichten zum Inhalt hat. Dies ist hier der Fall. Die Regelungen des § 28 VBG 7r haben zum Zweck, zu verhindern, dass ein Arbeiter in den Bereich der sich mit hoher Betriebsgeschwindigkeit drehenden Walzen kommt und in diese hereingezogen wird, was schon aufgrund des hohen Umdrehungsmoments nicht nur zu schwersten Verletzungen, sondern auch zum Tod führen kann."

bb. Fehlende Betriebsanweisung

„Dieser Verstoß erhält auch deswegen besonderes Gewicht, weil die Beklagte unter Verstoß gegen § 12 Abs. 1 ArbSchG ihre Arbeitnehmer nicht ausreichend über Sicherheit und Gesundheitsschutz und über die von der Rollenschneidemaschine ausgehenden Gefahren unterwiesen hat. Die Beklagte hat keine Betriebsanweisung für die Maschine ausgehängt, aus der zu ersehen gewesen wäre, wie in dem von ihr behaupteten Fall der Störung des Produktionsablaufs durch eine erforderliche

Nachjustierung vorgegangen werden muss und Gefahren für Leib und Leben vermieden werden.“

cc. Unzureichende Unterweisung

„Die Beklagte hat des Weiteren eine regelmäßige und ausreichende Unterweisung über den Umgang mit dieser Maschine nicht dargetan.“ Sie *„behauptet, sie habe jährlich Rundschreiben im Sinne des überreichten Rundschreibens aus Oktober 1996 den Mitarbeitern überreicht“*. Aber *„dem kann eine ausreichende Unterweisung nicht entnommen werden. Denn in diesem Rundschreiben, das sich unter den Ziffern 10. bis 12. mit der Produktion befasst, finden sich keine Hinweise für den Umgang mit der Maschine bei der seitens der Beklagten behaupteten Störung des Produktionsablaufs.“*

dd. Nichtbeanstandung

„Die objektive Komponente einer groben Fahrlässigkeit ist auch nicht deswegen ausgeschlossen, weil die Aufsichtsbeamten der Klägerin den Betrieb regelmäßig geprüft und insoweit nicht beanstandet haben. Denn nach § 21 SGB VII ist der Unternehmer verpflichtet, die Unfallverhütungsmaßnahmen zum Schutz der Versicherten durchzuführen. Er ist dabei auch verpflichtet, sich über den Stand der Unfallverhütungstechnik selbst zu unterrichten und zu prüfen, ob die getroffenen Schutzvorkehrungen genügen, wobei jedoch die Vorschriften der UVV für ihn schlechthin bindend sind. Im Hinblick darauf kann er sich nicht darauf berufen, dass bei den Prüfungen durch die BG der Verstoß gegen die UVV nicht aufgefallen und gerügt worden sei. Die erforderlichen Schutzvorrichtungen müssen auch dann vom Unternehmer angebracht werden, wenn sie von der BG nicht ausdrücklich verlangt werden, weil mit der Unaufmerksamkeit, dem Leichtsinn und der Übertretung von Verboten stets zu rechnen ist.“

3. Kein Bestandsschutz

Die Maschine genoss keinen Bestandsschutz:

- Die *„Vorschriften des § 28 VBG 7r galten auch für die in Rede stehende Maschine. Denn nach § 40 VBG 7r sehen die Übergangsbestimmungen vor, dass für die Maschinen, die vor Inkrafttreten der neuen UVV bereits in Betrieb waren, lediglich bestimmte, genau bezeichnete Vorschriften nicht gelten. § 28 VBG wird von dieser Ausnahme jedoch nicht erfasst, weswegen auch alte Maschinen insoweit nachzurüsten waren.“*
- Das beklagte Unternehmen *„kann sich auch nicht auf § 40 Abs. 3 VBG 7r berufen. Denn aus dem Gesamtzusammenhang der Regelung ergibt sich, dass § 40 Abs. 3 VBG nur für die Nachrüstungen gilt, die nach § 40 I VBG für bereits in Betrieb befindliche Maschinen grundsätzlich nicht verlangt werden können.“*

- *„Der Pflicht zur Nachrüstung stand Art. 14 GG nicht entgegen. Bei der Frage des Bestandsschutzes ist zu berücksichtigen, dass nicht nur das Eigentum der Papierhersteller durch eine Nachrüstung betroffen worden wäre, sondern diese Beeinträchtigung abzuwägen ist gegen das ebenfalls grundgesetzlich geschützte Recht der Mitarbeiter auf Leben und körperliche Unversehrtheit (Art. 2 Abs. 2 GG), weil Inhalt und Schranken des Rechts auf Eigentum durch die Gesetze bestimmt werden, insbesondere auch durch die weiteren Grundrechte. Da die vorgeschriebenen Schutzmaßnahmen dazu dienen, tödliche Gefahren von den Beschäftigten abzuwenden, fällt eine Abwägung zugunsten des Rechts auf Leben und körperliche Unversehrtheit aus. Dass eine rückwirkende Anwendbarkeit der strengen Kriterien für ihr Unternehmen wirtschaftlich nicht zu verkraften sei, hat die Beklagte nicht ansatzweise dargetan, vielmehr hat sie nach dem Unfall auf jeder Seite der Maschine bewegliche Schutzgitter angebracht."*

4. Keine subjektiv unentschuldbare Pflichtverletzung

Aber *„ein objektiv grober Pflichtverstoß rechtfertigt für sich allein noch nicht den Schluss auf ein entsprechend gesteigertes personales Verschulden. Eine Inanspruchnahme des haftungsprivilegierten Schädigers im Wege des Rückgriffs ist vielmehr nur dann gerechtfertigt, wenn eine auch subjektiv schlechthin unentschuldbare Pflichtverletzung vorliegt, die das in § 276 Abs. 1 BGB bestimmte Maß erheblich überschreitet."*

Konkret zum Fall sagte das OLG: *„Die hier gegebenen Verstöße gegen die UVV sind jedoch unter Berücksichtigung der Umstände des Einzelfalls nicht ausreichend, um den Schluss auf ein auch subjektiv gesteigertes Verschulden der Beklagten zuzulassen."* Das Gericht wiederholte, *„es spielt für die Frage, ob subjektiv ein nicht entschuldbarer Verstoß gegen die Sicherheitsanforderungen des Verkehrs vorliegt, insbesondere eine Rolle, ob der Schädiger nur unzureichende Sicherheitsmaßnahmen getroffen oder von den vorgeschriebenen Schutzvorkehrungen völlig abgesehen hat, obwohl die Sicherheitsanweisungen eindeutig waren. Im letzteren Fall kann der objektive Verstoß gegen elementare Sicherungspflichten ein solches Gewicht haben, dass der Schluss auf ein auch subjektiv gesteigertes Verschulden gerechtfertigt ist. Auch der Verstoß gegen eine elementare Sicherungspflicht als solche kann ausreichen, den Schluss auf ein subjektiv gesteigertes Verschulden nahe zu legen. Entscheidend hierfür sind aber die Deutlichkeit und das Maß der Gefährdung im Einzelfall.*

Aufgrund der dargelegten Verstöße der Beklagten gegen die UVV bestand für die Mitarbeiter der Beklagten die Gefahr einer erheblichen Verletzung. Die Gefährdung für die Mitarbeiter lag unter Berücksichtigung aller Umstände, insbesondere wegen der vorhandenen, wenn auch nicht ausreichenden Schutzvorrichtungen für die Beklagte jedoch nicht in einer Weise auf der Hand, dass in der Unterlassung der Nachrüstung der Maschine eine besonders krasse und auch subjektiv schlechthin unentschuldbare Pflichtverletzung der Beklagten erblickt werden könnte.

Die Rollenschneidemaschine war durchaus mit Schutzeinrichtungen ausgestattet, die bei ordnungsgemäßer Bedienung unter normalen Umständen ausreichend gewesen wären, um einen Einzug eines Körperteils in die mit normaler Produktionsgeschwindigkeit laufende Maschine und damit eine erhebliche oder sogar tödliche Verletzung zu verhindern. Denn bei einer Annäherung an die Maschine auf dem dafür vorgesehenen Weg war durch die verlegte Schaltmatte grundsätzlich gewährleistet, dass die Maschine auf Kriechgeschwindigkeit zurückgefahren wird. Es war hingegen nicht notwendig, dafür zu sorgen, dass die Maschine bei der Annäherung einer Person in jedem Fall vollständig gestoppt wurde, da die Maschine bei Kriechgeschwindigkeit zugänglich sein durfte und für den Produktionshergang auch zugänglich sein musste, um Papier einfädeln zu können" (dazu II.1., zweiter Aufzählungspunkt). Es *„bestand zwar die Möglichkeit, sich der Maschine zu nähern, ohne dass diese automatisch auf Kriechgeschwindigkeit zurückgefahren wird, indem man von der Seite her auf den Holzboden neben dem Ansaugrohr trat. In diesem Fall bestand die Gefahr, bei Arbeiten an der mit Produktionsgeschwindigkeit laufenden Maschine in diese hineingezogen zu werden. Es kann jedoch dahinstehen*[478]*, ob ein solches bewusstes Umgehen der Schutzvorkehrungen der Grund für den Arbeitsunfall des R war. Denn das Risiko, dass die vorhandenen Sicherheitsvorkehrungen umgangen werden, musste sich für die Beklagte nicht aufdrängen.*

Die von einer gefährlichen Maschine ausgehenden Gefahren mögen zwar von den daran Arbeitenden oft mit der Zeit aus dem Bewusstsein verdrängt werden. Die UVV sollen vor typischen Gefährdungen des jeweiligen Gewerbes schützen. Auch derjenige, der es gewohnt ist, in Gefahrensituationen zu arbeiten, soll so weit wie möglich davor geschützt werden, dass er durch ein unbedachtes, jedoch nahe liegendes Verhalten zu Schaden kommt. Für die Beklagte lag eine solche Umgehung der Schutzeinrichtungen, wie sie nach ihrer Behauptung zu dem Unfall geführt hat, jedoch nicht nahe. Es ist weder dargetan, noch ersichtlich, dass die Mitarbeiter der Beklagten die Schutzvorkehrungen dieser Maschine vor dem Unfall im Einzelfall oder regelmäßig umgangen haben, um Reparaturen oder Justierungen vorzunehmen ohne den Produktionsvorgang zu stören. Deswegen bestand für die Verantwortlichen der Beklagten kein Anlass, die Schutzvorkehrungen gerade daraufhin zu überprüfen. Die Örtlichkeit selber lud nicht zu einer Umgehung der Schutzvorkehrungen ein, da nur ein kleiner Bereich beiderseits neben den Ansaugrohren von der Belegung mit einer Schutzmatte ausgespart und deswegen der durch diesen nicht gesicherten Bereich nicht ohne besondere Anstrengung zugänglich war. Eine Umgehung der vorhandenen Sicherheitsvorkehrungen war angesichts der hohen Produktionsgeschwindigkeit der

---

[478] Wenn ein Gericht etwas „dahinstehen" lässt, entscheidet es diese Frage nicht, sondern lässt sie offen.

Maschine und der nur kleinen und damit unsicheren Standfläche neben den Rohren nicht zu erwarten.

Der Beklagten musste sich des Weiteren nicht wegen einer etwa bestehenden Möglichkeit, ohne eine Umgehung der vorhandenen Schutzvorkehrungen in die mit Produktionsgeschwindigkeit laufende Maschine zu geraten, die notwendige Nachrüstung der Rollenschneidemaschine aufdrängen. Es mag rein theoretisch möglich sein, dass jemand, der an der Rollenschneidemaschine vorbeigeht, in Höhe des Durchganges, der sich vor der Einzugsstelle befindet und in dem die Schaltmatte verlegt ist, unglücklich stürzt und dabei seitlich in die Maschine fällt, was bei Anbringung der nunmehr vorhandenen Schutzgitter ausgeschlossen ist." Aber da *„der Durchgang, der zu der Einzugsstelle führt, sehr schmal ist, erscheint diese Möglichkeit jedoch derart unwahrscheinlich, dass die fehlende Vorsorge im Hinblick hierauf jedenfalls subjektiv nicht unentschuldbar erscheint.*

Des Weiteren ist zu berücksichtigen, dass die streitgegenständliche Maschine bis zum Unfall seit insgesamt 23 Jahren in Benutzung war, ohne dass es zu einem Unfall gekommen wäre, und sie nach Änderung der UVV elf Jahre ohne einen Zwischenfall betrieben worden ist und sich auch deswegen für die Beklagte die Gefährdung nicht aufdrängen musste. In diesem Zusammenhang kann auch nicht unberücksichtigt bleiben, dass die Schutzvorkehrungen von der BG seit Aufstellung der Maschine nicht beanstandet worden sind. Der Unternehmer ist nach § 21 SGB VII zwar für die Umsetzung der UVV verantwortlich und kann sich objektiv nicht darauf berufen, dass fehlende Sicherheitsvorkehrungen, die nach der UVV erforderlich sind, vom technischen Aufsichtsdienst der Klägerin (TAD) nicht beanstandet worden sind. Die Tatsache, dass bei den regelmäßigen Betriebsbegehungen des TAD seit Aufstellung der Maschine im Jahr 1974 weder vor noch nach Änderung der UVV bis zum Unfall und damit in einem Zeitraum von 23 Jahren die vorhandenen Sicherheitsmängel nicht aufgefallen sind, spricht jedoch dafür, dass diese nicht so auffallend waren, dass sie sich bei einer Besichtigung dem jeweiligen Prüfer des TAD hätten aufdrängen müssen. Wegen des langen Zeitraums, in dem diese Maschine trotz der zwischenzeitlichen Änderung der UVV, die eine Prüfung der Umsetzung der Änderungen durch den TAD hätte erwarten lassen, beanstandungsfrei geblieben ist, kann es der Beklagten deswegen nicht als subjektiv unentschuldbares Fehlverhalten vorgeworfen werden, dass auch ihr die Sicherheitsmängel nicht aufgefallen sind und sie die notwendige Nachrüstung der Maschine nicht veranlasst hat."

8.23 Fall 23: Schaufensterbruch

Einleitung

In diesem Fall benennt das OLG Düsseldorf drei wichtige Grundprinzipien der Betreiberverantwortung und den aus ihr folgenden Sicherheitspflichten:

- *„Wer ein Geschäft betreibt, muss sich auch vergewissern, dass es den jeweiligen, nicht nur den früheren DIN-Vorschriften entsprechen, weil diese Normen auch den jeweiligen Stand des technischen Wissens darüber wiedergeben, was zur Gefahrenabwehr erforderlich ist".*
- *„Erforderlich"*, um sorgfältig zu sein und damit nicht fahrlässig zu handeln, kann – wegen verschärfter DIN-Normen – mehr sein als *„üblich"*.
- Nötig ist ggf. nicht nur eine Sichtprüfung, sondern eine umfangreichere Überprüfung der technischen Substanz

Sachverhalt

Die Kläger gingen am 1. März 1982 bei starkem Sturm an einem Ladenlokal vorbei. In diesem Augenblick wurde eine 13 Jahre alte Schaufensterscheibe nach außen aus dem Rahmen gedrückt, zersplitterte und fügte den Klägern Schnittverletzungen bei. Sie verklagen die Ladeninhaberin auf Schadensersatz und Zahlung von Schmerzensgeld.

A. LG Duisburg: Klageabweisung[479]

Das LG Duisburg wies die Klage ab. Es verneinte – anders als dann in der zweiten Instanz das OLG Düsseldorf – die Pflichtenstellung der Ladenbetreiberin und sah den Eigentümer der Verantwortung:

„Der Eigentümer ist grundsätzlich selbst dann für den Zustand seines Hauses verantwortlich, wenn er das Haus vermietet hat; das gilt auch, wenn er selbst nicht im Haus wohnt. Danach bleibt der Hauseigentümer einem geschädigten Dritten auch dann zum Ersatz verhaftet, wenn er sein Hausgrundstück im Ganzen vermietet. Denn dadurch entledigt er sich noch nicht seiner allgemeinen Verantwortung für einen verkehrswidrigen Zustand des Gebäudes sowie der damit zusammenhängenden Unterhaltung.

Demgegenüber ist der Mieter für die Gefahrenquellen verantwortlich, die er durch Eröffnung des Verkehrs innerhalb der von ihm gemieteten Räume schafft. Die Fenster-

[479] LG Duisburg, Urteil v. 3.2.1983 (Az. 8 O 396/82)

scheibe mit Rahmen ist wesentlicher Bestandteil des Gebäudes und damit rechtlich dem Zustand des Gebäudes zuzuordnen. Falls nun beim Einsetzen des Fensters Sicherungsanker vergessen worden sind, diese aber nach der Behauptung der Kläger für die ‚Standfestigkeit der Scheibe' wesentlich sein sollten, so wäre hierfür allenfalls der Hauseigentümer wegen ‚fehlerhafter Errichtung' gemäß § 836 BGB verantwortlich.

Eine Haftung der Beklagten wegen ‚mangelhafter Unterhaltung' der Scheibe kommt indes nach Ansicht des Gerichts nicht in Betracht. Da die beklagte Ladeninhaberin lediglich Mieter ist, entfällt für sie eine Untersuchungspflicht für etwaige Mängel der Mietsache bei ihrer Errichtung. Der Mieter ist allenfalls verpflichtet, sichtbare Mängel dem Vermieter zu melden. Erst dann, falls der Vermieter seiner Verpflichtung zur Beseitigung der Mängel nicht nachkommen würde, käme eine Haftung des Mieters neben dem Vermieter in Betracht". Aber *„derartige sichtbare Mängel lagen vor dem Unfall nicht vor, die Kläger selbst gehen selbst davon aus, dass die Fensterscheibe durch die Sturmböen herausgerissen worden ist".*

B. OLG Düsseldorf: Klagestattgabe[480]

Das OLG Düsseldorf hob das erstinstanzliche Urteil auf und gab der Klage statt.

„Den Klägern stehen gemäß § 823 Abs. 1 und Abs. 2 i.V.m. § 229 StGB sowie § 831 BGB gegen die Beklagte Ansprüche auf Schadensersatz und Schmerzensgeld zu".

I. Verantwortlichkeit der Ladeninhaberin

Das OLG benennt kurz und bündig die Sicherheitszuständigkeit der Ladeninhaberin aus ihrer Betreiberstellung: Die Beklagte *„betreibt in gemieteten Räumen ein Warenhaus"* und *„ist deswegen für die Sicherheit des von ihr eröffneten und veranlassten Verkehrs verantwortlich".*

Fazit

Betreiber ist, „wer die tatsächliche oder rechtliche Möglichkeit hat, die notwendigen Entscheidungen im Hinblick auf die Sicherheit der Anlage zu treffen. Auf die Eigentumsverhältnisse kommt es nicht an"[481]. Insbesondere auch Mieter haben Betreiberpflichten, denn ihnen wird „der Gebrauch der Mietsache während der Mietzeit zu gewährt" (§ 535 Abs. 1 BGB).

---

480 OLG Düsseldorf, Urteil v. 11.4.1984 (Az. 3 U 22/83)

481 *Länderausschuss Arbeitsschutz und Sicherheitstechnik* (LASI), Leitlinien BetrSichV, 3. Aufl. 2008, B 12.1; so auch die Neuausgabe der Leitlinien 2018, B 2.1 zum Begriff des Verwenders

II. Sicherungspflicht des Mieters/Betreibers und des Vermieters

Die beklagte Mieterin/Betreiberin mag zwar nicht die einzige Sicherheitsverantwortliche sein – aber ihre Zuständigkeit *„besteht unabhängig von derjenigen des Vermieters und Hauseigentümers. Ob und in welchem Umfang dieser den Klägern ebenfalls haften würde, kann daher, weil für die Entscheidung des vorliegenden Rechtsstreits unerheblich, auf sich beruhen"*.

Fazit

Es können Mehrere verantwortlich für die Sicherheit sein – bei einem Mietvertrag neben dem Mieter auch der Vermieter, denn der Vermieter „hat die Mietsache dem Mieter während der Mietzeit in einem zum vertragsgemäßen Gebrauch geeigneten Zustand zu erhalten" (§ 535 BGB). Wer welche Pflichten hat, ergibt sich primär aus dem Vertrag.

III. Pflichtverletzung des Betreibers (Betreiberverantwortung)

In Gerichtsurteilen wird häufig – und so auch hier – zunächst mit Bezug auf bestimmte Fallumstände zusammengefasst, wie weit die Sicherungspflichten des Betreibers reichen, wie weit also seine Betreiberverantwortung geht (dazu 1.). Dann wird der konkrete Fall gelöst (dazu 2.).

1. Allgemeine Aussagen zum Umfang der (Verkehrs-)Sicherungspflicht

Die Sicherungspflichten eines Betreibers *„betreffen nicht nur den sicheren Verkehr innerhalb der Geschäftsräume und dem unmittelbaren Eingangsbereich"*. Er *„muss vielmehr auch dafür sorgen, dass von den Einrichtungen, die zum Betrieb des Geschäfts gehören, keine Gefahr für solche Personen ausgeht, die sich befugterweise in die Nähe ihrer Betriebsstätte begeben. Es ist daher unerheblich, ob die Kläger als Kunden oder als Passanten vor der Schaufensterscheibe standen oder an ihr vorbeigingen. Eine erkennbar nicht ordnungsgemäße Beschaffenheit der Scheibe oder ihrer Befestigung müsste die Betreiberin grundsätzlich vertreten und verpflichtete sie zum Schadensersatz gegenüber dritten Personen, welche dadurch geschädigt werden"*.

2. Konkrete Falllösung: zwei Verstöße gegen technische Normen

Ein gerichtlicher Sachverständiger ermittelte zwei Verstöße gegen technische Normen:

a. Befestigung/Anschlaghöhe

„Nach dem Ergebnis der Beweisaufnahme spricht alles dafür, dass die zum Ladenlokal des beklagten Betreibers gehörende Schaufensterscheibe infolge unzureichender

Befestigung dem zur Unfallzeit herrschenden Sturm nicht standgehalten und deshalb auf den Bürgersteig gefallen ist".

Das Gericht nennt drei Gründe:

- *„Da die Scheibe allein durch Kunststoff-Clips fest im Rahmen gehalten wird, ist deren Anschlaghöhe von entscheidender Bedeutung. Sie muss gemäß der DIN 18056 Ziffer 6.3.1 im gegebenen Fall mindestens 10 mm betragen. Daran fehlt es aber."*
- *„Da andere Schaufensterscheiben dem Winddruck oder -sog an dem betreffenden Tage standgehalten haben, und zwar auch die übrigen Scheiben, welche zu dem Ladenlokal der Beklagten gehören, kann von höherer Gewalt oder auch nur von Zufall als Unfallursache keine Rede sein."*
- Auch *„der Hergang des Unfalls, die Konstruktion der Scheibe und das Alter der Schaufensteranlage (zwölf Jahre bei Übernahme des Ladens durch die Beklagte im Jahr 1981) rechtfertigen den Schluss, dass die Scheibe wegen unzureichender Befestigung aus ihrem Rahmen gefallen ist."*

b. Scheibenstärke

Die beklagte Ladeninhaberin *„hat angegeben, dass die Schaufensterscheibe eine Stärke von nur 6 mm hatte. Die jetzt geltende einschlägige Industrienorm erfordert aber nach dem Gutachten der Sachverständigen eine Glasstärke von mindestens 7,6 mm."*

Fazit

Technische Normen (wie hier DIN-Normen) sind zwar nicht zwingend, werden aber von der Rechtsprechung als Sicherheitsmaßstab herangezogen. In vielen Urteilen wird das (wegen des freiwilligen Charakters) der Techniknormen begründet im Sinne einer Vermutungswirkung: Bei Normverstößen wird vermutet, dass die gesetzlichen Anforderungen nicht eingehalten sind[482].

3. Verschulden

§ 823 BGB setzt Verschulden voraus. In Betracht kommt hier nicht Vorsatz, sondern nur Fahrlässigkeit. Das ist gemäß § 276 Abs. 2 BGB die Außerachtlassung der im Verkehr erforderlichen Sorgfalt. Unsorgfältig handelt, wer trotz Erkennbarkeit eines Risikos nicht gegensteuert.

---

[482] Ausführlich *Wilrich*, Die rechtliche Bedeutung technischer Normen als Sicherheitsmaßstab – mit 33 Gerichtsurteilen zu anerkannten Regeln und Stand der Technik, Produktsicherheitsrecht und Verkehrssicherungspflichten (2017)

a. Zwar: Schwierigkeiten bei der Erkennbarkeit des normwidrigen Zustands

Hier war aber *„der Zustand der Scheibenbefestigung von außen nicht ohne Weiteres erkennbar. Dazu hätte man die Abdeckleisten aus Aluminium abnehmen und sich den Errichtungs- und Erhaltungszustand der Haltevorrichtungen ansehen müssen“*: Und *„nach Auffassung des Sachverständigen ist eine solche Kontrolle bei älteren Schaufensteranlagen nicht üblich“*.

Deshalb gesteht das Gericht der Beklagten zu, sie habe *„daher, als sie vor der Renovierung des Ladenlokals und vor dem Bezug des Ladens lediglich den äußerlichen Zustand dieser Schaufensteranlage in Augenschein nahm, die im Verkehr* ***übliche Sorgfalt*** *beobachtet“*.

b. Aber: Vergewisserungspflicht

Das Gericht betont aber: *„Das Gesetz schreibt aber die Beobachtung der ‚im Verkehr* ***erforderlichen Sorgfalt*** *‘ vor (§ 276 Abs. 2 BGB).“* Und dann kommt die Zusammenfassung in Form eines Grundsatzes: *„Wer ein Ladengeschäft mit Schaufenstern betreibt, muss sich auch vergewissern, dass sie den jeweiligen, nicht nur den früheren DIN-Vorschriften entsprechen, weil diese Normen auch den jeweiligen Stand des technischen Wissens darüber wiedergeben, was zur Gefahrenabwehr erforderlich ist“*.

- Zur unzureichenden Befestigung heißt es: *„Erforderlich ist, weil von einer unzureichend befestigten Scheibe eine tödliche Gefahr für Passanten ausgeht, eine in gewissen Abständen wiederholte Kontrolle der Befestigungsvorrichtungen, auch wenn dazu die Abdeckleisten aus Aluminium abgenommen werden müssen. Das gilt insbesondere für die Scheibenoberkante. Als Ursachen für die abnehmende Haltbarkeit der Befestigungsvorrichtungen kommt nämlich nicht nur das Schwinden der untergelegten Klötze durch Alterung in Betracht; auch die Befestigungsschrauben oder der Fensterrahmen können im Laufe der Jahre durch Korrosion Schaden nehmen. Schließlich sind auch die erwähnten Kunststoff-Clips infolge von Witterungs- und Umwelteinflüssen der Alterung unterworfen“*.
- Zur Scheibenstärke ergänzt das Gericht: *„Wenn sich die Glasstärke, wie die Beklagte behauptet, ohne dass man die Abdeckleisten abnimmt, nicht feststellen lässt, wäre es daher auch aus diesem Grunde erforderlich gewesen, die Leisten zur Kontrolle der Scheibenstärke abzunehmen“*.

Fazit

Betreiber müssen „sorgfältig“ betreiben; sie müssen alles tun, was „erforderlich“ ist. Daraus folgt eine Vergewisserungspflicht, ob ausreichende Sicherheit besteht.

Das Gericht nimmt im vorliegenden Fall – recht weitgehend – an, dass mehr als nur eine Sichtprüfung erforderlich ist, sondern vielmehr eine Pflicht zur Untersuchung der Substanz.

Das Urteil geht nicht darauf ein, ob es Übergangsfristen zur Anpassung an geänderte/verschärfte technische Normen gibt – was aber wohl auch daran lag, dass eine solche Nachrüstungsfrist hier jedenfalls abgelaufen wäre. Das Amtsgericht Bad Kissingen hat sich 2007 dagegen entschieden – allerdings ohne die Problematik ausdrücklich zu diskutieren[483]. Amts- und Landgericht Traunstein und der BGH haben sich in einem sehr ähnlichen Fall dagegen für eine (Ein-Jahres-)Frist zur Anpassung von Anlagen bei Normverschärfung entschieden[484].

IV. Haftung gemäß § 831 BGB

Das Landgericht Düsseldorf begründete die Ansprüche auch noch mit einer Haftung der Ladeninhaberin für ihren Verrichtungsgehilfen gemäß § 831 BGB.

1. Pflichtverletzung des Verrichtungsgehilfen

„Die beklagte Betreiberin hat sich, was die Kontrolle der Schaufensteranlage in ihrem Laden angeht, ihres Bauleiters als Verrichtungsgehilfen i.S.d. § 831 BGB bedient. Dadurch dass dieser die Kontrolle der Scheibenbefestigung durch Abnehmen wenigstens der oberen Abdeckleisten unterlassen hat, hat er widerrechtlich den Körper und die Gesundheit der Kläger beschädigt“. Zur Begründung der Widerrechtlichkeit verweist das Gericht nur auf die *„obigen Ausführungen“*. Der Bauleiter hätte sich also „vergewissern“ müssen.

„Die Beklagte haftet daher gemäß § 831 Abs 1 Satz 1 BGB für den hierdurch den Klägern entstandenen materiellen und immateriellen Schaden“.

2. Kein Entlastungsbeweis (keine „Exkulpation“)

Der sog. Geschäftsherr (= Ladeninhaberin) kann sich von der Haftung „exkulpieren“ (= Entlastungsbeweis), wenn sie die ordnungsgemäße Auswahl und Überwachung des Verrichtungsgehilfen (= beauftragter Bauleiter) nachweist. Aber – so das Gericht – *„dazu hätte sie ihren Bauleiter anweisen müssen, sich bei der Kontrolle der alten Schaufensteranlage nicht nur mit der äußeren Besichtigung des Schaufensters zu begnügen, sondern darüber hinaus, weil dies erforderlich wenn auch nicht üblich ist, wenigstens an der Oberkante durch Abnehmen der Glashalteleiste den Zustand der Scheibenbefestigung und evtl. der Scheibendicke festzustellen“.*

[483] Siehe Fall 16: „Glastür Supermarkt Bad Kissingen“, Kapitel 8.16

[484] Siehe Fall 17: „Glastür Bank Traunstein“, Kapitel 8.17

Die Ladeninhaberin *„kann sich nicht gemäß § 831 Abs. 2 Satz 2 BGB entlasten"*. Und die Pflichtverletzung war auch ursächlich für den Schaden (Kausalität): *„Hätte der Bauleiter das getan, wäre die unzureichende Befestigung aller Voraussicht nach erkannt und der Unfall vermieden worden"*.

Fazit

Wer Gehilfen zur Erfüllung von (Sicherheits-)Pflichten einschaltet, muss sie sorgfältig aussuchen und kontrollieren. Wenn er das nicht tut, ist er für ihr Fehlverhalten verantwortlich[485]. Wie weit die Kontrollpflicht geht, wird leider nicht einheitlich beantwortet und hängt von den Einzelfallumständen ab[486].

485 Eine weitere Urteilsbesprechung zu dieser Vorschrift findet sich in *Wilrich*, Sicherheitsverantwortung Arbeitsschutzpflichten, Betriebsorganisation und Führungskräftehaftung (2016) – Fall 19: Der Unfall bei der Reinigung des Rollengangs – Praxisfall zu den Organisations- und Aufsichtspflichten bei Fremdfirmenbeauftragung, S. 202 ff.

486 Zwei weitere Urteilsbesprechungen, in denen die Gerichte allerdings keine Kontrollpflichtverletzung annahmen, finden sich in *Wilrich*, Praxisleitfaden Betriebssicherheitsverordnung (2015) – Fälle 5 und 6: Sturz im Parkhaus-Aufzug und im Kurheim-Aufzug, S. 234 ff. und 239 ff.

8.24 Fall 24: Spielplatzrutsche 1985 Mönchengladbach

Sachverhalt

Eine 1964 errichtete Rutsche auf einem städtischen Spielplatz in Mönchengladbach hatte keine seitliche Absturzsicherung für kleinere Kinder und war mit Asphaltbeton umgeben. Die DIN 7926 von 1976[487] forderte das dann. 1985 verletzte sich ein anderthalb Jahre alter Junge an der Rutsche.

Urteile

Das OLG Düsseldorf verurteilte am 4. Juli 1987 die Stadt als Betreiberin zu 8 000 DM Schmerzensgeld. Der BGH[488] bestätigte das Urteil: Es bestehe ein Anspruch aus § 823 Abs. 1 BGB wegen Verletzung von Sicherheitspflichten.

1. Inhalt und Umfang der Verkehrssicherungspflicht

Die beklagte Betreiberin *„musste die Sicherungsmaßnahmen ergreifen, die der Verkehr für diesen Gefahrenkreis für erforderlich hält. Das Ausmaß der Sicherheit hat sich an dem Alter der jüngsten Kinder auszurichten, die für die Benutzung des betreffenden Spielgeräts in Frage kommen. An die Sicherheit der Spielgeräte eines Kinderspielplatzes sind besonders strenge Anforderungen zu stellen. Grundsätzlich müssen Kinder und ihre Eltern uneingeschränkt darauf vertrauen dürfen, dass sich die Kinder gefahrlos der Spielgeräte bedienen können und insbesondere nicht so schwere Verletzungen erleiden können wie hier. Wegen der bei Kindern immer vorhandenen Gefahr des Sturzes von Spielgeräten ist jedenfalls bei Spielgeräten mit einer Fallhöhe von 1,50 m die Forderung nach einem geeigneten Bodenbelag, der Absturzunfälle weniger gefährlich macht, als elementare Sicherheitsforderung zu bezeichnen."* Das OLG hatte – *„weil gerade auch bei kleineren Kindern Übermut, Neugier oder Unerfahrenheit zu einem gefahrvollen Fehlverhalten führen können und Stürze von Spielgeräten infolge einer unglücklichen Bewegung, einer Störung des Gleichgewichts oder aufgrund der Einwirkung durch andere Kinder immer wieder vorkommen"* – zutreffend von der Beklagten gefordert, *„für Spielgeräte mit einer Fallhöhe wie hier von 1,50 m einen Untergrund mit aufprallhemmender Beschaffenheit im Bereich des Standorts des Geräts zu wählen.*

[487] DIN 7926-1:1976-12 Kinderspielgeräte – Begriffe – Anforderungen
[488] BGH, Urteil v. 1.3.1988 (Az. VI ZR 190/87)

Dieser Maßstab für die einzuhaltenden Verkehrssicherungspflichten steht auch nicht in Widerspruch damit, dass auch Spielplätze und darauf befindliche Geräte nicht frei von allen Risiken sein müssen. Dabei kann es nur um überschaubare und kalkulierbare Risiken gehen, die für das Kind ihren erzieherischen Wert haben. Um solche beherrschbaren Risiken handelt es sich aber nicht, wenn es wie hier um die Beschaffenheit des passenden Bodens zur Vermeidung von Verletzungen bei Abstürzen von Spielgeräten geht.“

2. Pflichtverletzung durch Normverstoß

„Zur Feststellung von Inhalt und Umfang der Verkehrssicherungspflichten ist die im Dezember 1976 erlassene DIN-Norm 7926, Teil 1, mit heranzuziehen, die für ein Spielgerät mit Handlauf und einer Fallhöhe von 1 m bis 2 m als Bodenbeläge nur nicht gebundene Böden nach DIN 18034 wie Naturboden, Rasen oder Sand bzw. Feinkies vorsieht. Auch wenn es sich bei DIN-Normen nicht um mit Drittwirkung versehene Normen im Sinne hoheitlicher Rechtsetzung, sondern um auf freiwillige Anwendung ausgerichtete Empfehlungen des ‚DIN Deutschen Instituts für Normung e. V.‘ handelt, so spiegeln sie doch den Stand der für die betroffenen Kreise geltenden anerkannten Regeln der Technik wider und sind somit zur Bestimmung des nach der Verkehrsauffassung zur Sicherheit Gebotenen in besonderer Weise geeignet.“

3. Anpassungsfrist?

„Ob bei Einführung neuer DIN-Normen für eine Übergangszeit die bestehenden Einrichtungen ohne Veränderung weiterbetrieben werden dürfen, kann hier dahingestellt bleiben. Eine solche Anpassungszeit – ließe man sie zu[489] *– wäre jedenfalls längst verstrichen gewesen, als es mehr als acht Jahre nach Erlass der einschlägigen DIN-Norm zu dem Unfall kam.“*

4. Keine Relevanz der überwachungstechnischen Nichtbeanstandung

Die beklagte Betreiberin argumentierte, *„Rutschen der in Rede stehenden Art seien noch nach Inkrafttreten der DIN-Norm überwachungstechnisch nicht beanstandet worden“*, aber das – so der BGH – könne *„die Beklagte nicht entlasten, da die vom Standort des Spielgeräts ausgehende Gefahr für sie als Träger des Spielplatzes ohne Weiteres erkennbar war“*.

[489] Das hat der BGH im Urteil v. 2.3.2010 getan (Az. VI ZR 223/09): siehe das Urteil „Glastür Bank Traunstein“ (Fall 17, Kapitel 8.17 in diesem Buch)

8.25 Fall 25: Spielplatzrutsche 1997 Aachen

Sachverhalt und Zusammenfassung

Ein zweijähriger Junge verletzte sich an einer 3 m hohen Wendelrutsche auf einem Spielplatz. Die Gerichte verurteilten die verklagte Stadt Aachen als Betreiberin zu Schmerzensgeld und stellten zur Begründung auf *„zum Unfallzeitpunkt noch gültige"* und *„inzwischen deutlich verschärfte"* technische Normen ab und ging von einer Nachrüstpflicht aus.

Urteil

Das LG Aachen gab der Klage statt.[490] Das OLG Köln bestätigte das Urteil.[491] Rechtsgrundlage des Anspruchs war § 823 BGB.

1. Sicherungspflichtverletzung

Das OLG Köln sah eine *„Pflichtverletzung"* darin, *„dass der Untergrund der Wendelrutsche im hier fraglichen Bereich um die Wendeltreppe aus Steinplatten bestand:*

Ein Steinboden stellt unter einem Spielgerät, bei dem Kinder Gefahr laufen, aus größerer Höhe abzustürzen, grundsätzlich eine nicht hinnehmbare Gefahrenquelle dar. Die Forderung nach einem geeigneten Bodenbelag ist damit als elementare Sicherheitsforderung anzusehen. Die zum Unfallzeitpunkt noch gültige, die Anforderungen an Kinderspielgeräte regelnde DIN 7926[492] *– die inzwischen deutlich verschärft wurde – geht davon aus, dass die Bodenart Stein/Beton bei einer freien Fallhöhe von mehr 1 000 mm unzulässig ist (vgl. Ziffer 4.3.6. der DIN und die dazugehörige Tabelle 1). Diese Höhe ist maßgeblich. DIN-Normen spiegeln den Stand der für die betroffenen Kreise geltenden anerkannten Regeln der Technik wider und sind somit zur Bestimmung des nach der Verkehrsauffassung zur Sicherheit Gebotenen in besonderer Weise geeignet. Es gibt keinen Grund, dieses Maß als übertrieben anzusehen und geringere Sicherheitsanforderungen für ausreichend zu erachten. Jedenfalls ab einer möglichen Fallhöhe von 1 m bedeutet die Verwendung von Steinplatten als Untergrund eines Spielgeräts damit eine objektive Verletzung der Verkehrssicherungspflicht. Da diese Fallhöhe hier überschritten wird, hätte die beklagte Stadt zwingend einen anderen Untergrund, etwa Sand oder zumindest Fallschutzplatten (wie im Bereich des Rutschenauslaufs) aufbringen müssen.*

---

[490] LG Aachen, Urteil v. 8.9.1999 (Az. 4 O 354/98)

[491] OLG Köln, Urteil v. 25.5.2000 (Az. 7 U 185/99)

[492] DIN 7926 Kinderspielgeräte – Begriffe – Anforderungen

Nicht gefolgt werden kann der Auffassung der Beklagten, bei einer Wendeltreppe käme als freie Fallhöhe nur der Abstand zwischen zwei Treppenstufen in Betracht. Solange eine Treppenstufe nicht geeignet ist, den Sturz eines Körpers mindestens deutlich zu bremsen, ist sie für die Bestimmung der Fallhöhe nicht maßgeblich. Dies folgt schon daraus, dass der Sturz von einer – zumal steilen – Treppe nicht minder folgenschwer und gefährlich ist wie der freie Fall.“

2. Verantwortung der Stadt

„Die objektive Pflichtverletzung ist der Stadt anzulasten. Sie hat das Gerät selbst oder durch einen weiteren Dritten aufgestellt“, und daher *„jedenfalls die Verantwortung für den Untergrund selbst getragen“*.

3. Verschulden der Stadt

„Die beklagte Stadt handelte auch schuldhaft. Maßgebliche Vorschriften, auch DIN-Normen, musste sie kennen. Sollte sie ernstlich Zweifel über deren Auslegung und deren praktische Anwendbarkeit (etwa die Frage, von welcher Höhe Kinder fallen können) haben, musste sie notfalls sachverständigen Rat einholen.“

Für das Verschulden der Stadt führte das OLG Köln vier weitere Gründe an:

- Erstens *„hätte sie schon bei Beachtung der gebotenen Sorgfalt auch ohne weiteren Rat zu dem Ergebnis kommen müssen, dass ein Steinboden im Zusammenhang mit einem für Kinder recht attraktiven, aber erkennbar nicht ungefährlichen Spielgerät ungeeignet war“*.
- Zweitens *„war im Zweifel die Alternative zu wählen, die die größere Sicherheit bot“*.
- Drittens hatte sie *„entsprechende warnende Hinweise erhalten und sich ohne plausiblen Grund über sie hinweggesetzt“*.
- Viertens *„hatte schon der Fundamentplan des Herstellers einen Untergrund aus mindestens 40 cm Sand vorgesehen“*.

Die Stadt argumentierte, *„man habe davon abgesehen, den Boden auszutauschen, weil 14 Monate lang alles gut gegangen sei“*. Aber das *„entlastet sie nicht: Dass eine potenzielle Gefahr sich über einen gewissen Zeitraum nicht verwirklicht, bedeutet nicht, dass die Gefahr nicht besteht“*.

4. Keine Anspruchskürzung wegen Mitverschuldens

Die Kürzung des Anspruchs wegen Mitverschuldens kam nicht in Betracht.

- „*Eine Zurechnung über § 278 BGB*[493] *– die zur Anwendung von § 254 BGB*[494] *führen könnte – scheitert daran, dass zwischen den Parteien*[495] *kein Schuldverhältnis, hier etwa in Form einer wie auch immer gearteten Sonderverbindung durch die Benutzung des Spielplatzes, besteht.*“[496]
- Auch „*kann es nicht sein, dass ein Kind zugunsten des Schädigers*[497] *nur teilweise entschädigt wird, weil für die Eltern ein milderer Haftungsmaßstab (§ 1664 BGB*[498]*) gilt, diese deshalb gegenüber dem Kind nicht haften und deshalb der Schädiger an einem anteiligen Rückgriff gehindert ist. In solchen Fällen ist es vielmehr durchaus billig, den Dritten*[499] *mit dem ganzen Schaden zu belasten.*“

[493] Zur Haftung für „Erfüllungsgehilfen“ siehe Anhang Rechtsvorschriften

[494] Zum „Mitverschulden“ des Geschädigten siehe Anhang Rechtsvorschriften

[495] Gemeint sind der Geschädigte als Kläger und die Stadt als Beklagte.

[496] Mit diesem Schuldverhältnis ist etwa ein Nutzungsvertrag gemeint – wie er z. B. mit einem Freizeitpark geschlossen wird: Nur ein solches Schuldverhältnis ermöglicht die Anwendung des § 278 BGB.

[497] Das ist hier die Stadt Aachen.

[498] Zur Haftung der Eltern gegenüber dem Kind „*bei der Ausübung der elterlichen Sorge*“ siehe Anhang Rechtsvorschriften

[499] Das ist hier die Stadt Aachen: Erster und Zweiter sind hier Kind und Eltern.

8.26 Fall 26: Sprungturm im Freibad Chemnitz

Sachverhalt und Fazit

Der Kläger verletzte sich 1992 bei Benutzung eines im Jahr 1973 errichteten Sprungturms in einem Freibad und begehrte Schmerzensgeld in Höhe von 15 000 DM von der Gemeinde als Betreiberin. Der Sprungturm entsprach nicht der einschlägigen DIN-Norm, die in den Urteilen nicht konkret benannt wurde. Der Sachverständige stellte fest, *„dass an Sprungtürmen über 1 m Höhe Absturzsicherungen angebracht werden müssen“*.

Die Klageabweisung des OLG Dresden in zweiter Instanz lässt viele Fragen offen – und ist eher ein Sonderfall, weil offen und ehrlich auch auf *„begrenzte Kapazitäten und wirtschaftliche Mittel nach der Wende“* verwiesen wurde. Kostenneutral wäre aber die Schließung des Schwimmbads. Das wäre zwar keine einfache Entscheidung, die – zumindest solange noch kein Unfall passiert wäre – auch nicht auf viel Verständnis treffen würde. Aber so hatte das Landgericht Chemnitz in erster Instanz entschieden. Und das Amtsgericht Leipzig verurteilte 2012 eine Schulleiterin nach einem Unfall durch einen Holzsplitter des Parkettbodens, weil sie es *„unterließ, die Turnhalle für den Sportunterricht zu sperren“*[500].

Urteil

Das LG Chemnitz gab der Klage statt (dazu I.). Das OLG Dresden hob das Urteil auf und wies die Klage ab (dazu II.).

I. LG Chemnitz

„Dem Kläger steht ein Schmerzensgeld in Höhe von 10 000 DM gemäß § 823 Abs. 1 BGB zu, da die Beklagte schuldhaft ihre Verkehrssicherungspflichten verletzte, wodurch sich der Kläger erhebliche Verletzungen zuzog.

Mit Bereitstellung des Sprungturms im öffentlichen Freibad eröffnete die Beklagte eine Gefahrenquelle. Damit trifft diese gleichzeitig eine Fürsorgepflicht dergestalt, dass sie, um Schäden auszuschließen, die Anlagen nach den dafür geltenden Normen errichtet bzw. diesen anpasst. Diese Pflicht hat die Beklagte schuldhaft verletzt.

[500] Siehe zum Verfahren *Wilrich* in: sicher ist sicher (sis) Heft 12/2015: „Der Holzsplitter im Parkettboden und die Schulleiterin, die es ‚unterließ, die Turnhalle für den Sportunterricht zu sperren‘ – Zur strafrechtlichen Verantwortung für den Zustand von Räumlichkeiten“

Der Sachverständige hat in der mündlichen Verhandlung ausgeführt, dass an allen Sprungtürmen über 1 m Höhe Absturzsicherungen (Geländer) angebracht sein müssen. Um ein Durchrutschen zwischen Geländer und Plattform zu verhindern oder zumindest zu erschweren, dürfen die Zwischenräume zwischen Plattform, der ersten sowie den folgenden Geländerquerstreben nach den geltenden DIN-Normen jeweils 35 cm nicht überschreiten.

Geländerquerstreben waren am Geländer auf dem Sprungturm nicht vorhanden. Auf Grund des vom Kläger vorgelegten Fotos ist die Kammer auch davon überzeugt, dass das Geländer höher als 35 cm war.

Die Beklagte war als Betreiberin des Bades im Rahmen ihrer Verkehrssicherungspflicht verpflichtet, sich über die geltenden Sicherheitsbestimmungen für Sprungtürme zu informieren und diesen danach umzurüsten oder außer Betrieb zu nehmen.

Die Beklagte hat es schuldhaft unterlassen, den Sprungturm nach der Wiedervereinigung an die nunmehr geltenden Normen anzupassen. Selbst wenn der Beklagten ein gewisser Übergangszeitraum für die Anpassung der Anlagen an die geltenden Normen zugestanden werden muss, kann dieser nach Auffassung des Gerichts wegen der eröffneten erheblichen Gefahrenquelle maximal ein halbes bis ein Jahr betragen[501]*. Der Unfall geschah jedoch fast drei Jahre nach der Wiedervereinigung.*

Die Beklagte hätte, wenn ihr eine Anpassung an die geltenden Normen innerhalb des eingeräumten Übergangszeitraums nicht möglich war, den Sprungturm schließen müssen.

Das nicht den Sicherheitsvorschriften entsprechende Geländer war ursächlich für den Unfall und die Verletzungen des Klägers, da bei Vorhandensein eines normgerechten Geländers der Unfall sich nicht, aber jedenfalls nicht in dieser Form ereignet hätte."

II. OLG Dresden[502]

Für eine Pflichtverletzung der beklagten Gemeinde *„reicht die Feststellung, dass der Sprungturm gegen DIN-Normen verstoßen hat, nicht aus. Die Verletzung von DIN-Vorschriften indiziert noch nicht eine Pflichtverletzung der Beklagten."* Denn *„DIN-Normen sind lediglich Empfehlungen des Deutschen Normenausschusses, deren freiwillige Anwendung erwartet wird. Sie sollen der Allgemeinheit dienen und den jeweiligen technischen Standard angeben, ohne dass ihnen eine Rechtsnormqualität zukommt. Sie stellen auch kein Schutzgesetz i. S. d. § 823 Abs. 2 BGB dar.*

[501] Zur Anpassungsfrist bei Normverschärfung siehe die beiden Fälle 16 (Glastür Supermarkt Bad Kissingen – Sturz August 2006, Kapitel 8.16) und 17 (Glastür Bank Traunstein – Sturz Oktober 2006, Kapitel 8.17)

[502] OLG Dresden, Urteil v. 6.9.1995 (Az. 6 U 289/95)

Die Nichteinhaltung derartiger DIN-Normen bedeutet noch nicht, dass eine Anlage jetzt nicht mehr hinreichend verkehrssicher ist. Denn welche Sicherheit und welcher Gefahrenschutz zu gewährleisten sind, richtet sich nicht ausschließlich nach den modernsten Erkenntnissen und dem neuesten Stand der Technik. Ist nämlich erkennbar, dass die bauliche Errichtung einer Anlage in früheren Jahren erfolgt ist und dass diese deshalb dem neuesten Stand der Technik nicht entsprechen kann, muss der Benutzer höhere Risiken in Kauf nehmen. Eine Nachrüstpflicht des Betreibers besteht nur nach Ablauf eines angemessenen Zeitraums und unter Berücksichtigung wirtschaftlicher Gesichtspunkte. Im Übrigen hat der Betreiber einer Anlage seiner Sorgfaltspflicht genügt, wenn diese zumindest bei der Errichtung und Fertigstellung den damals geltenden Sicherheitsbestimmungen entsprochen hatte.

In der früheren DDR gab es die kraft Gesetzes geltenden ‚Technische Normen, Gütevorschriften und Lieferbedingungen', die sog. TGL-Normen. Die Gemeinde hat vorgetragen, der Sprungturm habe zum Zeitpunkt der Errichtung im Jahr 1973 vollumfänglich diesen TGL entsprochen. Der Sprungturm sei auf Empfehlung des damaligen Deutschen Turn- und Sportbundes angekauft worden.

Eine Pflichtverletzung der Beklagten kann auch nicht daraus hergeleitet werden, dass diese nach der Wende eine Umrüstung des Sprungturms entsprechend den DIN-Normen, die die bisherigen TGL-Bestimmungen abgelöst haben, unterlassen hat. Zwischen dem Beitritt der neuen Bundesländer am 3.10.1990 und dem streitgegenständlichen Unfall am 12.7.1992 lagen weniger als zwei Jahre. In diesem Zeitraum waren die Kommunen nicht in der Lage, die an den von ihnen zu unterhaltenden Anlagen bestehenden Mängel zu beseitigen, für die ihnen eine gesetzliche Verkehrssicherungspflicht oblag. Aufgrund ihrer begrenzten Kapazitäten und wirtschaftlichen Mittel nach der Wende mussten sie sich deshalb vorrangig um die Beseitigung derjenigen Gefahrenstellen kümmern, die besonders massive Risiken im Alltag darstellten. Hierzu gehörte der Sprungturm nicht. Zum einen diente dieser einem bloßen Saisonbetrieb, also unterlag er einer zeitlich eingeschränkten Nutzung. Zum anderen waren seit seiner Errichtung im Jahr 1973 keine vergleichbaren Unfälle passiert, sodass die Gefährlichkeit des Geländers am Sprungturm nicht ins Auge springen musste. Ferner ist zu berücksichtigen, dass gemäß der Badeordnung die Benutzung der Sprunganlagen für alle Badegäste auf eigene Gefahr erfolgte. Schließlich beinhalten DIN-Normen bloße Empfehlungen, aber keine Nachrüstungsverpflichtung."

8.27 Fall 27: Tiefgaragentor

Sachverhalt

Als im Jahr 2016 die Ehefrau eines Mieters eines Tiefgaragenstellplatzes mit ihrem Mercedes Benz der A-Klasse aus der Ausfahrt fuhr, senkte sich das Tor vorzeitig. Die Ampel habe nicht funktioniert und nicht rot signalisiert. Die Ehefrau ist Klägerin (K) und verlangt vom Vermieter Schadensersatz für das beschädigte Auto.

Elektrische Garagentore sind Maschinen im Sinne der EG-Maschinenrichtlinie 2006/42. Das Tor ist im vorliegenden Fall aber nicht CE-gekennzeichnet, weil der beklagte Vermieter (B) es schon 1976 (also vor Inkrafttreten der ersten Maschinenrichtlinie) gebaut hatte. Seitdem mietete auch der Ehemann. Es gab keine Lichtschranke. K behauptete, das Tiefgaragentor entspreche nicht dem Stand der Technik.

B berief sich auf Bestandschutz – und sagte, sie habe durch den Abschluss von Wartungsverträgen *„alles für die Sicherheit der Mieter getan. Absolute Sicherheit ist nicht geschuldet und lasse sich auch nicht erreichen“*.

Urteil des AG Kempten

Das AG Kempten verurteilt die Vermieterin: *„Die Klägerin hat gegen die Beklagte gemäß §§ 535 Abs. 1, 280 Abs. 1, 278 BGB Anspruch auf Schadenersatz, weil die Beklagte eine Nebenpflicht aus dem Mietvertrag schuldhaft verletzt hat“*.

1. Vertragliche Ansprüche der Ehefrau K: Mietvertrag mit Schutzwirkung zugunsten Dritter

Klägerin K ist zwar nicht Vertragspartner des Vermieters B, aber sie ist *„als Ehefrau des Mieters in den Schutzbereich des Mietvertrags einbezogen“*.

2. Fürsorge- bzw. Verkehrssicherungspflichten der Vermieter: Pflicht zur Gefahrenanalyse

Die Vermieterin B *„schuldet Schadenersatz, weil sie die sich aus dem Mietvertrag ergebende Nebenpflicht der Fürsorge verletzt hat“*:

„Vermieter sind aufgrund des Mietvertrags verpflichtet, dem Mieter den ungestörten und vertragsgemäßen Mietgebrauch zu gewähren und zu sichern. Vermieter trifft daher die Pflicht, durch Vorsorge Beeinträchtigungen des Mietgebrauchs zu vermeiden und die Mietsache in einem verkehrssicheren Zustand zu halten. Konkret ergibt sich aus der Fürsorge/Verkehrssicherungspflicht für den Vermieter die Verpflichtung, die

Mietsache auf mögliche Gefahren zu überprüfen und alle zumutbaren und erforderlichen Schutzvorrichtungen einzurichten".

Als am Garagentor 2006/2007 neue Federpakete eingebaut wurden (siehe unten 4.a.), hätte – so das AG Kempten – *„im Rahmen der Fürsorgepflicht und der Verkehrssicherungspflicht eine Gefahrenanalyse durchgeführt werden müssen"*.

Anmerkung

Für die betriebliche Ebene ist die Pflicht zur Gefährdungsbeurteilung sogar ausdrücklich im Gesetz geregelt – im ArbSchG und in der BetrSichV[503]. Heute gilt das sogar für jeden, der zu gewerblichen oder wirtschaftlichen Zwecken eine überwachungsbedürftige Anlage verwendet, auch wenn er nicht Arbeitgeber ist und keine Beschäftigten hat (§ 2 Abs. 3 Satz 2 BetrSichV) – also z. B. für Aufzüge, aber nicht Tore.

3. Sachverständigengutachten und Normwidrigkeit des Garagentors

Aus dem gerichtlichen Sachverständigengutachten *„ergibt sich, dass spätestens seit 1.5.2005 neue motorbetriebene Garagentore von Miethäusern zwei Sicherungen benötigen, die Unfälle möglichst unwahrscheinlich machen. Tatsächlich verfügt das Tiefgaragentor jedoch nur über eine Sicherheitseinrichtung, einen optoelektronischen Drucksensor, der allerdings im Zusammenspiel mit dem Torantrieb wegen des zu langen Nachlaufwegs nicht ordnungsgemäß funktionierte"*.

Welche Norm konkret einschlägig ist, arbeitete indes erst das LG Kempten heraus (s. u. II.). Zu berücksichtigen ist noch, dass die verschärfte Norm zunächst nur für neue Garagentore gilt:

4. Bestandsschutz?

B *„kann sich nach Ansicht des Gerichts nicht, jedenfalls nicht mehr* [s. u. 5.], *auf Bestandsschutz berufen"*. Zwar *„richtet sich die nach dem Mietvertrag geschuldete Beschaffenheit der Mietsache nach den zum Zeitpunkt der Errichtung des Gebäudes geltenden technischen Normen"*. Aber das gilt in zwei Konstellationen nicht mehr:

a. Kein Bestandsschutz bei wesentlicher Änderung = Neubau

Erstens gilt der neueste Stand der Technik, wenn *„erhebliche bauliche Maßnahmen am Haus gab, die einem Neubau ähnlich kommen, oder grundlegende Veränderungen des Gebäudes (z. B. Umgestaltung des bisher ungenutzten Dachbodens in eine Dachgeschosswohnung) erfolgt"* sind. Dann müsste – was das Gericht aber alles nicht mehr klarstellt – der Hersteller die EG-Maschinenrichtlinie 2006/42 anwenden,

503 Siehe *Wilrich*, Praxisleitfaden Betriebssicherheitsverordnung – mit 20 Gerichtsurteilen (2015)

das Konformitätsverfahren durchzuführen, die EG-Konformitätserklärung ausstellen und die CE-Kennzeichnung anzubringen. Denn eine wesentliche Veränderung ist Neuherstellung[504].

Wann eine wesentliche – „tief greifende" – Veränderung und damit ein Neubau anzunehmen ist, ist freilich eine schwierige und verantwortungsvolle Wertungsfrage. Die EU-Kommission sagt: *„Die Maschinenrichtlinie gilt auch für Maschinen, die auf gebrauchten Maschinen basieren, welche derart tief greifend umgebaut oder überholt worden sind, dass sie als neue Maschinen gelten können. Es stellt sich damit die Frage, ab wann ein Umbau einer Maschine als Bau einer neuen Maschine gilt, welche der Maschinenrichtlinie unterliegt. Es ist nicht möglich, präzise Kriterien zu formulieren, mit denen diese Frage in jedem Einzelfall beantwortet werden kann"*[505].

Das Garagentor ist nach Ansicht des AG Kempten nicht wesentlich geändert worden und damit nicht neu: 1990 wurde ein neuer Torantrieb eingebaut. 2006 wurden die Torfedern ersetzt.

b. Kein Bestandsschutz bei Sicherheitsaspekten der Mietsache

Das AG Kempten sagt, Bestandsschutz gelte *„nur für Fragen des (statischen) Nutzungskomforts bzw. des Ausstattungsstandards der Mietsache. Für Fragen der (dynamischen) Betriebs- und Nutzungssicherheit der Mietsache sind dagegen auch aktuelle Normen und alle vorgenommen Änderungen an der Mietsache und alle eingetretenen Änderungen im Umfeld der Mietsache zu berücksichtigen. Nur so lassen sich die Ziele der Fürsorgepflicht und der Verkehrssicherungspflicht, andere Personen vor Schäden zu bewahren, erreichen. Der Vermieter wird hierdurch nicht unbillig benachteiligt. Er ist dadurch ausreichend geschützt, dass die zu ergreifenden Maßnahmen dem Gebot der Zumutbarkeit und Erforderlichkeit entsprechen müssen"*.

c. Zumutbarkeit der Nachrüstung

„Der Einbau einer zweiten Sicherheitseinrichtung ist erforderlich und zumutbar: Bei einem Unfall drohen hohe Schäden. Tatsächlich ist der Schaden im vorliegenden Fall beträchtlich" (das Gericht spricht 2 677 €). *„Derartige Unfälle sind nicht so selten, dass keine Maßnahmen zu ergreifen wären. Der Einbau einer zweiten Sicherheitseinrichtung ist ohne großen Aufwand möglich und würde die Sicherheit des Garagentors deutlich erhöhen"* (der Sachverständige geht von 1 100 € aus).

[504] Siehe hierzu *Wilrich*, Praxisleitfaden Produktsicherheitsgesetz, 2011, Rn. 101 und 111

[505] *EU-Kommission*, Anwenderleitfaden Maschinenrichtlinie, 2. Aufl. 2010, § 72 letzter Absatz

5. Anpassungsfrist?

Zur Frage einer Anpassungsfrist sagt das AG Kempten kurz: *„Jedenfalls war das Tor angesichts des (nunmehr) geringen Nachrüstungsaufwands aufgrund der mietvertraglichen Fürsorge- und Prüfpflicht nach Ablauf von zehn Jahren nach Inkrafttreten der neuen Anforderungen, also bereits 2015, in einen aktuellen verkehrssicheren Zustand zu bringen“*.

Anmerkung

Die Betreiberverantwortung auf betrieblicher Ebene richtet sich nach denselben Wertungen wie bei der Vermieterverantwortung – also: Es besteht kein Bestandsschutz und damit eine Pflicht zur Nachrüstung auf den heutigen Stand der Technik, wenn die Anlage wesentlich umgebaut und dadurch neu ist.

Es ist schwieriger (aber nicht ausgeschlossen), mit Bestandschutz zu argumentieren, wenn es um Sicherheitsaspekte geht.

Es kommt bei der Frage des Bestandsschutzes wesentlich auf die Sicherheitserwartungen der Betroffenen und die Zumutbarkeit von Nachrüstungen für den Betreiber an.

Es kann bei Gesetzes- oder Normverschärfungen eine Frist zur Anpassung an den neuen Sicherstand bestehen (aber nur nach seriöser Abwägung der unterschiedlichen Interessen).

6. Ergebnis: Nachrüstungspflicht

Im Ergebnis hat B ihre Fürsorgepflicht verletzt, denn *„nach den derzeit geltenden Normen müsste das Garagentor eine zweite Sicherheitseinrichtung haben“*[506]: *„Da eine zweite Sicherheitseinrichtung, z. B. Lichtschranken in erforderlicher Zahl, fehlt, hat B ihre Verpflichtungen aus dem Mietvertrag verletzt“*.

7. Verschulden: keine Übertragung der Verkehrssicherungspflicht

Ein Schadensersatzanspruch gegen den Vertragspartner setzt Vertretenmüssen voraus (§ 280 Abs. 1 Satz 2 BGB). Vertreten muss man Vorsatz und Fahrlässigkeit (§ 276 Abs. 1 Satz 1 BGB). Hier komm nur die Schuldform Fahrlässigkeit in Betracht (§ 276 Abs. 2 BGB):

„Die Beklagte hat schuldhaft gehandelt. Sie hat nur die Wartung des Tors in Auftrag gegeben und nicht wie nach dem Mietvertrag geschuldet eine Überprüfung des Tors

[506] Zur Wirkung von DIN-Normen im Recht ausführlich *Wilrich*, Die rechtliche Bedeutung technischer Normen als Sicherheitsmaßstab – mit 33 Gerichtsurteilen zu anerkannten Regeln und Stand der Technik, Produktsicherheitsrecht und Verkehrssicherungspflichten (2017)

auf aktuelle Verkehrssicherheit und Nachrüstmöglichkeiten[507]. *Gegebenenfalls hätte die Firma auf die Nachrüsterforderlichkeit und Nachrüstmöglichkeit hinweisen müssen"*.

„*Hat sie dies getan, kam die Beklagte den Hinweisen nicht nach, sodass Verschulden vorliegt"*.

„*Hat sie es unterlassen, so handelte die Wartungsfirma schuldhaft. Das Verschulden der Firma muss sich die Beklagte nach § 278 BGB zurechnen lassen"*.

Beschluss des LG Kempten

Das LG Kempten teilte der beklagten Vermieterin in einem Beschluss mit, dass ihre Berufung offensichtlich erfolglos sein werde – B nahm sie dann auch zurück:

Zwar muss der Vermieter „*bei Änderungen von Sicherheitsvorschriften nicht sofort reagieren"*, aber „*die Mietsache so erhalten, dass dem Mieter kein Schaden entsteht bzw. Gefahren für das Eigentum des Mieters verhindert oder abgewendet werden"*. Die „*aktuelle Sicherheitsvorschrift DIN EN 13241-1 Tore ist bereits am 1.4.2004 in Kraft getreten*[508] *und der Einbau der zweiten Sicherheitseinrichtung wäre mit vertretbarem Kostenaufwand möglich gewesen"*. Die Erneuerungen am Garagentorantrieb und an der Sicherheitskontaktleiste zeigen, „*dass sich auch der Vermieter in der Vergangenheit der Tatsache bewusst war, dass neue Sicherheitsstandards in die Anlage einzubauen sind"*.

„*Seit Inkrafttreten der DIN EN 13241-1 Tore sind jetzt mehr als zehn Jahre vergangen"* – daher besteht eine „*Nachrüstungspflicht des Vermieters"* – auch wenn die „*DIN keine Regelung zu einer Nachrüstungspflicht enthält, da die Fürsorgepflicht des Vermieters ein Tätigwerden verlangt"*.

Fazit

Für alle (technischen) Anlagen und Maschinen gilt also im Ausgangspunkt: „Wer betreibt, muss sich auch vergewissern, dass sie den jeweiligen, nicht nur den früheren DIN-Vorschriften entsprechen, weil diese Normen auch den jeweiligen Stand des technischen Wissens darüber wiedergeben, was zur Gefahrenabwehr erforderlich ist"[509].

[507] In einem vom OLG Frankfurt entschiedenen Fall war dagegen die Instandhaltungspflicht haftungsbefreiend vom Betreiber auf den Dienstleister übertragen: siehe *Wilrich*, Praxisleitfaden BetrSichV (siehe Fußnote 275): Fall 5 „Alt ist gut genug – Der Sturz aus dem Parkhaus-Aufzug"

[508] Heute gilt DIN EN 13241:2016-12: Tore – Produktnorm, Leistungseigenschaften

[509] OLG Düsseldorf, Urteil v. 11.4.1984 (Az. 3 U 22/83) – Ladengeschäft mit Schaufenstern und DIN 18056

8.28 Fall 28: Treppensturz 1995 Bielefeld

Sachverhalt und Zusammenfassung

Die Klägerin stürzte 1995 beim Hinabgehen auf der ersten Stufe einer nur auf der Innenseite der Treppenwendung mit einem Geländer versehenen Holztreppe eines 1912 errichteten Hauses und zog sich eine Sprunggelenkfraktur zu. Sie verklagte die Hauseigentümerin und Vermieterin auf Schadensersatz und Schmerzensgeld. 1991 wurde der Boden des Obergeschosses im Zuge von Ausbaumaßnahmen um 7 cm angehoben und es *„entstand auf dem bisherigen oberen Treppenabsatz eine weitere Stufe, deren Höhe mit 7 cm deutlich geringer als die der sonstigen Treppenstufen war und die in Höhe des früheren Absatzes eine Auftrittbreite von lediglich 25 cm aufwies"*.

Die Gerichte sahen keine Verkehrssicherungspflichtverletzung,

- weil die **Sicherheitserwartungen** *„bei erkennbar alten Gebäuden und Gebäudeteilen im Allgemeinen geringer sind als bei neueren Anlagen"* und
- weil **Gefahrenbewusstsein** vorhanden, nämlich die „Gefährlichkeit bekannt" war, sodass *„besonders konzentriert und achtsam die Treppe hinabgestiegen werden muss"*.

Urteile

Das LG Bielefeld wies die Klage als unbegründet ab (dazu I.). Das OLG Hamm bestätigte das Urteil (dazu II.).

I. LG Bielefeld[510]

Das LG Bielefeld begründete – anders als später das OLG Hamm (dazu II.) ohne Benennung konkreter Bauvorschriften oder Normen – zwar ausführlich die Sicherheitsgemäßheit der Treppe, lehnt Schadensersatzansprüche aber vor allem wegen überwiegendem Verschulden der Klägerin ab:

Es *„ist aufgrund der Gesamtumstände das Mitverschulden der Klägerin so hoch zu bemessen, dass daneben eine Haftung der Beklagten selbst bei Annahme einer ihr vorwerfbaren Verkehrssicherungspflichtverletzung nicht mehr in Betracht kommt. Nach den Umständen des Einzelfalls kann dem Geschädigten nämlich ein so hoher Mitverschuldensanteil zur Last fallen, dass demgegenüber die Haftung des Ver-*

[510] LG Bielefeld, Urteil v. 22.1.1996 (Az. 4 O 475/95)

kehrssicherungspflichtigen vollständig zurücktritt. Dies ergibt sich hier aus den folgenden Umständen:

Der Klägerin war nach ihrem eigenen Vorbringen eine etwaige Gefährlichkeit des oberen Treppenabsatzes bekannt. Wie sie selbst vorträgt, war sie erst zwei Tage vor dem Sturz an dem oberen Treppenabsatz abgerutscht und zu Fall gekommen. Auch waren schon zuvor einmal Bekannte ihrer Tochter, was die Klägerin auch wusste, an dem oberen Treppenabsatz abgerutscht und gestürzt. Sie hätte daher besonders konzentriert und achtsam die Treppe hinabsteigen müssen, zumal auch ihre Tochter – wie diese bekundet hat – ihr noch ausdrücklich zugerufen hatte, sie solle aufpassen. Wenn auch nicht ausgeschlossen werden kann, dass die Klägerin diesen Zuruf ihrer Tochter erst vernahm, als es schon zu spät und sie bereits am Treppenabsatz abgerutscht war, so hätte doch der Klägerin – wie es auch bei ihrer Tochter der Fall gewesen war – die Gefährlichkeit des Treppenabsatzes akut bewusst sein und sie sich entsprechend darauf einstellen müssen. Die von ihr wahrzunehmenden Sorgfaltspflichten in eigenen Angelegenheiten hat die Klägerin hier somit eklatant verletzt.“

II. OLG Hamm[511]

Das OLG Hamm bestätigte die Klageabweisung: *„Der Klägerin steht aufgrund ihres Sturzes kein Schadensersatzanspruch aus § 823 BGB gegen die Beklagte zu.“*

1. Umfang der Sicherungspflichten

„Der Vermieter einer Wohnung ist im Rahmen der ihm obliegenden Verkehrssicherungspflicht auch für die Sicherheit der zu den Mieträumen führenden Treppe verantwortlich. Dabei erfasst diese Pflicht jedoch nicht alle erdenklichen von der Treppe ausgehenden Risiken. Sie ist vielmehr auf solche Gefahrenquellen beschränkt, mit denen der Verkehr nach seinen vernünftigen Sicherheitserwartungen nicht zu rechnen braucht und auf die er sich nicht ohne Weiteres selbst einstellen kann. Da diese Erwartungen bei erkennbar alten Gebäuden und Gebäudeteilen – auch einer Treppe – im Allgemeinen geringer sind als bei neueren Anlagen, muss sich dies auch bei der Bestimmung der Höhe der von den Verkehrssicherungspflichtigen jeweils zu gewährleistenden Sicherheitsstandards auswirken. Jedoch sind auch bei älteren Gebäuden jedenfalls die dringenden Sicherheitsbedürfnisse – etwa hinsichtlich der Standfestigkeit einer Treppe oder des Vorhandenseins eines Treppengeländers – ohne Einschränkung zu erfüllen. Ferner sind Maßnahmen der Verkehrssicherung auch bei Treppen in der Regel dann geboten, wenn diese baupolizeilichen Vorschriften widersprechen, die gerade zum Zweck der Sicherheit der Benutzer erlassen worden sind.

[511] OLG Hamm, Urteil v. 17.9.1996 (Az. 9 U 54/96)

Auch hierbei ist jedoch dem Alter des zu beurteilenden Gebäudeteils Rechnung zu tragen: Ein Abweichen von baupolizeilichen Regelungen indiziert grundsätzlich nur dann eine besondere Sicherungsbedürftigkeit, wenn die einschlägige Vorschrift zum Zeitpunkt der Errichtung oder Veränderung des Bauwerks oder Bauteils bereits gegolten hat. Andernfalls würde eine lückenlose Anpassung sämtlicher alten Gebäudeteile an verschärfte bauordnungsrechtliche Vorschriften in vielen Fällen zu unzumutbaren Belastungen der Hauseigentümer führen."

2. Keine Sicherungspflichtverletzung wegen geringer Durchgangshöhe und fehlendem Handlauf

„Die Anwendung dieser Grundsätze führt" – so das OLG Hamm – *„hier zu dem Ergebnis, dass die von der Klägerin als zu gering beanstandete Durchgangshöhe sowie das gleichfalls gerügte Fehlen eines Handlaufes auf der Außenseite der Treppenwendung keine Verletzung der Verkehrssicherungspflicht sind. Es ist insoweit weder ein Verstoß gegen baupolizeiliche Vorschriften ersichtlich noch eine sonstige Nichtbeachtung von Sicherungsgeboten oder -verboten festzustellen. Dabei ist von Bedeutung, dass das hier in Rede stehende Gebäude bereits im Jahre 1912 errichtet worden ist, d. h. zu einer Zeit, als an die Ausgestaltung einer Treppe bautechnisch noch deutlich geringere Anforderungen als heute gestellt worden sind. Da die Benutzer der Treppe nach dem Gesamteindruck des Hauses auf diese – zudem leicht erkennbaren – Erschwernisse gefasst sein konnten und mussten, war die Beklagte insoweit zu keiner besonderen Sicherungsmaßnahme verpflichtet. Im Übrigen wäre ein auf diese Erschwernisse gestützter Schadensersatzanspruch der Klägerin in jedem Fall auch daran gescheitert, dass weder die beanstandete Durchgangshöhe noch die Anordnung des Handlaufs für den Sturz kausal geworden ist."*

3. Keine Sicherungspflichtverletzung wegen uneinheitlicher Treppenabmessungen

a. Baurechtskonformität

Die *„von den übrigen Treppenstufen abweichende geringere Höhe der obersten Stufe (7 cm) sowie eine geringere Breite der – zweitobersten – Auftrittsfläche (ca. 25 cm)"* sei – so das OLG – ebenfalls *„kein Verstoß gegen eine baupolizeiliche Vorschrift. In der zum Unfallzeitpunkt geltenden Bauordnung NRW war bewusst auf konkrete Angaben zu Stufenmaßen und Steigungsverhältnissen verzichtet worden."*

b. Normkonformität

Im „*Verkehrssicherungsrecht können zwar die DIN-Normen als allgemein anerkannte Regeln der Technik bedeutsam sein*". Aber „*aus den technischen DIN-Normen DIN 18065 (Ausgabe Juli 1984)*[512] *und DIN 18064*[513] *ist keine Bauordnungswidrigkeit zu ersehen. Das folgt schon daraus, dass diese Normen nicht bauaufsichtlich eingeführt sind.*"

Das Gericht konzedierte zwar, „*dass unterschiedliche Abmessungen der einzelnen Treppenstufen nicht nur eine Beeinträchtigung der Bequemlichkeit zur Folge haben, sondern unter Umständen auch eine mehr oder weniger große Sturzgefahr begründen können*". Aber

- „*das Sturzrisiko auf der hier zu beurteilenden Treppe ist dadurch wesentlich eingeschränkt, dass die beanstandete Auftrittsbreite von 25 cm sich immerhin im Rahmen der einschlägigen DIN 18065 hält (‚in Wohngebäuden mit nicht mehr als zwei Wohnungen 23 cm')*",
- „*die Höhe der obersten Stufe ist für Benutzer der Treppe nicht schwer zu erkennen*" und
- die Treppe kann „*vom Erdgeschoss her nur durch eine grundsätzlich verschlossene Tür betreten werden, sodass der Publikumsverkehr von vornherein wesentlich begrenzt ist und die Benutzer der Treppe von den Hausbewohnern leicht gewarnt werden können*".

„*Bei dieser Sachlage spricht somit*" – für das OLG Hamm – „*auch bezüglich der beanstandeten uneinheitlichen Treppenabmessungen vieles gegen eine Sicherungspflichtverletzung der Beklagten.*"

[512] DIN 18065 Gebäudetreppen – Hauptmaße

[513] DIN 18064 Treppen – Begriffe

8.29 Fall 29: Treppensturz 1996 Hagen

Sachverhalt und Zusammenfassung

Im November 1996 verlor ein 55-jähriger Arzt nach einer Feier in der Gaststätte „Waldlust“ auf dem Weg zum Parkplatz auf einer Außentreppe eines nahezu 100 Jahre alten Gebäudes das Gleichgewicht, stürzte und verletzte sich schwer am Kopf und befand sich bis zu seinem Tode im Zustand eines apallischen Syndroms. Der Arzt verklagte – vertreten durch seine zur Betreuerin bestellte Frau – die Gaststättenbetreiber auf angemessenes Schmerzensgeld.

Ein Sachverständiger stellte nach dem Treppensturz mehrere Verstöße gegen technische Normen fest. Das OLG Hamm sagte, die Treppe *„genügte teilweise nicht mehr den heutigen Sicherheitserwartungen“*, gewährte also letztlich keinen Bestandsschutz. Aber die Gerichte ließen den Gaststättenbetreiber nicht haften, wegen fehlender Kausalität: Die Sicherheitsdefizite waren keine *„unfallursächliche Verkehrssicherungspflichtverletzung“*, denn der *„Sturz hat sich nicht im Einwirkungsbereich der Gefahrenstelle ereignet“*.

Urteile

Das LG Hagen wies die Klage ab.[514] Ein Sachverständigengutachten holte das Gericht nicht ein, weil der Kläger diesen Beweis nicht beantragt hatte. Im Berufungsverfahren stellte ein Gerichtssachverständiger mehrere Verstöße gegen die DIN 18065 fest.[515] Das OLG Hamm bestätigte aber das erstinstanzliche Urteil.[516] *„Die beklagten Betreiber sind weder aus dem Gesichtspunkt einer Verletzung des Gastaufnahmevertrages noch einer Verkehrssicherungspflichtverletzung gemäß § 823 BGB dem Kläger zum Schadensersatz verpflichtet.“*

1. Sicherungspflichtverletzung durch normwidrige Höhenunterschiede der Treppen

Die Treppe *„genügte teilweise nicht mehr den heutigen Sicherheitserwartungen. Der Sachverständige hat die Treppe anhand der DIN 18065 überprüft, nach der Höhe und Auftritt von Treppenstufen nicht mehr als 0,5 cm vom mittleren Maß abweichen dürfen, weil sonst Stolpergefahr besteht, da der Benutzer bei der Höhe und beim Auftritt Gleichmäßigkeit erwartet. Die Treppe weist in der Höhe Abweichungen bis*

[514] LG Hagen, Urteil v. 8.1.1998 (Az. 4 O 333/97)
[515] DIN 18065:1984-07 Gebäudetreppen – Hauptmaße
[516] OLG Hamm, Urteil v. 30.11.1998 (Az. 6 U 55/98)

zu 1,5 cm vom mittleren Maß auf; der Höhenunterschied von der ersten zur zweiten Stufe beträgt 15,7 cm und von der zweiten zur dritten Stufe 14,5 cm, sodass die dritte Stufe eher kommt als man erwartet, wodurch beim Benutzer ein Unsicherheitsgefühl entstehen kann.“

2. Keine Kausalität der normwidrigen Höhenunterschiede der Treppen

„Diese Abweichungen können aber den Sturz ebenso wenig verursacht haben wie die Divergenzen in der Auftrittbreite, weil der Kläger gestürzt ist, bevor sich bei ihm durch die Benutzung der Treppe ein Gefühl für Höhe und Breite der Stufen und eine Erwartung einer fortlaufenden gleichmäßigen Abfolge entwickelt haben konnte. Zwar haben [der den Kläger begleitende] *Dr. T und ein anderer Zeuge den Punkt, an welchem der Kläger das Gleichgewicht verloren hat, nicht völlig übereinstimmend geschildert; während Dr. T, ohne das näher konkretisieren zu können, bekundet hat, dass das Betreten der Treppe, der Sturz und der Versuch des Klägers, mit den Händen den linken Handlauf zu ergreifen, ineinander übergegangen seien, hat der andere Zeuge bekundet, der Kläger sei schon etwa einen Schritt vor dem Erreichen der obersten Stufe in die Knie gegangen. Wenn auch die Aussage von Dr. T in der Tendenz dahin geht, dass man bei dem Sturz die Treppe bereits erreicht habe, so stimmen doch beide Aussagen darin überein, dass der Kläger nicht erst auf der zweiten oder gar der dritten Stufe von oben gestürzt ist, sodass die enttäuschte Erwartung einer im wesentlichen gleichmäßigen Abfolge von Stufenhöhe und Auftrittbreite den Sturz nicht ausgelöst haben kann.“*

3. Sicherungspflichtverletzung durch normwidrige Handläufe

Der Sachverständige stellte auch fest, *„dass der Handlauf teilweise zu niedrig ist, gemessen an der DIN 18065, die aussagt, dass er nicht niedriger sein soll als 75 cm, gemessen von der Vorderkante der Stufe bis zur Oberkante des Handlaufs. Hier war der Handlauf im oberen ausgekröpften Bereich am Pfeiler neben der ersten Stufe 80 cm hoch. Danach fiel seine Höhe von der zweiten Stufe an auf 72 cm ab und kam nachher auf 65 cm.“*

4. Keine Kausalität der normwidrigen Handläufe

Auch die normwidrigen Handläufe – so das OLG unter Verweis auf die Zeugenaussagen (dazu 2.) – *„begründen nicht den Vorwurf einer unfallursächlichen Verkehrssicherungspflichtverletzung“*: Das *„kann weder konkret noch nach den Grundsätzen* *des Anscheinsbeweises*[517] *festgestellt werden"*, denn der *„Sturz hat sich nicht im Einwirkungsbereich der Gefahrenstelle ereignet, also in einem Bereich, in dem durch einen Griff zum Handlauf der Sturz hätte aufgefangen oder wenigstens abgemildert werden können, der Benutzer aber wegen der ungewohnten Führung und Höhe des Handlaufs ins Leere gegriffen hätte. Im Ergebnis lässt sich nicht die Feststellung treffen, dass ein normwidriger oder sonstiger gefährlicher Zustand des Geländers für die folgenschwere Kopfverletzung ursächlich geworden ist."*

5. Keine Sicherungspflichtverletzung durch fehlendes Mittelgeländer

„Die Ausgestaltung der Treppe erforderte angesichts ihrer geringen Breite und der auf beiden Seiten angebrachten Handläufe – wie auch der Sachverständige bestätigt hat – kein Mittelgeländer[518]*, selbst wenn man berücksichtigt, dass sie mitunter von alkoholbedingt gangunsicheren Gästen benutzt wurde, die vom Gaststättenausgang den Parkplatz erreichen wollten. Wenn die beklagten Betreiber nachträglich zur weiteren Erhöhung der Sicherheit ein derartiges Geländer angebracht haben, so lässt das nicht den Schluss darauf zu, dass es schon vorher erforderlich war."*

6. Keine verkehrssicherungswidrige Beleuchtung

Die Unfallstelle war auch nicht unzureichend ausgeleuchtet, denn *„nach der glaubhaften Bekundung eines Zeugen ist ein 500-Watt-Strahler vorhanden, der Parkplatz und Treppe beleuchtet; er wird um 22:00 Uhr durch Zeitschaltuhr eingeschaltet und brennt bis 2:00 Uhr nachts"*.

7. Keine Sicherungspflichtverletzung durch fehlende Warnhinweise

„Den Beklagten ist auch nicht vorzuwerfen, dass sie oder ihre Bediensteten (§§ 278, 831 BGB) den Kläger und seinen Begleiter Dr. T nicht auf die Möglichkeit hingewiesen haben, auf einem anderen Weg zum Taxi zu gelangen. Eines derartigen Hinweises bedurfte es nicht, da beide Gäste ortskundig waren. Es gibt auch keinen hinreichenden Anhalt dafür, dass sie derart alkoholisiert waren, dass man ihnen von der Benutzung der Treppe hätte abraten müssen; nähere Feststellungen über den

---

[517] Der Anscheinsbeweis (Beweis des ersten Anscheins = Prima-facie-Beweis) ist zulässig, wenn ein Sachverhalt erfahrungsgemäß auf einen bestimmten Geschehensablauf hindeutet (siehe ausführlich das Urteil des OLG Düsseldorf zur „Explosion der Flüssiggasanlage" = Fall 14, Kapitel 8.14 in diesem Buch – und dort in II.7.); zum Anscheinsbeweis durch DIN-Normen siehe *Wilrich*, Die rechtliche Bedeutung technischer Normen als Sicherheitsmaßstab – mit 33 Gerichtsurteilen zu anerkannten Regeln und Stand der Technik, Produktsicherheitsrecht und Verkehrssicherungspflichten, 2017, in Kapitel 2.3.4.5.

[518] Hier zitiert das Gericht *Temme*, in: *Gädtke*, BauO NRW, 9. Aufl., 1998, § 36 Rdn. 22: *„nicht bei Treppen von weniger als 4 m Breite"*.

Grad der Alkoholisierung sind nicht getroffen worden, und der Zeuge Dr. T hatte sich seiner Bekundung zufolge sicher genug gefühlt, den Weg nach unten zum Taxi zu bewältigen; er hatte auch nicht den Eindruck, dass der Alkoholgenuss der Grund dafür war, dass der Kläger das Gleichgewicht verloren hat. Auch keinem anderen Zeugen sind Anzeichen alkoholbedingter Gangunsicherheit aufgefallen.“

8.30 Fall 30: Treppensturz 2001 Dessau

Sachverhalt

Der Mieter einer Wohnung in einem Plattenbau des Typs WBS 70, der in den neuen Bundesländern bis 1991 gebaut wurde, stürzte am 27. Juli 2001 auf der Treppe und verklagte die Eigentümerin auf Schadensersatz und Schmerzensgeld. *„Die Treppe entsprach dem Standard des genannten Haustyps"*. Die einzelnen Stufen liegen mit einem Gewicht von rund 150 kg lediglich auf den Schenkeln des Treppenkörpers, sind mit diesem aber nicht festverbunden, sodass sich Standsicherheit nur aus dem Eigengewicht der Stufen ergibt. Der Kläger behauptete, er sei von einer Stufe von unten abgerutscht, weil die Stufe beim Betreten nach vorne gekippt sei und sich im hinteren Bereich mit der darüber liegenden Stufe verhakt habe.

Das LG Dessau gab dem Kläger Recht – und begründete eine Nachrüstungs- und Kontrollpflichtverletzung des Eigentümers und verneinte ein Mitverschulden des Klägers.

Das OLG Sachsen-Anhalt hob das Urteil auf und wies die Klage ab: Die Treppe war nicht zu unsicher und ihr Zustand daher nicht rechtswidrig und der Hauseigentümer habe auch ausreichend kontrolliert.

Urteile

A. Landgericht Dessau: Verurteilung zu Schadensersatz und Schmerzensgeld

Das LG Dessau begründete die Verletzung der Verkehrssicherungspflicht des vermietenden Eigentümers *„aus dem mit dem Kläger geschlossenen Mietvertrag"* und aus § 823 BGB:

„Wesentlicher Inhalt der Verkehrssicherungspflicht der Beklagten sei, dem Benutzer die gefahrlose Nutzung der Mietsache – hier der Treppe – zu ermöglichen. Sie erstreckt sich dabei nicht nur auf die Beseitigung vorhandener Gefahrenquellen, sondern auch auf deren Vermeidung, sodass es Unfällen vorzubeugen gilt, die sich durch Stürze ereignen".

Das LG trennte nicht wirklich – wie später das OLG – zwischen einer Verantwortung für den Treppenzustand und einer Kontrollpflichtverletzung – und sagte: *„Eine monatliche Kontrolle ist sicherlich bei Treppen ausreichend, deren Stufen fest mit den sie tragenden Schenkeln verbunden sind. Vorliegend handelt es sich aber um eine der Typenbauten WBS 70, die sich dadurch auszeichnen, dass die – wenn auch sehr schweren Treppenstufen – lediglich durch ihr Eigengewicht auf den Schenkeln halten.*

Dies war der beklagten Eigentümerin bekannt. Zwar ist der BauO LSA[519] *nicht zu entnehmen, dass diese Treppen, die aus Zeiten des Bestehens der DDR stammen, nicht zulässig sind. Gleichwohl ist hier eine Nachrüstungs- und Nachbesserungspflicht der Beklagten deshalb zu bejahen, weil eine solche Unzuträglichkeit des Mietobjekts durch Anpassung an neuere Wohnstandards, mithin auf fest verbundene Treppenstufen mit den Schenkeln zu beseitigen ist.*

Diese Nachrüstungs- und Nachbesserungspflicht führt auch nicht zu unzumutbaren Belastungen der Beklagten als Vermieterin; denn die lose aufliegenden Treppenstufen können nachträglich einfach durch ein Mörtelbett zwischen den Stufen und den Schenkeln oder durch Verschraubung der Stufen mit den Schenkeln fixiert werden".

Zwar muss ein Verkehrssicherungspflichtiger *„in geeigneter und zumutbarer Weise nur diejenigen Gefahren ausräumen und erforderlichenfalls vor ihnen warnen, die für den Benutzer, der seinerseits die erfolgreiche Sorgfalt walten lässt, nicht oder nicht rechtzeitig erkennbar sind".* Aber, *„der Verkehrssicherungspflichtige muss auch ein nahe liegendes Fehlverhalten der die Treppe Benutzenden berücksichtigen. Ein nahe liegendes Fehlverhalten ist insbesondere darin zu sehen, dass Benutzer der Treppe diese gerade nicht in angemessener Geschwindigkeit, sondern auch laufend oder springend hinuntergehen und dabei nicht den ganzen Fuß – soweit möglich – auf die jeweilige Stufe setzen, sondern die Treppenstufe lediglich an der vordersten Kante betreten. Soweit sie bei dieser Art der Nutzung der Treppe zu Schaden kommen, könnte die ihnen obliegende erforderliche Sorgfalt nicht beobachtet sein. Indes ist vorliegend der Kläger nicht durch die Art und Weise seiner Nutzung der Treppe, ein Abrutschen von einer fest verankerten Treppenstufe zu Fall gekommen, sondern durch das Kippen der Stufe selbst. Selbst wenn also der Kläger auf der Treppe gesprungen und die Stufe lediglich an der vordersten Kante mit dem Fuß betreten hat, so ist diese Möglichkeit der Benutzung der Treppe nicht so fernliegend, als dass die Beklagte damit nicht hätte rechnen müssen. Andernfalls müsste jeder Nutzer der Treppe diese in gemäßigtem Tempo, jede Stufe mit dem gesamten Fuß betretend, begehen. Dass dieses Verlangen lebensfremd ist, liegt auf der Hand; denn bereits Kindern kann ein solches Verhalten nicht abverlangt werden, und auch das Tragen schwerer, sperriger Gegenstände auf der Treppe führte zu nicht unerheblichen Schwierigkeiten. Umzugsunternehmen müssten z. B. ihre Mitarbeiter anweisen, wie sie eine Treppe zu begehen haben, um sich bei etwaigen Unfällen zu exkulpieren.*

Schließlich ist auch unerheblich, auf welcher Seite der Kläger die Treppe genutzt hat und ob er sich an dem vorhandenen Treppengeländer festgehalten hat; denn es gibt keinen Erfahrungssatz, dass derjenige, der auf einer Treppe beim Hinuntergehen

---

[519] Bauordnung des Landes Sachsen-Anhalt

stürzt, den Sturz in aller Regel und ungeachtet der ihn auslösenden Umstände mithilfe eines Treppengeländers abfangen oder entscheidend mildern kann".

Mitverschulden des Klägers verneint das LG mit einer etwas schwer nachvollziehbaren – fast rabulistischen – Begründung: Dem Kläger ist zwar *„die Treppe seit seinem Einzug im Jahre 1999 in das Haus bekannt"*, aber *„die Beklagte, die für die Tatsachen, die ein Mitverschulden des Klägers begründen, ist darlegungs- und beweispflichtig"* und hat *„für ihren Vortrag, dem Kläger sei der Zustand der Treppe bekannt gewesen, keinen Beweis angetreten".*

B. Oberlandesgericht Sachsen-Anhalt: Klageabweisung

1. Kein rechtswidriger Zustand

Das OLG ist der Ansicht, *„eine Pflichtverletzung folgt entgegen der Ansicht des Landgerichts nicht aus dem Zustand der Treppe als solcher".*

Es *„handelt es sich bei der Treppe um eine Standardausführung, die in der DDR üblich war"*. Sie *„entspricht dem nunmehr geltenden Bauordnungsrecht"*. Klar legt sich das OLG zwar nicht, sagte aber in einem Klammerzusatz, *„abzustellen sein wird sogar auf das im Zeitpunkt der Errichtung des Gebäudes geltende Bauordnungsrecht"*[520] – und *„dass das Gebäude diesem Zustand nicht entspricht, wird ebenfalls von keiner Seite behauptet."* Daher *„sind weitergreifende Sicherungsmaßnahmen des Eigentümers grundsätzlich nicht veranlasst. Selbst wenn man unterstellt, dass die Erteilung der öffentlichrechtlichen Erlaubnis einen anderen Zweck verfolgt als die auf den Vertrauenserwartungen des Verkehrs beruhende, auf den Integritätsschutz gefährdeter Personen ausgerichtete und deshalb in ihrer Zielsetzung umfassendere Verkehrssicherungspflicht, ist der Verkehrssicherungspflichtige nur dann zu weitergehenden – vom Bauordnungsrecht nicht geforderten – Maßnahmen verpflichtet, wenn er eine Gefahrenlage selbst erkannt hat oder diese für ihn jedenfalls erkennbar war*[521]*. Ist ihm eine solche Gefahrenlage nicht bekannt oder erkennbar, ist der Verkehrssicherungspflichtige nicht gehalten, die bauordnungsrechtlich zulässige Anlage nachzurüsten* (wie dies das Landgericht fordert)*, da eine lückenlose Anpassung sämtlicher alter Gebäudeteile an verschärfte bauordnungsrechtliche Vorschriften zu unzumutbaren Belastungen der Hauseigentümer führen kann*[522]*."* Das LG war zwar der Ansicht, dass die Nachrüstungs- und Nachbesserungspflicht nicht unzumutbar wäre, weil die Treppenstufen leicht mit den Schenkeln des Treppenkörpers verbun-

520 Hier verweist das Gericht auf das OLG Hamm – siehe Fall 28 (Treppensturz 1995 Bielefeld), Kapitel 8.28 in diesem Buch

521 Hier verweist das Gericht auf BGH, Urteil v. 31.05.1994 (Az. VI ZR 233/93) und OLG Celle, Beschluss vom 20.12.2000 (Az. 9 W 122/02)

522 Hier verweist das Gericht auf LG Hamburg, 29.09.1998 (Az. 316 S 75/98)

den werden könnten, aber das – so das OLG – *„verkennt, dass nicht allein auf die konkrete Treppe, sondern hinsichtlich der Zumutbarkeit auf sämtliche Treppen dieses Bautyps abgestellt werden müsste. Dass die Beklagte eine konkrete Gefahrenlage erkannt hat oder hätte erkennen können, ist nicht ersichtlich"*.

Das begründet das OLG sehr ausführlich: Die Beklagte *„hat vorgetragen, dass sie vor dem streitgegenständlichen Unfallgeschehen keine Kenntnis von einem Zustand der Treppe hatte, der ein Einschreiten erforderlich gemacht hätte. Soweit im Verlauf der Beweisaufnahme drei Zeugen bekundet haben, dass die sechste Stufe bereits vor dem Unfallereignis ‚gekippelt', wäre es vor dem Hintergrund des Vortrages der Beklagten von diesem Umstand keine Kenntnis gehabt zu haben, Sache des Klägers gewesen, Umstände vorzutragen, aus denen sich die Unrichtigkeit der Behauptung der Beklagten ergeben könnte. Solche Umstände trägt der Kläger indes nicht vor. Ohne konkrete Anhaltspunkte für eine Gefahrenlage musste die Beklagte keine besonderen Maßnahmen ergreifen, die über die Anforderungen des Bauordnungsrechts hinausgingen. Dies gilt auch für Umstände, die dafür sprechen könnten, dass eine Gefahrenlage für die Beklagte erkennbar gewesen sein könnte. Auch insoweit lassen sich den vorgenannten Zeugenaussagen keine konkreten Anhaltspunkte dafür entnehmen, dass ein Mangel der Treppe bei der monatlichen Routineprüfung auffallen musste. So hat ein Zeuge etwa bekundet, dass weder von oben noch unten kommend erkennbar war, dass die Stufe locker war. Ein anderer Zeuge hat ausgesagt, dass die Stufe dann ‚gekippelt' habe, wenn man die vordere Ecke betrat. Kein Zeuge hat Angaben dazu gemacht, dass sich die Treppe bei jeder Benutzung bewegt hat. Den Aussagen der Zeugen sind keine hinreichenden Anhaltspunkte dafür zu entnehmen, dass sich der Beklagten bei der Begehung der Treppe am 3.7.2001 eine Gefahrenlage aufdrängen musste. Die Treppe selber kann mithin nicht Gegenstand der Verkehrssicherungspflichtverletzung sein"*.

2. Keine Kontrollpflichtverletzung

Das OLG fasst zunächst folgende Grundsätze zur Kontrollpflicht zusammen:

„Wer den Verkehr – hier über die Treppe – eröffnet bzw. duldet, hat grundsätzlich auch eine Kontroll- und Überwachungspflicht. Der Vermieter/Verkehrssicherungspflichtige hat die Verpflichtung, in regelmäßigen Abständen die Mietsache auf ihren ordnungsgemäßen Zustand hin zu überprüfen. Die Anforderungen an diese Prüfungspflicht dürfen nicht überspannt werden. Die Verkehrssicherungspflicht für eine Treppe ist auf solche Gefahrenquellen beschränkt, mit denen der Verkehr nach seinen vernünftigen Sicherheitserwartungen nicht zu rechnen braucht und auf die er sich nicht ohne Weiteres selbst einstellen kann. Diese Erwartungen sind bei erkennbar alten Gebäuden und Gebäudeteilen geringer als bei neuen Anlagen; daraus resultiert

ein geringerer Sicherheitsstandard, der gewährleistet werden muss[523]. *In welchen wiederkehrenden Zeitabständen Überprüfungen vorzunehmen sind, hängt von den Umständen des Einzelfalls ab*".

Dann schlussfolgert das OLG, hier ist „*zugunsten der Beklagten zu bejahen*", dass „*ausreichend häufig geprüft wurde und der Prüfungsmaßstab ausreichend war. Unstreitig haben Mitarbeiter der Beklagten monatlich die Treppe überprüft. Angesichts der Tatsache, dass eine solche Treppe eine ‚Lebenserwartung' von Jahrzehnten hat und mit kurzfristigen Veränderungen grundsätzlich nicht gerechnet werden muss, ist eine monatliche Überprüfung auch bei einer Außentreppe ausreichend*". Ein Mitarbeiter der Beklagten hat am 3.7.2001 „*eine Sichtprüfung durchgeführt und eine Funktionsprobe in der Form einer Begehung. Die Prüfung auf optisch wahrnehmbare Mängel und das Begehen der Treppe waren für eine Routineuntersuchung ausreichend. Es musste jedenfalls nicht – und schon gar nicht für jede Treppenstufe – geprüft werden, ob die Stufe bei einer extremen Benutzung in Bewegung gesetzt werden konnte*".

Das OLG ergänzte: „*Dass der Prüfungsumfang nicht sämtliche Gefahrenlagen ausschließen konnte, ist bedauerlich, für das konkrete Maß der Überwachungspflicht aber unerheblich, dieses darf einen vernünftigen Umfang nicht übersteigen. Da die Kontrollmaßnahmen der Beklagten ausreichend waren, kann eine Verletzung der Verkehrssicherungspflicht auch nicht in einem Verstoß gegen Überprüfungspflichten gesehen werden. Nicht für jeden eingetretenen Schaden gibt es zwingend auch einen haftenden Schädiger*".

[523] Hier verweist das Gericht wieder auf das OLG Hamm – siehe Fall 28 (Treppensturz 1995 Bielefeld), Kapitel 8.28 in diesem Buch

Teil 3: Rechtsvorschriften

9 Rechtsvorschriften

Dies ist keine systematische Sammlung von Gesetzen. Abgedruckt sind die Rechtsvorschriften, die im Buch und in den Fallbesprechungen herangezogen werden, um die exakte Nachvollziehung und Prüfung der Rechtslage zu ermöglichen.

Übersicht

9.1 AEG: Allgemeines Eisenbahngesetz

§ 4 Sicherheitspflichten, Zuständigkeiten des Eisenbahn-Bundesamtes

(1) Eisenbahninfrastrukturen und Fahrzeuge müssen den Anforderungen der öffentlichen Sicherheit

1. an den Bau zum Zeitpunkt der Inbetriebnahme und
2. an den Betrieb

genügen.

(3) Die Eisenbahnen und Halter von Eisenbahnfahrzeugen sind verpflichtet,

1. ihren Betrieb sicher zu führen und
2. an Maßnahmen des Brandschutzes und der Technischen Hilfeleistung mitzuwirken.

Eisenbahnen sind zudem verpflichtet, die Eisenbahninfrastruktur sicher zu bauen und in betriebssicherem Zustand zu halten.

9.2 ArbSchG: Arbeitsschutzgesetz

Gesetz über die Durchführung von Maßnahmen des Arbeitsschutzes zur Verbesserung der Sicherheit und des Gesundheitsschutzes der Beschäftigten bei der Arbeit

§ 1 Zielsetzung und Anwendungsbereich

(1) Dieses Gesetz dient dazu, Sicherheit und Gesundheitsschutz der Beschäftigten bei der Arbeit durch Maßnahmen des Arbeitsschutzes zu sichern und zu verbessern.

§ 3 Grundpflichten des Arbeitgebers

(1) Der Arbeitgeber ist verpflichtet, die erforderlichen Maßnahmen des Arbeitsschutzes unter Berücksichtigung der Umstände zu treffen, die Sicherheit und Gesundheit der Beschäftigten bei der Arbeit beeinflussen. Er hat die Maßnahmen auf ihre Wirksamkeit zu überprüfen und erforderlichenfalls sich ändernden Gegebenheiten anzupassen. Dabei hat er eine Verbesserung von Sicherheit und Gesundheitsschutz der Beschäftigten anzustreben.

§ 4 Allgemeine Grundsätze

Der Arbeitgeber hat bei Maßnahmen des Arbeitsschutzes von folgenden allgemeinen Grundsätzen auszugehen: …

2. Gefahren sind an ihrer Quelle zu bekämpfen; …
5. individuelle Schutzmaßnahmen sind nachrangig zu anderen Maßnahmen; …

§ 5 Beurteilung der Arbeitsbedingungen

(1) Der Arbeitgeber hat durch eine Beurteilung der für die Beschäftigten mit ihrer Arbeit verbundenen Gefährdung zu ermitteln, welche Maßnahmen des Arbeitsschutzes erforderlich sind.

§ 18 Verordnungsermächtigungen

(1) Die Bundesregierung wird ermächtigt, durch Rechtsverordnung mit Zustimmung des Bundesrats vorzuschreiben, welche Maßnahmen der Arbeitgeber und die sonstigen verantwortlichen Personen zu treffen haben und wie sich die Beschäftigten zu verhalten haben, um ihre jeweiligen Pflichten, die sich aus diesem Gesetz ergeben, zu erfüllen. …

(2) Durch Rechtsverordnungen nach Abs. 1 kann insbesondere bestimmt werden, …

2. dass der Einsatz bestimmter Arbeitsmittel oder -verfahren mit besonderen Gefahren für die Beschäftigten verboten ist oder der zuständigen Behörde angezeigt oder von ihr erlaubt sein muss oder besonders gefährdete Personen dabei nicht beschäftigt werden dürfen,
3. dass bestimmte, besonders gefährliche Betriebsanlagen einschließlich der Arbeits- und Fertigungsverfahren vor Inbetriebnahme, in regelmäßigen Abständen oder auf behördliche Anordnung fachkundig geprüft werden müssen, …

§ 21 Zuständige Behörden

(1) Die Überwachung des Arbeitsschutzes nach diesem Gesetz ist staatliche Aufgabe. Die zuständigen Behörden haben die Einhaltung dieses Gesetzes und der aufgrund dieses Gesetzes erlassenen Rechtsverordnungen zu überwachen und die Arbeitgeber bei der Erfüllung ihrer Pflichten zu beraten.

§ 22 Befugnisse der zuständigen Behörden

(3) Die zuständige Behörde kann im Einzelfall anordnen,

1. welche Maßnahmen der Arbeitgeber und die verantwortlichen Personen oder die Beschäftigten zur Erfüllung der Pflichten zu treffen haben, die sich aus diesem Gesetz und den aufgrund dieses Gesetzes erlassenen Rechtsverordnungen ergeben,
2. welche Maßnahmen der Arbeitgeber und die verantwortlichen Personen zur Abwendung einer besonderen Gefahr für Leben und Gesundheit der Beschäftigten zu treffen haben.

Die zuständige Behörde hat, wenn nicht Gefahr im Verzug ist, zur Ausführung der Anordnung eine angemessene Frist zu setzen. Wird eine Anordnung nach Satz 1 nicht innerhalb einer gesetzten Frist oder eine für sofort vollziehbar erklärte Anordnung nicht sofort ausgeführt, kann die zuständige Behörde die von der Anordnung betroffene Arbeit oder die Verwendung oder den Betrieb der von der Anordnung betroffenen Arbeitsmittel untersagen.

9.3 ArbStättV: Arbeitsstättenverordnung

§ 3 Gefährdungsbeurteilung

(1) Bei der Beurteilung der Arbeitsbedingungen nach § 5 des Arbeitsschutzgesetzes hat der Arbeitgeber zunächst festzustellen, ob die Beschäftigten Gefährdungen beim Einrichten und Betreiben von Arbeitsstätten ausgesetzt sind oder ausgesetzt sein können. Ist dies der Fall, hat er alle möglichen Gefährdungen der Sicherheit und der Gesundheit der Beschäftigten zu beurteilen und dabei die Auswirkungen der Arbeitsorganisation und der Arbeitsabläufe in der Arbeitsstätte zu berücksichtigen. Bei der Gefährdungsbeurteilung hat er die physischen und psychischen Belastungen sowie bei Bildschirmarbeitsplätzen insbesondere die Belastungen der Augen oder die Gefährdung des Sehvermögens der Beschäftigten zu berücksichtigen. Entsprechend dem Ergebnis der Gefährdungsbeurteilung hat der Arbeitgeber Maßnahmen zum Schutz der Beschäftigten gemäß den Vorschriften dieser Verordnung einschließlich ihres Anhangs nach dem Stand der Technik, Arbeitsmedizin und Hygiene festzulegen. Sonstige gesicherte arbeitswissenschaftliche Erkenntnisse sind zu berücksichtigen.

§ 3a Einrichten und Betreiben von Arbeitsstätten

(1) Der Arbeitgeber hat dafür zu sorgen, dass Arbeitsstätten so eingerichtet und betrieben werden, dass Gefährdungen für die Sicherheit und die Gesundheit der Beschäftigten möglichst vermieden und verbleibende Gefährdungen möglichst geringgehalten werden. Beim Einrichten und Betreiben der Arbeitsstätten hat der Arbeitgeber die Maßnahmen nach § 3 Abs. 1 durchzuführen und dabei den Stand der Technik, Arbeitsmedizin und Hygiene, die ergonomischen Anforderungen sowie insbesondere die vom Bundesministerium für Arbeit und Soziales nach § 7 Abs. 4 bekannt gemachten Regeln und Erkenntnisse zu berücksichtigen [= Technische Regeln für Arbeitsstätten (ASR)].

(3) Die zuständige Behörde kann auf schriftlichen Antrag des Arbeitgebers Ausnahmen von den Vorschriften dieser Verordnung einschließlich ihres Anhanges zulassen, wenn

1. der Arbeitgeber andere, ebenso wirksame Maßnahmen trifft oder
2. die Durchführung der Vorschrift im Einzelfall zu einer unverhältnismäßigen Härte führen würde und die Abweichung mit dem Schutz der Beschäftigten vereinbar ist.

§ 4 Besondere Anforderungen an das Betreiben von Arbeitsstätten

(4) Der Arbeitgeber hat dafür zu sorgen, dass Verkehrswege, Fluchtwege und Notausgänge ständig freigehalten werden, damit sie jederzeit benutzbar sind. Der Arbeitgeber hat Vorkehrungen so zu treffen, dass die Beschäftigten bei Gefahr sich unverzüglich in Sicherheit bringen und schnell gerettet werden können. …

§ 8 Übergangsvorschriften

(1) Soweit für Arbeitsstätten,

1. die am 1. Mai 1976 eingerichtet waren oder mit deren Einrichtung vor diesem Zeitpunkt begonnen worden war oder
2. die am 20. Dezember 1996 eingerichtet waren oder mit deren Einrichtung vor diesem Zeitpunkt begonnen worden war und für die zum Zeitpunkt der Einrichtung die Gewerbeordnung keine Anwendung fand,

in dieser Verordnung Anforderungen gestellt werden, die umfangreiche Änderungen der Arbeitsstätte, der Betriebseinrichtungen, Arbeitsverfahren oder Arbeitsabläufe notwendig machen, gelten hierfür bis zum 31. Dezember 2020 mindestens die entsprechenden Anforderungen des Anhangs II der Richtlinie 89/654/EWG des Rats vom 30. November 1989 über Mindestvorschriften für Sicherheit und Gesundheitsschutz in Arbeitsstätten (ABl. EG Nr. L 393 S. 1). Soweit diese Arbeitsstätten oder ihre Betriebseinrichtungen wesentlich erweitert oder umgebaut oder die Arbeitsverfahren oder Arbeitsabläufe wesentlich umgestaltet werden, hat der Arbeitgeber die erforderlichen Maßnahmen zu treffen, damit diese Änderungen, Erweiterungen oder Umgestaltungen mit den Anforderungen dieser Verordnung übereinstimmen.

2.3 Fluchtwege und Notausgänge

(1) Fluchtwege und Notausgänge müssen

a) sich in Anzahl, Anordnung und Abmessung nach der Nutzung, der Einrichtung und den Abmessungen der Arbeitsstätte sowie nach der höchstmöglichen Anzahl der dort anwesenden Personen richten, …

(2) Türen im Verlauf von Fluchtwegen oder Türen von Notausgängen müssen

a) sich von innen ohne besondere Hilfsmittel jederzeit leicht öffnen lassen, solange sich Beschäftigte in der Arbeitsstätte befinden, …

Türen von Notausgängen müssen sich nach außen öffnen lassen. …

9.4 BetrSichV: Betriebssicherheitsverordnung

Zur Verordnung über Sicherheit und Gesundheitsschutz bei der Verwendung von Arbeitsmitteln siehe *Thomas Wilrich*, Praxisleitfaden Betriebssicherheitsverordnung, VDE VERLAG, 2015.

In den Fällen 2 und 11 (Abzieh-Teilmaschine [Kapitel 8.2] und Drehmaschine [Kapitel 8.11]) spielt **§ 7 Abs. 2** der **BetrSichV 2002** eine Rolle. Er galt vom 3. Oktober 2002 bis 31. Mai 2015, trägt die Überschrift ***„Anforderungen an die Beschaffenheit der Arbeitsmittel"*** und lautet:

„Arbeitsmittel, die den Beschäftigten vor dem 3. Oktober 2002 erstmalig bereitgestellt worden sind, müssen

1. *den im Zeitpunkt der erstmaligen Bereitstellung geltenden Rechtsvorschriften entsprechen, durch die Gemeinschaftsrichtlinien in deutsches Recht umgesetzt worden sind, oder,*
2. *wenn solche Rechtsvorschriften keine Anwendung finden, den im Zeitpunkt der erstmaligen Bereitstellung geltenden sonstigen Rechtsvorschriften entsprechen, mindestens jedoch den Anforderungen des Anhangs 1 Nr. 1 und 2.*

Unbeschadet des Satzes 1 müssen die besonderen Arbeitsmittel nach Anhang 1 Nr. 3 spätestens am 1. Dezember 2002 mindestens den Vorschriften des Anhangs 1 Nr. 3 entsprechen."

Der Anhang lautete (auszugsweise):

Anhang 1 Mindestvorschriften für Arbeitsmittel gemäß § 7 Abs. 1 Nr. 2

2. Allgemeine Mindestvorschriften für Arbeitsmittel

2.8 Arbeitsmittel müssen mit Schutzeinrichtungen ausgestattet sein, die den unbeabsichtigten Zugang zum Gefahrenbereich von beweglichen Teilen verhindern oder welche die beweglichen Teile vor dem Erreichen des Gefahrenbereichs stillsetzen.

9.5 BImSchG: Bundes-Immissionsschutzgesetz

Gesetz zum Schutz vor schädlichen Umwelteinwirkungen durch Luftverunreinigungen, Geräusche, Erschütterungen und ähnliche Vorgänge

§ 5 Pflichten der Betreiber genehmigungsbedürftiger Anlagen

(1) Genehmigungsbedürftige Anlagen sind so zu errichten und zu betreiben, dass zur Gewährleistung eines hohen Schutzniveaus für die Umwelt insgesamt

1. schädliche Umwelteinwirkungen und sonstige Gefahren, erhebliche Nachteile und erhebliche Belästigungen für die Allgemeinheit und die Nachbarschaft nicht hervorgerufen werden können;
2. Vorsorge gegen schädliche Umwelteinwirkungen und sonstige Gefahren, erhebliche Nachteile und erhebliche Belästigungen getroffen wird, insbesondere durch die dem Stand der Technik entsprechenden Maßnahmen.

§ 6 Genehmigungsvoraussetzungen

(1) Die Genehmigung ist zu erteilen, wenn

1. sichergestellt ist, dass die sich aus § 5 und einer aufgrund des § 7 erlassenen Rechtsverordnung ergebenden Pflichten erfüllt werden, und
2. andere öffentlich-rechtliche Vorschriften und Belange des Arbeitsschutzes der Errichtung und dem Betrieb der Anlage nicht entgegenstehen.

§ 12 Nebenbestimmungen zur Genehmigung

(1) Die Genehmigung kann unter Bedingungen erteilt und mit Auflagen verbunden werden, soweit dies erforderlich ist, um die Erfüllung der in § 6 genannten Genehmigungsvoraussetzungen sicherzustellen.

§ 16 Wesentliche Änderung genehmigungsbedürftiger Anlagen

(1) Die Änderung der Lage, der Beschaffenheit oder des Betriebs einer genehmigungsbedürftigen Anlage bedarf der Genehmigung, wenn durch die Änderung nachteilige Auswirkungen hervorgerufen werden können und diese für die Prüfung nach § 6 Abs. 1 Nr. 1 erheblich sein können (wesentliche Änderung).

§ 17 Nachträgliche Anordnungen

(1) Zur Erfüllung der sich aus diesem Gesetz und der aufgrund dieses Gesetzes erlassenen Rechtsverordnungen ergebenden Pflichten können nach Erteilung der Genehmigung sowie nach einer nach § 15 Abs. 1 angezeigten Änderung Anordnungen getroffen werden. Wird nach Erteilung der Genehmigung sowie nach einer nach § 15 Abs. 1 angezeigten Änderung festgestellt, dass die Allgemeinheit oder die Nachbarschaft nicht ausreichend vor schädlichen Umwelteinwirkungen oder sonstigen Gefahren, erheblichen Nachteilen oder erheblichen Belästigungen geschützt ist, soll die zuständige Behörde nachträgliche Anordnungen treffen.

(2) Die zuständige Behörde darf eine nachträgliche Anordnung nicht treffen, wenn sie unverhältnismäßig ist, vor allem, wenn der mit der Erfüllung der Anordnung verbundene Aufwand außer Verhältnis zu dem mit der Anordnung angestrebten Erfolg steht; dabei sind insbesondere Art, Menge und Gefährlichkeit der von der Anlage ausgehenden Emissionen und der von ihr verursachten Immissionen sowie die Nutzungsdauer und technische Besonderheiten der Anlage zu berücksichtigen.

...

§ 20 Untersagung, Stilllegung und Beseitigung

(1) Kommt der Betreiber einer genehmigungsbedürftigen Anlage einer Auflage, einer vollziehbaren nachträglichen Anordnung oder einer abschließend bestimmten Pflicht aus einer Rechtsverordnung nach § 7 nicht nach und betreffen die Auflage, die Anordnung oder die Pflicht die Beschaffenheit oder den Betrieb der Anlage, so kann die zuständige Behörde den Betrieb ganz oder teilweise bis zur Erfüllung der Auflage, der Anordnung oder der Pflichten aus der Rechtsverordnung nach § 7 untersagen. Die zuständige Behörde hat den Betrieb ganz oder teilweise nach Satz 1 zu untersagen, wenn ein Verstoß gegen die Auflage, Anordnung oder Pflicht eine unmittelbare Gefährdung der menschlichen Gesundheit verursacht oder eine unmittelbare erhebliche Gefährdung der Umwelt darstellt.

(1a) Die zuständige Behörde hat die Inbetriebnahme oder Weiterführung einer genehmigungsbedürftigen Anlage, die Betriebsbereich oder Bestandteil eines Betriebsbereichs ist und gewerblichen Zwecken dient oder im Rahmen wirtschaftlicher Unternehmungen Verwendung findet, ganz oder teilweise zu untersagen, solange und soweit die von dem Betreiber getroffenen Maßnahmen zur Verhütung schwerer Unfälle im Sinne des Art. 3 Nr. 13 der Richtlinie 2012/18/EU oder zur Begrenzung der Auswirkungen derartiger Unfälle eindeutig unzureichend sind. Bei der Entscheidung über eine Untersagung berücksichtigt die zuständige Behörde auch schwerwiegende Unterlassungen in Bezug auf erforderliche Folgemaßnahmen, die in einem Überwachungsbericht nach § 16 Abs. 2 Nr. 1 der Störfall-Verordnung festgelegt worden sind.

Die zuständige Behörde kann die Inbetriebnahme oder Weiterführung einer Anlage im Sinne des Satzes 1 ganz oder teilweise untersagen, wenn der Betreiber die in einer zur Umsetzung der Richtlinie 2012/18/EU erlassenen Rechtsverordnung vorgeschriebenen Mitteilungen, Berichte oder sonstigen Informationen nicht fristgerecht übermittelt.

(2) Die zuständige Behörde soll anordnen, dass eine Anlage, die ohne die erforderliche Genehmigung errichtet, betrieben oder wesentlich geändert wird, stillzulegen oder zu beseitigen ist. Sie hat die Beseitigung anzuordnen, wenn die Allgemeinheit oder die Nachbarschaft nicht auf andere Weise ausreichend geschützt werden kann.

(3) Die zuständige Behörde kann den weiteren Betrieb einer genehmigungsbedürftigen Anlage durch den Betreiber oder einen mit der Leitung des Betriebs Beauftragten untersagen, wenn Tatsachen vorliegen, welche die Unzuverlässigkeit dieser Personen in Bezug auf die Einhaltung von Rechtsvorschriften zum Schutz vor schädlichen Umwelteinwirkungen dartun, und die Untersagung zum Wohl der Allgemeinheit geboten ist. Dem Betreiber der Anlage kann auf Antrag die Erlaubnis erteilt werden, die Anlage durch eine Person betreiben zu lassen, die die Gewähr für den ordnungsgemäßen Betrieb der Anlage bietet. Die Erlaubnis kann mit Auflagen verbunden werden.

§ 22 Pflichten der Betreiber nicht genehmigungsbedürftiger Anlagen

(1) Nicht genehmigungsbedürftige Anlagen sind so zu errichten und zu betreiben, dass

1. schädliche Umwelteinwirkungen verhindert werden, die nach dem Stand der Technik vermeidbar sind,
2. nach dem Stand der Technik unvermeidbare schädliche Umwelteinwirkungen auf ein Mindestmaß beschränkt werden und
3. die beim Betrieb der Anlagen entstehenden Abfälle ordnungsgemäß beseitigt werden können.

Die Bundesregierung wird ermächtigt, nach Anhörung der beteiligten Kreise (§ 51) durch Rechtsverordnung mit Zustimmung des Bundesrats aufgrund der Art oder Menge aller oder einzelner anfallender Abfälle die Anlagen zu bestimmen, für die die Anforderungen des § 5 Abs. 1 Nr. 3 entsprechend gelten. Für Anlagen, die nicht gewerblichen Zwecken dienen und nicht im Rahmen wirtschaftlicher Unternehmungen Verwendung finden, gilt die Verpflichtung des Satzes 1 nur, soweit sie auf die Verhinderung oder Beschränkung von schädlichen Umwelteinwirkungen durch Luftverunreinigungen, Geräusche oder von Funkanlagen ausgehende nichtionisierende Strahlen gerichtet ist.

(1a) Geräuscheinwirkungen, die von Kindertageseinrichtungen, Kinderspielplätzen und ähnlichen Einrichtungen wie beispielsweise Ballspielplätzen durch Kinder hervorgerufen werden, sind im Regelfall keine schädliche Umwelteinwirkung. Bei der Beurteilung der Geräuscheinwirkungen dürfen Immissionsgrenz- und -richtwerte nicht herangezogen werden.

(2) Weitergehende öffentlich-rechtliche Vorschriften bleiben unberührt.

§ 24 Anordnungen im Einzelfall

Die zuständige Behörde kann im Einzelfall die zur Durchführung des § 22 und der auf dieses Gesetz gestützten Rechtsverordnungen erforderlichen Anordnungen treffen. Kann das Ziel der Anordnung auch durch eine Maßnahme zum Zwecke des Arbeitsschutzes erreicht werden, soll diese angeordnet werden.

§ 25 Untersagung

(1) Kommt der Betreiber einer Anlage einer vollziehbaren behördlichen Anordnung nach § 24 Satz 1 nicht nach, so kann die zuständige Behörde den Betrieb der Anlage ganz oder teilweise bis zur Erfüllung der Anordnung untersagen.

(1a) Die zuständige Behörde hat die Inbetriebnahme oder Weiterführung einer nicht genehmigungsbedürftigen Anlage, die Betriebsbereich oder Bestandteil eines Betriebsbereichs ist und gewerblichen Zwecken dient oder im Rahmen wirtschaftlicher Unternehmungen Verwendung findet, ganz oder teilweise zu untersagen, solange und soweit die von dem Betreiber getroffenen Maßnahmen zur Verhütung schwerer Unfälle im Sinne des Art. 3 Nr. 13 der Richtlinie 2012/18/EU oder zur Begrenzung der Auswirkungen derartiger Unfälle eindeutig unzureichend sind. Bei der Entscheidung über eine Untersagung berücksichtigt die zuständige Behörde auch schwerwiegende Unterlassungen in Bezug auf erforderliche Folgemaßnahmen, die in einem Überwachungsbericht nach § 16 Abs. 2 Nr. 1 der Störfall-Verordnung festgelegt worden sind. Die zuständige Behörde kann die Inbetriebnahme oder die Weiterführung einer Anlage im Sinne des Satzes 1 außerdem ganz oder teilweise untersagen, wenn der Betreiber

1. die in einer zur Umsetzung der Richtlinie 2012/18/EU erlassenen Rechtsverordnung vorgeschriebenen Mitteilungen, Berichte oder sonstige Informationen nicht fristgerecht übermittelt oder
2. eine nach § 23a erforderliche Anzeige nicht macht oder die Anlage ohne die nach § 23b erforderliche Genehmigung störfallrelevant errichtet, betreibt oder störfallrelevant ändert.

(2) Wenn die von einer Anlage hervorgerufenen schädlichen Umwelteinwirkungen das Leben oder die Gesundheit von Menschen oder bedeutende Sachwerte gefährden, soll die zuständige Behörde die Errichtung oder den Betrieb der Anlage ganz oder

teilweise untersagen, soweit die Allgemeinheit oder die Nachbarschaft nicht auf andere Weise ausreichend geschützt werden kann.

§ 29 Kontinuierliche Messungen

(1) Die zuständige Behörde kann bei genehmigungsbedürftigen Anlagen anordnen, dass statt durch Einzelmessungen nach § 26 oder § 28 oder neben solchen Messungen bestimmte Emissionen oder Immissionen unter Verwendung aufzeichnender Messgeräte fortlaufend ermittelt werden. Bei Anlagen mit erheblichen Emissionsmassenströmen luftverunreinigender Stoffe sollen unter Berücksichtigung von Art und Gefährlichkeit dieser Stoffe Anordnungen nach Satz 1 getroffen werden, soweit eine Überschreitung der in Rechtsvorschriften, Auflagen oder Anordnungen festgelegten Emissionsbegrenzungen nach der Art der Anlage nicht ausgeschlossen werden kann.

Anlage (zu § 3 Abs. 6) Kriterien zur Bestimmung des Standes der Technik

Bei der Bestimmung des Standes der Technik sind unter Berücksichtigung der Verhältnismäßigkeit zwischen Aufwand und Nutzen möglicher Maßnahmen sowie des Grundsatzes der Vorsorge und der Vorbeugung, jeweils bezogen auf Anlagen einer bestimmten Art, insbesondere folgende Kriterien zu berücksichtigen:

1. Einsatz abfallarmer Technologie,
2. Einsatz weniger gefährlicher Stoffe,
3. Förderung der Rückgewinnung und Wiederverwertung der bei den einzelnen Verfahren erzeugten und verwendeten Stoffe und ggf. der Abfälle,
4. vergleichbare Verfahren, Vorrichtungen und Betriebsmethoden, die mit Erfolg im Betrieb erprobt wurden,
5. Fortschritte in der Technologie und in den wissenschaftlichen Erkenntnissen,
6. Art, Auswirkungen und Menge der jeweiligen Emissionen,
7. Zeitpunkte der Inbetriebnahme der neuen oder der bestehenden Anlagen,
8. für die Einführung einer besseren verfügbaren Technik erforderliche Zeit,
9. Verbrauch an Rohstoffen und Art der bei den einzelnen Verfahren verwendeten Rohstoffe (einschließlich Wasser) sowie Energieeffizienz,
10. Notwendigkeit, die Gesamtwirkung der Emissionen und die Gefahren für den Menschen und die Umwelt so weit wie möglich zu vermeiden oder zu verringern,
11. Notwendigkeit, Unfällen vorzubeugen und deren Folgen für den Menschen und die Umwelt zu verringern,
12. Informationen, die von internationalen Organisationen veröffentlicht werden,
13. Informationen, die in BVT-Merkblättern enthalten sind.

9.6 BGB: Bürgerliches Gesetzbuch

§ 241 Pflichten aus dem Schuldverhältnis

(2) Das Schuldverhältnis kann nach seinem Inhalt jeden Teil zur Rücksicht auf die Rechte, Rechtsgüter und Interessen des anderen Teils verpflichten.

§ 253 Immaterieller Schaden

(2) Ist wegen einer Verletzung des Körpers, der Gesundheit, der Freiheit oder der sexuellen Selbstbestimmung Schadensersatz zu leisten, kann auch wegen des Schadens, der nicht Vermögensschaden ist, eine billige Entschädigung in Geld gefordert werden.

§ 254 Mitverschulden

Hat bei der Entstehung des Schadens ein Verschulden des Beschädigten mitgewirkt, so hängt die Verpflichtung zum Ersatz sowie der Umfang des zu leistenden Ersatzes von den Umständen, insbesondere davon ab, inwieweit der Schaden vorwiegend von dem einen oder dem anderen Teil verursacht worden ist.

§ 276 Verantwortlichkeit des Schuldners

(1) Der Schuldner hat Vorsatz und Fahrlässigkeit zu vertreten …

(2) Fahrlässig handelt, wer die im Verkehr erforderliche Sorgfalt außer Acht lässt.

§ 278 Verantwortlichkeit des Schuldners für Dritte

Der Schuldner hat ein Verschulden seines gesetzlichen Vertreters und der Personen, deren er sich zur Erfüllung seiner Verbindlichkeit bedient, in gleichem Umfang zu vertreten wie eigenes Verschulden. …

§ 280 Schadensersatz wegen Pflichtverletzung

(1) Verletzt der Schuldner eine Pflicht aus dem Schuldverhältnis, so kann der Gläubiger Ersatz des hierdurch entstehenden Schadens verlangen. Dies gilt nicht, wenn der Schuldner die Pflichtverletzung nicht zu vertreten hat.

§ 535 Inhalt und Hauptpflichten des Mietvertrags

(1) Durch den Mietvertrag wird der Vermieter verpflichtet, dem Mieter den Gebrauch der Mietsache während der Mietzeit zu gewähren. Der Vermieter hat die Mietsache dem Mieter in einem zum vertragsgemäßen Gebrauch geeigneten Zustand zu überlassen und sie während der Mietzeit in diesem Zustand zu erhalten.

§ 618 Pflicht zu Schutzmaßnahmen

(1) Der Dienstberechtigte hat Räume, Vorrichtungen oder Gerätschaften, die er zur Verrichtung der Dienste zu beschaffen hat, so einzurichten und zu unterhalten und Dienstleistungen, die unter seiner Anordnung oder seiner Leitung vorzunehmen sind, so zu regeln, dass der Verpflichtete gegen Gefahr für Leben und Gesundheit soweit geschützt ist, als die Natur der Dienstleistung es gestattet.

§ 823 Schadensersatzpflicht

(1) Wer vorsätzlich oder fahrlässig das Leben, den Körper, die Gesundheit, die Freiheit, das Eigentum oder ein sonstiges Recht eines anderen widerrechtlich verletzt, ist dem anderen zum Ersatz des daraus entstehenden Schadens verpflichtet.

(2) Die gleiche Verpflichtung trifft denjenigen, welcher gegen ein den Schutz eines anderen bezweckendes Gesetz verstößt.

§ 831 Haftung für den Verrichtungsgehilfen

(1) Wer einen anderen zu einer Verrichtung bestellt, ist zum Ersatz des Schadens verpflichtet, den der andere in Ausführung der Verrichtung einem Dritten widerrechtlich zufügt. Die Ersatzpflicht tritt nicht ein, wenn der Geschäftsherr bei der Auswahl der bestellten Person und, sofern er Vorrichtungen oder Gerätschaften zu beschaffen oder die Ausführung der Verrichtung zu leiten hat, bei der Beschaffung oder der Leitung die im Verkehr erforderliche Sorgfalt beobachtet oder wenn der Schaden auch bei Anwendung dieser Sorgfalt entstanden sein würde.

(2) Die gleiche Verantwortlichkeit trifft denjenigen, welcher für den Geschäftsherrn die Besorgung eines der im Abs. 1 Satz 2 bezeichneten Geschäfte durch Vertrag übernimmt.

§ 836 Haftung des Grundstücksbesitzers

(1) Wird durch den Einsturz eines Gebäudes oder eines anderen mit einem Grundstück verbundenen Werks oder durch die Ablösung von Teilen des Gebäudes oder des Werks ein Mensch getötet, der Körper oder die Gesundheit eines Menschen verletzt oder eine Sache beschädigt, so ist der Besitzer des Grundstücks, sofern der Einsturz

oder die Ablösung die Folge fehlerhafter Errichtung oder mangelhafter Unterhaltung ist, verpflichtet, dem Verletzten den daraus entstehenden Schaden zu ersetzen. Die Ersatzpflicht tritt nicht ein, wenn der Besitzer zum Zwecke der Abwendung der Gefahr die im Verkehr erforderliche Sorgfalt beobachtet hat.

§ 839 Haftung bei Amtspflichtverletzung

(1) Verletzt ein Beamter vorsätzlich oder fahrlässig die ihm einem Dritten gegenüber obliegende Amtspflicht, so hat er dem Dritten den daraus entstehenden Schaden zu ersetzen. Fällt dem Beamten nur Fahrlässigkeit zur Last, so kann er nur dann in Anspruch genommen werden, wenn der Verletzte nicht auf andere Weise Ersatz zu erlangen vermag.

§ 1664 Beschränkte Haftung der Eltern

(1) Die Eltern haben bei der Ausübung der elterlichen Sorge dem Kind gegenüber nur für die Sorgfalt einzustehen, die sie in eigenen Angelegenheiten anzuwenden pflegen.

9.7 EBO: Eisenbahn-Bau- und Betriebsordnung

§ 2 Allgemeine Anforderungen

(1) Bahnanlagen und Fahrzeuge müssen so beschaffen sein, dass sie den Anforderungen der Sicherheit und Ordnung genügen. Diese Anforderungen gelten als erfüllt, wenn die Bahnanlagen und Fahrzeuge den Vorschriften dieser Verordnung und, soweit diese keine ausdrücklichen Vorschriften enthält, anerkannten Regeln der Technik entsprechen.

(2) Von den anerkannten Regeln der Technik darf abgewichen werden, wenn mindestens die gleiche Sicherheit wie bei Beachtung dieser Regeln nachgewiesen ist.

9.8 EG-Akkreditierungs- und Marktüberwachungsverordnung

EG-Verordnung 765/2008 vom 9. Juli 2008 über die Vorschriften für die Akkreditierung und Marktüberwachung im Zusammenhang mit der Vermarktung von Produkten

Artikel 2 Begriffsbestimmungen

Für die Zwecke dieser Verordnung gelten die folgenden Begriffsbestimmungen: ...

7. „Wirtschaftsakteure“: Hersteller, Bevollmächtigter, Einführer und Händler; ...

Artikel 18 Organisatorische Verpflichtungen der Mitgliedstaaten

(4) Die Mitgliedstaaten stellen auch sicher, dass die Marktüberwachungsbehörden ihre Befugnisse gemäß dem Grundsatz der Verhältnismäßigkeit ausüben.

Artikel 19 Marktüberwachungsmaßnahmen

(3) Beschließen die Marktüberwachungsbehörden eines Mitgliedstaats, ein in einem anderen Mitgliedstaat hergestelltes Produkt vom Markt zu nehmen, setzen sie den betroffenen Wirtschaftsakteur unter der auf dem betreffenden Produkt oder in den Begleitunterlagen dieses Produkts angegebenen Adresse davon in Kenntnis.

Artikel 20 Mit einer ernsten Gefahr verbundene Produkte

(1) Die Mitgliedstaaten stellen sicher, dass Produkte, die eine ernste Gefahr darstellen, die ein rasches Eingreifen erforderlich macht, einschließlich einer ernsten Gefahr ohne unmittelbare Auswirkung, zurückgerufen oder vom Markt genommen werden bzw. ihre Bereitstellung auf ihrem Markt untersagt wird und dass die Kommission unverzüglich ... informiert wird.

(2) Die Entscheidung, ob ein Produkt eine ernste Gefahr darstellt oder nicht, wird auf der Grundlage einer angemessenen Risikobewertung unter Berücksichtigung der Art der Gefahr und der Wahrscheinlichkeit ihres Eintritts getroffen. ...

Artikel 21 Beschränkende Maßnahmen

(1) Die Mitgliedstaaten stellen sicher, dass jede gemäß den jeweiligen Harmonisierungsrechtsvorschriften der Gemeinschaft ergriffene Maßnahme zur Untersagung oder Beschränkung der Bereitstellung eines Produkts auf dem Markt, zur Rücknahme vom Markt oder zum Rückruf verhältnismäßig ist und eine präzise Begründung enthält.

(2) Derartige Maßnahmen werden dem betroffenen Wirtschaftsakteur unverzüglich bekannt gegeben; dabei wird ihm auch mitgeteilt, welche Rechtsmittel ihm aufgrund der Rechtsvorschriften des betreffenden Mitgliedstaats zur Verfügung stehen und innerhalb welcher Fristen sie einzulegen sind.

Artikel 30 Allgemeine Grundsätze der CE-Kennzeichnung

(1) Die CE-Kennzeichnung darf nur durch den Hersteller oder seinen Bevollmächtigen angebracht werden.

(3) Indem er die CE-Kennzeichnung anbringt oder anbringen lässt, gibt der Hersteller an, dass er die Verantwortung für die Konformität des Produkts mit allen in den einschlägigen Harmonisierungsrechtsvorschriften der Gemeinschaft enthaltenen für deren Anbringung geltenden Anforderungen übernimmt.

9.9 EG-Maschinenrichtlinie

Richtlinie 2006/42/EG über Maschinen

Artikel 7 Konformitätsvermutung und harmonisierte Normen

(1) Die Mitgliedstaaten betrachten eine Maschine, die mit der CE-Kennzeichnung versehen ist und der die EG-Konformitätserklärung mit den in Anhang II Teil 1 Abschnitt A aufgeführten Angaben beigefügt ist, als den Bestimmungen dieser Richtlinie entsprechend.

Artikel 11 Schutzklausel

(1) Stellt ein Mitgliedstaat fest, dass eine von dieser Richtlinie erfasste und mit der CE-Kennzeichnung versehene Maschine, der die EG-Konformitätserklärung beigefügt ist, bei bestimmungsgemäßer oder vernünftigerweise vorhersehbarer Verwendung die Sicherheit und Gesundheit von Personen und gegebenenfalls von Haustieren oder Sachen zu gefährden droht, so trifft er alle zweckdienlichen Maßnahmen, um diese Maschine aus dem Verkehr zu ziehen, ihr Inverkehrbringen und/oder die Inbetriebnahme dieser Maschine zu untersagen oder den freien Verkehr hierfür einzuschränken.

Artikel 17 Nicht vorschriftsmäßige Kennzeichnung

(1) Die Mitgliedstaaten sehen folgende Sachverhalte als nicht vorschriftsmäßige Kennzeichnung an: …

b) Fehlen der CE-Kennzeichnung und/oder der EG-Konformitätserklärung zu einer Maschine; …

(2) Stellt ein Mitgliedstaat eine Kennzeichnung fest, die nicht in Übereinstimmung mit den relevanten Bestimmungen dieser Richtlinie ist, so ist der Hersteller oder sein Bevollmächtigter verpflichtet, das Erzeugnis mit diesen Vorschriften in Einklang zu bringen und den rechtswidrigen Zustand nach den Vorgaben des betreffenden Mitgliedstaats zu beenden.

(3) Falls die Nichtübereinstimmung weiter besteht, trifft der Mitgliedstaat nach dem Verfahren des Artikels 11 alle geeigneten Maßnahmen, um das Inverkehrbringen des betreffenden Erzeugnisses einzuschränken oder zu untersagen oder um zu gewährleisten, dass es aus dem Verkehr gezogen wird.

9.10 DGUV-Vorschrift 38: Unfallverhütungsvorschrift Bauarbeiten

[frühere BGV C22]

§ 6 Standsicherheit und Tragfähigkeit

(1) Bauliche Anlagen und ihre Teile, Hilfskonstruktionen, Gerüste, Laufstege, Geräte und andere Einrichtungen müssen so bemessen, aufgestellt, unterstützt, ausgesteift, verankert und beschaffen sein, dass sie die bei der vorgesehenen Verwendung anfallenden Lasten aufnehmen und ableiten können. Sie dürfen nicht überlastet werden und müssen auch während der einzelnen Bauzustände standsicher sein.

9.11 EnWG: Energiewirtschaftsgesetz

Gesetz über die Elektrizitäts- und Gasversorgung

§ 49 Anforderungen an Energieanlagen

(1) Energieanlagen sind so zu errichten und zu betreiben, dass die technische Sicherheit gewährleistet ist. Dabei sind vorbehaltlich sonstiger Rechtsvorschriften die allgemein anerkannten Regeln der Technik zu beachten.

(2) Die Einhaltung der allgemein anerkannten Regeln der Technik wird vermutet, wenn bei Anlagen zur Erzeugung, Fortleitung und Abgabe von

1. Elektrizität die technischen Regeln des Verbandes der Elektrotechnik Elektronik Informationstechnik e. V.,
2. Gas die technischen Regeln der Deutschen Vereinigung des Gas- und Wasserfaches e. V.

eingehalten worden sind. …

(3) Bei Anlagen oder Bestandteilen von Anlagen, die nach den in einem anderen Mitgliedstaat der Europäischen Union oder in einem anderen Vertragsstaat des Abkommens über den Europäischen Wirtschaftsraum geltenden Regelungen oder Anforderungen rechtmäßig hergestellt und in den Verkehr gebracht wurden und die gleiche Sicherheit gewährleisten, ist davon auszugehen, dass die Anforderungen nach Abs. 1 an die Beschaffenheit der Anlagen erfüllt sind. In begründeten Einzelfällen ist auf Verlangen der nach Landesrecht zuständigen Behörde nachzuweisen, dass die Anforderungen nach Satz 1 erfüllt sind.

9.12 GasHDrLtgV: Gashochdruckleitungsverordnung

§ 20 Bestehende Gashochdruckleitungen

Die zuständige Behörde kann verlangen, dass Gashochdruckleitungen, die bei Inkrafttreten dieser Verordnung bereits errichtet sind, den Vorschriften dieser Verordnung entsprechend angepasst werden, wenn

1. sie erweitert, umgebaut oder geändert werden oder
2. Gefahren zu befürchten sind.

9.13 GastG: Gaststättengesetz

§ 20 Allgemeine Verbote

Verboten ist, …

2. in Ausübung eines Gewerbes alkoholische Getränke an erkennbar Betrunkene zu verabreichen, …

9.14 GG: Grundgesetz

Grundgesetz für die Bundesrepublik Deutschland

Artikel 2

(1) Jeder hat das Recht auf die freie Entfaltung seiner Persönlichkeit, soweit er nicht die Rechte anderer verletzt und nicht gegen die verfassungsmäßige Ordnung oder das Sittengesetz verstößt.

(2) Jeder hat das Recht auf Leben und körperliche Unversehrtheit. Die Freiheit der Person ist unverletzlich. In diese Rechte darf nur aufgrund eines Gesetzes eingegriffen werden.

Artikel 14

(1) Das Eigentum und das Erbrecht werden gewährleistet. Inhalt und Schranken werden durch die Gesetze bestimmt.

(2) Eigentum verpflichtet. Sein Gebrauch soll zugleich dem Wohle der Allgemeinheit dienen.

Artikel 34

Verletzt jemand in Ausübung eines ihm anvertrauten öffentlichen Amts die ihm einem Dritten gegenüber obliegende Amtspflicht, so trifft die Verantwortlichkeit grundsätzlich den Staat oder die Körperschaft, in deren Dienst er steht. Bei Vorsatz oder grober Fahrlässigkeit bleibt der Rückgriff vorbehalten. Für den Anspruch auf Schadensersatz und für den Rückgriff darf der ordentliche Rechtsweg nicht ausgeschlossen werden.

9.15 HeimMindBauV: Heimmindestbauverordnung

Verordnung über bauliche Mindestanforderungen für Altenheime, Altenwohnheime und Pflegeheime für Volljährige

§ 4 Aufzüge

In Einrichtungen, in denen bei regelmäßiger Benutzung durch die Bewohner mehr als eine Geschosshöhe zu überwinden ist oder in denen Rollstuhlbenutzer in nicht stufenlos zugänglichen Geschossen untergebracht sind, muss mindestens ein Aufzug vorhanden sein. Art, Größe und Ausstattung des Aufzugs müssen den Bedürfnissen der Bewohner entsprechen.

9.16 KrWG: Kreislaufwirtschaftsgesetz

Gesetz zur Förderung der Kreislaufwirtschaft und Sicherung der umweltverträglichen Bewirtschaftung von Abfällen

§ 3 Begriffsbestimmungen

(28) Stand der Technik im Sinne dieses Gesetzes ist der Entwicklungsstand fortschrittlicher Verfahren, Einrichtungen oder Betriebsweisen, der die praktische Eignung einer Maßnahme zur Begrenzung von Emissionen in Luft, Wasser und Boden, zur Gewährleistung der Anlagensicherheit, zur Gewährleistung einer umweltverträglichen Abfallentsorgung oder sonst zur Vermeidung oder Verminderung von Auswirkungen auf die Umwelt zur Erreichung eines allgemein hohen Schutzniveaus für die Umwelt insgesamt gesichert erscheinen lässt. Bei der Bestimmung des Standes der Technik sind insbesondere die in Anlage 3 aufgeführten Kriterien zu berücksichtigen.

§ 7 Grundpflichten der Kreislaufwirtschaft

(1) Die Pflichten zur Abfallvermeidung richten sich nach § 13 sowie den Rechtsverordnungen, die aufgrund der §§ 24 und 25 erlassen worden sind.

§ 13 Pflichten der Anlagenbetreiber

Die Pflichten der Betreiber von genehmigungsbedürftigen und nicht genehmigungsbedürftigen Anlagen nach dem Bundes-Immissionsschutzgesetz, diese so zu errichten und zu betreiben, dass Abfälle vermieden, verwertet oder beseitigt werden, richten sich nach den Vorschriften des Bundes-Immissionsschutzgesetzes.

§ 36 KrWG – Erteilung, Sicherheitsleistung, Nebenbestimmungen

(4) … Die Aufnahme, Änderung oder Ergänzung von Auflagen über Anforderungen an die Deponie oder ihren Betrieb ist auch nach dem Ergehen des Planfeststellungsbeschlusses oder nach der Erteilung der Plangenehmigung zulässig.

§ 39 Bestehende Abfallbeseitigungsanlagen

(1) Die zuständige Behörde kann für Deponien, die vor dem 11. Juni 1972 betrieben wurden oder mit deren Errichtung begonnen war, für deren Betrieb Befristungen, Bedingungen und Auflagen anordnen. Sie kann den Betrieb dieser Anlagen ganz oder teilweise untersagen, wenn eine erhebliche Beeinträchtigung des Wohls der Allgemeinheit durch Auflagen, Bedingungen oder Befristungen nicht verhindert werden kann.

Anlage 3 Kriterien zur Bestimmung des Standes der Technik

Bei der Bestimmung des Standes der Technik sind unter Berücksichtigung der Verhältnismäßigkeit zwischen Aufwand und Nutzen möglicher Maßnahmen sowie des Grundsatzes der Vorsorge und der Vorbeugung, jeweils bezogen auf Anlagen einer bestimmten Art, insbesondere folgende Kriterien zu berücksichtigen:

1. Einsatz abfallarmer Technologie,
2. Einsatz weniger gefährlicher Stoffe,
3. Förderung der Rückgewinnung und Wiederverwertung der bei den einzelnen Verfahren erzeugten und verwendeten Stoffe und ggf. der Abfälle,
4. vergleichbare Verfahren, Vorrichtungen und Betriebsmethoden, die mit Erfolg im Betrieb erprobt wurden,
5. Fortschritte in der Technologie und in den wissenschaftlichen Erkenntnissen,
6. Art, Auswirkungen und Menge der jeweiligen Emissionen,
7. Zeitpunkte der Inbetriebnahme der neuen oder der bestehenden Anlagen,
8. für die Einführung einer besseren, verfügbaren Technik erforderliche Zeit,
9. Verbrauch an Rohstoffen und die Art der bei den einzelnen Verfahren verwendeten Rohstoffe (einschließlich Wasser) sowie Energieeffizienz,
10. Notwendigkeit, die Gesamtwirkung der Emissionen und die Gefahren für den Menschen und die Umwelt soweit wie möglich zu vermeiden oder zu verringern,
11. Notwendigkeit, Unfällen vorzubeugen und deren Folgen für den Menschen und die Umwelt zu verringern,
12. Informationen, die von internationalen Organisationen veröffentlicht werden,
13. Informationen, die in BVT-Merkblättern enthalten sind.

9.17 ProdSG: Produktsicherheitsgesetz

Gesetz über die Bereitstellung von Produkten auf dem Markt (siehe *Thomas Wilrich*, Produktsicherheitsgesetz – Leitfaden für Hersteller, Importeure und Händler, Beuth-Verlag 2012)

§ 2 Begriffsbestimmungen

Im Sinne dieses Gesetzes …

14. ist Hersteller jede natürliche oder juristische Person, die ein Produkt herstellt oder entwickeln oder herstellen lässt und dieses Produkt unter ihrem eigenen Namen oder ihrer eigenen Marke vermarktet; als Hersteller gilt auch jeder, der

a) geschäftsmäßig seinen Namen, seine Marke oder ein anderes unterscheidungskräftiges Kennzeichen an einem Produkt anbringt und sich dadurch als Hersteller ausgibt oder

15. ist Inverkehrbringen die erstmalige Bereitstellung eines Produkts auf dem Markt; die Einfuhr in den Europäischen Wirtschaftsraum steht dem Inverkehrbringen eines neuen Produkts gleich,

29. sind Wirtschaftsakteure Hersteller, Bevollmächtigte, Einführer und Händler,

§ 27 Adressaten der Marktüberwachungsmaßnahmen

(1) Die Maßnahmen der Marktüberwachungsbehörde sind gegen den jeweils betroffenen Wirtschaftsakteur oder Aussteller gerichtet. Maßnahmen gegen jede andere Person sind nur zulässig, solange ein gegenwärtiges ernstes Risiko nicht auf andere Weise abgewehrt werden kann. Entsteht der anderen Person durch die Maßnahme ein Schaden, so ist dieser zu ersetzen, es sei denn, die Person kann auf andere Weise Ersatz erlangen oder ihr Vermögen wird durch die Maßnahme geschützt.

9.18 SGB VII: Siebtes Sozialgesetzbuch

Siebtes Buch Sozialgesetzbuch – Gesetzliche Unfallversicherung

§ 17 Überwachung und Beratung

(1) Die Unfallversicherungsträger haben die Durchführung der Maßnahmen zur Verhütung von Arbeitsunfällen, Berufskrankheiten, arbeitsbedingten Gesundheitsgefahren und für eine wirksame Erste Hilfe in den Unternehmen zu überwachen sowie die Unternehmer und die Versicherten zu beraten.

§ 21 Verantwortung des Unternehmers

(1) Der Unternehmer ist für die Durchführung der Maßnahmen zur Verhütung von Arbeitsunfällen und Berufskrankheiten, für die Verhütung von arbeitsbedingten Gesundheitsgefahren sowie für eine wirksame Erste Hilfe verantwortlich.

§ 104 Beschränkung der Haftung der Unternehmer

(1) Unternehmer sind den Versicherten, die für ihre Unternehmen tätig sind oder zu ihren Unternehmen in einer sonstigen die Versicherung begründenden Beziehung stehen, sowie deren Angehörigen und Hinterbliebenen nach anderen gesetzlichen Vorschriften zum Ersatz des Personenschadens, den ein Versicherungsfall verursacht hat, nur verpflichtet, wenn sie den Versicherungsfall vorsätzlich oder auf einem nach § 8 Abs. 2 Nr. 1 bis 4 versicherten Weg herbeigeführt haben. …

§ 110 Haftung gegenüber den Sozialversicherungsträgern

(1) Haben Personen, deren Haftung nach den §§ 104 bis 107 beschränkt ist, den Versicherungsfall vorsätzlich oder grob fahrlässig herbeigeführt, haften sie den Sozialversicherungsträgern für die infolge des Versicherungsfalls entstandenen Aufwendungen, jedoch nur bis zur Höhe des zivilrechtlichen Schadensersatzanspruchs. Statt der Rente kann der Kapitalwert gefordert werden. Das Verschulden braucht sich nur auf das den Versicherungsfall verursachende Handeln oder Unterlassen zu beziehen.

(2) Die Sozialversicherungsträger können nach billigem Ermessen, insbesondere unter Berücksichtigung der wirtschaftlichen Verhältnisse des Schuldners, auf den Ersatzanspruch ganz oder teilweise verzichten.

9.19 SGB X: Zehntes Sozialgesetzbuch

Zehntes Buch Sozialgesetzbuch – Sozialverwaltungsverfahren und Sozialdatenschutz

§ 40 Nichtigkeit des Verwaltungsaktes

(1) Ein Verwaltungsakt ist nichtig, soweit er an einem besonders schwerwiegenden Fehler leidet und dies bei verständiger Würdigung aller in Betracht kommenden Umstände offensichtlich ist.

(2) Ohne Rücksicht auf das Vorliegen der Voraussetzungen des Abs. 1 ist ein Verwaltungsakt nichtig, …

3. den aus tatsächlichen Gründen niemand ausführen kann, …

§ 116 Ansprüche gegen Schadensersatzpflichtige

Ein auf anderen gesetzlichen Vorschriften beruhender Anspruch auf Ersatz eines Schadens geht auf den Versicherungsträger oder Träger der Sozialhilfe über, soweit dieser aufgrund des Schadensereignisses Sozialleistungen zu erbringen hat, die der Behebung eines Schadens der gleichen Art dienen und sich auf denselben Zeitraum wie der vom Schädiger zu leistende Schadensersatz beziehen.

9.20 SGG: Sozialgerichtsgesetz

§ 51

(1) Die Gerichte der Sozialgerichtsbarkeit entscheiden über öffentlich-rechtliche Streitigkeiten …

3. in Angelegenheiten der gesetzlichen Unfallversicherung mit Ausnahme der Streitigkeiten aufgrund der Überwachung der Maßnahmen zur Prävention durch die Träger der gesetzlichen Unfallversicherung, …

9.21 StGB: Strafgesetzbuch

§ 13 Begehen durch Unterlassen

(1) Wer es unterlässt, einen Erfolg abzuwenden, der zum Tatbestand eines Strafgesetzes gehört, ist nach diesem Gesetz nur dann strafbar, wenn er rechtlich dafür einzustehen hat, dass der Erfolg nicht eintritt, und wenn das Unterlassen der Verwirklichung des gesetzlichen Tatbestands durch ein Tun entspricht.

(2) Die Strafe kann nach § 49 Abs. 1 gemildert werden.

§ 222 Fahrlässige Tötung

Wer durch Fahrlässigkeit den Tod eines Menschen verursacht, wird mit Freiheitsstrafe bis zu fünf Jahren oder mit Geldstrafe bestraft.

§ 229 Fahrlässige Körperverletzung

Wer durch Fahrlässigkeit die Körperverletzung einer anderen Person verursacht, wird mit Freiheitsstrafe bis zu drei Jahren oder mit Geldstrafe bestraft.

§ 327 Unerlaubtes Betreiben von Anlagen

(1) Wer ohne die erforderliche Genehmigung oder entgegen einer vollziehbaren Untersagung

1. eine kerntechnische Anlage betreibt, eine betriebsbereite oder stillgelegte kerntechnische Anlage innehat oder ganz oder teilweise abbaut oder eine solche Anlage oder ihren Betrieb wesentlich ändert oder
2. eine Betriebsstätte, in der Kernbrennstoffe verwendet werden, oder deren Lage wesentlich ändert,

wird mit Freiheitsstrafe bis zu fünf Jahren oder mit Geldstrafe bestraft.

(2) Mit Freiheitsstrafe bis zu drei Jahren oder mit Geldstrafe wird bestraft, wer

1. eine genehmigungsbedürftige Anlage oder eine sonstige Anlage im Sinne des Bundes-Immissionsschutzgesetzes, deren Betrieb zum Schutz vor Gefahren untersagt worden ist,
2. eine genehmigungsbedürftige Rohrleitungsanlage zum Befördern wassergefährdender Stoffe im Sinne des Gesetzes über die Umweltverträglichkeitsprüfung,
3. eine Abfallentsorgungsanlage im Sinne des Kreislaufwirtschaftsgesetzes oder
4. eine Abwasserbehandlungsanlage nach § 60 Abs. 3 des Wasserhaushaltsgesetzes

ohne die nach dem jeweiligen Gesetz erforderliche Genehmigung oder Planfeststellung oder entgegen einer auf dem jeweiligen Gesetz beruhenden vollziehbaren Untersagung betreibt. Ebenso wird bestraft, wer ohne die erforderliche Genehmigung oder Planfeststellung oder entgegen einer vollziehbaren Untersagung eine Anlage, in der gefährliche Stoffe oder Gemische gelagert oder verwendet oder gefährliche Tätigkeiten ausgeübt werden, in einem anderen Mitgliedstaat der Europäischen Union in einer Weise betreibt, die geeignet ist, außerhalb der Anlage Leib oder Leben eines anderen Menschen zu schädigen oder erhebliche Schäden an Tieren oder Pflanzen, Gewässern, der Luft oder dem Boden herbeizuführen.

(3) Handelt der Täter fahrlässig, so ist die Strafe

1. in den Fällen des Abs. 1 Freiheitsstrafe bis zu drei Jahren oder Geldstrafe,
2. in den Fällen des Abs. 2 Freiheitsstrafe bis zu zwei Jahren oder Geldstrafe.

§ 330d Begriffsbestimmungen

(1) Im Sinne dieses Abschnitts ist …

5. ein Handeln ohne Genehmigung, Planfeststellung oder sonstige Zulassung: auch ein Handeln aufgrund einer durch Drohung, Bestechung oder Kollusion erwirkten oder durch unrichtige oder unvollständige Angaben erschlichenen Genehmigung, Planfeststellung oder sonstigen Zulassung.

9.22 StVO: Straßenverkehrsordnung

§ 1 Grundregeln

(1) Die Teilnahme am Straßenverkehr erfordert ständige Vorsicht und gegenseitige Rücksicht.

(2) Wer am Verkehr teilnimmt, hat sich so zu verhalten, dass kein Anderer geschädigt, gefährdet oder mehr, als nach den Umständen unvermeidbar, behindert oder belästigt wird.

9.23 VwGO: Verwaltungsgerichtsordnung

§ 40

(1) Der Verwaltungsrechtsweg ist in allen öffentlich-rechtlichen Streitigkeiten nichtverfassungsrechtlicher Art gegeben, soweit die Streitigkeiten nicht durch Bundesgesetz einem anderen Gericht ausdrücklich zugewiesen sind.

§ 137

(1) Die Revision kann nur darauf gestützt werden, dass das angefochtene Urteil auf der Verletzung

1. von Bundesrecht oder
2. einer Vorschrift des Verwaltungsverfahrensgesetzes eines Landes, die ihrem Wortlaut nach mit dem Verwaltungsverfahrensgesetz des Bundes übereinstimmt,

beruht.

(2) Das Bundesverwaltungsgericht ist an die in dem angefochtenen Urteil getroffenen tatsächlichen Feststellungen gebunden, außer wenn in Bezug auf diese Feststellungen zulässige und begründete Revisionsgründe vorgebracht sind.

9.24 VwVfG: Verwaltungsverfahrensgesetz

§ 26 Beweismittel

(1) Die Behörde bedient sich der Beweismittel, die sie nach pflichtgemäßem Ermessen zur Ermittlung des Sachverhalts für erforderlich hält. Sie kann insbesondere

1. Auskünfte jeder Art einholen,
2. Beteiligte anhören, Zeugen und Sachverständige vernehmen oder die schriftliche oder elektronische Äußerung von Beteiligten, Sachverständigen und Zeugen einholen,
3. Urkunden und Akten beiziehen,
4. den Augenschein einnehmen.

Artikel 36 Nebenbestimmungen zum Verwaltungsakt

(1) Ein Verwaltungsakt, auf den ein Anspruch besteht, darf mit einer Nebenbestimmung nur versehen werden, wenn sie durch Rechtsvorschrift zugelassen ist oder, wenn sie sicherstellen soll, dass die gesetzlichen Voraussetzungen des Verwaltungsakts erfüllt werden.

9.25 WEG: Wohnungseigentumsgesetz

§ 27 Aufgaben und Befugnisse des Verwalters

(1) Der Verwalter ist gegenüber den Wohnungseigentümern und gegenüber der Gemeinschaft der Wohnungseigentümer berechtigt und verpflichtet, …

2. die für die ordnungsmäßige Instandhaltung und Instandsetzung des gemeinschaftlichen Eigentums erforderlichen Maßnahmen zu treffen; …

9.26 WHG: Wasserhaushaltsgesetz

Gesetz zur Ordnung des Wasserhaushalts

§ 3 Begriffsbestimmungen

Für dieses Gesetz gelten folgende Begriffsbestimmungen:

11. Stand der Technik

der Entwicklungsstand fortschrittlicher Verfahren, Einrichtungen oder Betriebsweisen, der die praktische Eignung einer Maßnahme zur Begrenzung von Emissionen in Luft, Wasser und Boden, zur Gewährleistung der Anlagensicherheit, zur Gewährleistung einer umweltverträglichen Abfallentsorgung oder sonst zur Vermeidung oder Verminderung von Auswirkungen auf die Umwelt zur Erreichung eines allgemein hohen Schutzniveaus für die Umwelt insgesamt gesichert erscheinen lässt; bei der Bestimmung des Standes der Technik sind insbesondere die in der Anlage 1 aufgeführten Kriterien zu berücksichtigen; …

§ 60 Abwasseranlagen

(1) Abwasseranlagen sind so zu errichten, zu betreiben und zu unterhalten, dass die Anforderungen an die Abwasserbeseitigung eingehalten werden. Im Übrigen müssen Abwasserbehandlungsanlagen im Sinne von Abs. 3 Satz 1 Nr. 2 nach dem Stand der Technik, andere Abwasseranlagen nach den allgemein anerkannten Regeln der Technik errichtet, betrieben und unterhalten werden.

(2) Entsprechen vorhandene Abwasseranlagen nicht den Anforderungen nach Abs. 1, so sind die erforderlichen Maßnahmen innerhalb angemessener Fristen durchzuführen.

(3) Die Errichtung, der Betrieb und die wesentliche Änderung einer Abwasserbehandlungsanlage bedürfen einer Genehmigung, wenn

1. für die Anlage nach dem Gesetz über die Umweltverträglichkeitsprüfung eine Verpflichtung zur Durchführung einer Umweltverträglichkeitsprüfung besteht oder
2. in der Anlage Abwasser behandelt wird, das
   a) aus Anlagen nach § 3 der Verordnung über genehmigungsbedürftige Anlagen stammt, deren Genehmigungserfordernis sich nicht nach § 1 Abs. 2 der Verordnung über genehmigungsbedürftige Anlagen auf die Abwasserbehandlungsanlage erstreckt, und

b) nicht unter die Richtlinie 91/271/EWG des Rats vom 21. Mai 1991 über die Behandlung von kommunalem Abwasser (ABl. L 135 vom 30.5.1991, S. 40), die zuletzt durch die Verordnung (EG) Nr. 1137/2008 (ABl. L 311 vom 21.11.2008, S. 1) geändert worden ist, fällt.

Die Genehmigung ist zu versagen oder mit den notwendigen Nebenbestimmungen zu versehen, wenn die Anlage den Anforderungen des Abs. 1 nicht entspricht oder sonstige öffentlich-rechtliche Vorschriften dies erfordern. § 13 Abs. 1, § 16 Abs. 1 und 3 und § 17 gelten entsprechend. Für die Anlagen, die die Voraussetzungen nach Satz 1 Nr. 2 erfüllen, gelten auch die Anforderungen nach § 5 des Bundes-Immissionsschutzgesetzes entsprechend.

(4) Sofern eine Genehmigung nicht beantragt wird, hat der Betreiber die Änderung der Lage, der Beschaffenheit oder des Betriebs einer Anlage, die die Voraussetzungen nach Abs. 3 Satz 1 Nr. 2 erfüllt, der zuständigen Behörde mindestens einen Monat bevor mit der Änderung begonnen werden soll, schriftlich oder elektronisch anzuzeigen, wenn die Änderung Auswirkungen auf die Umwelt haben kann. Der Anzeige sind die zur Beurteilung der Auswirkungen notwendigen Unterlagen nach § 3 Abs. 1 und 2 der Industriekläranlagen-Zulassungs- und Überwachungsverordnung beizufügen, soweit diese für die Prüfung erforderlich sein können, ob das Vorhaben genehmigungsbedürftig ist. Die zuständige Behörde hat dem Betreiber unverzüglich mitzuteilen, ob ihr die für die Prüfung nach Satz 2 erforderlichen Unterlagen vorliegen. Der Betreiber der Anlage darf die Änderung vornehmen, sobald die zuständige Behörde ihm mitgeteilt hat, dass die Änderung keiner Genehmigung bedarf oder wenn die zuständige Behörde sich innerhalb eines Monats nach Zugang der Mitteilung nach Satz 3, dass die erforderlichen Unterlagen vorliegen, nicht geäußert hat.

(5) Kommt der Betreiber einer Anlage, die die Voraussetzungen nach Abs. 3 Satz 1 Nr. 2 erfüllt, einer Nebenbestimmung oder einer abschließend bestimmten Pflicht aus einer Rechtsverordnung nach § 23 Abs. 1 Nr. 3 in Verbindung mit § 57 Abs. 2, 3, 4 Satz 1 Nr. 1 oder Abs. 5 Satz 2, nach § 23 Abs. 1 Nr. 5 oder der Abwasserverordnung in ihrer am 28. Februar 2010 geltenden Fassung nicht nach und wird hierdurch eine unmittelbare Gefahr für die menschliche Gesundheit oder die Umwelt herbeigeführt, so hat die zuständige Behörde den Betrieb der Anlage oder den Betrieb des betreffenden Teils der Anlage bis zur Erfüllung der Nebenbestimmung oder der abschließend bestimmten Pflicht zu untersagen.

(6) Wird eine Anlage, die die Voraussetzungen nach Abs. 3 Satz 1 Nr. 2 erfüllt, ohne die erforderliche Genehmigung betrieben oder wesentlich geändert, so ordnet die zuständige Behörde die Stilllegung der Anlage an.

(7) Die Länder können regeln, dass die Errichtung, der Betrieb und die wesentliche Änderung von Abwasseranlagen, die nicht unter Abs. 3 fallen, einer Anzeige oder

Genehmigung bedürfen. Genehmigungserfordernisse nach anderen öffentlich-rechtlichen Vorschriften bleiben unberührt.

9.27 ZPO: Zivilprozessordnung

§ 543 Zulassungsrevision

(2) Die Revision ist zuzulassen, wenn

1. die Rechtssache grundsätzliche Bedeutung hat oder
2. die Fortbildung des Rechts oder die Sicherung einer einheitlichen Rechtsprechung eine Entscheidung des Revisionsgerichts erfordert.